5·18연구소 학술총서 9

아시아의 민주주의와 인권 Ⅲ

차별과 저항, 그리고 시민사회

5·18연구소 학술총서 9

아시아의 민주주의와 인권 Ⅲ

차별과 저항, 그리고 시민사회

전남대학교 5·18연구소 엮음

DEMOCRACY AND HUMAN RIGHTS IN ASIA

심미안

　　이번에 출간하는 『아시아의 민주주의와 인권 Ⅲ: 차별과 저항, 그리고 시민사회』는 전남대학교 5·18연구소가 지난 2005년부터 한국연구재단의 지원을 받아 수행하고 있는 〈아시아의 민주주의와 인권〉이라는 주제의 지원과제 연구 성과를 엮어서 내놓는 세 번째 결과물이다. 〈아시아의 민주주의와 인권〉이라는 연구과제는 크게 3단계 9년 예정으로 진행되고 있으며, 2011년 현재 2단계 3차년도의 연구를 수행하고 있다.

　　최근 한국에서 국가폭력과 저항운동, 참여민주주의에 대한 논의는 매우 주목받고 있지만 아시아 지역으로 시야를 넓혀보려는 시도는 아직 미미한 상황이다. 이 연구처럼 아시아의 민주주의와 인권의 성장과정을 연구주제로 설정하였을 때 국가폭력과 저항운동, 참여민주주의의 사상적 배경, 경험과 전개과정을 통한 제도화 과정을 살펴보고 비교해 보는 것은 적실성을 지닌다. 그래서 이 연구는 서구적 경험과는 다른 동양적 민주주의와 인권의 성장과정을 국가폭력과 저항운동, 참여민주주의라는 관점을 통하여 밝혀보고자 하였다. 아울러 이 연구를 통하여 근대 이후, 유사하지만 각각 독특한 역사적 경험을 가진 아시아를 하나의 시야에 넣어 비교·검토함으로써 '아시아적 민주주의와 인권의 성장과정', 더 나아가 '아시아의 민주주의와 인권의 지향점'을 밝히는 작업을 추구하고자 하였다.

이 책은 제1부 "차별과 저항, 그리고 인권"이라는 주제의 논문 6편과 제2부 "아시아 시민사회의 동학과 참여민주주의"라는 주제의 논문 7편 등 총 13편의 연구 성과들로 구성되었다.

제1부 차별과 저항, 그리고 인권

제1부에서는 인류학과 사회학, 역사학, 정치학 등 다학문적 차원에서 수행된 아시아 지역 각국의 차별과 저항, 그리고 인권이라는 주제의 논문들을 수록하였다.

우선 인류학 분야에서 홍성흡의 논문은 일본사회의 인권 및 차별문제에 대한 역사와 사회문화적 구조를 살펴보고 있다. 현재의 일본사회가 다양한 종족집단과 사회문화적으로 복잡한 이해관계와 가치체계를 지닌 사회집단으로 구성되어 있다는 것은 주지의 사실이다. 이러한 이유로 일본에서는 기존의 인권 및 차별문제뿐만 아니라 새로운 문제들도 지속적으로 생산 또는 재생산되고 있다. 이러한 상황을 배경으로 이 논문에서는 우선 일본사회의 인권 및 차별문제의 역사적 기원과 역사적 과정을 살펴보고, 구체적인 사례로서 부라쿠민(部落民)과 아이누인, 젠더, 한센병 등을 살펴보고 있다. 두 번째로는 식민주의와 제국주의에 의해 만들어지고 강화된 일본 내의 외국인문제, 오키나와인, 우생학적이고 인종주의적 문제들을 고찰하였다. 세 번째로는 고도 성장기에 나타나기 시작한 새로운 인권 및 차별문제 중 대표적인 것으로 환경오염, 특히 여성과 성적 소수자를 대상으로 한 성폭력, 장애인문제, 홈리스문제, 히브(HIV)와 에이즈(AIDS) 감염자문제 등을 살펴보고 있다.

인류학 분야에서의 두 번째 논문인 김경학의 글은 1984년 인도 정부의 황금사원 침탈과 델리 시크 대학살 사건 이후 인도 국내외에서 전개된 시

크(Sikh)의 저항운동인 칼리스탄 운동(Khalistan Movement)의 전개 과
정과 그 성격을 규명하고 있다. 이를 위해 우선 1984년 정치적 사건들이
발발하기까지의 인도 편잡(Punjab) 정부와 중앙 정부 간의 정치적 역학관
계가 검토되고 있으며, 다음으로 인도 국내외 시크들의 인도 중앙 정부에
대한 저항내용이 기술되고 있다. 또한 이 글은 인도 정부 군경의 편잡 내
시크 게릴라 세력 진압 과정에서 자행된 시크 민간인의 인명피해와 인권침
해 상황도 설명되고 있다. 1990년대 중반 무렵 인도 국내에서 거의 소멸된
칼리스탄 운동이 해외에서 여전히 계속되고 있는 이유를 이 글은 소위 해
외 급진파 시크들의 '인정의 정치' 의 작동에서 찾고 있다.

다음으로 역사학 분야에서 송한용의 논문은 현재 중국에서 한족(漢族)
과 '소수민족' 의 문제가 '중화민족' 론과 '다민족통일국가' 론을 바탕으로
추구하고 있는 국민통합과 밀접히 관련되어 있고, 더 나아가 사회적 갈등
의 요소로 작용하고 있다는 시각 하에, 중국의 민족문제와 관련한 갈등을
상징적으로 보여주는 악비(岳飛)의 '민족영웅' 론을 통해서 중국의 국민통
합 내지 국민국가의 완성을 위한 기제가 악비에게는 어떻게 투영되고 있는
가를 살펴보고 있다. 즉, 악비를 기념하는 장소인 악비묘(岳飛廟)와 악비가
'민족영웅인가 아닌가' 에 대한 논쟁을 중심으로 살펴봄으로써 중국에서
국민통합의 실황을 검토하고 있다. 이 연구를 통해 형식적으로 중국정부
가 '중화민족' 이라는 이름하에 완전한 국민국가가 형성되었음을 기조로
하고 있지만, 실재 정황은 한족 중심의 민족주의 내지 중화주의(中華主義)
가 횡행하고 있음을 확인하고 있다.

사회학 분야에서는 두 편의 논문이 수록되었다. 먼저 김기곤의 논문은
인권을 구성하는 여러 요인을 공간적 차원에서 살펴볼 것을 제안한다. 공
간은 사람과 사물들을 위치지우고 그들 사이의 관계를 규정하기 때문에 인
간의 존재상황을 가장 명확하게 보여줄 수 있기 때문이라는 것이다. 이를
통해 보다 가시적이고 동학적인 차원에서 인권정치의 재구성을 시도하고

있다. 그는 이 연구를 통해 다음과 같은 실천적 함의와 가능성을 제시한다. 첫째, 각각의 공간적 지점에 작용하는 인권의 구성요소와 작동원리를 규명할 수 있다. 둘째, 비가시적인 인권영역을 가시화시켜 인권의 적용범위를 확대할 수 있다. 셋째, 인권정치의 새로운 주체 형성과 주변화된 공간을 인권정치의 새로운 실천의 장으로 활용할 수 있다. 넷째, 인권과 유사한 가치들인 평등, 민주주의, 연대 등을 구체적 공간을 통해 확인함으로써 인권의 보편성 문제를 새롭게 구성할 수 있다.

다음으로 최정기의 논문은 다음과 같은 두 가지 질문으로부터 시작한다. 첫째, 한국전쟁과 베트남전쟁에서 나타난 민간인학살의 사회구조적 요인은 무엇인가? 둘째, 두 나라에서 나타나는 민간인학살의 구체적인 양상은 어떻게 다르고, 그러한 차이가 나타나는 이유는 무엇인가? 이 논문은 이러한 질문들에 대해 비교사회학적 방법을 통해 답을 구하고 있다. 그는 이 논문에서 한국과 베트남은 다음과 같은 공통점을 갖고 있다는 점에 주목한다. 첫째, 식민지 유산으로 인해 복잡한 계급관계를 보여주고 있다는 점. 둘째, 1945년 이후에 미국의 개입과 분단, 그리고 냉전체제 편입이 발생하였다는 점. 셋째, 정치적인 측면에서 폭력적이고 권위적인 정치체제가 등장하였다는 점. 넷째, 비정규전 중심의 전쟁이 발발하였다는 점이다. 이들 요소들이 상호 결합한 결과 두 나라에서 전쟁이 발발하였고, 수많은 민간인들이 학살당한 사회적 조건이 만들어졌다는 것이다. 다른 한편으로, 두 나라에서 나타난 민간인학살의 양상은 서로 달랐다는 점 또한 제시된다. 한국전쟁에서 나타난 학살의 원인은 매우 다양하며, 외부적인 요인과 내부적인 갈등이 모두 포함되어 있는데 반해, 베트남전쟁에서 발생한 민간인학살은 주로 외부세력에 의한 것이라는 점이다. 즉 한국전쟁은 내전과 국제전의 성격이 동시에 나타나는 반면, 베트남전쟁은 국제전의 성격이 강하게 나타나고 있고, 이러한 성격이 민간인학살에서도 그 차이가 확인되고 있다는 것이다.

정치학 분야에서 윤영덕의 논문은 개혁개방 이후 중국의 인권정책 변화를 국내적 저항과 국제적 개입에 대한 국가의 대응이라는 차원에서 분석하고 있다. 현재 중국은 대내적으로는 '시장화'의 과정에서 초래되는 이익 분배의 불균형으로 인해 사회구성원들의 불만과 갈등이 다양한 형태의 저항으로 표출되고 있으며, 대외적으로는 국제사회와의 연계성과 상호의존성이 심화되면서 '지구적 표준' 또는 '보편적 기준'에 대한 수용 압박도 가중되고 있다. 이 연구는 개혁개방정책의 시행 이후 중국의 이와 같은 대내외적 변화에 주목하면서, 중국의 인권관과 인권정책이 어떻게 변화되어 왔으며, 그 특징과 동인은 무엇인지를 고찰하고 있다. 이 연구를 통해 얻게 된 결론은 개혁개방 이후 중국 사회에 '인권'이라는 용어가 등장하면서 중국 정부의 인권문제에 대한 인식과 정책도 점진적인 변화의 과정을 보여주고 있다는 것이다. 즉, 대내적으로는 점진적으로 인권보장을 위한 법률들이 제정되고 있으며, 대외적으로는 국제인권레짐에 보다 적극적으로 참여하고 있다. 그리고 이러한 변화를 이끌어낸 동인으로 시장화 개혁에 따른 사회적 갈등의 확대와 중국 인민들의 권리의식 성장 및 중국 인권문제에 대한 국제사회의 개입과 중국의 국제적 영향력 확대 전략 등을 지적하고 있다. 다시 말해, 인권문제에 대한 국내적 저항과 국제적 개입에 대한 중국 정부의 대응이 인권관과 인권정책의 변화로 나타나고 있다는 것이다.

제2부 아시아 시민사회와 참여민주주의

제2부에서는 한국, 일본, 필리핀, 태국, 베트남 등 아시아 각국의 시민 사회와 참여민주주의를 주제로 수행된 연구 논문들을 수록하였다.

먼저 박해광의 논문은 "87년 체제"의 시민사회를 중심으로 한국 시민사회의 참여정치 구조를 탐색하고 있다. 오랜 민주화 운동의 결실을 맺은 1987년은 한국 사회의 전 부문에 가장 큰 변화를 가져온 분수령이었다. 민주화 이후 민주주의의 진전으로 특징지워지는 1987년 이후의 시기를 일컬어 "87년 체제"라 명명할 수 있는데, 이 논문은 이 "87년 체제"가 특히 시민사회의 참여정치 측면에서 일정한 구조적 특징을 내포하고 있음을 보여주고자 하였다. 민주화 이후의 민주주의 진전에 있어서 시민사회의 성장은 그 자체로 국가의 억압적 지배를 약화시키는 구조적 특징을 갖고 있었으며, 이로 인해 시민운동은 단기간에 사회 여러 영역에서의 민주화를 실질화 하는데 큰 역할을 하였지만, 다른 한편으로 시민운동은 스스로를 기존의 민중운동과 차별화시킴과 아울러 운동의 목표를 한계지우는 특성을 보이기도 했다는 것이다. 이 논문은 "87년 체제" 하에서 시민운동이 많은 가능성을 보여주었고 또 실질적인 사회 민주화에 큰 역할을 수행했지만, 많은 부재와 한계도 동시에 보여주었다고 진단하고 있다. 따라서 더 중요한 과제는 이러한 한계와 부재로부터 새로운 가능성을 만들어내는 것이며, 이 역시 시민사회의 참여정치를 통해 가능해 질 것이라고 필자는 주장한다.

다음으로 정정숙의 논문은 일본의 사례 연구이다. 2008년 1월의 문화심의회 의사록을 분석하여 그 심의회가 실질적으로 참여민주주의의 개념과 원칙 및 운영방식을 실현하고 있는지를 진단하였다. 일본의 심의회는 제3섹터인 시민사회의 참여민주주의가 행정부에 제도화된 기구이다. 이 논문은 그 심의회가 행정부 정책결정의 정당성을 확보해주는 거수기라는 도구주의적 해석보다는 시민들의 다양한 의사를 반영하는 제도화된 통로라는 본질주의적 해석에 기반하고 있다. 분석의 주요 내용을 보면, 심의회는 시민에게 공개되어 있고, 위원들의 높은 참가율과 조직에 속박되지 않는 발언, 심의회 내부에서 위원장과 위원 간의 차별 없는 수평적 구조, 해당 안건을 해결하기 위해 제도의 변화를 적극 모색하는 점 등의 측면에서 수준 높은 참여민주성을 확인하고 있다. 반면, 심의위원들이 자기 경험과 생각에 바탕을 둔 자발적 발언이 아닌 유명 정치인을 인용하여 의견의 권위를 세우는 관행적인 행태를 보여줄 뿐만 아니라, 학계 인사가 57.1%를 차지하는 등 특정 직업의 편중, 자기혁신적인 태도보다는 정부의 대책 모색에 의존하는 정부형 자세, 연대를 창출하여 문제를 해결하려는 연대 중심의 사고도 부족하다는 점이 과제로 남아 있다는 점 또한 지적하고 있다. 이 논문은 정부에 의해 제도화된 참여민주주의시스템인 일본 심의회는 절반의 성공작이라고 결론짓고 있다.

　조정관의 논문은 부안 핵폐기장 문제를 둘러싼 갈등을 사례로 한국 민주화과정과 참여민주주의의 발전을 분석하고 있다. 이 연구의 궁극적인 목적은 한국에서의 참여민주주의의 역사적/현재적 경험을 살펴보고 이를 통하여 아시아 다른 지역에서의 참여민주주의 경험의 고찰 및 발전의 방향(trajectory)에 관한 학문적 기여를 달성하고자 하는 데에 있다. 그에 따르면, 참여민주주의의 경험이란 각 나라가 가지고 있는 구조적 조건들 및 역사적 경험에 따라서 기본적으로 제한된다고 주장한다. 따라서 이 연구는 먼저 한국에서의 참여민주주의가 발전하게 되는 역사-구조적 조건(historio-structural conditions)들에 주목한다. 2003년 부안군수가 주도한 핵폐기장 유치신청은 시민사회의 엄청난 반발을 불러일으킨 바 있다. 그런데 이 대결은 정부정책에 대한 찬반을 중심으로 한 단순한 정치투쟁에 그친 것이 아니었다. 부안 핵폐기장을 둘러싼 국가와 시민사회의 갈등은 이슈와 관련하여 "누가, 어떻게 이러한 문제의 중심이 되어야할 것인지", 그리고 "민주적 절차는 어떻게 되어야할 것인지" 등에 관한 문제의식을 확산시켰고, 이와 아울러 정부, 시민사회, 시민단체 및 지역주민 모두의 변화를 불러 일으켰다고 주장한다. 그리고 이러한 과정을 거쳐 사회적 공론장이 확장되고, 지방정치에 대한 감시와 견제가 확대되었으며, 결국에는 주민투표제라는 고전적인, 그러나 한국에는 아직 낯설었던 직접적 참여민주주의제도의 활성화와 제도화에 이르게 되었다고 주장하고 있다.

　신종화와 고영희의 논문은 한국과 필리핀 시민사회의 경제환경을 비교분석하고 있다. 필자들은 그동안 시민사회에 관한 많은 연구가 시민사회 조직의 역량에 대해서 주목해 왔고, 다른 한편으로는 조직의 이념적 방향과 민주주의적 제도 구현에 대해 많은 연구가 집중되어 왔다고 평가한다. 하지만 시민사회는 일군의 사회조직 연결망이나, 정치적 이념과 제도 등으로 축소될 수 없는 문명적인 측면이 강조된 포괄적인 의미의 '사회' 자체라는 것이 필자들의 주장이다. 다양한 사회세력들이 끊임없이 부각되는 정치·사회적 쟁점들을 둘러싸고 자신들의 가치관을 제도적으로 구현하고

자 하는 역동적인 사회변동의 장(場)이자, 특정 주체의 리더십이 강조된 표현이라는 것이다. 이 글의 목적은 이러한 관점에서 필리핀 시민사회의 주체들이 영향을 받으며 또 피할 수 없는 사안으로서 해결을 시도하고자 하는 환경적 요소, 특히 경제환경적 요소를 소개하고 이에 대한 분석적 이해를 시도하는 것이다. 산업정책연구원의 국가경쟁력보고서(IPS NCR) 및 필리핀 통계연보(Philippine Statistical Yearbook) 자료를 활용하여 2000년 이후 필리핀의 경제적-사회적 지표들에 대한 분석을 시도하고 있으며, 이와 아울러 필리핀 시민사회가 안고 있는 장기적 사회변동의 잠재적 요인들을 파악함과 동시에 이러한 요인들의 의미를 부각시키기 위해서 한국 시민사회의 지표들과 비교 설명을 제시하고 있다.

베트남 사례연구를 시도하고 있는 최호림의 논문은 베트남의 시민사회와 NGO의 현황을 진단하고 성과와 한계를 평가하고 있다. 이 연구는 베트남에서 지난 20여 년간 형성되어 온 시민사회의 성격을 이해하는 데에 목적이 있다. 특히 이 연구는 베트남 내부의 다양한 관점에 귀를 기울이면서, 도이머이 정책 시행 이후 대중조직의 성장과 한계에 대해 주목한다. 베트남의 시민사회 조직은 매우 다양하게 분화되어 왔다. 조국전선 산하의 인민대중조직뿐만 아니라, 전문가협회, 비정부기구(VNGO), 촌락공동체의 풀뿌리조직(CBO) 등 다양한 형태의 민간조직이 급증하면서 베트남 시민사회가 점차 강해지고 있는 점이 지적된다. 그러나 필자는 베트남에서 국가와 시민사회의 경계는 여전히 모호하다고 주장한다. 베트남에서는 국가, 당과 시민사회가 겹치고 있어서, 시민사회의 역동성을 국가 대 시민사회라는 이분법적인 구도에서 파악할 수가 없다는 것이다. 이 논문에 따르면, 베트남에서 국가가 시민사회 조직의 결성과 활동을 금지하지는 않지만, 이러한 조직이 온전히 자율적이라고 보기는 어렵다. 시민사회의 변화 중 많은 부분이 사실상 국가영역 내에서, 혹은 국가의 영향 하에서 일어나고 있다. 그럼에도 불구하고, 필자는 국가의 외부와 다양한 풀뿌리 수준에서 독립적인 활동을 지향하는 대중조직들이 점차 늘어나고 있음을 주목한다. 최근 베트남은 급속한 경제개발 및 사회변동 과정에서 여러 사회문제

들에 직면하고 있는데, 이러한 문제들을 해결하기 위해 시민사회의 능동
적인 참여와 창의적인 역할이 기대되고 있기 때문이다.

다음으로 최석만의 논문은 태국 정치에서 국왕과 시민사회의 관계를
분석하고 있다. 명목상으로 태국은 입헌 군주제이지만 국왕은 태국의 현
실 정치에 최종적으로 정당성을 부여하는 존재이다. 국왕은 태국 정정(政
情)의 안전판이라고 칭송되어왔다. 그러나 지금까지 18번의 쿠데타, 그리
고 부패한 정치인들이 사라지지 않고 재기하는 현상을 볼 때 태국 정치의
지형 전반에 대해, 그리고 특히 현대 민주주의에서 시민 사회의 성장에 대
해 결과적으로 국왕이 끼친 부정적 역할에 대해서 재검토해볼 필요가 있다
는 것이 필자의 주장이다. 이 논문은 결론적으로 민주주의의 구체적 두 지
표 즉, 정치적 권리와 시민적 자유라는 면에서 태국의 시민 사회는 선진국
의 기준에 현저히 미치지 못하고 있는데, 그 원인은 단순히 제도나 법에 있
는 것이 아니라 전통 사회에서의 부장제적(patriarchal) 지배 체제, 불교라
는 순응과 자비의 종교, 이성적 문제 해결 방식으로서의 현실 정치 체제와
종교적 순수성의 혼재, 국왕의 초월적 권위, 오래된 보호자-피보호자의
인간관계, 관료제의 독립성 결여, 군부와 화교의 오래된 정경 유착 등의 결
과라고 주장한다.

민현정의 논문은 일본 시민사회의 성장과 공공성 재편 논의 과정을 분
석하고 있다. 이 논문은 사회·문화적 특수성과 역사성을 반영한 '일본 시
민사회와 공공성'에 대한 내용을 담고 있다. 사회문제 해결과 정책방향을
모색하려는 공공성 논의에 주목하면서 근대화 이후 일본 시민사회 성장과
정에서의 공공성의 변화를 추적하고, 신자유주의적 개혁과 함께 가시화된
'새로운 공공'과 '공공 공간'의 의미를 통해 시민사회의 전반적 지형을 파
악하는데 목적을 둔다. 필자는 일본의 시민사회가 근대국가 성립이후 오
랫동안 독자적 의의를 찾지 못하다가 70년대에 이르러 근대화의 반성으로
서의 주민운동, 90년대 이후 신자유주의적 개혁을 배경으로 한 행정개혁
과 지방분권, 민간개방을 통해 역할과 주체성을 찾아가고 있는 것으로 파
악한다. 그리고 일본의 공공성 재편 논의에서 '시민적 공공성'과 '국민공

동체를 지향하는 대중형 내셔널리즘'이라는 상반된 견해가 공존하고 있고, 시민사회 내부에서의 갈등이 본격화되면서 공공성 논의의 필요성은 더욱 강조되고 있다고 주장한다.

전체적으로 볼 때, 이 연구서는 아시아 주요 국가사회에서 민주주의와 인권의 발전양상을 포괄적으로 다루고 있다. 연구대상 지역은 한국을 비롯하여 중국, 일본, 베트남, 태국, 그리고 인도와 필리핀을 포함하고 있으며, 구체적인 접근방식은 각 개별 국가에 있어서 차별과 저항 및 시민사회를 중심과제로 설정하고, 각국의 역사적 배경과 사회구조적 특성에 대한 사회과학적 분석을 통해 발전과정과 현 실태, 그리고 문제점과 전망을 진단한 결과이다. 서두에서 밝힌 바와 같이 이 책은 전남대학교 5·18연구소가 계속사업으로 추진하고 있는 〈아시아의 민주주의와 인권〉에 대한 연구의 세 번째 성과물이다. 지금까지의 성과물 중 첫 번째는 '국가폭력과 참여민주주의의 이론과 사례'(2008)였고, 두 번째는 '국가폭력과 참여민주주의의 역사와 동학'(2010)이었다.

본 연구소는 이 성과들을 토대로 하여 앞으로 더욱 심층적인 연구를 진전시키려 한다. 연구대상 지역을 더욱 확장시키고, 아직 적절하게 다루어지지 않은 과제들에 대한 분석도 추가하여 시도될 것이다. 더 나아가 각 국가별 차이의 비교분석, 이 차이들의 상호 연관적 체계분석을 통해 아시아 지역에서 민주주의와 인권의 체계정립과 바람직한 발전방향을 모색할 것이다. 우리의 이와 같은 연구가 전 지구적 차원에서 전개되는 인종과 민족 차별 및 인권침해의 문제해결에 기여하고 시민사회 발전을 통한 더 좋은 민주주의 실현에 의미 있는 계기가 될 수 있기를 기대한다.

나간채 전남대학교 5·18연구소 소장

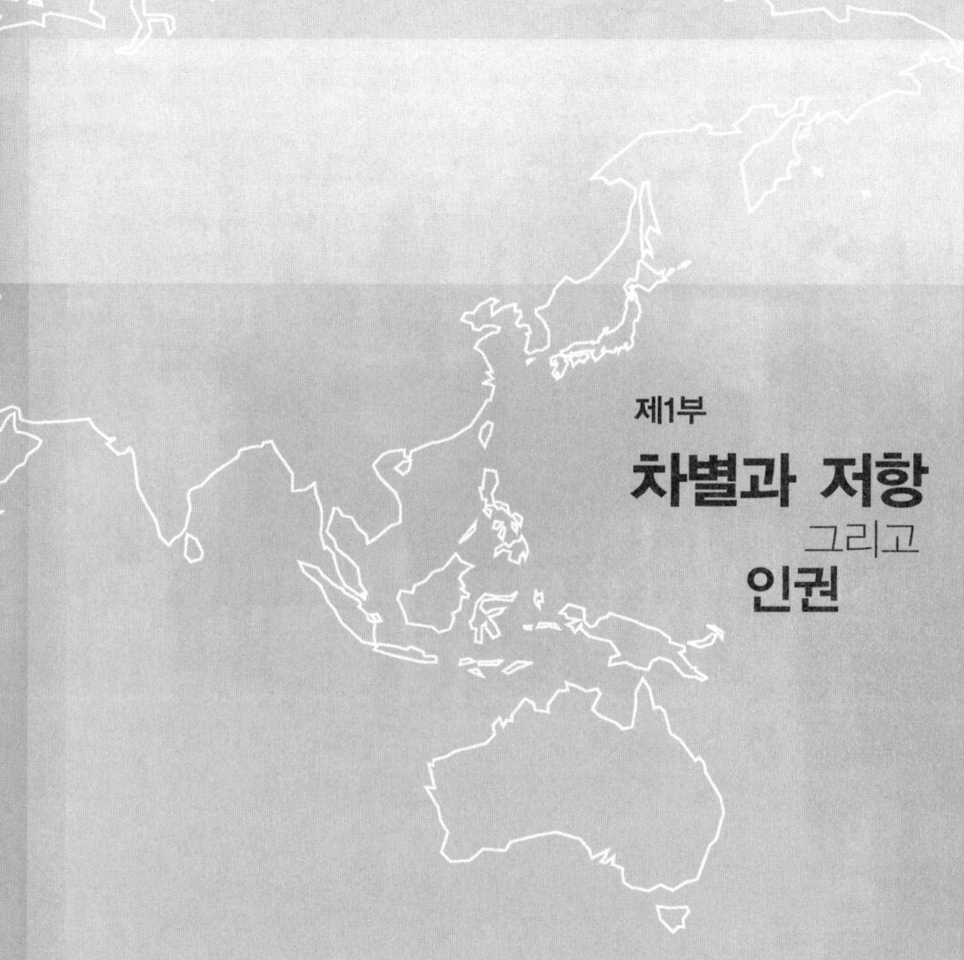

제1부
차별과 저항
그리고
인권
DEMOCRACY AND
HUMAN RIGHTS
IN ASIA

일본사회의 인권 및 차별문제의
역사와 사회문화적 특성[*]

홍성흡[**]

Ⅰ. 들어가며

일본헌법 제11조는 '국민은 모든 기본적 인권을 향유하는데 제약을 받아서는 안 된다. 이 헌법이 국민에게 보장하는 기본적 인권은 침해당하지 않는 영원한 권리로서 현재와 미래의 국민에게 부여한다'고 규정하고 있다. 이는 국적과 국민의 권리를 규정한 것으로 권리를 지닌 자가 국적법 상 일본 국적을 지닌 사람으로 한정된다는 것을 명확히 하고 있다. 따라서 외국 국적의 일본 내 거주자는 참정권 등의 권리를 지니지 못하고 공무원 임용 등 직업 선택의 자유 등에서 제약을 받는 근거가 되고 있다. 또한 일본 헌법 제25조는 '모든 국민은 건강하게 최저한도의 문화생활을 영위할 수 있는 권리를 지닌다'고 규정하고 있다. 이 일본헌법 제25조를 보완하는 하

* 이 논문은 2008년 정부(교육과학기술부)의 재원으로 한국연구재단의 지원을 받아 수행된 연구임 (NRF-2008-005-J01401). 『민주주의와 인권』 11권 1호(2011년)에 게재된 논문을 재록함.
** 전남대학교 인류학과 교수.

위법인 生活保護法 제1조는 '이 법률은 일본헌법 제25조가 규정한 이념에 따라, 국가가 생활이 어려운 모든 국민들에 대해 곤궁한 정도에 따라 필요한 보호를 하여 최저한도의 생활을 보장함과 동시에 자립을 조장하는 것을 목적으로 한다'고 규정하고 있다. 이 두 개의 상하위법 조항은 생존권과 생활보호에 대해 규정한 것이지만, 생활보호세대가 증가하고 있음에도 불구하고 생활보호 신청률을 일정 비율 이하로 억제하기 위해 실제로는 매달 교부하는 신청서의 수를 제한하고 있어서 여러 문제가 발생하고 있다. 그 상징적인 사건으로 들 수 있는 것이 1957년의 아사히(朝日) 소송사건과 2007년 기타큐슈시(北九州市)의 한 남성이 굶어죽은 사건이다. 전자는 결핵환자였던 아사히 시게루(朝日茂)의 소송사건으로서 이를 계기로 사회보장이 국민의 권리라는 인식이 폭넓게 정착되었고, 후자는 전자의 사건이 있은 지 50년이 지났음에도 불구하고 기타큐슈시에 살던 한 남성이 병으로 일을 더 이상 할 수 없게 되어 시 당국의 취로지도를 받는 도중에 굶어죽은 사건이다.

위에서 살펴본 것은 생활보호와 생존권에 대한 것이지만, 현재의 일본사회는 법률이나 각종 규제 등으로 규정할 수 없을 정도로 복합적이고 다양한 사회집단과 종족집단들로 구성되어 있는 탓에 다양하고 복잡한 인권 및 차별문제가 온존하고 있다. 기존의 오랜 역사를 지닌 각종 인권 및 차별문제뿐만 아니라 새롭게 등장한 여러 인권 및 차별문제들이 착종된 상태로 계속 만들어지고 있다고 할 수 있다. 그 대표적인 것만을 들더라도, 오랜 역사를 지닌 부락민문제와 한센병자문제, 제국주의 시대의 팽창의 결과로 본격적으로 나타나게 된 오키나와인(우치난츄), 아이누인, 재일코리언을 포함한 재일외국인 등과 관련된 인권 및 차별문제뿐만 아니라, 고도경제성장에 따른 각종 공해피해자 문제, 최근에는 여성에 대한 성폭력문제, HIV 및 AIDS감염자문제, 성적 소수자, 장애인, 홈리스문제 등 이루 헤아릴 수 없을 정도이다.

이글에서는 일본사회의 인권 및 차별문제가 어떤 역사적 과정을 거쳐 왔는지, 그리고 최근 나타나기 시작한 대표적인 인권 및 차별문제가 무엇인지에 대해 살펴보고자 한다. 즉 우선 고대로부터 중세, 근세, 근대, 현대까지 이르는 인권 및 차별의 역사를 고찰해보고 다음으로는 오키나와인, 아이누인, 재일코리언 등 제국주의 팽창기를 거치면서 훨씬 강화된 종족성과 관련된 인권 및 차별문제를 다루고 마지막에서는 고도경제성장기를 거치면서 나타나게 된 문제들을 살펴보고자 한다. 이처럼 다양하고 복잡한 현대 일본사회의 인권 및 차별문제를 함께 살펴보는 것은 비교의 관점을 유지하면서 상호 어떠한 유사점과 차이점이 있는지를 파악할 수 있는 이점을 지니고 있다. 또한 형태를 바꾸어 나가면서도 지속되고 있는 차별의 역사적, 사회문화적 뿌리가 어디에 있는지를 가늠해 볼 수 기회라고 생각한다.

Ⅱ. 2차 대전 패전 이전의 일본사회의 인권 및 차별문제

1. 고대국가와 피차별민의 등장

야마토(大和) 정권은 현재의 긴키(近畿)지방을 중심으로 8세기 초에 성립되었다. 야마토정권이 중앙집권적인 율령국가로 성립되는 과정에서 야마타이코쿠(邪馬台國)의 여왕인 히미코(卑弥呼)의 경우뿐만 아니라 야요이(弥生)시대부터 고분시대 전기까지의 수장(首長)의 매장지에서 여성이 적지 않게 발견되었다. 5세기 말 경부터의 매장지에서 여성이 점차 나타나지 않는 것으로 볼 때 이때부터 남성의 우위가 성립된 것으로 짐작된다. 야마토정권 이전의 야마타이코쿠시대에도 '타이징(大人)', '게코(下戸)'라는 상하관계가 있었고, 누히(奴婢)와 '세코(生口)'라는 노예가 있었다. 중국으로부터 율령제도를 받아들인 야마토정권에서는 양민과 천민을 나누었고, 757년 시행된 「養戸令」에는 陵戸, 官戸, 公奴婢, 私奴婢, 家人 등 다섯 종류의 천민신분을 규정하고 있다. 이들은 율령제도가 폐지되는 10세기까지 양민과 엄격하게 구분되었고, 양민과의 결혼도 금지되어 있었다. 또한 율령제도 하에서는 장애인들에게 조세를 면제해주었고, 7세기 중엽에는 병자나 고아들을 돌보기 위해 施藥院과 悲田院을 설립하기도 하였다(野間宏·沖浦和光 1985: 15~17).

야마토정권기에 일본열도의 동부와 북부에는 '에미시(蝦夷)', 남서부에는 '하야토(隼人)'라고 부르는 종족이 살고 있었다. 그들은 야마토정권과는 다른 문화나 습속을 지니고 있었고 야마토정권 쪽에서 이들을 지배하고자 가끔 출병하였으나 복종을 거부하고 있었다. 이들을 '夷人雜種'이라고 기록하였던 것으로 볼 때 '야만인'으로서 멸시의 대상이었던 것으로 보인다. '하야토'의 일부는 고대 일본정권의 중심지인 기나이(畿內)로 이주하여 궁정 경호, 스모, 예능, 죽세공 등의 일을 담당했다. 5세기 경 '하야토'는 복종하였으나 끊임없이 봉기하다가 720년 '하야토의 난'이 끝나고 나서야 완전히 정복되었다. 한편 흔히 현재의 아이누종족의 선조였다고 일컬어지는 '에미시'는 야마토정권이 9세기 초에 현재의 이와테현과 야마카타현의 중부지방까지 지배하게 될 때까지도 자치를 요구하면서 전쟁을 하거나 도주 혹은 대량 이주를 하기도 하였다(佐々木馨 2001: 34~52). 이들 이외에도 중국대륙과 한반도로부터 벼농사, 제철, 도자기제작, 직물기술, 한자, 불교 등을 전해준 많은 수의 '도래인(渡來人)'들이 있었다. 당시에는 한반도를 '니시노도나리(西蕃)'라고 부르면서 그곳으로부터 온 도래인들을 멸시하는 풍조가 있었다고도 전해진다.

2. 중세사회의 차별문제

중세에는 도시가 발달하면서 전염병이나 기근 등에 따라 사회적 약자들이 생겨났고, 천재지변 등에 따라 촌락에서 살 수 없게 된 사람들이 나타나게 되었다. 또한 종교적 편견에 따라 멸시당해 온 한센병자 등이 공동체로부터 배제당하고 있었다. 이처럼 여러 이유로 도시나 촌락에서 생활할 수 없게 된 사람들을 '히닌(非人)'이라고 불렀다. 이들은 도시 주변이나 교통 요지, 절이나 신사의 출입문 등에 모여 살면서 걸식 등으로 생활을 해나

갔는데 그 후 이들이 '宿(슈쿠)' 또는 '非人宿(히닌슈쿠)'라는 집단을 형성하게 되었다(赤松啓介 1995: 17~21). 이 '슈쿠'에 모여 살던 '히닌'들이 나중에 다양한 피차별민이 된 것으로 알려져 있다. 또한 교토(京都)에서는 도살장에서 소나 말 등을 다루거나 피혁이나 피혁세공을 담당하는 피차별민이 등장하였다. 이들은 '에타(穢多)'라고 지칭되었고, 무로마치 막부시대에는 막부나 사원 등에서 형을 집행하거나 장군가나 사원, 유력자들의 토목공사 등에 동원되었다.

중세에 강력한 영향력을 지녔던 난토붓쿄(南都佛敎)나 밋쿄(密敎)에서는 '히닌'이 되는 것이 전생의 업보나 죄악 때문이라는 교리가 강해서 이들을 멸시하는 승려들이 많았다. 그렇지만 사이다이지류 율종(西大寺流律宗)과 가마쿠라 신불교(鎌倉新佛敎)의 승려들은 이들을 구제하고 보시를 행하였으며 포교를 하였다. 절의 경내를 청소하거나 한센병자들을 돌보는 시설들을 마련하였고, '산죠(散所)'라는 토지를 주어 살아갈 수 있도록 해주었다. '산죠'의 '히닌'들은 보통 온묘지(陰陽師)로서 점을 치거나 기도 등의 종교행위를 하면서 예능인으로서 '센주만자이(千秋萬歲)' 등의 축복예능을 행하였다. 이것이 현재의 만자이(漫才) 등에 영향을 준 것으로 알려져 있다. 또한 비파를 들고 여행하는 시각장애자인 비와호시(琵琶法師)가 등장하였던 것도 고대 말부터 중세 초였다. 이들은 축원이나 기도를 행하는 종교인임과 동시에 비파를 연주하는 예능인이기도 하였다. 그 후 이들은 집단화되어 토도자(当道座)라는 강력한 자치조직을 형성하였다(野間宏·沖浦和光 1985: 52~57).

중세시대에는 산이나 신사에 여성이 들어오면 신들이 질투한다거나 수행하는 장소에 여성이 들어오면 좋지 않다는 관념 때문에 산이나 절, 신사 등의 특정 장소에 여성이 출입할 수 없도록 하였고, 그러한 장소에는 '켓카이세키(結界石)'를 두었다. 여성이 '오염되어 있다'는 의식은 불교의 여성멸시 관념과 월경 및 출산이 피와 관련되어 있고 죽음과 밀접하게 관련되어 있다는 관념으로부터 유래한 것이다. 중세 중반 이후에는 아이를 낳다 죽은 여성은 성불할 수 없고 피가 흘러넘치는 지옥의 연못에 떨어진다는 생각이 널리 퍼졌다. 그렇지만 가마쿠라 막부시대에 무가(武家)에서는 결혼 후에도 여성이 친정의 성을 그대로 쓰고 친정 부모로부터 영지를 상속받아 남편의 영지와는 별도로 관리하며 자녀가 없으면 양자를 들여 여성 자신의 영지를 상속시킬 수 있는 권리를 행사하기도 하였다. 그러나 중세 후기로 오면서 적장자에게 단독상속하는 관습이 주류를 이루게 되면서 여성에 대한 상속분은 자기 세대에만 유효하고 사망하면 적장자에게 귀속되는 것으로 바뀌게 되었다(野間宏·沖浦和光 1985: 8~13). 따라서 중세시대 전체를 놓고 볼 때, 여성의 사회적 지위는 점차 열악해졌다고 볼 수 있다.

중세 초기에는 집단을 형성하여 노래나 춤 등을 해주고 보수를 받아 생활하는 여성들이 있었다. 이들을 유죠(遊女), 쿠구쓰(傀儡), 시라뵤시(白拍子)라고 불렀었는데, 이들 중 일부는 매매춘을 하기도 하였지만 탁월한 춤과 노래로 귀족이나 무사들의 총애를 받는 이들도 많았다. 이들은 시대가 흐르면서 차츰 자신들의 기예나 재능을 인정받지 못하고 매매춘을 한다는 이유로 차별을 받게 되었다(野間宏·沖浦和光 1985: 13~16).

12~13세기 경 일본의 북방에는 오오츠크해 연안의 문화를 받아들여 기존의 수렵어로생활을 뛰어넘는 아이누문화가 형성되었다. 지금의 사할린과도 교류가 이루어지기 시작하는 한편, '에조치(蝦夷地)'로 이주하는 일본인들이 늘어나면서 두 종족 간에 교역상의 마찰 등이 늘어나게 되었다. 그리하여 1457년에는 역사상 등장하는 일본인과 아이누인 사이의 최초의 충돌사건인 코샤마인 전쟁이 발발하게 된다(佐々木馨 2001: 44~52). 한편, 남방의 오키나와에서는 1429년 쇼하시(尙巴志)가 통일을 이룩하여 류큐왕국이 들어섰다. 이전부터 류큐는 조선, 중국, 일본, 동남아시아를 연결하는 중계무역으로 발전하였고 여러 나라의 문화를 받아들여 독자적인 문화를 꽃피웠다. 그러나 15세기 이후 사쓰마(薩摩)의 시마즈(島津)씨가 류큐무역을 독점적으로 지배하면서 1609년 약 3천 명의 사쓰마군(薩摩軍)이 류큐를 침략하여 종속시킨 후 지금까지 일본의 일부로 남아 있다. 그리고 1590년 전국시대를 통일한 토요토미가 임진, 정유왜란을 일으켜 조선으로부터 많은 수의 사람들이 끌려오게 되었다. 이들은 도예기술이나 주자학

등의 문물을 가져와 일본문화를 번성하는데 기여하였지만 엄혹한 차별의
대상이 되었다.

3. 근세사회의 성립과 사회문화적 차별의 새로운 전개

다이묘(大名)들끼리의 전쟁과 조선 침공 직후 혼란스러운 시대가 마감
되고 에도막부가 들어선 이후 약 250년간 평화로운 시대가 계속되면서 농
업, 상업 등의 각종 산업과 교통 등이 발달되었다. 그와 동시에 엄격한 신
분제가 정착되어 각 개인의 사회문화적 위치와 서열이 정해져 있는 사회제
도와 문화적 기반이 형성되었다. 중세의 신분제는 신분변화가 가능한 경
우가 있었던데 반해 근세에는 원칙적으로 신분이 고정되어 있었고 세습되
었다. 근세의 지배신분은 기본적으로 무사신분이었고, 귀족이나 승려, 신
관들도 이에 속했다. 지배당하는 신분은 도시에 거주하는 쵸닌(町人)신분
과 농촌에 거주하는 농민들이었다. 그리고 최하층신분으로는 '에타'와
'히닌', '슈쿠(夙)', '온보(隱亡)' 등으로 부르는 피차별신분의 천민들이 있
었다. 그 중 가장 많은 수를 차지하였던 것이 '에타' 신분이었다(京都部落
史硏究所 編 1989: 2~12).

'에타'는 '더러움이 많다'는 매우 차별적인 의미를 지니고 있다. 이들
은 일상생활에서 '가와타(皮多 또는 皮田)' 또는 '쵸리(長吏)'라는 신분이
름으로 불렸다. 여기서 전자는 가죽과 관련된 일과 농업에 종사한다는 의
미가, 후자에는 경비라든가 형 집행에 종사한다는 뜻이 담겨 있었다. 이들
은 일반 평민들과 마찬가지로 농사를 지으면서 죽은 소나 말의 처리와 가
죽의 생산, 신발 만들기 등 다양한 일에 종사하였다. 이들은 막부나 번에
가죽을 바치고 큰북 등을 생산하였으며 범죄자의 형 집행, 치안이나 경찰
등의 역할을 수행하였다. 이들에 대한 차별은 엄중하여 도시 지역에서는
강제로 도시 주변부의 정해진 곳에서만 거주할 수 있었고 심지어 그들의
마을 주변은 일반인들과의 접촉을 막기 위해 대나무 등으로 둘러싸여 있는
경우가 대부분이었다. 에도막부에서는 이들의 가족명부를 별도로 만들었

고 출가하거나 사망한 자들에게 붙여지는 이름(戒名)에도 차별적인 글자를 사용하였다. 18세기 중엽부터는 이들이 일반 민중과 접촉하는 것을 금지하는 법령이 막부에 의해 시행되어 각지에서 신분통제에 대한 저항 도주, 봉기 등 이 일어났다. 에도시대 말기에는 신분제가 동요하면서 신분해방을 원하는 상소가 지속적으로 일어나기도 하였다(野間宏·沖浦和光 1986: 156~158).

근세의 무사집안에서는 남성만이 집안을 계승하고 여성들의 임무는 집안을 계승하는 아들을 낳는 것이었다. 이러한 풍조는 처음 무사신분에서만 통용되다가 호농(豪農)이나 호상(豪商)으로까지 서서히 확대되었다. 즉 호상의 경우, 여성이 사용인(使用人, 일종의 머슴)의 관리라든가 의료, 식료 등의 지도 등에서 중요한 역할을 하고, 드물게는 딸이 집안을 계승하는 경우도 있었지만 그 대부분은 계승자인 남성이 너무 어리거나 해서 중계 역할을 하는 것이었다. 그래서 이러한 경우에는 켄치쵸(檢地帳) 등에 '누구누구의 후계자(何某後繼)'나 '누구누구의 어머니(何某母)'라고 기재되었다. 그렇지만 남편과 이혼하고 집안의 구속으로부터 벗어난 여성들도 있었다. 남편의 경우에도 공식적인 이혼서(離緣狀)가 없으면 재혼이 불가능했기 때문에 여성의 권한이 전혀 없었던 것은 아니었다. 이마저 행사할 수 없는 여성은 스스로 비구니만으로 이루어진 절(緣切り寺)에 의탁하는 경우도 있었다.

에도시대에는 여성의 성매매에 대해 막부나 번이 공식적으로 관여하였다. 당시 매매춘 여성들은 유곽(遊郭), 쿠루와(曲輪), 이로마치(色町) 등으로 부르는 지역에 모여 살고 있었다. 이처럼 인가받은 유곽 이외에도 교통 요충지나 역참 등에는 한모리온나(飯盛り女)라고 부르는 인가받지 못한 매매춘 여성들이 있었는데, 이들은 붙잡히게 되면 공창(公娼)으로 끌려갔다고 한다. 그리고 남색도 당시에 상당히 유행하였는데 이는 가부키(歌舞伎)의 발전과 관련되어 있었다. 가부키의 젊은 남성들은 유녀들과 마찬가지로 지배신분이나 일반 평민들에게 몸을 파는 일을 하였으며 사회적 차별을 받는 대표적인 사회집단이었다(野間宏·沖浦和光 1986: 178~184).

근세 일본에서는 장애인을 돕는 전국적인 제도가 없어서 가족들이 돌보는 수밖에 없었으나 이마저 불가능한 경우에는 유리걸식할 수밖에 없었다. 예외적으로 예능을 익혀 생활하는 자들도 있었는데, 그 대표적인 예가 앞에서도 언급한 바 있는 '토도자' 조직이었다. 이 조직은 에도시대에 공인되어 별도의 관위(官位)와 재판권 등을 지니고 있었고, 비파나 사미센 등의 음악 예능, 침염, 안마 등의 기술을 계승하는 교육기관으로서의 역할을 담당하였으며, 대금업 등에 관여하여 상당한 부를 축적하기도 하였다. 다른 한편으로 한센병자들은 집단적으로 일정한 지역과 시설에서 생활하고 있었다.

임진왜란 이후 에도막부의 쇄국정책으로 인해 조선 및 중국과 국교가 회복되지 못했고 서구와의 접촉도 기독교도들을 엄청나게 탄압하고 있었기 때문에 거의 이루어지지 못하고 있었다. 그러나 실제로는 나가사키를 통해 유럽 및 중국과, 사쓰마를 통해 류큐와, 쓰시마를 통해 조선과, 마쓰마에(松前)번을 통해 아이누인들과 교역과 교류를 지속하고 있었다. 에도막부는 지금의 하코다테(函館) 부근에 마쓰마에 번을 설치하여 아이누족과의 교역을 담당하게 하였으나 마쓰마에 번과 상인들이 아이누인들을 고용하여 혹사시키는 등 불평등한 교역과 교류를 하고 있었기 때문에 아이누인들의 생활은 궁핍해졌다. 그리하여 아이누족은 1669년에는 샤크샤인 전쟁, 1789년에는 쿠나시리·메나시 전쟁을 일으켜 격렬하게 저항했지만 결국 패하고 말았다. 에도시대 말기에는 러시아의 침략을 막기 위해 일시적으로 막부가 '에조치(蝦夷地)'를 직할통치하기도 하였고 아이누인들을 동화시키고자 하는 정책을 추진하였으나 거의 효과를 보지 못했다(佐々木馨 2001: 216~220).

4. 근대사회의 제국주의적 경험과 사회문화적 차별

근세까지의 신분제도는 메이지유신에 따라 공식적으로 사라지게 되었다. 새로운 정부는 조세제도를 새롭게 정돈하고 일률적으로 호적을 정비하여 국민을 지배하고자 하였다. 1871년 8월 2일 신분제를 폐지하는 '해방령'을 선포하여 피차별천민들의 지위를 평민들과 동일하게 하고 당시까지 세금을 부과하지 않던 천민신분의 토지에도 과세를 하게 되었다. 피차별 부락에서는 해방령을 맞이하여 큰 축제가 벌어지고 지금까지의 차별을 극복하기 위해 소학교를 세워 교육을 통해 신분차별을 없애고자 하는 움직임도 나타났다. 그러나 다른 한편에서는 해방령을 반대하는 민중 봉기와 파괴가 각지에서 발생하였다. 또한 1872년 2월부터 만들어지기 시작한 '임신호적(壬申戶籍)'에는 과거의 신분을 적는 난이 있었던 것에서도 알 수 있듯이, 해방령에도 불구하고 과거의 신분의식은 바뀌지 않은 채 차별이 계속되고 있었다. 이러한 상태에서 부락차별을 없애고자 하는 여러 줄기의 운동이 나타나게 되었다. 우선 야마토(大和)同志會와 테코쿠(帝國)公道會) 등은 부락민 스스로 생활과 관습을 바꾸어 나가자는 부락개선운동을 전개하였다. 또한 각지의 융화단체(融和團體)를 합쳐서 탄생한 중앙융화사업협회(中央融和事業協會)는 그간의 사회적 차별을 반성하면서 부락과 사회 모두가 서로 이해하면서 융화해 나가자는 운동을 펼쳤다. 그리고 1922년 3월 3일 교토시의 오카자키(岡崎)公會堂)에서 창립총회를 연 전국수평사(全國水平社)는 부락민들이 주체적으로 일어나 사회의 변혁을 통해 차별이 없는 세상을 실현하자는 수평운동을 전개하기 시작하였다. 이러한 운동들은 때때로 격렬하게 대립하면서도 융화운동 측이 수평운동을 부분적으로 인정하는 등 아직도 전개되고 있다(原田伴彦 1975: 300~366).

　근대사회에서는 도시의 하층민들에 대한 새로운 차별이 나타나기 시작하였다. 일고(日雇)노동자들이나 생활이 어려운 도시하층민들은 임대료도 제대로 내지 못한 채 허술하기 짝이 없는 생활을 이어가고 있었다. 이들은 건설현장의 허드렛일과 항만의 하역작업, 인력거 끌기 등의 일에 주로 종사하고 있었다. 이들은 근대적인 위생관념이나 직업 관념에 입각한 차별과 편견의 주요 대상이 되었다. 이들은 안정적인 수입이 없었기 때문에 가족 단위로 생활하는 경우에는 학교에 다닐 연령의 자녀들 중 대부분이 학교에 다니지 못하고 어려서부터 성냥이나 유리공장의 노동자나 행상 등으로 집안의 생활을 도울 수밖에 없었다. 가난한 시골의 10~20대의 (여자)아이들은 가장 먼저 자본주의적 생산방법을 도입한 방적업이나 제사업의 여공들이 되어 장시간 노동과 저임금 등의 어려운 노동조건과 열악한 노동환경, 그리고 조악한 생활환경 하에 놓여 있었다. 그 결과 폐결핵 등의 질병과 영양실조, 성폭력 등에 노출되어 사회문제가 되기 시작하였다. 또한 1872년 정부는 '창기·예기 해방령(娼妓·淞糞 解放令)'을 내려 인신매매를 금지하고 노예적인 상태로부터의 해방을 명확히 하였으나 이것이 곧 성매매를 금지하는 것도, 유곽에 있던 여성들을 보호하는 법률이었던 것도 아니다. 유곽에서는 경찰한테 영업허가에 필요한 수수료(鑑礼料)를 지불하고 영업허가를 얻어 카시자시키(貸座敷)라고 개칭하고 창기(娼妓)나 예기(藝妓)에게 집을 빌려주는 형태로 성매매를 계속하였다. 성매매 여성들은 다른 직업을 가질 수 없는 상태에서 생활을 위해 스스로 성매매를 하는 경우도 많았고 인신매매가 금지되어 있었으나 빚을 지거나 생활을 해나가기 위해 스스로 자신을 貸座敷業者에게 파는 여성들도 있었다. 그리고 경찰은 성병의 책임을 여성에게만 씌워 모멸적인 성병검사를 받게 하였다. 1880년대부터 기독교 단체들이 폐창운동(廢娼運動)을 펼쳤지만, 해당 여성들의 인권을 지키거나 성매매를 용인하는 사회를 비판하는 관점이 부족하여 사회 전체적으로는 창기나 예기들을 타락한 여성(醜業婦)으로 간주하여 남성을 타락시키고 가정을 파괴하며 사회풍속을 어지럽히는 존재로 생각하는 경향이 지배적이었다(田代美江子 1999: 139~140).

이처럼 근대에 들어서도 여성의 지위는 여전히 낮아 1889년 공포된 중의원의원선거법에서도, 1925년 보통선거법에서도 여성의 참정권은 인정되지 않았고, 명치민법에서는 호주인 남성을 중심으로 한 가부장적 가족제도가 마련되어 처는 상속이나 친권을 가질 수 없는 종속적 위치에 머무르게 되었다. 학교에서도 여성의 이상적인 모습은 현모양처로 규정되어 있었고 여성은 집안에서 일하는 존재라는 성별 역할분담의식을 집중적으로 가르쳤다. 이를 비판하는 여성들의 움직임이 1911년 세토샤(靑鞜社) 결성으로 나타났고 1919년에는 부인참정권을 얻기 위한 신부인협회(新婦人

協會)가 설립되는 등 여성의 권리획득과 지위향상을 위한 여성해방운동이 전개되기에 이르렀다(田代美江子 1999: 145~149).

1874년 제정된 휼구규칙(恤救規則), 1929년 제정된 구호법(救護法) 등의 구빈제도의 주요 대상은 '일하지 않는 자'였고, 장애자는 그러한 시책의 일부로만 다루어졌다. 장애자들을 대상으로 한 자선사업은 실제 민간의 독지가나 종교인들에 의해 이루어져 장애인 시설이나 학교 등이 설립되었다. 당시에는 장애인들을 독립적인 인격체로 간주하기보다는 제대로 된 인간으로 볼 수 없는 배제의 대상으로 보는 경향이 강했다. 대부분의 장애인들은 장애인시설에서 생활하거나 도시의 최하층사회에서 궁핍한 생활을 영위하면서 촌락공동체에서 농사일을 돕는 식으로 생활하고 있었다.

한센병자들은 근대에 접어들어 강제격리의 대상이 되었다. 구래로부터의 편견과 잘못된 의학지식, 대외관계 등으로 인해 강제격리는 정당화되었다. 1907년에는 전국에 5개소의 요양소를 설립하여 방랑하는 환자를 중심으로 격리를 행하였고, 1931년부터는 모든 환자를 격리하기 시작하였다. 1930년대에는 '민족정화(民族淨化)'의 논리를 바탕으로 한 '한센균 없는 현만들기 운동(無らい縣運動)'이 펼쳐지면서 각 지역에서는 경쟁적으로 자택에서 요양하고 있는 환자를 강제로 요양소로 보내는 일이 벌어졌고, 이러한 과정에서 사람들에게 한센병이 무서운 전염병이라는 편견이 심어지게 되었다.

근대로 접어들면서 공해라는 새로운 문제가 등장하기 시작하였다. 정부는 군사공장과 광산 등의 사업을 직접 경영하면서 산업근대화를 도모하는 식산흥업정책(殖産興業政策)을 추진하였으나 1880년대 이후에는 민간기업에 하청을 주기 시작하였다. 도치기(栃木)현 아시오(足尾) 동산(銅山)의 광독(鑛毒)피해는 주변의 농토와 농산물에 엄청난 피해를 입혔고, 사망자와 실명자가 나오는 등 건강피해가 심각하였다. 이에 대해 피해구제를 원하는 운동이 전개되었으나 근본적인 해결책이 마련되기는커녕 정부는 탄압으로 일관하였다.

1869년 정부는 '개척사(開拓使)'를 설치하는 동시에 '에조치(蝦夷地)'

의 대부분을 '홋카이도(北海道)'로 개칭하였다. 정부에서는 북방지역의 경비와 개척을 내세워 혼슈(本州)로부터 이주민을 보내는 식민정책을 택했다. 1878년 개척사(開拓使)에 의해 아이누족에 대한 호칭이 '큐토징(旧土人)'으로 통일되었고 아이누족의 독자적인 문화는 부정되었으며 강제로 일본식 이름과 일본어를 사용하도록 하는 정책이 펼쳐졌다. 또한 아이누족의 토지와 자원을 빼앗고 연어잡이와 사슴사냥을 금지시켰다(佐々木馨 2001: 227 230). 1899년 정부에서는 '홋카이도구토인보호법(北海道旧土人保護法)'을 제정하여 아이누인들에게 토지를 주어 농업을 장려하고 의료, 생활원조, 교육 등의 '보호'를 하고자 하였으나 실제로는 혼슈로부터 온 이주민들에 비해 좁은 토지만을 주었고 교육도 일본인들과는 별도로 실시하는 등 차별과 동화정책을 지속적으로 실시하였다.

그리고 1872년 정부는 류큐를 일본 영토의 일부로 완전히 통합하기 위해 류큐 번을 설치하였다. 그리고 이마저도 1879년 군대와 경찰력을 동원하여 류큐 번을 폐지하고 오키나와현을 설치하였다. 학교에서는 일본인으로서의 의식을 함양시키기 위한 교육이 실시되었고 오키나와의 독자적인 생활관습이나 이름을 일본식으로 바꾸고 오키나와말의 사용을 금지시켰다. 대부분의 오키나와인들은 영세한 농업에 종사하고 있었기 때문에 1910년대 이후 1차 대전 직후의 불황과 무거운 세금 탓에 해외이민과 일본 본토로 돈벌이를 나가는 이들이 급증하였다. 본토로 나간 이들은 대개 공업에 종사하였는데, 여성들은 대부분 제사공장이나 방적공장에서 일하였다. 한신(阪神)공업지대로 일하러 나갔던 이들은 열악한 노동조건과 차별 속에서 1924년 간사이오키나와켄징카이(關西沖繩縣人會)를 결성하였다. 그 후 오키나와는 태평양전쟁 말기에 지상전의 무대가 되어 이루 말할 수 없는 피해를 입었고 전후에도 오랜 기간 동안 미국의 실질적인 지배하에 놓이게 되었다.

조선은 1905년 일본의 실효적 지배하에 놓인 이후 1910년에 병합되었다. 식민지가 된 조선인들은 일본과 중국 동북부로 대량 이주하였는데, 이들은 일본에서 공장노동에 가장 많이, 그리고 그 다음으로는 토목노동에 종사하고 있었다. 이들은 일본인 노동자의 7~8할에 불과한 임금을 받는 등 차별적인 경제적 대우를 받았다. 오사카는 1920년대에 조선인이 가장 많이 사는 도시가 되었고 각지에 조선인 공동거주지가 생겨났다. 중일전쟁 이후 노동력이 부족했던 일본은 일본, 사할린, 중국 등의 군수공장, 탄광, 광산 등에 수십만의 조선인을 강제로 동원하였고 군인이나 군속으로 징병되거나 징용된 조선인도 수십만에 이르렀다(樋口雄一 2002: 15~17).

근대시대의 일본의 위생행정은 당초에는 콜레라를 중심으로 한 급성전염병 대책 위주였다. 콜레라는 전국적으로 유행하고 있었지만 경찰이나 매스컴에서는 피차별부락과 도시 빈민가가 콜레라의 발원지인 것처럼 취급하면서 이들 지역은 사회적 차별의 공간적 무대가 되었다. 콜레라 등의 급성전염병이 일단락되었음에도 불구하고 국민 건강을 해치는 병약자들을 배제하고 격리시키는 정책기조는 오히려 더욱 강화되었다. 특히 한센병과 정신병에 대한 편견과 차별은 엄청나서 정신병을 범죄와 연결시키는 식의 관념이 널리 퍼졌다. 1870년대에는 사회적 다윈이즘이 널리 유행하여 후쿠자와 유키치(福澤諭吉)나 가토 히로유키(加藤弘之) 등의 지식인들에게까지 영향을 미쳤다. 이러한 사고방식이 우생학이라는 학문으로 발전하여 의사, 인류학자, 정치가, 저널리스트 등이 각종 관련 서적과 글을 발표하기에 이르렀다. 그 후 1910년대 이후에는 단종법(斷種法)의 제정에 대한 논의가 시작되었고 1938년 창립한 후생성(厚生省)은 1940년 '국민우생법(國民優生法)'을 제정하여 저열한 유전성질환을 지닌 자들에 대해 불임수술을 행할 수 있는 법적 근거를 마련하였다. 그렇지만 이후에는 전시 하의 병력과 노동력을 확보하기 위해 임신중절을 규제하는 쪽으로 법률이 서서히 바뀌어 나갔다(小熊英二 1995: 235~241).

1870년대에는 생식기능이나 성행위, 결혼 등 성(性)을 둘러싼 지식에 관한 구미의 서적이 번역되어 대중들에게 소개되기 시작하였다. 1910년대 이후에는 성을 과학적인 연구대상으로 보는 시각이 널리 퍼졌으나 잘못된 지식도 상당히 많았다. 이성간의 생식만이 정상적이고 그 외의 성행위는 병리적인 것으로 바라보는 경향이 커져 근세사회의 남색도 쇠퇴하였고,

동성애나 양성애, 트랜스젠더 등을 유전이나 뇌신경계의 질환, 또는 정신병의 일종으로 간주하여 치료를 받아야 한다는 사고가 일반적이었다.

Ⅲ. 현대 일본사회의 인권과 차별문제

1. 2차 대전 패전과 남녀평등

2차 대전에서 패한 일본은 연합군의 군사점령을 받은 지 채 1년 반도 지나지 않아서 국민주권, 기본적 인권의 존중, 평화주의를 3대 원칙으로 하는 일본 헌법을 공포하였다. 1945년 말의 중의원의원선거법(衆議院議員選擧法)이 개정되면서 처음으로 여성이 참정권을 갖게 되었고, 다음 해의 중의원선거에서 39명의 여성이 당선되었다.

또한 1947년에는 민법이 개정되어 호주권과 가독상속이 폐지되었고 호적법도 개정되었으나 남녀 한 쌍을 기본단위로 하는 호적에 따른 관리가 남았다는 점에서 전전(戰前)의 가부장제가 본질적으로 바뀌지는 않았다. 그리하여 결혼하지 않은 여성이 낳은 자녀에 대한 차별이 여전히 남게 되었다. 적출자(嫡出子)인지 비적출자(非嫡出子)인지, 혼외자(婚外子)인지를 주민표나 호적 등에 기재하는 것도 사라지지 않았다. 이를 없애기 위한 시민운동의 영향으로 이러한 관행은 공식적으로 없어졌으나 출생신고를 받아주기 않기 때문에 호적을 만들 수 없고 여권을 만들 수 없는 등의 불이익과 차별은 아직도 계속되고 있다.

2. 전후 재일코리언과 오키나와인 및 아이누인 문제

동서 냉전체제가 더욱 강화되면서 GHQ는 일본의 재군비를 서두르는 한편, 공산주의나 사회주의의 영향을 받은 여러 사회운동을 탄압하였다. 패전 후 일본에 남게 된 200만 이상의 재일코리언 중 절반 이상이 해방 직후 해방된 조국으로 돌아갔으나 이미 생활기반이 일본에 있고, 해방 후 한국이 혼란스러웠다는 점 등으로 말미암아 약 60만 명이 일본에 남게 되었다. 재일코리언들이 공산주의에 빠질 것을 두려워 한 GHQ는 1948년 조선인학교를 폐쇄하였고, 재일코리언의 민족운동에 대해 대대적으로 탄압하였다. 일본 정부도 재일코리언들을 배제하기 위해 GHQ의 지시라는 명목하에 식민지기와 유사한 차별 정책을 실시하였다. 1952년 4월 GHQ의 군사점령으로부터 벗어난 일본 정부는 구식민지출신자(旧植民地出身者)를 외국적자로 규정하였다. 따라서 서론에서 언급한 국민주권이라는 헌법 규정에 따라 지금도 재일코리언들의 권리를 법률과 제도로 제한할 수 있는 근거가 마련되었다. 그리하여 식민지시대와 유사한 멸시와 차별이 지속되고 있으며, 취직이나 결혼 등에서 여전히 차별을 받고 있기 때문에 많은 이들이 자신의 출신을 숨기고 일본 이름으로 살아가고 있다. 또한 최근으로 오면서는 '귀화허가신청'을 하여 일본국적을 얻는 이들이 급증하고 있다.

전후 오키나와는 일본의 민주화 과정에서 벗어나 있었다. 주민 4명 중 1명이 죽은 오키나와전은 그 후 27년 간 계속된 미국의 군사기지화의 출발점이었다. 1972년 5월 15일 오키나와는 일본에 복귀하였으나 미일안전보장조약에 따라 미국의 동아시아지역의 전략적 거점으로 미군기지가 남게 되었고, 자위대 기지도 주둔하게 되었다. 미군기지로 인해 왜곡된 경제구조가 형성되어 지속적으로 경제 불황을 겪었던 오키나와에서는 1950년대 중반부터 1980년대 초까지 수많은 젊은이들이 일본 본토에서 집단취업을 하였다. 이들은 본토에서 전전(戰前)부터 지속되어온 편견과 언어, 생활관습 등의 차이를 경험하면서 서로 돕는 조직을 만들었다. 현재 은퇴 후에 오키나와의 리조트지로 이주하는 본토인들이 늘어나는 반면에 오키나와의 실업률은 일본 전체에서 가장 높은 7~8%로, 젊은이들이 본토에서 직업을 얻는 것은 매우 어려운 실정이다.

아이누족에 대한 차별은 법률의 형태로 전후에도 오랫동안 지속되었다. 1899년 시행된 '홋카이도구토인보호법(北海道旧土人保護法)'이 그것인데, 1980년대에 아이누족을 중심으로 이를 폐지하고 새로운 법률을 제

정하자는 운동이 활발하게 전개되었다. 그리하여 이 법이 드디어 1997년에 폐지되었고, 이를 대신하여 같은 해에 '아이누문화진흥법(文化振興法)'이 제정되었다. 그렇지만 새로 제정된 법률에서도 아이누족은 소수민족으로 규정되었을 뿐, 선주민족(先住民族)으로 인정받지 못하였다. 2007년 UN총회에서 '선주민족의 권리에 대한 UN선언'이 채택되었고 일본도 찬성표를 던졌다. 이듬해 아이누족을 선주민족으로 인정하는 일본국회의 결의가 의결되었고 정부도 동일한 견해를 나타냈다. 앞으로 그 권리가 어떤 형태로 나타날 것인가가 주목된다. 2006년 아이누족의 생활실태에 대한 조사(北海道廳 「北海道ウタリ生活實態調査」)에 따르면 차별받았다고 생각하는 이가 16.6%, 차별받은 곳으로는 직장이 가장 높았고 그 다음으로는 학교생활에서, 취직할 때, 결혼할 때인 것으로 나타났다.

3. 우생사상의 지속에 따른 인권문제

장애인과 병약자라는 존재 자체를 부정하는 우생사상은 전후에도 법제도 속에 계속 남아 있었다. 그 대상이 되었던 것이 장애인과 한센병회복자들이었다. 1948년에 제정된 우생보호법(優生保護法)은 전전(戰前)의 국민우생법(國民優生法)보다도 우생시책을 강화하는 것이었다. 국민우생법에서는 불임수술의 대상을 '유전성 정신병' 등으로 한정했던데 비해 우생보호법에서는 유전성 정신병 이외에도 '정신병', '정신박약'도 새롭게 그 대상으로 추가하였다. 또한 생식능력 박탈(강제단종)도 국민우생법이 아니라 전후에는 일본헌법에 입각하여 실시되게 되었다. 또한 우생보호법에서는 새롭게 한센병회복자도 강제단종과 인공임신중절의 대상으로 추가하였다. 1994년 UN국제인구개발회의에서 일본의 우생보호법을 비판하는 일 등이 나타나면서 1996년 그 법으로부터 우생사상과 관련된 규정이 삭제되었다. 한센병은 1943년 미국에서 개발된 특효약 프로민이 전후 일본에서도 사용되면서 완치될 수 있는 질병이 되었지만 한센병회복자에 대한 국립요양소(國立療養所) 등으로의 격리는 계속되고 있었다. 관련단체의 반대에

도 불구하고 1953년에는 '라이예방법(らい豫防法)'이 개악되어 강제수용과 30일 이내의 근신을 포함한 징계규정 등이 명기되었고, 요양소 퇴원규정도 없어 한센병회복자를 일생동안 격리시킬 수 있도록 규정해 놓았다. 관련단체의 격렬한 저항과 싸움의 결과 1996년 폐지될 때까지 대략 90년이라는 오랜 기간 동안 법률에 의한 격리가 지속되었던 것이다.

질병과 관련된 인권 문제로 심각하게 새로 등장한 것이 HIV감염자와 AIDS환자에 대한 차별이다. 1987년 후생성(지금의 후생노동성)이 고베(神戸)에서 AIDS환자가 발생했다고 발표한 이후 매스컴에서는 차별적인 보도를 되풀이하였다. 그리하여 HIV감염자와 AIDS환자를 위험하게 생각하는 편견이 사회에 퍼지게 되었다. 후생성에서는 '에이즈예방법' 만들기에 착수하여 의사가 HIV감염자와 AIDS환자의 연령, 감염경로를 지사에게 보고하는 의무가 있다는 등의 내용을 포함시켰다. 치료체제가 확립되어 있지 않은 상태에서 프라이버시 침해라든가 차별이 심각해질 수 있다는 의견이 있었음에도 불구하고 이 법은 결국 1989년에 제정되었다. 이 법률에 대해 약해피해(藥害被害)로 HIV감염자와 AIDS환자가 될 수도 있다고 주장하는 혈우병환자단체(血友病患者團體)를 필두로 동성애자, 성산업종사자 등 많은 이들이 반대운동을 펼친 결과 1998년 이 법은 전염병예방법(傳染病豫防法), 성병예방법(性病豫防法)과 함께 통폐합되어 현재는 '신감염증예방법(新感染症豫防法)'이 마련되게 되었다.

4. 현재의 부락차별문제

부락차별은 헌법에 따라 부정되었지만 전후에도 여전히 그 형태를 바꾸어가면서 남아 있다. 1922년 3월 3일 전국수평사(全國水平社)가 설립된 이후 오늘날까지 약 90년 간 부락차별철폐운동이 전개되고 왔다. 이 운동은 결혼이나 취업, 학교나 직장, 더 나아가 일상생활의 장소 등에서 발생하고 있는 차별사건에 대한 항의운동으로 전개되어 왔으며, 규탄투쟁과 함께 법률정비를 국가나 지자체에 지속적으로 요구하는 방식으로 이루어지고 있다. 1970년대 후반부터는 유엔의 인권보호활동과 연계를 도모하면서 국제인권조약의 비준을 요구하는 운동을 전개하는 새로운 양상이 벌어지고 있다(野間宏·沖浦和光 1983: 294~295). 그럼에도 불구하고 일본정부의 전국적인 동화지구 생활실태 파악조사(1993년)에 의하면, 전국 36개 부현(府縣), 1,081개 시정촌(市町村)에 4,442지구의 동화지구(피차별부락), 298,385戶, 892,751명[동화지구에 거주하는 총 호수는 737,198戶이고, 총 인구는 2,158,789명임]에 달할 정도로 엄청난 부락민들이 차별 대상이 되고 있음을 알 수 있다. 이러한 차별을 극명하게 보여주는 상징적인 사건이 1975년에 발생한 『부락지명총람(部落地名總鑑)』 발각 사건이다. 이 책에는 전국의 피차별부락의 지명, 소재지, 호수, 주요 직업 등이 기재되어 있다. 이 책을 흥신소와 탐정회사가 만들어 기업이나 개인에게 팔고 있었던 것이다. 처음 8가지 종류가 알려졌으나 2006년에 새로 2종류가 있다는 것이 발각되었다(友永健三 2006: 7~9). '모든 일본 국민이 법아래 정치, 경제, 사회적 관계에 있어서 평등하다'고 규정한 일본헌법 제14조에도 불구하고 차별 대상을 구별하려는 사회적 필요는 여전히 존재하고 있기 때문이었다. 즉 그들에 대한 멸시와 편견, 기피의식이 있다는 것을 말해준다. 이는 단순히 의식이나 관념으로만 머무르는 것이 아니라 부동산, 학교선택, 행정구역 개편 등의 실생활의 모든 측면에서 여전히 은밀하게 영향을 미치고 있다.

5. 성을 둘러싼 차별과 인권문제

전후 일본의 고도성장은 남편이 집 바깥에서 장시간 일하고 부인이 집안일을 도맡아 하는 고정된 성별 역할분담의 덕을 보았다고 할 수 있다. 여성들은 취직을 하더라도 대부분 단순하고 보조적인 업무를 수행하였고, 고용주도 여성들에 대해 결혼퇴직 등을 요구하는 등 성차별적인 규정을 적용하는 경우가 많았다. 그러나 여성차별을 부정하는 국제적인 조류에 따라 고용에 있어서 여성차별을 규제하는 '남녀고용기회균등법(男女雇用機

會均等法)' 이 1985년 제정되었다. 그러나 이 법률에서는 총합직(總合職)과 일반직(一般職)에 있어서 남녀를 구분하여 고용하는 것을 금지하지 않는 등 여러 문제를 지니고 있었다. 그 후 성희롱문제를 추가한 개정이 1997년에, 임신과 출산에 따른 파트고용으로의 전환이나 퇴직권장 금지, 남성에 대한 성희롱문제를 추가한 개정이 2007년에 이루어졌으나 간접차별이나 파트노동에 대한 차등대우 등 아직도 많은 과제가 산적해 있다.

또한 동성애나 양성애, 트랜스젠더 등을 성도착적인 정신병으로 간주하는 관념이 근대 이후 지속적으로 남아 있다. 1995년에 동성애자 등의 시민집단이 운동을 전개하고 일본정신신경학회(日本精神神經學會)에서도 '동성에 대한 성적 지향 자체를 정신장애로 볼 수 없다' 는 공식적인 견해를 발표했음에도 불구하고 실제 생활에서는 여전히 편견과 차별의식이 엄존하고 있다. 그리하여 해고를 당하거나 직장에서 부당한 대우를 받는 일이 심심치 않게 벌어지고 있다.

6. 경제성장이 가져다준 공해피해와 홈리스 문제

경제성장의 폐해인 공해문제로 인해 일본 전국의 여러 지역에서 심각한 피해가 나타났다. 전후 일본의 4대 공해인 구마모토(熊本)현 미나마타(水俣) 만(灣)에서 발생한 미나마타병, 니가타(新潟)현 아가노가와(阿賀野川) 유역에서 발생한 제2미나마타병(니가타 미나마타병), 미에(三重)현 욧카이치시(四日市市)에서 발생한 욧카이치(四日市)천식, 도야마(富山)현 진츠가와(神通川) 유역에서 발생한 이타이이타이병은 널리 알려져 있다. 미나마타병은 1956년 공식적으로 발견되었고, 1968년에는 정부가 그 원인을 메칠수은화합물로 확정하였으며 재판에서 해당 기업뿐만 아니라 국가와 구마모토현에도 가해책임이 있다는 판결을 내렸다(水俣病被害者·辯護団全國連絡會議 編 1997: 56~58, 243~262). 욧카이치천식은 공장들에서 배출하는 유황산화물에 의한 대기오염으로 발생한 공해병이었다. 이 병은 욧카이치시뿐만 아니라 다른 지역의 유사한 공해병에 대한 판결에도 영향을 미쳤고 대기오염의 심각성에 대해 경종을 울리는 중요한 계기가 되었다.

　이상의 주요한 공해 관련 재판을 살펴보면 다음과 같다.

	水俣病	新潟水俣病	四日市천식	이타이이타이병	西淀川公害
피해 지역	熊本縣, 鹿兒島縣 八代海 연안주민	新潟縣 阿賀野川 유역주민	三重縣 四日市市주민과 어업관계자	富山縣 神通川 유역주민	오사카시 西淀川區 일부 주민
원인	수질오염	수질오염	대기오염	수질오염	대기오염
제소	1969년 6월	1969년 6월	1969년 6월	1969년 6월	1969년 6월
판결	1973년 3월 환자측 전면승소	1971년 9월 환자측 전면승소	1972년 7월 환자측 전면승소	1972년 8월 환자측 전면승소	1991년 3월 피고기업 10개사에 배상명령

　공해피해를 일으킨 경제성장은 1990년 초 '거품경제'가 꺼지기 시작하면서 막을 내리기 시작하였다. 심각한 불경기가 찾아오면서 연공서열의 급여체계와 종신고용을 전제로 한 고용체계가 붕괴되면서 경제적 빈곤이 확대되어 빈곤층에게는 교육을 필두로 기회의 불평등이 나타나기 시작하였고 빈곤이 대물림되는 '격차사회(格差社會)'의 문제가 대두되었다. 그 외중에 다양한 형태의 차별과 인권문제가 등장하기 시작하였다. 홈리스들이 여러 도시를 중심으로 등장하기 시작하였고, 특히 그들 중 고령자들은 병약하고 일자리가 없는 절망적인 상태에 빠져 있다. 이러한 홈리스문제는 단지 홈리스들이 모여 있는 도시부의 일부 지역만의 문제가 아니라 사회 전체로 확대되고 있다. 2007년에는 파트타임노동자, 아르바이트, 계약사원, 파견사원 등의 비정규직 고용노동자가 전체의 35.5%에 달하고 있는데, 이는 거품경제 초기의 약 2배에 해당하는 비율이다. 비정규직 고용의 확대는 정규노동자들의 노동조건 악화로 이어져 임금삭감과 장시간 노동을 가져옴에 따라 과로사하거나 자살하는 이들이 증가하고 있다. 또한 비정규노동자들은 불안정한 고용상태뿐만 아니라 저임금과 열악한 노동조

건 하에 놓여 있다. 지금과 같은 경제상황이 지속된다면 노숙생활자뿐만 아니라 경계선 상에 놓인 노동자들은 더 늘어날 것으로 예상된다. 현재 일본정부가 마련해놓고 있는 생활보호제도로는 이들을 감당할 수 없다는 것이 이미 너무도 명확해졌다.

Ⅳ. 나가며

현재의 일본사회는 다양한 종족집단과 사회문화적으로 복잡하게 구성된 사회집단으로 구성되어 있다. 이에 따라 예로부터 존재해왔던 인권 및 차별문제 이외에도 새로운 문제들이 계속해서 만들어지고 재생산되고 있다. 이글에서는 그러한 인권 및 차별문제들이 일본사회에서 처음 어떻게 만들어지고 새롭게 구성되고 있는지를 살펴보았다. 그 결과 기존의 부락민문제, 남녀불평등문제, 한센병자문제, 아이누인으로 대표되는 선주민족문제 위에 제국주의시대를 거치면서 본격적으로 등장하기 시작한 오키나와인과 재일코리언을 비롯한 재일외국인문제, 우생사상에 바탕을 둔 문제 등이 더해지게 되었다는 것을 알 수 있었다. 그리고 고도경제성장기를 거치면서 각종 공해피해문제, 여성에 대한 성폭력문제, HIV 및 AIDS감염자문제, 성적 소수자, 장애인, 홈리스문제 등이 대표적인 인권 및 차별문제로 나타나게 되었다는 것을 살펴보았다.

이글에서 언급한 각각의 인권 및 차별문제는 모두 저서나 논문의 주제로 적당한 것이지만 이글에서는 그러한 문제들이 상호 어떻게 연관되어 있는지를 살펴보는데 주안점을 두었다. 이점이 이글의 한계임과 동시에 각각의 인권 및 차별문제를 연구하는 출발점이 될 수 있다는 점에 의의를 두고자 한다. 일본사회의 인권 및 차별문제는 직간접적으로 천황제와 밀접하게 연관되어 있는데 이 주제에 대해서는 추후 별도의 논문을 통해 본격적으로 다루고자 한다.

赤松啓介. 1995. 『差別の民俗學』. 東京: 明石書店.

小熊英二. 1995. 『單一民族神話の起源−〈日本人〉の自畫像の系譜』. 東京: 新曜社. 京都部落史研究所 編. 1989. 『近世の民衆と藝能』. 京都: 阿吽社.

佐佐木馨. 2001. 『アイヌと日本−民族と宗敎の北方史』. 東京: 出川出版社.

田代美江子. 1999. 「十五年戰爭期における廢娼運動と敎育−日本キリスト敎婦人矯風會を中心に」. 松浦勉·渡辺かよ子 編. 『差別と戰爭 人間形成史の陷穽』. 115~148쪽. 東京: 明石書店.

友永健三. 2006. 『いま, 改めて『部落地名總鑑』差別事件を問う』. 大阪: 解放出版社.

野間宏·沖浦和光. 1983. 『アジアの聖と賤 被差別民の歷史と文化』. 京都: 人文書院.

野間宏·沖浦和光. 1985. 『日本の聖と賤 中世篇』. 京都: 人文書院.

野間宏·沖浦和光. 1986. 『日本の聖と賤 近世篇』. 京都: 人文書院.

野間宏·沖浦和光. 1992. 『日本の聖と賤 近代篇』. 京都: 人文書院.

原田伴彦. 1975. 『被差別部落の歷史』. 東京: 朝日新聞社.

樋口雄一. 2002. 『日本の朝鮮·韓國人』. 東京: 同成社.

北海道廳. 2006. 『北海道ウタリ生活實態調査』. 札幌市: 北海道廳. 水俣病被害者·辯護団全國連絡會議 編. 1997. 『水俣病裁判 人間の尊嚴をかけて』. 京都: かもがわ出版

인권정치의 공간적 해석[*]

김기곤[**]

Ⅰ. 머리말

'인권'이라는 단어는 누가 어떻게 쓰느냐에 따라 서로 다른 의미를 가질 수 있다. '인권정치' 역시 '인권을 이용하는 정치'인지 아니면, '인권을 위한 정치'인지 관점에 따라 달리 해석될 수 있다. 이는 인권영역 자체가 다양한 의미들이 경합하는 정치적 담론의 대상이기 때문일 것이다. 인권과 관련한 정치적 질문으로는 다음과 같은 것을 들 수 있다. 왜 특정한 인권만이 유독 더 큰 주목을 받는지, 인권으로 인해 일차적 혜택을 받는 사람과 간접적 혜택을 받는 사람은 누구인지, 인권이 궁극적으로 현존하는 권력구조를 정당화하는지 또는 그것에 도전하는지 등이다(조효제, 2008a: 67~68).

* 이 연구는 2008년 정부(교육과학기술부)의 재원으로 한국연구재단의 지원을 받아 수행된 연구임(NRF-2008-005-J01401). 『민주주의와 인권』 제10권 2호(2010년)에 게재된 논문을 재록함.
** 광주발전연구원 부연구위원.

그동안 인권에 대한 논의는 규범적 차원에서 인권의 보편성의 문제, 그리고 실천적 차원에서 법적 제도화의 문제를 중심으로 인권현실의 파악과 인권을 보장하기 위한 방안 등을 탐구하는 데 초점을 두었다. 최근에는 인권이 규범이나 법·제도 등의 영역으로 제한되는 것이 아니라 사회적 관계를 종합적으로 반영한다는 점에서 인권의 논의 범위도 점차 넓혀지고 있다.

이에 따라 인권의 개념은 '인간으로서 모든 인간이 갖고 있다고 전제된 생존과 행복추구 등에 대한 일반적인 자유'(박이문, 2004: 295)라는 추상적 개념을 넘어, '권리뿐만 아니라 책임과 존엄성, 상호인정 등의 신뢰와 유대관계의 차원을 포괄'(유홍림, 2003: 311)하는 영역으로 확대되고 있다. 이는 인권이 보편성을 띤다고 말하지만, 실제 적용되는 과정을 보면 특정한 시공간적 지점을 전제로 하기 때문이다. 이는 인권을 인간의 물질적 존재상황, 인간의 가치와 욕구, 그리고 여러 사회 세력들이 맺는 역학관계를 통해 구성되는 정치적·사회적 실천의 산물로 인식하도록 한다.

이러한 상황을 고려하면, 인권은 특정 유형이나 목록화된 내용을 갖는 것이 아니며, 인권의 발전도 제한된 몇 가지 방식에만 의존하지 않는다는 것을 알 수 있다. 전통적인 인권운동이 인권법의 테두리 내에서 인권문제를 해결할 수 있다고 가정한 정태적 모델에 의존하고 있었다면, 이제는 권리의식이 새로운 인권목록의 확장을 계속 요구하는 동태적 모델로 나아가고 있다(조효제, 2008c: 38). 따라서 근대 서구의 역사적 산물로 등장한 인권의 영역을 현실의 시공간적 차원에서 보다 명확하게 규명하기 위해서는 인권이 기초하고 있는 위상학적 특징과 그것의 작동원리 등을 함께 규명하는 작업이 병행되어야 할 것이다.

이런 맥락에서 이 논문은 인권영역의 동학성을 고려해 인권보다는 인권정치라는 개념으로 재설정하고, 이 인권정치가 새롭게 기획해야 할 내용을 찾아보고자 한다. 이를 위해 인권의 주요쟁점과 영역을 공간적 차원에서 접근하고자 한다. 하지만 인권에 대한 공간적 접근은 기본적으로 한계를 안고 시작할 수밖에 없다. 공간을 독립적인 범주로 설정해 이를 인권영역과 접목시켜 설명하는 것은 쉽지 않은 작업이다. 공간이 갖는 의미가 매우 포괄적이고, 때론 구체성을 갖기보다는 상징적인 은유로 사용되는 경우가 많기 때문이다. 그럼에도 불구하고, 공간은 삶의 영역에서 인간의 포괄적 존재상황을 의미하는 인권의 문제를 밝히는 데 중요한 시사점을 줄 것이다. 특히 공간적 차원의 인권 인식은 인권의 보편성 원리가 갖는 추상성과 인권의 실천에서 법과 제도적 접근이 갖는 한계들을 보다 선명하게 보여줄 수 있을 것이다. 이러한 한계를 지적해 인권정치의 내용을 풍부하게 만들고, 인권정치의 새로운 실천 방향과 지점들을 탐색해 보는 것이 이 연구의 목적이다.

논문의 구성은 인권영역의 각 지점과 변화 상황을 구체적으로 파악하기보다는 인권정치를 공간적 차원에서 이해함으로써 그동안 주변화되었던 인권의 내용과 쟁점을 정치적으로 재구성해 보는 데 초점을 두고자 한다. 이 논문이 전제로 하는 인권정치는 인권영역의 현실인식과 인권신장을 위한 실천의 측면을 포괄하는 개념이다. 즉, 인권정치는 특정한 인권 상황 속에서 전개되는 주체들의 행위와 이와 연관된 사회적·정치적 관계의 총합이다. 또한 공간은 '물리적 사물만이 아니라 인간의 사회적 행동과 일상을 배치하는 장소'(장세룡, 2009: 294)라는 점에서 인간의 삶이 전개되는 총체적인 영역이다. 여기서 공간은 인권의 정치적 맥락을 파악하기 위한 인식의 도구로 활용된다. 또한 공간을 인간의 행위, 사회변화, 권력의 관계가 투영되어 있는 총체적인 삶의 지점들로 이해하고자 한다.[1]

요약하면, 이 논문은 인권을 공간의 영역으로 끌어들여 인식하려는 '인권의 공간적 인식 전환'을 향한 시론적 시도이다. 이를 통해 인간의 공동체성을 지속적으로 유지·확장하기 위한 실천기획으로서 인권정치가 얻게 될 긍정적 효과를 찾아보고자 한다. 공간이 다양한 세력들 사이의 사회적 관계에 의해 만들어진 산물이라는 점은 인권이 존재하는 각각의 지점들이 복합적인 정치적 과정의 연속이라는 것을 더욱 분명하게 보여줄 것이다.

Ⅱ. 인권정치의 지형과 재구성

1. 보편적 인권의 재설정

18세기 서구의 계몽운동 시대에 개인적 자유와 사회적 평등에 대한 자각이 만들어 낸 역사적·정치적 '발명품'인 인권은 서로 맞물린 세 가지 특성을 갖고 있다. 그것은 자연성(인간이 타고남), 평등성(모든 인간에게 동등함), 보편성(모든 곳에 적용 가능함)이다(Hunt, 2009: 307; 25). 특히 인권의 보편성은 인권이 모든 사람에게 영향을 미친다는 측면을 강조하고 있다. 인권의 소유 여부는 인종, 성별, 종교, 사회적 지위, 국적과 같은 특성들과 무관하다는 것이다(Nickel, 2010: 5). 이 인권의 보편성에 대한 질문을 따져보면, 인권이 어느 지점에 있는 누구를 대상으로 적용되어야 하는가를 묻고 있다는 점에서 근본적으로 공간적 차원의 물음이라는 것을 발견할 수 있다. 하지만 오래 전부터 인권의 보편성이 실현되는 공간은 보편적이지 못하다는 지적이 있었다.

---

1) 이러한 개념은 공간에 대한 유물론적 인식의 성과들을 반영하고 있는 '사회적 공간론'에 근거한 것이다. 이 공간론은 공간을 통해 삶이 조직되는 원리, 공간과 인간이 맺는 관계, 공간에 작용하는 여러 가지 요인 등을 총체적으로 고려한다. 사회적 공간론 정립에 폭넓은 지적 영향력을 끼친 사람들을 중심으로 그 핵심 내용을 살펴보면, 우선 공간은 이미 주어진 것이 아니라 '사회적으로 생산되는 공간'(Lefebvre, 1991)이라는 관점에서 출발한다. 이 공간은 평면적이지 않다. 공간은 '사회적 권력을 담는 체계'(Harvey, 1994: 291)이기 때문에 누구에게나 똑같은 것으로 인식되지 않는다는 것이다. 또한 공간은 '사회적 행위와 관계들의 매개이자 결과이며 전제이자 구현'(Soja, 1997: 167)이다. 이는 공간이 인간의 삶에 영향을 미치고 인간은 다시 공간을 만들어가는 상호변증법적 관계가 형성된다는 것이다. 또한 짐멜(Simmel)은 인간을 '공간 내 존재'로 보고, 인간은 '공간 안에서 살면서 상호작용을 하고, 그에 따라 세계와의 관계를 구조화 한다'고 보았다(김덕영, 2007: 137).
따라서 인간의 총체적인 실존상태를 보여주는 인권의 문제를 파악하기 위해서는 '세계-내-존재(being-in-the-world)'(Soja, 1997: 169)라는 측면에서 인간의 삶을 규정하는 광범위한 공간 수준부터 인간의 직접적인 생활이 전개되는 공간적 위치까지를 상호연계시켜 살피는 작업이 중요하다. 특히 '공간이 사회적 구성물이자 매체'(Lefebvre, 1991)라는 인식은 특정 공간의 형성 원리가 인간의 존재상황에 미치는 영향을 규명해 줌으로써, 각각의 공간 지점들이 인권을 어떻게 매개하는가를 이해하는 데 큰 도움을 줄 수 있다.

먼저 마르크스는 근대 인권론의 기원이라 할 수 있는 1789년 프랑스의 「인간과 시민의 권리선언」(이하 '권리선언')을 문제 삼으며 인권의 보편성이 갖는 허구성을 비판했다.[2] 마르크스는 「유대인 문제에 대하여」(1844)에서 인간의 보편적 특징을 유적 존재라는 공간적 차원으로 추상화시켰다. 그는 인권의 실현공간인 시민사회에 자유롭게 참여하는 것이 구조적으로 제약되어 있다는 점을 지적한다. 시민사회에서 권리를 갖는 사람은 자신의 재산을 마음대로 향유하고 처분할 수 있는 사람이고, 이들은 시민의 권리가 아니라 '이기적 인간의 권리'에 지나지 않는다고 보았다. 결국 시민사회에서 권리는 '사적소유라는 인권'으로 수렴되고, '보편적'이라고 하는 자유는 자본가의 자유라는 것이다(Marx, 1996: 355). 기본적 인권은 재산으로부터 나오기 때문에 "자유라는 인권은 인간과 인간의 결속에 기초하는 것이 아니라 오히려 인간과 인간의 구별에 기초한다. 자유는 이 구별의 권리이며 자기 자신에게 한정되어 있는 개인의 권리"라고 분석한다(Marx, 1996: 355). 결국 '모든 사람'의 인권을 보편적으로 선언하고 있지만 사실은 일부 계급의 권리의 표현에 지나지 않는다는 것이다. 인권의 보편성이 갖는 허구성에 대한 마르크스의 비판은 인권이 자본주의 경제체제의 특징 및 그것의 작동원리와 연관되어 있다는 것을 인식하게 함으로써 인권문제를 자본주의라는 추상공간이 갖는 구조적 맥락 속에서 파악하도록 했다.

아렌트 역시 '권리선언'(1789)과 '세계인권선언'(1948)에 명기된 '양도할 수 없는 권리'로 인식되는 인권은 어디에도 존재하지 않았을 것 같은 '추상적인' 인간을 염두에 두고 있다고 지적했다(Arendt: 2006, 525). 이러한 비판에도 불구하고 프랑스 혁명과 '권리선언'은 기존의 종교적 세계관과 단절하고, 주권 개념을 혁명적으로 쇄신하도록 한 것은 분명하다. 우

---

2) 인권의 보편성은 '권리선언'의 제1조 '인간은 자유롭게, 그리고 권리에 있어서 평등하게 태어나 존재한다'는 내용에 근거하고 있다. 헌트에 의하면, 이 구절은 경험적으로 입증하기 힘든 주장임에도 당대의 사람들은 이를 '자명하게' 여겼다고 본다(Hunt, 2009: 309).

선 모든 인간은 자신의 개인적 인간성을 완전히 실현하면서 보편적 권리를 향유할 수 있는 자격을 갖는 사람이 될 수 있었다. 이러한 사고들은 권리의 실질적인 주체는 누구이며, 실현하고자 하는 권리의 내용은 무엇인가를 묻는 인권정치를 최초로 제기했다(박상현, 2004: 34).

인권의 보편성에 대한 의구심은 선언적인 원리와 실제 현실의 적용 가능성 사이의 긴장관계에서 비롯된다. 현실에서 보편성의 원리는 제한적이며 차별적으로 적용되는 경우가 많다. 특히 소유를 기반으로 한 계급적 차이가 인권의 보편성을 한낱 공허한 선언에 머무르게 하는 주요 원인으로 지적되기도 했다. 이러한 인권 개념은 불균등하고 다양한 집단의 상이한 조건을 일반화시킴으로써, 인권운동이 인간 집단 내부의 실질적 배제를 무시하는 방향으로 나아가도록 했다(문성원, 2002: 29). 이런 이유 때문에 인권을 어떤 선험적 원리에 기초해서 무제약적으로 파악할 것이 아니라, 사회 체제를 구성하는 보다 복잡한 사회관계와 오랜 전승에 의해 유지되는 가치관에 따라 상대적으로 바라보아야 한다는 인식을 제기하기도 했다(이상훈, 2005: 224~225).

인권의 보편성은 계몽주의와 프랑스 혁명의 낙관적인 세계관을 바탕으로 초국가적이고 추상적인 개념에서 출발한 것이지만, 그것이 실천되는 단위는 국민국가일 수밖에 없었다.[3] 대다수의 인간은 어떤 국가 내에서 태어나 '국민'으로서 살 수밖에 없기 때문이다. 이는 인권의 보편성과 국민국가 개별성을 동시에 지향한 근대 인권 체제의 역설이기도 하다(조효제, 2008b: 29).

현실 속에서 인권정치는 외부에서 다른 나라의 법적 관계에 영향을 행사하려고 시도하는 것이 아니라 내부의 정치적, 사회적 개혁세력들과 협력하는 것을 목적으로 삼았다(Honneth, 2009: 336). 경험적으로 보면, 국

---

3) 프랑스 혁명에서 '인간의 권리'가 정식화된 이후 권리는 생각과 행동에서 사라지지 않았으나, 토론과 법 제정은 거의 배타적으로 특정한 민족적 틀 안에서 이루어졌다(Hunt, 2009: 203).

가 단위를 넘어서는 인권개입은 '인권을 이용한 정치'라는 다른 의미의 결과를 낳기도 했다. 즉, 인권의 보편성이 국가들 사이에서 개입주의의 원리로 활용되었던 것이다. 미국이 인도주의로 포장해 아프가니스탄, 이라크, 중국, 북한 등에 정치적·경제적으로 개입한 것도 '보편적 인권'이란 틀 속에서 진행되었다. 이것은 인권옹호라는 명분으로 제3세계에 대한 폭력적 개입을 정당화하는 이데올로기가 되었다. 이를 두고 월러스틴은 '개입'을 근거로 내세우는 보편주의적 가치란 특정한 세계체계의 조건에서 지배층이 만들어낸 사회적 산물에 불과하다고 말했다. 또한 이 개입은 '강자에 의해 전유된 권리'이며, 정당화하기 힘든 권리이기 때문에 항상 정치적·윤리적 도전을 받기 쉽다고 지적했다(Wallerstein, 2008: 55).

국민국가 내부에서도 인권은 권력에 의해 자의적으로 행사되는 경우가 많다. 역사적 과정을 통해 축적된 정치·시민적 권리의 성과를 후퇴시키거나, 인권의 범위와 내용을 광범위하게 적용하기 위한 사회권의 보장을 국가권력과 자본의 이해 속에서 축소 및 제거하는 방향으로 나아가기도 한다. 따라서 구체적인 인권현실에 기초하지 않는 인권의 보편성 옹호는 인권정치에서 목적담론과 맥락성의 비중을 약화시킬 수 있다. 왜 인권이 중요하고, 인권의 보호 주체와 대상은 누구이며, 인권을 현실화시키기 위한 구체적 방법은 무엇인가에 대한 고민이 생략되기 쉽다는 것이다.

그렇다면 인권정치에서 인권의 보편성은 어떻게 재규정되어야 하는가? 우선 보편적 인권은 인간이 공존해야 할 상호연대성의 가치를 지탱하는 원리이자, 때론 권력에 의해 부당한 억압을 받은 사람들에게 인권을 적용할 수 있는 근거가 되고 있다는 점을 인정해야 할 것이다. 인권을 자유, 정의, 평화의 기초로 규정하는 세계인권선언 등의 국제규약과 선언들은 인간이 유지해야 하는 최소한의 삶의 조건, 즉 인간이 인간으로서 보장 받아야 할 최저수준의 권리를 명시하고 있다. 이를 '좋은 국가가 가져야 할 최소기준'(Freeman, 2004: 27)이라고도 볼 수 있다. 이것은 곧 인권의 보편성에 대해 공감할 수 있는 근거이기도 하다. 뉴튼의 법칙이 17세기 영국에서 발견되었다고 해서 그것을 영국적인 것으로만 규정할 수 없을 것이다. 민주주의의 이상이 고대 그리스에서 시작되었다고 그 의미를 그리스라는 시공간으로 제약시켜면서 민주주의의 보편성을 부정할 수도 없을 것이다. 문제는 인권의 보편성에서 인권정치의 동력을 어떻게 얻어낼 것인가를 고민하는 것이다. 보편성의 실천적 전유가 중요하다는 것이다. 인권의 보편성을 통해 인류는 자신들이 공유할 수 있는 '공통의 가치'가 존재한다는 것을 확신할 수 있었다. 보편성은 인류의 존재성, 그리고 공동체적 가치를 가장 적극적으로 옹호해 줄 수 있다. 이를 통해 인권과 관련한 인간행동을 지구적 차원에서 예측 가능한 행위로 유도할 수 있었다. 이러한 점들은 보편성을 허구나 이데올로기로 간주하여 폐기해 버릴 수 없게 하는 이유들이다. 따라서 중요한 것은 보편성을 부정하는 것이 아니라 보편성이 어떻게 개별적인 공간에서 다르게 나타나는가 밝히는 것이다.

인권의 보편성 주장은 문화다양성의 관점에서 공격을 받으면 이에 대한 저항의 논리가 궁색해진다. 인권이 존중되거나 또는 침해되는 사회적·경제적·정치적 조건은 어떠한지에 대해 설명하기가 곤란해진다는 것이다(Freeman, 2004: 5). 보편성 원칙과 대립되는 사고는 인권에 대한 상대주의적 관점이다. 이는 인권이 오직 서구에만 적합하며 자유, 평등, 민주주의는 다른 문화권에서는 의미가 없다고 본다. 이러한 인권 상대주의는 항상 보편적 관용이라는 유혹에 의해 포장된다. 이것은 분명히 모든 문화가 원칙적으로 평등하지만 이러한 평등성을 보장하는 문화가 필연적으로 다른 문화보다 더 가치가 있다는 믿음에 따른 것이다. 보편주의와 상대주의 사이의 평화적 해결을 위해서는 '인권을 모든 인류가 이용 가능하고 모든 문명에서 전용할 수 있는 공동의 자원(common resource)'으로 보는 것이다(Supiot, 2003: 118~136). 이러한 판단은 '인권의 보편성은 무엇인가' 보다는 '모든 인간에게 공통적인 것이 무엇인가'라는 물음을 더 중시하는 것이다. 이는 또한 보편성의 문제를 재설정하고, 보편성을 구성하는 요소들을 발견해 가는 현실의 실천운동을 강조하는 방향으로 나아가게 한다.

이러한 관점을 통해 인권의 보편성 문제는 공간적 수준에서 정치적 대상으로 전환되어, 선언적인 구호 이상의 실천적 의미와 효과를 발휘할 수 있을 것이다. 이를 위해 인권의 보편성의 문제를 구체적인 실체를 지닌 규범으로 접근하기보다는 인권정치가 나아가야 할 지향점, 일종의 추상화된 공간이라는 관점에서 바라보는 것이 중요하다.[4] 이러한 맥락에서 사회적 여러 요인에 의해 인위적으로 삶을 구분하고, 차이를 두려는 경향에 대항해 모든 사람들이 공간적 수준을 초월하여 평등과 연대를 지향하는 실천의 원리로 인권의 보편성을 활용할 수 있다. 인권은 기본적으로 공간적 구획에 의한 차별적 적용이나 배제가 아니라 다른 사람의 존재를 인정하는 공존의 원리를 전제로 하기 때문이다.

2. 법적 제도화와 인권의 제한성

1789년 권리선언에서부터 제2차 세계대전 이후의 인권선언에 이르기까지, 인권은 더욱 풍부하게 목록화되어 왔다. 여성의 권리, 아동의 권리, 노동권, 교육권, 문화권 등 법과 제도에 의해 그 범위와 내용 등이 규정되었다. 관계적 측면에서 보면, 인권은 개인과 국가 사이의 문제이다. 즉, 인권은 개인의 지위, 요구, 의무 등을 국가의 사법권과 관련시킨다 (Donnelly, 1996: 32). 이는 인권이 국가 혹은 국제적 수준에서 법률을 통해 성문화 과정을 거쳐 발전해 왔다는 것을 말해준다. 국제 인권법을 비롯한 각 수준의 법제화는 인권의 영역을 구체화하면서 그 내용을 풍부하게 만드는 데 기여했다. 또한 법의 내용으로 기록된 인권을 지키기 위한 강제적 장치로도 기능했다. 그러나 인권의 법적 제도화가 항상 긍정적인 효과만을 갖는 것은 아니다. 법은 인권의 객관적 기준을 규정하여 인권 개념이 도덕적 논란에 빠지지 않게 마치 '보호'하는 것처럼 보이게 한다. 법률적

---

4) 국내에서 보편적 인권을 옹호하는 입장과 비판하는 입장은 각각 장은주(2000)와 문성원(2000)을 통해 확인할 수 있다. 전자는 보편성이 지구의 모든 사람들에 대해 무제약적으로 타당해야 한다는 규범적 지향 그 자체라는 점을 강조하고, 후자는 보편적 인권의 역사성을 강조하면서 보편성은 서양의 자유주의 정치질서 확장의 논리와 무관하지 않다는 것을 강조한다.

으로 정해진 인권만이 인권이 될 수 있다고 여기는 법실증주의적 시각은 인권의 성격과 인권의 지향성을 잘못 이해하는 데서 비롯된다. 인권의 주안점은 인권을 침해하는 법률기관이나 법률을 비판하는 것인데, 법실증주의자들은 흔히 법률로 집행 가능한 권리만이 권리라고 말하기 때문이다(Freeman, 2004: 20~22).

법이 한 사회의 도덕적 가치와 윤리를 구체적으로 표현하는 것이라면, 인권의 내용을 충실히 반영하고 있는 법은 그 자체로 인권을 실현하기 위한 노력의 성과라 할 수 있다. 또한 인권의 법제화는 비교적 구체적 항목들을 기록하여 현실 사회문제를 해결하는 데도 유용한 프로그램로서의 가치를 제공한다(조효제, 2006: 53). 제도는 단순히 강제적 힘에 의해 지속되는 것이 아니라, 암묵적이거나 때로는 공식적으로 정당성을 바탕으로 지속된다. 제도는 이러한 정당성에 부합하는 것이 도덕적으로 옳고, 그렇지 않은 것은 도덕적으로 옳지 않다는 것을 함축하고 있다는 점에서 상당한 정도의 도덕적 권위를 갖고 있다(Wuthnow, 2003: 53). 이러한 점에서 보면, '도덕적 권리서의 인권은 별다른 이행강제력을 행사할 수 없기 때문에 법적 제도화를 통해서 그 도덕적 차원을 완성'(장은주, 2007: 286)할 수도 있다. 더 나아가서 '인권은 사회구성원들 사이의 갈등과 이해를 처리하기 위한 규범을 만드는 데 최고의 법'(이재호, 2006: 221)으로 기능할 수도 있을 것이다.

그러나 법적 제도화가 갖는 이러한 장점을 지나치게 확대 해석하는 것은 경계할 필요가 있다. 현실에서는 인권을 구성하는 다양한 요소들이 정치적 논쟁을 통해 형성되기 때문이다. 따라서 자유주의자들의 모델처럼 천부적인 인권을 강조하면서 정치적 담론을 도덕적 담론에 종속시키는 것도 문제이지만, 인권을 법과 제도의 틀로 제약하는 것 역시, 시민의 자기결정권의 원칙에 어긋날 뿐만 아니라 현실적이지도 못하다(Freeman, 2004: 25). 인권을 법률적인 문제로만 다루는 것은 인권이라는 개념이 왜 그렇게 중요해졌는지, 어떻게 정당성을 갖는지, 어떠한 종류의 인권법이 있어야 하는지를 설명해주지 못한다. 중요하게 바라볼 문제는 인권이 정

치적 과정을 통해서 만들어지고 해석된다는 것이다. 인권의 법적 제도화
는 권력과 연계된 하나의 사회적 과정으로 분석되어야 하며, 항상 유익하
게만 여겨져서는 안 된다는 것이다(Freeman, 2004: 122).

인권의 범위와 내용을 제도화시키는 것은 인권의 가치에 대해 정당성
을 더해 줄 수 있다. 또한 인간의 생존 자체를 위협할 수도 있는 치명적이
고 잠재적인 결과를 미리 예방하고 통제하는 기능을 하기도 한다. 그러나
인권의 제도화는 반드시 인권을 보호하기 위한 방향으로만 나아가는 것이
아니라 권력의 이해관계 속에서 재조정되어 정치적으로 악용되기도 한다.
한국사회에서 진행되었던 일련의 제도 변화, 예를 들어 국가인권위원회
기구의 축소, 검찰 및 경찰에 의한 구조적 폭력의 행사, 사회보장 재원의
삭감을 통한 사회권의 약화 등은 인권 제도가 권력의 성격에 의해 변화되
는 정치적 과정의 산물이라는 점을 잘 보여주고 있다.

이러한 점에서 인권의 제도화는 주체의 문제를 논쟁의 쟁점으로 끌어
올린다. 국민국가라는 공간적 단위에서 보면, 인권의 제도화 주체는 국가
권력이 중심이었다. 국가권력의 성격에 따라 제도화의 수준이 결정되고,
제도화의 성과 역시 국가의 실천의지에 의해 판가름되었다. 인권을 증진
시키는 문제는 법에 의한 제도화의 방법과 정치적 실천을 통한 운동의 방
법이 긴밀한 연관 관계를 형성하고 있다. 이 두 가지 방법 중에서 어느 것
이 더 효과적인가는 구체적 인권상황, 제도화 주체의 의지, 인권운동의 세
력의 역량 등에 의해 결정될 문제이다. 중요한 것은 이러한 지형이 항상 안
정적으로 형성되지 않으며, 전체 정치문화의 지형 속에서 결정된다는 점
이다. 따라서 법을 통한 인권의 제도화는 인권실현을 위해 취할 수 있는 다
양한 방법들 중의 하나로 인식할 필요가 있다. 인권의 법제화에 지나친 의
미를 두는 것은 개인과 국가의 관계 속에서 새롭게 구성되어야 할 인권의
과제들을 제약하고 인권의 내용을 형식화하거나 단순화시킬 우려가 있다.
법에 명문화되지 않은 것은 인권이 아니라 단지 도덕적 권고나 그저 의미
있는 가치 정도로 사고할 수 있다는 것이다. 또한 법은 오히려 인간 행동을
규제하거나 통제하기 위한 수단으로 기능할 수 있기 때문에 인권의 의미와

실천 행위들을 지속적으로 확장하는 데 장애가 될 수도 있다.

　제도는 개인과 국가의 사이의 관계에서 만들어진다. 따라서 법적 제도화가 인권실현을 위해 긍정적인 효과를 가져오게 하려면 두 가지 조건이 충족되어야 한다. 하나는 권리의 주체인 개인이 자신의 권리를 적극적으로 옹호하고 그에 대해 관심을 가져야 한다는 것이다. 다른 하나는 인권의 의무 주체인 국가가 인권법을 제정하고 수호하려는 강한 의지를 가져야 한다는 것이다. 그러나 이러한 상황은 대부분 이상적으로만 설정 가능하다. 왜냐하면 인권은 국민국가 단위의 특정 공간적 상황에서 항상 최우선의 가치로 현실화되지는 않기 때문이다. 여기에는 "개인과 국가 사이의 모든 제도적 관계가 인권에 의해 좌우되는 것이 아니고, 인권과 관계된 것도 아니다"(Donnelly, 1996: 32)는 근본적 제약이 작용하기도 한다. 인권영역은 그만큼 범위나 대상을 명확하게 구별짓기 어렵고 다른 요인들에 의해서 복합적으로 영향을 받기가 쉽다는 것이다. 따라서 인권정치의 지형은 인권 주체에 대한 문제 설정뿐만 아니라 인권의 개념과 내용 등을 포함하는 보다 폭넓은 영역에서 형성된다.

　우선 인권이 담아야 할 최적의 내용, 달리 말하면 인간의 권리가 극대화되는 상황은 어디인가를 탐색하는 작업이 중요하다. 이를 위해 인권의 문제를 다른 실천의 문제와 관련시켜 사고해 볼 수 있다. 그것은 민주주의이다. 민주주의는 인권의 외적 구현형태를 이룬다는 점에서 인권과 일정한 조응관계를 형성하고, 민주주의는 부분적으로 인권의 구성 요소이고, 부분적으로는 인권을 실현하는 데 필수적인 요소이다(Boehm, 1999: 139). 그래서 인권을 민주화 이후의 민주주의를 내용적으로 지칭하는 개념으로 사용하기도 하고, 인권은 '공평하고 좋은 세상의 상징적 등가물', 즉 '은유로서의 인권'이 되기도 한다(조효제, 2008b: 27). 특히 현재와 같이 시장 만능주의 시대에서 새로운 인권의 가치를 관통하는 지도적 원리로 '민주주의의 강화'를 지적하기도 한다(Friedman, 2008: 121~123). 인권과 민주주의가 강한 친화성을 갖는 것은 민주주의가 갖고 있는 속성 때문이다. 민주주의는 그 의미와 외연을 끊임없이 확장하며 필연적으로 지향할 수밖에 없는 인간들의 사회적 삶의 발전형식이다. 이 민주주의는 정치라는 특정의 영역에 갇혀 있는 것이 아니라, 사회문화적 차원까지 넓혀 있다(장은주, 2007: 126). 민주주의는 일반적으로 정당한 권위, 정치적 평등, 자유, 도덕적 자기 발전, 공익, 공정한 도덕적 절충, 공동의 이익 수호, 욕구의 충족, 효과적 결정 등의 가치를 옹호하는 정치 체계를 말한다(Held, 2010: 19). 민주주의가 담고 있는 이러한 포괄적 의미는 인권이 지향하는 인간의 삶의 상태를 물질적 차원으로 제한하는 것이 아니라 다양한 가치의 문제를 포함하는 것으로 끌어올린다. 그래서 인권을 통해 인간의 욕구, 기대, 인간과 인간 사이의 조화로운 관계 설정 등을 폭넓게 사고할 수 있게 해준다.[5]

3. 인권정치의 공간적 기획

인권의 보편성은 입증할 수 없는 하나의 가설이자 주장일 수 있다. 인권정치는 이러한 인권의 보편성을 새롭게 전유하는 것에서 시작된다. 보편성이 구체적으로 실현될 수 있는 가능성을 찾기 위해 두 가지 측면의 질문을 해볼 수 있다. 하나는 보편성을 통해 공감할 수 있는 현실의 가치는 무엇인가? 다른 하나는 그러한 가치가 가장 잘 실현될 수 있는 공간적 지점은 어디인가?

이러한 물음은 발리바르의 인권의 보편성 문제에 대한 정치적 재해석을 참고함으로써 그 실마리를 찾아갈 수 있다. 발리바르는 인권담론에서 명목적인 것을 실제적인 것으로 전환시키고자 했다. 그는 인민들을 구성하는 각 개인들 사이의 상호호혜성을 전제할 때만이 권리획득이 가능하다고 보았다. 이 상호호혜성의 가능성을 프랑스의 '권리선언' 속에 담긴 '보

---

5) 조효제(2007: 37)는 이러한 측면에서 현대의 인권은 삶의 질과 행복을 보장하는 문제에 더 많은 관심을 기울이게 된다고 평가하고, 이러한 경향을 반영하여 기존의 인권이 '탄압 패러다임' 이었다면 현재의 인권은 '웰빙 패러다임' 이라고 정의한다.

편적 진리'에서 발견한다. 이 보편성은 두 가지 동일화로 나타나는데, 그
것은 '인간과 시민의 동일화'와 '평등과 자유'의 동일화이다(Balibar,
2003: 9~37; 서관모, 1996: 141~143; 홍태영, 2009: 95). '권리선언'에
서 '인간의 권리(자연적 권리)'와 '시민의 권리'는 내용상 어떤 차이도 없
는 동일성을 갖고 있다는 것이다. 그는 마르크스가 바라본 것과는 달리, 시
민은 인간적 범주에서 제한되는 특정한 집단이 아니라 인간 그 자체이며,
인간은 국가의 성원인 시민과 대립하는 것이 아니라 시민 그 자체라는 것
이다. 따라서 모든 권리는 시민들의 권리이자 모든 인간들의 권리로 해석
된다. 또한 '권리선언'의 평등과 자유는 동일한 것이다. 자유의 역사적 조
건들은 평등의 역사적 조건들과 정확히 같다는 것인데, 그렇기 때문에 자
유 없는 평등은 불가능하고, 평등 없는 자유도 불가능하다는 것이다. 이를
발리바르는 '평등자유테제'라고 부른다. 이 두 가지 동일화를 통해 보편적
권리를 재해석하는데, '인간=시민' 등식의 의미가 정치적 권리에 대한 정
의보다는 정치에 대한 '보편적 권리의 긍정'(Balibar, 2003: 23)이며, 이
는 모든 인간이 평등자유의 권리 주체가 될 수 있다는 것을 의미한다. 발리
바르는 이러한 관점에서 권리를 무한히 확장해가는 정치를 '인권정치'라
부른다. 인권정치는 불평등과 부자유에 대항하여 인민이 자기 해방을 위
해 일으키는 집단적 봉기를 말한다(Balibar, 1995: 185). 봉기의 잠재성은
'인간의 권리'가 실천, 투쟁, 사회적 갈등에 전적으로 맡겨진다는 사실에
있으며, 이러한 인권정치 상황은 항상 반복되고 영속적 긴장이 존재한다
고 본다(Balibar: 2003: 24). 그는 인권정치를 정치의 자율성이라고 다시
개념화한다.[6] 인권정치는 정치를 정당화하는 자연적 권리를 인간들의 자
기 해방의 권리로 전환함으로써 자유와 평등을 제한하는 사항을 극복할 것
을 요구한다.

---

6) 발리바르는 정치의 자율성을 조건짓는 정치로서 정치의 타율성을 제기하는데, 이 정치의 타율성
   은 정치의 자율성이 실행되는 구조나 조건들을 말한다. 정치적 타율성은 일종의 변혁의 대상으로
   설정된다.

　발리바르는 자유와 평등을 보편적 권리로 재규정하면서 인권에 관한 정치적 실천의 대안적 모델을 제시한다. 지젝도 이러한 인식을 공유하고 있다. 지젝은 인권의 보편성을 지탱하는 자유평등의 문제를 단순한 현상이나 환영이 아니라 나름의 효능을 가진 것으로 사고하면서 인권의 보편성을 반전시킨다. 그는 '자유평등'의 이념은 실제의 사회경제적 관계들을 점차 '정치화'함으로써 그 재편을 추동시킬 수 있다고 생각한다. 예를 들어 '여자라고 투표하지 말란 법이 어디 있느냐?' '작업장의 상황이 공적인 관심사가 되지 말란 법이 어디 있으냐?'(Žižek, 2006: 403) 등과 같이 말이다. 이는 마르크스가 지적한 자유와 평등이 갖는 이데올로기성을 다시 반전시켜 인권의 보편성을 실현하기 위한 실질적 가치로 전환시킨 것이다. 이를 통해 자유와 평등이 자본주의 사회의 피지배계급과 모든 억압받는 사회적 약자들에게 희망의 언어가 될 수 있는 잠재적 가능성을 보여주려 했던 것이다. 그러나 인권의 보편성을 실현하는 중심 가치가 반드시 자유와 평등이어야 하는가에 대해서는 여전히 의문이 남는다. 이에 하비는 유적 존재의 억압에 맞서 유적 존재로서의 권리를 회복하는 관점에서 보편성을 사고해야 한다고 주장한다. 그는 이러한 보편성은 우리가 준수하는 추상적인 원칙, 예를 들어 명문화된 코드나 법으로 존재하지 않고 모든 실천에 의해 사회적으로 구성된다는 것을 강조한다(Harvey, 2001: 340; 334).[7] 보편성을 사회적 구성물로 보는 것은 다양한 계기와 관계들이 보편성 형성에 관여할 수 있는 가능성을 열어주지만 여전히 그것의 형성 동학은 명확히 제시되지 않고 있다. 이러한 모호성을 극복하기 위해 보편성이 실현될 수 있는 공간적 대상이 어디인가를 사고해 볼 필요가 있다.

---

7) 반면, 월러스틴은 세계체제의 시각에서 보편성을 평가하고 있는데, 전지구적 차원의 보편주의가 무엇인지는 아직까지 알 수 없다는 회의적 시각을 갖고 있다. 그러면서 그 보편 가치는 우리에게 주어지는 것이 아니라 우리가 창조하는 것이며, 그를 위한 기획은 윤리적 기획이 되어야 한다고 주장한다(Wallerstein, 2008: 56~57). 유홍림(2003: 338~339)도 인권의 보편성 확보는 부단한 실천을 필요로 하는데, 이 보편성은 '주어지는' 것 또는 '발견되는' 것이 아니라 '획득되는' 것이라고 본다.

　　인권의 정치적 해석은 인권의 개념 확장, 인권이 존재해야 하는 공간적 지점들에 대한 탐색으로 이어져야 하는데, 이를 구상하기 위해서는 랑시에르의 견해를 참조할 필요가 있다. 랑시에르의 인권정치는 정치적 주체가 서있는 자리를 명확히 설정하려는 의도를 갖고 있다. 이를 위해 그는 한 쪽에 기존 사회질서를 두고, 다른 한 쪽에 민주주의를 두면서 이 둘을 서로 대치시킨다. 여기서 민주주의는 통치 형태나 사회적 삶의 방식이 아니라 단지 정치적 주체들이 존재하기 위해 경과하는 주체화 양식이다 (Ranciére, 2008: 17). 즉, 기존 사회 질서와 단절하고 새로운 삶의 양식을 만들어가려는 주체들을 호명하는 장치인 것이다.[8] 또한 랑시에르는 기존 사회질서를 치안(police)이라는 개념으로, 민주주의를 정치(politics)란 개념으로 해석하는데, 여기서 치안은 통치의 과정으로 사람들을 공동체로 결집하여 그들의 동의를 조직하는 역할을 수행하면서 자리와 기능을 위계적으로 분배하는 것을 말한다(Ranciére, 2008: 133). 반면에 정치는 평등의 과정이자 민주주의의 동의어로 해석된다. 또한 정치는 치안 질서에 끊임없이 침입하고 평등한 자들의 공동체를 추구한다. 그러나 랑시에르의 평등의 문제는 주의를 요구하는 개념이다. 그는 인민의 정치적 실천이 평등에 대한 요구와 그것을 실현하기 위한 제도로 이해하는 것과는 다르다는 점을 강조한다. 랑시에르는 '평등을 요구하는 것이 관건이 아니라 평등을 주장하고 단언한 것이 관건' 이라고 말한다(Ranciére, 2008: 48). 평등을 요구하는 것은 상대적으로 평등하지 못한 자(몫이 없는 자)들이 그들의 고통에 호소하여 다른 사람과 같은 수준의 평등의 내용을 요구하는 것으로 드러나는데, 권력은 이러한 요구를 제도화함으로써 수용하게 된다. 이것

---

8) 랑시에르는 정치의 주체를 인민(demos)으로 규정한다. 인민은 일종의 '몫이 없는 자' 로 이들은 치안을 통해 배제된 자이다. 인민은 자신의 몫을 단언하고, 자격을 주장한다. 랑시에르에게 인민은 노동자, 빈민, 불법체류자, 여성, 흑인 등과 같이 사회학적으로 분류된 범주가 아니라, 민주주의를 실천하는 과정에서 치안 논리에 고착되는 정체화를 거부하고 불안정하게 출현하고 소멸하는 정치적 주체이다(Ranciére, 2008: 49).

은 결국 권력이 그들의 분노를 물질적 수준에서 받아들임으로써 분노를 적당히 걸러내고 조절하는 효과를 갖는다. 이러한 제도화는 정치를 안정화시킴으로써 결국 정치를 제거하는 결과를 가져온다고 본다. 그는 인권의 내용을 목록화하면서 이들을 해결해주는 제도화의 방식이 아니라 인민의 평등과 자유가 실현될 수 있는 어떤 새로운 지점을 찾아가고자 했던 것이다. 하지만 랑시에르는 무언가를 '요구'하는 것이 주는 정치적 효과, 즉 요구를 통한 사회적 분배와 평등 실현 사이의 긍정적 연계성을 간과함으로써 인권정치의 현실 전략에 무감각하다는 인상을 준다. 그럼에도 불구하고 그가 인권의 문제를 매우 급진적으로 사고한다는 것은 분명하다. 랑시에르가 말하는 정치란 "권리를 갖지 못한 사람들의 권리를 다투는 것이고, '인간'으로, 혹은 '주체' 내지 '당사자'로 간주되지 않는 자들, 한마디로 '자격 없는 자들'이 자격을 다투는 것이다"(Ranciére, 2004; 이진경, 2009: 227에서 재인용). 랑시에르가 말하는 정치는 궁극적으로 자신들에게 분배된 복종의 '필연'을 깨는 것이고, 그런 식으로 설정된 사회적 위계를 뒤흔드는 데 있다(이진경, 2009: 229). 따라서 인권정치는 사회 전체가 어떤 합의에 의해 통합되어 있는 것이라기보다는 그 안에서 서로 다른 '불화'가 존재하고 있다는 것을 드러내는 것이다. 그래서 정치는 '몫 없는 자들의 어떤 몫을 보충'하면서 정치의 주체들의 세계 그리고 정치가 작동하는 세계를 보이게 만들도록 '고유한 공간을 짜는 것'이라고 보고 있다 (Ranciére, 2008: 249). 따라서 인권정치는 새로운 법률을 제정하고 복지 급여를 인상하는 등의 수준을 넘어선다. 정치는 모든 제도화된 체계와 관련하여 그것이 갖는 비정당성을 문제삼아 새로운 공간을 열어갈 가능성을 만들어 나가는 것이다.

랑시에르는 인권의 주체를 보편적 인간, 혹은 국민적 정체성을 소유하고 있는 개인들로 바라보지 않는다. 그는 '통치질서에 포함되지 않는 자', '몫이 없는 자'들로 규정하지만, 이들이 단지 '벌거벗은 자'이기 때문에 인권의 주체인 것이 아니라 주체화 과정이라는 실천을 통해 형성되는 정치적 주체이기 때문에 더 강조되는 것이다. 그만큼 인권을 정치적 실천의 관점에서 구성되는 산물로 보고 있다는 것이다. 이러한 인식은 정치를 매우 좁은 영역으로 몰고 가서 배제를 생산하는 기제에 대한 대립과 투쟁의 선을 명확히 그리고 있다는 데 시사점을 준다. 이것은 '새로운 정치실천으로서 정치의 확장이며 또한 새로운 정치 공간의 창조'이다(홍태영, 2009: 96). 하지만 정치의 주체들인 인민(예를 들어, 몫이 없는 자들)은 서로 어떤 관계이고, 무엇이 그들을 공통의 존재로 만들어 낼 수 있는가라는 집단적인 정치 주체로서의 구성의 문제에는 해답을 주지 못하고 있다. 그럼에도 불구하고 랑시에르 등의 사고는 근대적 인식 틀인 자연/인간, 주체/대상, 정신/물질, 정치/비정치 등의 이분법적 구분에 갇혀 있던 인권의 보편성의 문제를 보다 총체적인 인간 존재성과 공간 사이의 관계 속에서 바라보게 한다. 또한 개념적 측면에서 보면, 인권을 민주주의, 평등, 자유, 공동체 등의 다양한 가치들과 대비시킴으로써 인권의 의미를 확장하려고 시도한다.[9] 실천적 측면에서 보면, 인권의 주체가 형성되는 과정을 문제 삼아 인권정치가 나아가야 할 방향과 대안적 공간 등을 새롭게 제시하고 있다. 여전히 모호하지만, 그것의 방향은 요구와 제도화라는 구도를 벗어나 주체화되는 과정을 통해 무언가 새로운 공간 설정을 지향하고 있는 것이다.

Ⅲ. 인권정치의 공간적 전환과 지점들

'공간이 사회적 구성물이자 매체'(Lefebvre, 1991)라는 것은 공간이 갖는 사회적 속성을 표현한 것이다. 이 사회적 공간 속에서 인간은 사회적 사

---

9) 탈근대적 관점에서 인권정치를 논의하는 관점을 보면, 인권의 개념에서 평등의 문제를 강조하고 있음을 확인할 수 있다. 니켈은 이러한 경향에 대해 "오늘날 인권은 보다 더 평등주의적이고, 보다 덜 개인주의적이며, 보다 더 세계지향적이다"고 평가한다(Nickel, 2010: 8). 특히 프레드먼은 인권의 영역에서 4가지 측면의 평등의 실행 목표를 설정한다. 첫째, 모든 사람의 동등한 존엄성과 가치 증진. 둘째, 특정 집단의 정체성의 수용과 인정. 셋째, 소외집단의 불이익 제거. 넷째, 사회내의 모든 집단의 참여 촉진 등이다(Friedman, 2009: 399~402).

실들과 관계를 맺는다. 공간은 관계의 산물이자 물질적·비물질적 실천들을 능동적으로 이끌어 내기도 한다(Massey, 1999: 283). 이는 공간이 인간의 존재를 물질적 상태만이 아니라 신체적·심리적 차원의 문제로 확대시켜 바라볼 수 있도록 한다는 것이다. 그렇기 때문에 공간은 인간이 어떤 상황에 처해 있는지를 총체적으로 바라볼 수 있게 하는 인식의 도구가 될 수 있다. 따라서 인권에 대한 '공간적 인식 전환'[10]은 특정한 공간의 형성원리가 인간의 존재상황에 미치는 관계를 규명해 주고, 서로 다른 공간의 지점들이 인권을 어떻게 매개하는가를 이해하는 데 큰 도움을 줄 수 있다.

1. 자본의 공간화와 인권의 개별화

근대 이후 사회적 공간이 더욱 강조될 수 있었던 것은 바로 자본주의의 끊임없는 확장 때문이다. 자본주의는 새로운 상품공간을 만들고, 각각의 공간을 자본주의적 상품관계로 편입시키고, 기존의 공간을 파괴하는 막강한 힘을 갖고 있다. 따라서 인권의 작동 기제와 구조적 원리, 그리고 구체적 인권의 상황은 이러한 공간의 성격 변화와 관련지어 분석할 필요가 생겨났다. 특히 시장 만능주의 이념인 신자유주의가 지구적 차원의 삶의 공간을 재편하는 과정에서 발생하는 인권상황을 검점하는 것이 중요해졌다. 이는 인권정치를 관통하는 최상위의 공간 규정력을 확인함으로써 인권의 정치적 재구성을 위한 기본 원리를 찾는 데 도움을 줄 수 있다.

오늘날 지구화는 시장경제의 확대, 새로운 생산형태의 등장, 정보기술의 발달 등 복합적인 특징을 지닌 국제적 과정들의 총합으로 이해되고 있

---

10) 인권의 공간적 전환은 인권을 특정 공간 속에서 드러나는 하나의 현상으로 파악하는 것이다. 공간적 전환(spatial turn)은 "현재의 복잡하고 분화된 세계를 사유하기 위하여 지리적 개념과 은유를 사용하는 것"으로 정의할 수 있다(Crang and Thrift, 2000; 최병두, 2009b: 637에서 재인용). 이는 공간이 사회현실을 이해하는 데 중요한 요소가 되었다는 것을 말해준다. 특히 탈근대적 현상이 지배하는 시대에 사회현상이나 일상적 삶을 이해하기 위해 공간을 주목하는 경향이 두드러지고 있다.

다. 이러한 지구화는 신자유주의와 밀접히 연결되어 있다. 신자유주의는 국가권력의 시장개입을 비판하고 시장의 기능과 개인들의 자유로운 활동을 중시하는 이론이다. 신자유주의가 말하는 자유는 보편적 가치를 담고 있는 것으로 이해되지만, 실제로는 시장의 자유와 시장 윤리의 보편화를 더욱 촉진하는 것을 의미한다(Harvey, 2007, 221). 신자유주의는 개인의 열정적 자유 및 기능을 해방시킴으로써 인간 복지가 가장 잘 개선될 수 있는 점을 제안하는 정치적·경제적 실행 이론처럼 보이지만, 실제로는 현재 진행되고 있는 자본주의적 세계경제를 주도하는 이데올로기로 기능하고 있다(Harvey, 2007: 15).[11] 지구화가 통합된 세계의 발전을 가져와 인권과 인간 존엄성의 고고한 가치를 공유하는 전지구적 시민 공동체라는 사상을 꿈꿀 수 있게 해주었다면, 다른 한편으로 통합된 세계로 인한 민족적·경제적·문화적 차이가 전지구적 시민 공동체라는 보편주의적 이상을 짓밟을지도 모른다는 두려움을 함께 던져 주고 있다(Ishay, 2008:407~408). 이러한 상황은 인권을 전지구적 시각을 가진 윤리 및 정치의 영역으로 바라보도록 하고 있다.

특히 신자유주의가 지배이념으로 등장하면서 인권은 보편성에 근거한 규범이 아니라 상대성에 근거한 선별의 대상으로 바뀌게 되었다. 가령 말하자면 '누구에게나' '동등하게' 라는 기준은 '특정인에게' '차별적으로' 라는 예외와 배제의 상황 논리로 대체되고 있다. 신자유주의 아래에서 인간은 갈수록 공동체의 도움을 기대하기가 어렵게 되었다. 시장의 경쟁 원리가 강화되면서 자유는 무한 경쟁의 자유로 대체되고, 물질적 자원과 역량을 갖춘 선택된 개인만이 누릴 수 있는 권리가 되고 있다. 즉, 인간 권리를 인간 의무로 전환시켜 인간을 보편적 존재인 인류(Human)가 아니라 개인(individual)으로 전락시키고 있는 것이다(엄기호, 2009: 110).

벡은 신자유주의적 지구화는 기존의 견고한 근대의 제도들을 허물고,

---

11) 신자유주의의 이데올로기성에 대한 분석은 최병두(2009: 29-33)을 참조할 것.

그 대신에 범사회적 합의나 통합 없이 파편화된 규범과 의미를 생산하고 다양한 영역의 삶을 재조직한다고 지적했다(Beck, 2000). 특히 문제가 되는 것은 개인의 파편화이다. 파편화는 사람들 사이의 연대감이 점점 더 상실될 때 생겨나는데, 이는 민주적인 자발적 참여 자체를 무너뜨리고 동시에 개별적으로 자기를 강화하는 방식으로 삶을 유지해 가도록 한다(Taylor, 2001: 143~144). 신자유주의 아래서 파편화는 인간의 존재론적 공생 관계를 지향한다는 인권의 가치를 무력화시킨다. 이제 인간의 삶은 자신의 자원을 스스로 극대화하려는 노력으로 개별화된다. 신자유주의 아래서 인간의 존재는 공동체적 관계보다는 자신을 특권화하려는 의지인 '자기계발'을 통해 드러난다.[12] 이것은 자신의 주권 영역(영토) 안에 있는 모든 시민들을 구분과 차별 없이 동등하게 대하는 것을 원칙으로 했던 근대국가의 평등주의적 가치가 실질적인 의미를 잃어가고 있음을 의미한다.

인간은 윤리와 도덕, 혹은 품위를 갖는 인격체로서의 '인간'이 아니라 국가나 기업에게 부를 가져다주는 인적 '자원'으로 간주된다. 인권에 대한 국가의 의무 수행도 '인간'이 아니라 '자본'의 의지가 개입되어 이루어진다. 그래서 국가는 보편주의 원칙보다는 항상 효율성과 화폐적 가치의 측면에서 인권을 바라본다. 예를 들어, 무슨 중독 환자, 무슨 무슨 환자 등 고질적인 질병에 시달리는 국민의 건강 문제를 지원하는 데 있어서도, 그러한 질병 때문에 노동활동에 참여하지 못하게 되어 발생하는 '사회적 손실 비용'을 먼저 계산한다. 인권에 대한 보편주의적 관점을 택한다면 국가는 손실비용을 만회하기 위한 지원이 아니라, 그들이 질병에 시달리기 때문에 겪고 있는 신체적·정신적 고통을 치유한다는 건강권 내지는 생명권의 가치를 우선적으로 사고할 것이다. 이러한 과정들을 통해 기존의 시민

---

12) 서동진(2009)은 신자유주의에서 주체는 자유로운 삶에의 의지를 갖는데, 그것의 실현은 자신을 계발하고 향상시키며 좀 더 유능해지려는 '자기계발'이라는 개별화 방식을 통해 이루어진다고 분석한다. 푸코는 이러한 경향에 대항하는 새로운 형태의 주체화 방식을 제기하는데, 그는 "우리 시대의 정치적, 윤리적, 사회적, 철학적 문제는 국가나 국가기관들로부터 그리고 국가에 연결되어 있는 개별화 유형 둘 다로부터 해방시키는 데 있다"고 말한다(Foucault, 1994: 98).

적·정치적 권리의 담론이 경제의 권리로 흡수되고, 결국 인권영역에서의 보편주의는 지구적 차원의 정치·경제적 상황뿐만 아니라, 문화적 수준에서도 조응하지 못하고 있다. 대신 보편주의는 기후변화, 오존층 파괴, 생태 서식지 파괴에 따른 생물 다양성의 상실 등과 같은 영역으로만 협소해지고 있다.

또한 신자유주의와 결합된 지구화는 지구적 차원에서 지역과 다른 지역을, 그리고 민족국가 단위에서 중심과 주변을 가르는 차별과 배제를 동시에 만들어낸다. 지구화는 경제적으로 열등한 지역들을 구원하는 통합 네트워크를 형성시키는 것이 아니라 '그들만의 리그'를 형성하며 나머지를 배제시키는 분리 네트워크를 형성한다. 지구화된 경쟁체제에서 패배한 자들은 경제적 이득의 배분에서 배제되고 버림을 받는 반면, 지구화의 승자들은 그들만의 결속을 강화한다. 세계경제포럼(다보스포럼)이 그렇고, 아펙회의와 G20회의가 그렇다. 국민국가 단위 내에서도 사회적 배제는 주변화, 차별, 사회적 관계의 단절 등을 불러온다. 예를 들어, 국적으로 인해 불리한 지위를 감수해야 하는 이주노동자들이 국민국가로부터 추방당한 노동자라면, 비정규직 노동자과 세대 사이의 삶의 연계성을 근원적으로 박탈당하고 있는 청년실업자는 자본 자체로부터 배제된 '뜬 세대'라 말할 수 있다.

이러한 배제의 실체는 인간이 살아가야 할 공간으로부터 배제라는 데 훨씬 더 복합적인 문제를 발생시킨다. 공간은 인간들이 서로 관계를 맺고, 그 과정에서 자신들의 존재성을 인정받고 교류하는 장이다. 그런 점에서 특정 공간으로부터 배제는 타자로부터 단순한 무시당함이 아니라 인간이 지향할 수 있는 공동체적 연대와 관계를 차단시켜, 그를 고립무원의 상태로 소외시키는 결과를 가져온다. 이런 점에서 배제는 사회권과 연계되어 삶의 공간의 안정적 지속과 유지를 위한 정치적 기획의 현실 조건으로 보아야 한다.

한국사회도 신자유주의적 지구화가 급속도로 진행되면서 개인들의 삶의 영역이 자본과 체제에 의해 장악되고 있다. 급격한 감세 정책으로 인한 사회보장 프로그램의 재원 고갈은 복지예산의 삭감으로 드러나고 있고, 자본의 편익을 위한 노동시장의 유연화와 비정규직의 확대는 노동권의 악화로 나타나고 있다. 이러한 사실들은 국가와 자본에 대항하는 정치행위를 통해 확보될 수밖에 없는 인권의 영역을 만들어 내고 있다. 또한 삶의 공간을 둘러싼 공간 기획이나 도시계획의 문제 등에서는 권력과 자본의 주도성이 점차 확대되면서 사회공간적 불평등은 심화되었고, 공적으로 논의되어야 할 많은 의제들이 탈정치화되거나 은폐되고 있는 실정이다.

하비는 삶의 공간으로부터 권리와 인권의 문제를 탈정치화시키고, 생존의 문제를 개인의 무한 책임으로 전가하는 신자유주의 질서에 대항하기 위한 방식으로, 권리의 위계 체계를 변화시킬 것을 제안한다. '자유주의적 개념 내에서도 언론과 표현의 자유, 교육과 경제적 보장의 자유, 조합 결성의 권리 등과 같은 파생적 권리들이 있다. 이러한 권리들을 강화하는 것은 신자유주의에 심각한 도전을 제기하는 것이다. 이러한 파생적 권리를 우선적 권리로 만들고, 사적소유와 이윤율이라는 우선적 권리를 파생적 권리로 만드는 것은 정치·경제적 관행에서 큰 유의성을 갖는 혁명을 동반한다'고 본다(Harvey, 2007: 220).

신자유주의의 속성과 그것이 인권의 문제에 미치는 반인권적 성향을 밝히는 것이 중요하다. 인권의 평등주의적 가치를 복원하는 것은 신자유주의가 강요하는 개별화에 저항하는 인권정치를 기획하는 데 중요한 의미를 갖는다. 개인의 자유 추구를 명분으로 인간을 개별화시켜 공동체로부터 분리시키려는 경향에 대해 저항하는 연대성의 추구는 인권정치가 추구해야 할 기본적인 지향점이라 할 수 있다.[13]

---

13) 이러한 관점은 인간을 고립된 개별 주체가 아니라 타인과의 관계로부터 떼어 놓을 수 없는 서로 연결된 개체로 보는 연대의 원칙을 강조한 것이다. 서구적 의미의 개인의 권리를 아프리카 문명 단위에서 전용하여 해석한 사례는 1981년 6월 27일 채택된 '인간과 인민의 권리에 관한 아프리카 헌장'에서 찾아볼 수 있다. 이 헌장의 내용은 정인섭(2008)을 참조할 것.

2. 인권정치의 공간적 지점들

탈근대적 정치기획의 관점에서 인권문제를 제기한 이론가들은 국민국
가 단위에서 인권의 보편성을 바라보고, 인권의 실현을 제도적으로 완성
하려 했던 기존의 정치이론을 비판했다. 이러한 인권정치는 국가주의와
법률중심주의에서 벗어나 다층적으로 위계화된 공간들 사이의 연계, 각
공간의 지점들이 다른 요인들과 맺고 있는 관계, 주변화된 주체들의 상황
등을 종합적으로 고려하면서 인권의 총체적 지형을 그려볼 수 있도록 한
다. 이는 사회적 단위의 공간을 종별화시켜 인권의 문제를 접근하는 것이
유용할 수 있다는 것을 보여준다. 특히 인권침해는 주로 국가 이하의 사회
적 공간 단위에서 발생한다는 지적을 눈여겨 볼 필요가 있다(Freeman,
2004: 121).

사실 인권담론의 개념적 발전과정은 이미 공간의 속성 변화와 인식론적
으로 연관되어 있다. 인간 본연의 권리로 간주되는 자연권은 신의 영역이
나 자연상태라는 공간적 속성에서 비롯되었다. 인권의 공간성은 개인들이
점차 자신들의 자유 공간을 국가의 개입으로부터 보호받을 수 있는 특정의
권리로 현실화되었다. 이를 통해 인권의 공간적 지점은 시민적 권리가 구
체적으로 현실화될 수 있는 도시라는 삶의 공간으로 나아갔다. 즉, 자연상
태에서 벗어난 사회공동체라는 현실의 공간이 바로 권리가 실현되는 실제
장소라는 인식은 시민적 권리에 구체성을 부여해 주었고, 이는 다시 사회
적 권리 확대로 나아가도록 했다. 이를 통해 인권이 논의되는 중심 공간은
인간적 실존에 직접적인 영향을 미치는 생활공간으로 설정될 수 있었다.

생활공간에서 인권에 대한 인식은 인간이 외부에서 주어지는 혜택을
수동적으로 받아들이는 것에 만족하는 존재가 아니라, 자신들의 물질적
·신체적 욕구를 적극적으로 옹호하고 실현하는 행위의 주체라는 판단 아
래서 시작된다. 따라서 인권정치는 자유와 평등의 억압에 대한 극복의 정
치이면서, 동시에 본래의 자유와 평등을 극대화시킬 수 있는 정치로 해석
할 수 있다. 이는 인권이 시민적·정치적 권리의 수준을 넘어 신체의 억압

을 풀어주는 정치뿐만 아니라 신체의 욕망을 확장하는 방향으로 나아가야
한다는 것을 의미한다.

공간은 특정 대상이 점유하지 않은 빈 곳 또는 그것을 추상화한 개념이
다. 공간은 공(空)과 간(間)을 의미하면서 동시에 '빈 사이'를 뜻하지만, 이
는 역설적으로 텅 비어 있다는 것이 아니라, 채울 수 있는 가능성으로 해석
된다. 이를 인권의 개념과 연관시키면, 인권은 새로운 내용을 채워가며 끊
임없이 확장될 수 있는 활동의 가능성으로 은유될 수 있다. 그러나 여기서
말하는 공간은 인간의 삶이 전개되는 각각의 서로 다른 수준의 지점을 의
미한다. 이 공간에서 인간은 오랫동안 살면서 사회구조와 시스템을 구축
하고, 그렇게 구축된 사회구조는 역으로 인간이 공간에서 살아가는 방식
을 규정하기도 한다(조명래, 2009: 184). 이는 공간이 상호작용 속에서 구
성된다는 것을 말해준다. 이 상호작용은 가장 국지적인 수준에서부터 범
지구적인 수준에 이르기까지, 어떠한 공간 규모에서든 동시에 작용하는
것으로 이해할 수 있다. 그렇기 때문에 인권이 존재하는 지역단위의 상황
은 지구적 단위의 공간 수준과 상호관계되어 있는 것이다.

또한 공간은 인간이 그것을 이용하는 방식, 공간과 인간의 관계가 설정
되는 방식, 공간에 의미를 부여하는 방식 등에 따라 다양한 유형으로 분류
될 수 있다. 하지만 현실의 삶의 공간은 단일한 외적 요인과 내적 구조에
의해서만 작동하는 것이 아니라, 서로 다른 수준의 요인들이 복합적으로
얽혀 작용한다는 점에서 그 경계가 뚜렷하지 않다. 인위적 구분이 가져다
줄 유형화의 위험성을 감안하더라도, 인권과 공간의 문제를 살펴보기 위
해 사회적 공간을 다음의 세 가지 수준으로 나누어 볼 수 있다. 이러한 공
간 분류는 인권정치의 실천 단위를 설정하는 것뿐만 아니라 인권침해의 각
각의 유형을 그려내는 데에도 도움을 줄 수 있을 것이다.

첫 번째 수준은 지구적 차원의 공간이다. 이는 자본의 흐름과 논리에
의해서 국민국가를 벗어나서 형성된 확대된 공간적 단위이다. 이는 신자
유주의적 지구화라는 지구적 차원의 공간 문제가 작용하면서 나타나는 인
권의 문제를 설정하는 데 도움을 줄 수 있다. 여기서는 지구환경, 인권의

보편성 문제, 지구 공화국 등의 거대 수준의 인권담론을 국민국가와 지구화라는 세계질서 속에서 바라볼 수 있다.

두 번째 수준은 국민국가 차원의 공간이다. 인권을 개념적 차원에서 보면 규범이나 가치의 문제로 바라볼 수 있지만, 인권영역의 여러 관계는 국민국가를 단위로 직접적으로 표출된다. 인권은 규범과 가치, 법과 제도, 저항과 운동 등의 범주가 서로 관계를 맺고 정치적으로 구성되는데, 이 세 분야가 가시화되고 정립되는 영역은 국민국가라는 특정 지역단위의 공간이다. 여기서는 인권 주체, 공동체의 권리, 집단의 정체성과 상징적 권리의 공유, 국민국가의 주권이나 자율성의 문제 등을 중심적인 사안으로 논의할 수 있다.

세 번째 수준은 일상생활의 사적공간이다. 이 공간은 인권이 비가시화되어서 주목받지 못했던 공간이다. 이 공간은 근대적 공간분할, 즉 사적공간과 공적공간의 기능별 이분화로 인해 개인의 인권침해가 가시화되지 못하고 은폐되고 잠복된 채로 재생산되는 구조를 형성하고 있다. 이곳의 비가시적인 인권문제는 공적인 문제로 정치화되어야 할 대상이다. 이를 통해 인권의 보편성 문제는 일상의 민주주의의 문제와 결합되어 의미 확장을 해나갈 수 있다.

또한 인권의 문제는 인간들에게 가해지는 고통으로 현상되고, 고통이 인지되어 곧바로 표현되는 곳은 신체(몸)이다. 그래서 신체는 사회적 관계가 각인된 표면인 것이다. 이 신체는 사회적 구성물로서 자신에게 작용하는 내·외적 힘들이 집결된 형태로 존재하기 때문에 신체가 감지하는 고통은 대부분 사회적 고통이다. 따라서 신체를 하나의 공간으로 은유해서 사고하는 것은 신체에 미치는 사회적 사실들을 보다 극명하게 드러내어 고통의 본질과 그것을 극복하려는 욕구의 실체를 발견할 수 있게 할 것이다. 이러한 욕구를 통해 인권에 더해져야 할 인간의 심리적 기대나 가치를 확인하는 것도 인권정치의 영역이 될 수 있다. 이를 위해서는 사회적 고통을 양산해 내는 체제의 내적 논리와 그 작동방식을 밝히는 작업이 중요하다. 따라서 갈퉁이 제기한 경제-사회구조와 같은 '구조적 인과 요인'(Galtung,

1994)과 인간의 존재상황을 매개하는 비가시적인 요인들, 예를 들어 전통, 관습, 이데올로기 등을 종합적으로 고려하여 이들이 인권을 어떻게 억압하고 그 구조를 어떻게 재생산하는지를 신체가 직면한 상황을 통해 분석해야 할 것이다.

인권의 보편성 혹은 인권의 상대성의 문제는 서구와 아시아라는 거시공간의 대립 속에서만 발생하는 것이 아니라, 개인들의 삶이 전개되는 일상의 공간 속에서도 발생한다. 은밀한 사적공간 중의 하나인 화장실 공간이 좋은 예가 된다. 공공시설의 화장실에서는 대개 남성과 여성의 공간이 양적으로 균등하게 배분된다. 외관상 '남녀평등'을 가장 성실하게 실현하고 있는 듯하지만, 이는 단지 표면적일 뿐이다. 남녀의 신체 구조의 차이를 배려한다면 남성 화장실과 여성 화장실의 양적인 비율은 5:8정도로 배치되어야 한다는 것이다(정희진, 2006: 192; 박승규, 2009: 92-93). 공간을 건설하고 파괴할 수 있는 집단이 획일적으로 구획해 놓은 공간에는 남녀가 갖고 있는 생물학적 차이에 대한 고려는 전혀 없다. 화장실 공간의 성별에 따른 수적 배치는 평등이 누구에게나 형식적으로 똑같이 분배되어야 한다는 수량적 차원의 동일함이 아니라는 것을 말해준다. 이는 인간이 처한 신체적 특성에 따라 사람들에게 분배되어야 할 적절한 몫이 어떠한가를 생각하게 함으로써 실질적 평등의 의미를 다시 생각하게 한다. 예를 들어, 부자와 가난한 자가 평등해질 수 있는 방법은 항상 공허할 수 있지만, 서울 강남의 타워팰리스라는 공간에 사는 사람과 인근의 판자촌인 구룡마을이라는 공간에 사는 사람이 서로 평등해질 수 있는 방법은 더욱 실질적인 내용들로 채워질 수 있다. 평등은 재산 등의 양적인 차이의 극복만이 아니라 심리적 거리를 극복하는 연대의 상태를 지향하기 때문이다.

또한 사회적 공간은 특정한 세계관의 정당화를 둘러싸고 일어나는 '상징적 투쟁의 장'(이기현, 2003: 26)으로 다양한 은유와 상징을 만들어 낸다. 이를 통해 형성된 사회적 정체성, 의미, 그리고 관계는 물질적, 상징적, 은유적 공간을 새롭게 생산하기도 한다(Valentine, 2009: 15). 따라서 사회적 공간은 상징의 분배 여부에 따라 공간을 공유하는 사람들에게 집단적

일체감을 심어주기도 하고, 반대로 집단으로부터의 분리 및 고립을 발생시키기도 한다. 언어 및 집단적 표상 행위를 통해 특정 집단을 배제하는 방식은 상징을 통한 공간의 분리이다. 이는 개인과 집단을 강제적으로 구별짓는 차별과 배제로 이어진다. 이것을 마갈릿이 제기한 '상징적 권리'라는 측면에서 바라볼 수 있다. 한국사회에서는 강남과 강북, 서울과 지방, 도시와 농촌, 도심과 주변 등의 구별을 통해 상대적으로 우월한 의미를 담고 있는 상징들을 만들어 내는 경우가 자주 발생한다. 이는 우월한 상징적 공간에 소속되지 못한 집단에게 사회적 소외감을 주어 그들로 하여금 '이등시민'이라는 인식을 갖게 한다. 이를 마갈릿의 '상징적 시민권'과 연관시켜 해석해 볼 수 있다. 상징적 시민권은 '사회가 가진 상징적 부를 공유할 권리'를 말한다.[14] 이는 어떤 시민이나 집단도 국가의 상징행위 속에서 배제되지 않아야 한다는 것을 말한다. 상징적 시민권의 중요한 원칙은 암묵적으로든 공공연하게든 국민의 일부에게 적대적일 수 있는 어떤 상징도 제도적 수준에서 개발하거나 지지해서는 안 된다는 것이다(Margalit, 2008: 174-176). '서울을 하나님에게 바친다'처럼, 다종교 사회에서 특정 종교만을 지지하는 행위는 다른 종교인을 배제하는 것이며, '고소영'으로 상징되는 특정 지역과 특정 학교 출신자만을 권력의 중심에 배치하는 것은 그 외의 사람들에게 상대적 박탈감을 주는 행위라 할 수 있다. 국가권력이 자신의 이해관계 속에서 특정의 공인된 상징을 만드는 행위는 평등과 연대의 정신을 지향하는 인권과는 등지는 길을 가는 것이다.

이처럼 공간은 일상적으로 인식할 수 없는 삶의 구성 요소, 인간과 사물들 사이의 은폐된 관계를 밝혀주는 분석의 도구가 될 수 있다. 인권정치는 바로 이러한 다양한 수준의 공간이 분리되어 있는 것처럼 보이지만, 서

---

14) 마갈릿은 마셜(Marshall)이 제기한 3대 시민권, 즉 법적 시민권, 정치적 시민권, 사회적 시민권에 상징적 시민권을 부가하고 있는데, 이 상징적 시민권은 권리의 용어로 규정되지 않고, 종종 사회 안에 있는 특정집단의 권리를 통해 매개하는 것이기 때문에 시민권의 '제4의 차원'으로 바라보고 있다(Margalit, 2008: 174).

로 위계적으로 연계를 맺고 인간의 권리 상황에 영향을 미치고 있다는 점을 밝혀가는 것이다.

3. 공간에 대한 권리로서 인권

"인권의 근본적인 박탈은 무엇보다 세상에서 거주할 수 있는 장소, 자신의 견해를 의미 있는 견해로, 행위를 효과적 행위로 만드는 그런 장소의 박탈"이다(Arendt, 2006: 532). 아렌트의 이 지적은 인권의 문제를 공간적 차원에서 해석해야 할 이유를 극명하게 말해준다. 그렇기 때문에 인권의 궁극적인 목적은 삶의 주체들이 자신들의 공간을 확보해 가는 것을 의미하기도 한다.

근대 이후 자본은 공적공간과 사적공간을 분리하고 각 영역에서의 삶이 상호의존되도록 만들어 놓았다. 인간의 삶의 방식도 이처럼 이원화된 공간에 적응하는 방식으로 분리되어 갔다(박영균, 2009: 162~164). 공적공간이라 할 수 있는 생산현장에서 노동자는 금욕과 절제의 미덕에 의해 훈육되었고, 사적공간이라 할 수 있는 가족과 일상의 소비공간에서는 무한 욕구의 확대를 통해 소비에 길들여져 갔다. 자본의 이원적 공간 분할은 일상의 삶의 공간을 점차 소비를 통한 자본축적의 공간으로 만들어 놓았다. 특히 소비공간은 자본의 가치 증식을 가져다 줄 노동력이 재생산되는 공간이다. 자본은 의도적으로 구획된 소비공간을 만들어 화폐가 최대한 효율적으로 축적될 수 있도록 한다. 이 과정에서 사람들의 가치관의 교란이 발생한다.[15] 노동력 재생산 비용도 증가하여 생존의 부담 역시 가중된다. 따라서 공간의 자본주의적 상품화에 대한 저항력을 키우는 것은 곧 인

---

15) 예를 들어 자본의 이윤 축적 논리에 의해 장악된 소비공간은 사람들에게 다양하고 풍부한 욕망을 갖도록 조장한다. 이는 일종의 소비욕망이라 할 수 있는데, 여기서 자신의 정체성과 존재의 가치는 소비를 통한 차별화로 드러난다. 따라서 인간과 인간의 관계는 심리적·정서적 연대보다는 이기적 욕망에 기초한 개별화로 나아간다.

권정치를 위한 기획의 근본 원리가 되어야 한다. 이러한 맥락에서 '도시에 대한 권리'를 강조한 르페브르를 주목할 필요가 있다. 르페브르는 도시라는 삶의 공간을 사용하고 생산하기 위한 결정에 직접 참여할 수 있는 권리로 도시권을 제기한다. 이 권리는 기본적으로 자본에 의해 지배되는 도시를 그곳에서 실제 살고 있는 사람을 위한 도시로 변화시켜야 한다는 생각을 담고 있다. 이는 '시민' 혹은 '시민권'과 대비되는 개념으로서, 공적공간에서 인위적으로 배제된 사람들에게도 도시공간을 자유롭게 이용하고 도시공간과 관련된 의사결정에 참여할 수 있는 권리를 부여하는 것을 의미한다(Lefevre, 1996: 34). 도시에 대한 권리를 주장하기 위한 기본 전제는 도시를 그 안에 함께 살고 있는 모든 사람이 함께 공유하는 집합적 공간으로 바라보는 것이다.[16] 따라서 도시권은 도시라는 공간 속에 살고 있지만 '도시민'이 아닌, 즉 시민권을 누리지 못하는 외국인, 이주노동자, 국제결혼여성, 부랑자 등에게 실질적인 주권자로서의 자격을 부여할 수 있는 가능성을 열어주는 개념이다. 이 도시권은 탈근대적 시각의 인권정치에서 정치의 주체화 문제에 시사점을 준다. 즉, '몫이 없는 자'(랑시에르), '추방당한 자' 혹은 '헐벗은 삶'(아감벤) 등 국가로부터 배제된 자들이 권력의 논리로부터 벗어나 공간 이용과 공간의 의사결정에 참여하는 것을 하나의 권리로 옹호할 수 있게 하는 당위성을 제시한다.

공간적 차원에서 인권은 공간의 운영방식과 건조과정까지 확장시켜 사고될 필요가 있다. 공간을 만들고, 공간을 활용하고, 공간을 변형하는 일련의 공간 재구성 문제를 민주적인 방식으로 진행하고, 이를 제도로 반영하는 것은 매우 중요한 문제이다. 이것을 개념적으로 '공간의 민주화'라 부를 수 있을 것이다. 특히 공간의 창조와 구성에 대해 절대적인 권력을 갖고 있는 국가와 지방정부는 공간 재구성을 독점하기보다는 사회구성원 모두가 대등하고 민주적인 관계 속에서 공간을 구상하고 이용할 수 있도록 해

---

16) 르페브르의 '도시에 관한 권리'와 그 실천 사례에 대해서는 강현수(2009)를 참조할 것.

야 한다.[17] 공간의 민주화 과정은 도시 생활의 후미진 틈새까지 거주자의 권리가 스며들게 하는 민주적 공간을 만들기 위한 투쟁이라 할 수 있다. 이를 통해 자신의 생활공간을 통제할 권리와 자신의 생존 방식을 보호할 권리를 가질 수 있다.

지구적 차원의 자본 논리, 국민국가 차원의 통치, 일상생활공간에서 은폐된 채로 작동하는 각종 이데올로기 등은 인권정치가 개입하고 저항해야 할 장소이자 대상들이다. 이 저항의 공간은 복수의 것으로, 그리고 서로 위계적으로 연계된 상태로 존재한다. 인권의 문제를 공간적으로 전환하는 것은 억압 및 배제, 고통과 욕망 등이 복잡한 관계를 형성하는 현실의 공간을 인권정치의 공간으로 전환하기 위한 실천의 자원을 찾기 위한 것이다.

이를 위해서는 공간의 유형과 인권정치 사이의 관계를 〈그림 1〉과 같이 설정해 볼 수 있다. 절대적 공간은 인류가 지향하는 유적존재로서 권리가 실현되는 공간으로 자본의 지배보다는 공동체적 가치가 지배하는 공간이다. 치안의 공간은 자본주의에 의해 분절 혹은 동질화된 공간으로, 이질적인 자들을 배제하면서 사회를 하나의 동질성으로 통합해 간다. 이 공간은 자본의 경제논리와 경쟁의 논리가 지배하게 되어 공간에 대한 자각과 인식이 부재한 탈정치화된 공간이기도 하다. 차별의 공간은 획일적이고 표준화된 공간의 주변에서 저항적인 실천행위가 전개되는 공간이다. 또한 탈근대적 인권정치 영역으로 적극적인 권리요구 투쟁이 발생하는 공간이기도 하다. 정치의 공간은 은폐된 사적공간 등에서 인권의 문제를 정치화시키고 동질성을 강제하는 치안 공간에 대항해 이질적이고 대안적 공간을 만들어가는 탈근대적 인권정치의 공간이다. 이 각각의 공간들은 이념, 현실,

---

17) 공간 민주화의 단편적인 사례로는 2008년 대전시청사 건물의 '장애물 없는 생활환경(Barrier Free)' 인증을 들 수 있다. 이 인증은 공공건물에 '유니버설 디자인'(장애의 유무에 상관없이 누구나 손쉽게 쓸 수 있는 제품 및 생활환경을 만드는 디자인) 개념을 적용했을 때, 당시 국토해양부와 보건복지가족부가 수여한다. 유니버설 디자인(universal design)은 미국의 건축가인 로널드 메이스(Ronald L. Mace)가 최초로 주창한 것으로, 건물의 설계 단계부터 장애요인을 만들지 않는 것을 원칙으로 한다.

실천의 공간으로 분류될 수 있으며, 이들의 종합적인 관계는 인권정치의 총체적 지형을 형성한다.

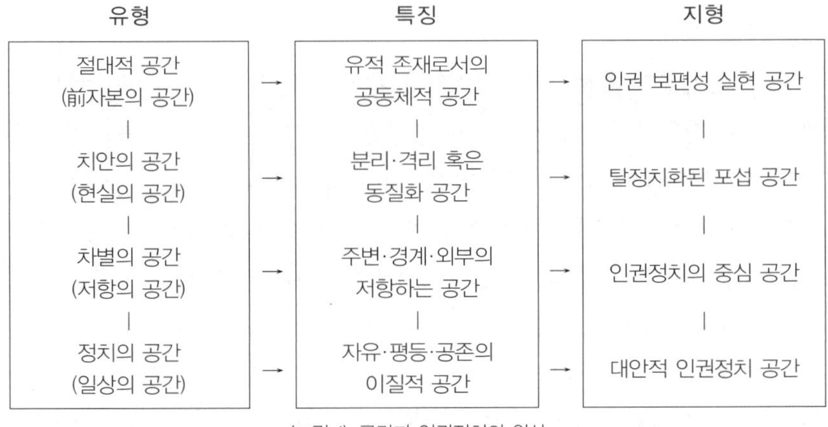

<그림 1> 공간과 인권정치의 위상

공간을 신의 영역으로 주어진 것이 아니라 실제 인간이 거주하고 생각하는 곳으로 인식하기 시작한 것은 근대 이후의 일이다. 권리의 문제가 선험적으로 규정되는 것이 아니라 인간 존재 상황의 상대성에서 비롯되는 것이라는 점도 이러한 공간 인식과 결부되어 있다. 사람들은 "권리를 가질 수 있는 권리, 그리고 어떤 종류의 조직된 공동체에 속할 수 있는 권리를 잃고, 다시 얻을 수 없게 되면서, 비로소 그런 권리가 존재한다는 사실을 깨닫게 된다"(Arendt, 2006: 533). 따라서 인권은 권리의 영역에서 배제된 사람들이 자신들의 권리를 주장할 수 있게 하는 장치이다. 권리의 부재 상태는 자신이 처한 공간적 지점에서 가장 뚜렷하게 인식할 수 있다. 특정 공간에서 인권의 문제가 발생했다는 것은 그 공간이 인간이 거주하기에 적합한 공간이 아니라는 것을 말해준다. 공간 내에서 자율적 주체들이 자신들의 권리를 지지하고 이것을 자신들의 공간 속에 축적해 가는 것이 바로 '공간의 대한 권리'를 옹호하는 것이다.

그렇기 때문에 공간을 매개로 한 인권정치는 필연적으로 '공간에 대한 권리'를 옹호하는 방향으로 나아갈 필요가 있다. 이를 하비는 다음과 같이 정의한다. "공간의 생산은 공간적으로 미리 정해진 세계 내에서 단순히 순환할 능력 이상을 의미한다. 또한 그것은 공간을 절대적인 행위의 틀에서 사회생활을 보다 유순하고 상대적이며 관련적인 측면으로 전환시키는 방법으로 공간 관계(영토 형태, 의사소통 능력, 그리고 규칙)를 재구성할 권리를 의미한다"(Harvey, 2001: 339). 공간의 권리는 공간의 배타적 점유를 극복하고 개인 및 집단 사이의 공간적 거리감을 해소시켜 그들의 삶이 공간과 직접적인 관계를 맺을 수 있는 민주적 소통의 기회를 만들어 가는 것을 목표로 설정할 수 있다.[18] 그러한 공간의 권리는 자신이 살고 있는 공간에 대해 끊임없는 의문을 제기하고 거기에 해답을 구하면서 구성해 나가야 할 어떤 것이다.

Ⅳ. 맺음말

인권정치에 대한 공간적 해석의 목적은 인권영역에 개입된 여러 가지 요인들을 객관화시켜 인권상황을 보다 가시적이고 동학적으로 살피기 위한 것이다. 이 논문은 이를 위해 인권에 대한 공간적 개념화의 필요성을 제안했다. 공간은 사람과 사물들을 위치지우고, 그들 사이의 관계를 규정하기 때문에 인간의 본질을 존재론적으로 가장 명확하게 보여줄 수 있다고 판단했기 때문이다.

이 논문은 인권정치를 구성하는 중심 영역을 '인권을 향유할 수 있는 사람들의 범위'와 '인권을 보장하기 위한 방법'으로 설정하고, 이와 관련된 주요 쟁점을 인권의 보편성과 법적 제도화로 구분해 보았다. 이 두 가지

---

18) 하비는 신자유주의가 빚어낸 사회공간적 불평등, 공간을 식민화하는 개발 추진의 문제를 도시화의 재편이라는 관점에서 바라본다. '공간에 대한 권리'는 이러한 문제를 극복하기 위한 사회운동 차원의 슬로건인 '도시에 대한 권리 주장'으로 이어진다. 하비의 도시에 관한 권리는 기본적으로 화폐보다는 인간의 가치 우선성을 강조하고, 도시에서 잉여생산과 그 활용에 대한 민주적 통제와 관리를 확립할 것을 주장한다. 이에 대한 자세한 내용은 Harvey(2008)을 참조할 것.

쟁점은 인권정치를 공간적 차원에서 이해했을 때 보다 현실적이고 실천적인 의미로 드러날 수 있었다. 사회적 공간을 통해 인권을 파악하는 것은 근대적 공간구획의 산물인 이분법적 사고를 넘어서게 함으로써, 인간의 존재상황을 보다 총체적인 관점에서 이해할 수 있게 했다. 이를 통해 인권의 보편성은 상이한 공간적 지점의 인간들을 연계시키며 새롭게 구성될 수 있는 가능성을 보여주었다. 또한 인권의 법적 제도화는 인권 개념의 확장을 제약하고 공간의 상호작용 속에서 획득해야 할 실천의 지점들을 협소화시킬 수 있다는 점을 확인할 수 있게 했다. 특히 공간적 접근은 인권의 보유 주체인 개인이 특정한 사회적 공간과 결합, 분리, 배제, 어울림 등의 공간적 과정을 거치면서 자신의 존재상황을 전면적으로 드러낸다는 점에서 인권의 구체적인 현실 지형을 파악할 수 있도록 해주었다. 이러한 인식의 성과에도 불구하고, 이 논문은 여전히 가설적인 명제들에 의한 시론적인 해석이라는 한계를 넘지 못하고 있다. 앞으로 적절한 분석틀에 입각한 공간적 측면의 인권현실을 경험적으로 연구하는 작업이 진행되어야 할 것이다. 이 연구를 통해 얻어진 인권정치의 공간적 해석의 실천적 의미를 정리하면 다음과 같다.

첫째, 인권이 제기될 수 있는 공간들을 범주화하고 각각의 공간적 지점에 작용하는 인권의 구성요소를 규명할 수 있게 한다. 다양한 층위의 공간들은 독립적으로 존재하는 것이 아니라 중층적으로 상호연계되어 있다. 지구적 차원, 민족국가 차원, 생활공간적 차원 등 인권의 공간적 층위에서 작용하는 공통의 인권 원리를 밝혀 주체들 사이의 인권연대와 인권실현을 위한 공통의 지표를 설정할 수 있도록 한다.

둘째, 공간적 인식은 비가시적인 인권영역을 가시적인 것으로 전환시켜 인권의 적용범위를 확대시킬 수 있도록 한다. 공간은 사람들 사이의 관계를 통해 형성되기 때문에 인간의 정신적 고통, 감정, 욕구 등이 표출되는 현장이기도 하다. 따라서 비가시적인 인간의 존재상황을 인권의 영역으로 끌어들임으로써 인권의 내용을 풍부하게 만들고, 이를 통해 인권의 보편적 가치를 새롭게 발견할 수 있는 가능성을 열어 줄 수 있다.

셋째, 인권정치의 새로운 주체의 형성과 실천의 장을 다양한 측면에서 제시할 수 있다. 공간은 복합적인 여러 관계를 통해 유동적으로 구성되지만, 그 과정에서 행위자들 사이의 관계, 행위의 의미가 의도적으로 은폐되는 경우가 있다. 공간적 접근은 공간 안에서 주변화된 사람들의 존재상황을 명시적으로 보여준다. 공간은 이들이 자신들의 정체성을 확인하고 주체화될 수 있는 대안적 공간에 대한 상을 그려볼 수 있게 하고, 주변화된 공간 그 자체를 인권정치를 위한 저항의 실천공간으로 활용할 수 있게 한다.

넷째, 인권에 대한 공간적 접근은 인권영역 내부의 가치들인 평등, 민주주의, 연대 등의 문제를 보다 실질적으로 접근할 수 있도록 해준다. 구체적 삶의 공간은 인간의 존재상황을 가장 뚜렷하게 보여주기 때문에 연대성, 정치적 권리 및 사회적 권리 확보의 중요성을 부각시켜 준다.

앞으로 인권정치는 '공간 속의 인간'이라는 측면에서 은폐되거나 왜곡된 공간과 그와 관계 맺고 있는 인간의 존재상황을 정치화시키는 방향으로 나아가야 한다. 이를 위해서는 일상의 삶의 공간에 주목하는 것이 중요하다. 일상공간에는 권력, 이데올로기, 이미지 등에 의해 가려진 반인권의 상황들이 잠복해 있다. 효율적인 공간 건축이라는 근대건축의 구조물 속에는 권력이 상징화되어 공간에 대한 접근 자체를 막기도 한다. 도시 경관과 디자인 속에는 여전히 남성 중심의 권력의 시선이 압도하고 있다. 일상의 삶에서 비가시적인 공간을 가시화시키는 정치를 통해 새로운 공동체적 공간을 지향하는 것이 인권정치의 새로운 기획이라 할 수 있다. 이러한 정치적 기획에 구체적인 내용을 담기 위해서는 인권의 문제를 자본의 논리가 작동하는 삶의 공간과 직접 연관시켜 살피는 작업이 중요하다. 상품화 논리는 삶의 공간을 직접 생산하고 변형할 뿐만 아니라 그 안에 존재하는 인간의 시각, 정서, 관계 등을 전면적으로 변화시켜내고 있기 때문이다.

| 참고 문헌 |

강현수. 2009. "'도시에 대한 권리' 개념 및 관련 실천 운동의 흐름". 『공간과 사회』 제32호. 한국공간환경학회.

김덕영. 2007. 『게오르그 짐멜의 모더니티 풍경 11가지』. 길.

문성원. 2000. 『배제의 배제와 환대』. 동녘.

문성원. 2002. "개인적 인권과 집단적 인권". 성공회대 인권평화연구소 엮음. 『동아시아 인권의 새로운 탐색』. 삼인.

박상현. 2004. "스피노자-마르크스주의와 정치철학 비판". 윤종희·박상현. 『마르크스주의와 정치철학 및 사회학 비판』. 공감.

박승규. 2009. 『일상의 지리학: 인간과 공간의 관계를 묻다』. 책세상.

박영균. 2009. "욕망의 정치경제학과 현대 도시의 위기". 『마르크스주의 연구』 제6권 제2호. 경상대학교 사회과학연구원.

서관모. 1996. "시민성 개념의 새로운 구축을 위하여". 『경제와 사회』 통권 제31호. 한국산업사회학회.

서동진. 2009. 『자유의 의지 자기계발의 의지』. 돌베개.

엄기호. 2009. "인권의 신자유주의화와 생명정치, 그리고 추모의 민주주의". 『우리신학』 제8호. 우리신학연구소.

유홍림. 2003. "인권의 보편성". 『현대 정치사상 연구』. 인간사랑.

이기현. 2003. 『미디올로지』. 한울.

이상훈. 2005. "인권 패러다임과 사회 동학". 『시대와 철학』 제16권 3호. 한국철학사상연구회.

이재호. 2006. "근대적 인권 이념의 기초와 한계". 『정신문화연구』 제29권 제3호. 한국학중앙연구원.

이진경. 2009. 『외부, 사유의 정치학』. 그린비.

장세룡. 2009. "헤테로토피아: (탈)근대 공간 이해를 위한 시론". 『대구사학』 제95집. 대구사학회.

장은주. 2000. "문화적 차이와 인권-동아시아의 맥락에서". 『철학연구』 제49

집. 철학연구회.

장은주. 2007. 『생존에서 존엄으로』. 나남.

정인섭 편역. 2008. 『국제인권조약집』. 경인문화사.

정희진. 2006. "'여성'과 '인간'을 넘어서". 『편견을 넘어 평등으로』. 창비.

조명래. 2009. "지구화 시대, 시간과 공간이 새로운 생태학". 『지구화, 되돌아보기와 넘어서기』. 환경과생명.

조효제. 2006. "인권과 시민사회". 『편견을 넘어 평등으로』. 창비.

조효제, 2007. 『인권의 문법』. 후마니타스.

조효제. 2008a. "인권, 학문이 되다" 황희경 외. 『지식의 최전선1』. 한길사.

조효제. 2008b. 『인권의 풍경』. 교양인.

조효제. 2008c. "'자유주의적·합리적 법실증주의'에서 '다원적 구성주의' 모델로". 『시장과 인권-생존과 존엄 사이』. 세계인권선언 60주년 기념 제주 인권회의 자료집.

최병두. 2009. "신자유주의의 기원과 발전, 그리고 종말?-신자유주의와 도시에 관한 데이비드 하비의 견해 재점토". 『마르크스주의 연구』 제6권 제2호. 경상대학교 사회과학연구원.

최병두. 2009b. "다문화공간과 지구-지방적 윤리: 초국적 자본주의의 문화공간에서 인정투쟁의 공간으로". 『한국지역지리학회지』 제15권 제5호.

홍태영. 2009. "인권의 정치와 민주주의의 경계들". 『정치사상연구』 제15집 1호. 한국정치사상학회.

Agamban, G.(박진우 역). 2007. 『호모사케르』. 새물결.

Arendt, H.(이진우·박미애 역). 2006. 『전체주의의 기원1』. 한길사.

Balibar, E.(최원·서관모 역). 2007. "정치의 세 개념: 변혁, 해방, 시민인륜". 『대중들의 공포』. 도서출판 b.

Balibar, E.(윤소영 역). 1995. 『마르크스 철학, 마르크스의 정치』. 문화과학사.

Balibar, E.(윤소영 역). 2003. "'인간의 권리'와 '시민의 권리' : 평등과 자유의 현대적 변증법". 『'인권의 정치'와 성적 차이』. 공감.

Beck, U.(조만영 역). 2000. 『지구화의 길』. 거름.

Boehm, U.(이진우 역). 1999. 『철학의 오늘』. 끌리오.

Borradori, G.(손철성 외 역). 『테러 시대의 철학』. 문학과지성사.

Crang, M. and Thrift. N. (eds). *Thinking Space*. Routledge.

Donnelly, J. "인권 개념의 보편성과 아시아적 가치". 『계간 사상』 1996년 겨울호.

Foucault, M.(정일준 역). 1994. "주체와 권력". 『미셸 푸코의 권력이론』. 새물결.

Freeman, M.(김철효 역). 2004. 『인권 이론과 실천』. 아르케.

Friedman, S.(조효제 역). 2009. 『인권의 대전환』. 교양인.

Galtung, J. 1994. *Human Rights in Another Key*. Polity Press.

Harvey, D. 2008. "The Right to the City". *New Left Review* 53. pp. 23~40.

Harvey, D.(구동회·박영민 역). 1994. 『포스트모더니티의 조건』. 한울.

Harvey, D.(최병두 역). 2001. 『희망의 공간』. 한울.

Harvey, D.(최병두 역). 2007. 『신자유주의 간략한 역사』. 한울.

Held, D.(박찬표 역). 2010. 『민주주의의 모델들』. 후마니타스.

Honneth, A.(문성훈 외 역). 2009. "보편주의는 도덕적 함정인가". 『정의의 타자』. 나남.

Hunt, L.(전진성 역). 2009. 『인권의 발명』. 돌베개.

Ishay. M.(조효제 역). 2008. 『세계인권사상사』. 길.

Lefebvre, H. 1991. *The Production of Space*. tran. by D. Nicholson-Smith. Oxford: Blackwell.

Lefebvre, H. 1996. *Writtings on cities*. Cambridge: Blackwell.

Marx, K.(전태국 역). 1996. "유태인 문제에 대하여". 『마르크스의 초기저작: 비판과 언론』. 열음사.

Massey, D. 1992. "Politics and Space/Time". *New Left Review* 196. pp. 65~84

Massey, D. 1999. "Spaces of Politics". Massey. D., Allen. J., and Sarre. P. (eds) *Human Geography Today*. Cambridge: Polity Press.

Nickel, J. W., 2010(조국 역). 『인권의 좌표』. 명인문화사.

Ranciére, J. 2004, "Who is the Subject of the Rights of Man?". in *South Atlantic Quaterly* 103. 2/3. pp. 303~304

Ranciére, J.(양창렬 역). 2008. 『정치적인 것의 가장자리에서』. 길.

Soja, E. W.(이무용 외 역). 1997. 『공간과 비판사회이론』. 시각과 언어.

Supiot, A. 2003. "The Labyrinth of Human Rights: Credo or Common Resource?". *New Left Review* 21. pp. 118~136.

Swift, R.(서복경 역). 2004. 『민주주의』. 이소출판사.

Taylor, C.(송영배 역). 2001. 『불안한 현대 사회』. 이학사.

Valentine, G.(박경환 역). 2009. 사회지리학』. 논형.

Wallerstein, I.(김재오 역). 2008. 『유럽적 보편주의: 권력의 레토릭』. 창비.

Wuthnow, R.(최샛별 역). 2003. 『문화분석』. 한울.

Žižek, S.(김영희 역). 2006. "반인권론". 『창작과비평』132호 여름호. 창비.

민간인 학살의 사회구조적 요인 비교
-한국전쟁과 베트남전쟁을 중심으로[*]

최정기[**]

Ⅰ. 들어가는 말

전쟁은 폭력을 독점하고 있는 두 개 이상의 국가 및 국가에 버금가는 정치세력들이 그들이 가진 폭력 및 그 외 강제적인 수단을 이용하여 상대방을 제압하려는 사회적 현상이다. 따라서 전쟁과 폭력이라는 단어의 조합은 지극히 자연스런 것이다. 하지만 폭력이 모든 전쟁에서 동일한 양상으로 나타나는 것은 아니며, 각각의 전쟁이 갖는 역사적이고 경제적인, 그리고 정치사회적인 맥락에 따라 다르게 표출된다. 특히 무장한 세력이 무장하지 않은 민간인에 대하여 어떠한 태도를 취했는가는 전쟁에 따라 매우 다르며, 거기에는 다양한 원인이 작용하는 것으로 볼 수 있다.

전쟁 시기에 대량으로 민간인학살이 발생하는 것에 대해 유럽 국가들이

* 이 논문은 2008년 정부(교육과학기술부)의 재원으로 한국연구재단의 지원을 받아 수행된 연구임 (NRF-2008-005-J01401). 『민주주의와 인권』 제11권 1호(2011년)에 게재된 논문을 재록함.
** 전남대학교 사회학과 교수.

충격을 받은 것은 2차 대전에서 독일 등이 자행한 유태인말살 정책이 계기가 되었다. 그 충격의 결과로 등장한 것이 '제노사이드' 라는 용어이며, 1948년에 체결된 유엔의 '제노사이드금지협약' 이었다. 그런데 '제노사이드금지협약' 이 체결되자마자 제노사이드라는 용어의 의미를 벗어나는 다양한 형태의 학살이 등장하기 시작했다. 즉 인종말살과는 무관하게 정치적인 이유나 전쟁 등의 과정에서 발생하는 학살이 쟁점으로 떠오르기 시작한 것이다. 이러한 형태의 학살은 사실 그 이전에도 빈번하게 발생했었지만, 그때까지는 별 관심을 받지 못하다가, 제노사이드 문제가 전면에 부각되면서 새롭게 조명을 받은 것으로 볼 수 있다. 이중 전쟁 중의 학살과 관련하여 20세기 중반에 나타난 중요한 사건이 한국전쟁과 베트남전쟁이다.

세계적인 견지에서 볼 때, 한국전쟁은 매우 좁은 공간에서 벌어진 국지전임에도 불구하고 냉전체제의 형성기에 그 주역들이 최초로 힘을 겨룬 국제전이었으며, 그럼에도 불구하고 제2전선의 민간인들이 큰 피해를 당한 전쟁이라는 특징을 갖는다. 즉 한국전쟁을 전후한 시기에 대한민국의 도처에서는 다양한 형태의 민간인학살이 일어났다고 알려져 왔으며, 조사결과 그러한 사건이 실제로 확인되고 있다.[1] 이러한 한국전쟁 시기의 민간인학살은, 그것의 기원이 한 민족이나 국가 내부에서 형성된 대립의 결과라는 점에서, 그리고 그 대립이 좌와 우의 이념에 근거한 것이라는 점에서 이후 제3세계에서 벌어진 민간인학살과 맥을 같이 하고 있다.

한편 베트남전쟁은, 베트남인들이 30년 전쟁, 혹은 10,000일간의 전쟁이라고 부르는 것으로, 베트남이 1945년 8월 혁명 이후 1975년 미국이 철수할 때까지 프랑스와 미국을 상대로 독립과 통일을 위해 싸운 전쟁을 일컫는다. 즉 베트남전쟁은 연달아서 일어난 두 개의 전쟁을 말하는 것인데, 첫 번째 전쟁은 제1차 인도차이나전쟁으로 1945년 일본이 패망한 다음 8월 혁명[2]으로 성립한 베트남민주공화국이 다시금 베트남지역을 자신의 식

---

1) '진실과화해를위한과거사정리위원회' 에서 나온 조사보고서를 참조하라(2007; 2009a; 2009b).

민지로 하려던 프랑스와 싸운 것이다. 이 전쟁은 디엔비엔푸(Dien Bien Phu) 전투를 끝으로 프랑스가 물러나면서 끝이 났다. 두 번째 전쟁은 제2차 인도차이나전쟁으로 동남아시아의 공산화를 두려워 한 미국이 베트남에 개입하고 그 결과로 남과 북이 분단된 이후, 북베트남과 미국 사이에서, 그리고 남쪽에 있던 베트민[3]과 남베트남군 및 미국 사이에서 발생한 기나긴 싸움을 말한다. 이 싸움을 베트남에서는 항미구국전쟁이라고 부른다. 베트남에서의 민간인학살은 주로 두 번째 전쟁 시기에 발생하였다. 그중 가장 알려진 사건은 '미라이(My Lai)학살사건' 이다.

　이 글은 전혀 다른 사회라고 할 수 있는 한국과 베트남에서 20세기 중반이라는 시기에 왜 유사한 형태의 전쟁이 일어나고 민간인학살이 발생하였는지, 또 둘 사이에서 차이는 무엇인지, 나아가 그러한 차이가 나타나는 이유는 무엇인지를 규명하고자 한다. 즉 본 연구의 질문은 다음의 두 가지이다. 첫째, 한국전쟁과 베트남전쟁에서 나타난 민간인학살의 사회구조적 요인은 무엇인가? 둘째, 두 나라에서 나타나는 민간인학살의 구체적인 양상은 어떻게 다른가? 그리고 그러한 차이가 나타나는 역사사회학적 맥락은 무엇인가? 본 연구에서는 이와 같은 질문에 대해 비교사회학적 방법을 통해 논리적 수준에서 답을 구하고자 한다.

---

2) 베트남이 현재와 같은 영토적 토대와 인종적 구성으로 국가를 구성한 것은 1945년 일본이 패망한 이후였다. 당시 베트남 독립을 목표로 호찌민(Ho Chi Minh)과 인도차이나 공산당이 중심이 된 대중봉기가 베트남 전역에서 일어났고, 그 결과로 1945년 9월 2일 베트남민주공화국이 세워진 것이다. 이를 베트남에서는 8월 혁명이라고 부른다(후루타 모토오. 박홍영 옮김 2006: 16~17쪽).

3) 베트민은 남베트남 쪽에서 활동하던 민족해방을 위한 전사들을 가리키는 말이다. 우리나라에서는 이들을 '베트콩' 이라고 부르는데, 그것은 '베트남 공산주의자' 라는 뜻으로 경멸하는 의미가 담겨 있는 것이다.

Ⅱ. 연구대상 및 연구방법

1. 한국전쟁과 베트남전쟁에서의 민간인학살

오늘날 한국전쟁을 전후한 시기에 국가폭력으로 사망한 사람이 얼마나 되는지 알 수 있는 방법은 없다. 가장 적게 말하는 경우가 3~4십만 명이고 수 백 만 명이 죽었다고 하는 사람도 있다. 정부에서 공식적으로 발표한 문건에 의하더라도 그 정도의 사망자가 있었다는 것은 확인이 된다(표 1).

표 1에 따르면 한국전쟁 기간 동안에 남한지역에서 죽거나 부상당한 인구수는 1,292,832명에 달한다. 그중에서 군인 사상자 301,864명을 제외하면, 민간인 사상자 수는 990,968명이다. 이들 사망자가 모두 학살 피해자로 보기는 어렵지만, 당시의 사정을 고려하면 그중 많은 수가 학살의 피해자였다고 추정할 수는 있다.

<표 1> 한국전쟁으로 인한 남한의 사상자 수

	민간인*			군인**	합계
	남자	여자	합계	남자	
사망	263,784	109,815	373,599	29,294	404,093
납북	78,377	6,155	84,532	65,601	150,133
실종·포로	253,271	49,941	303,212	105,672	408,884
전상	168,849	60,776	229,625	101,907	330,722
합계	764,281	226,688	990,968	301,864	1,292,832

* 공보처 발표
** 국제연합군사령부 비공식발표
출처: 한국은행. 『경제연감』. 1955. 전광희. 한국전쟁과 남북한 인구의 변화. 한국사회학회 편. 『한국전쟁과 한국사회변동』. 풀빛. 1992.에서 재인용.

한편 '한국전쟁전후민간인학살진상규명범국민위원회'(이하 범국민위)에서 나온 자료(범국민위, 2005)나 '진실과화해를위한과거사정리위원회'의 조사결과 등에서도 정확한 사망자 수를 추정하고 있지는 않다. 다만 이들 두 기관에서 제시하고 있는 학살의 다양한 사례만 보더라도 최소한

4~5십 만 명의 학살피해자가 있는 것으로 추정할 수 있다. 그리고 그 유형
도 매우 다양하다. 전국적인 수준에서 공통적으로 발견되는 학살사례만
보더라도 보도연맹 가입자에 대한 학살사건, 군 토벌작전 중의 학살사건,
공습 및 폭격에 의한 학살사건, 보복 및 보복의 방지를 위한 학살사건, 재
소자 및 수감자에 대한 학살사건 등 그 원인이나 형태가 매우 복합적이다.

베트남전쟁 역시 정확한 사망자 수는 드러나지 않고 있으며, 더욱이 사
망의 유형별 분류는 찾기 어렵다. 30년간 지속되었던 베트남전쟁에서 민
간인피해가 많이 나오기 시작한 것은 미군의 군사적 개입이 강화되었던
1964년[4] 이후, 특히 미군이 점차 전쟁의 수렁에서 고통을 받기 시작하던

<표 2> 베트남전쟁에서 베트남인 사망자

	미군의 추정	1995년 베트남정부 발표
사이공군 사망자	220,357	220,000
혁명군 전투원 사망자	666,000	–
혁명군의 '열사'	–	1,100,000
남쪽의 민간인 희생자	247,600	약 2,000,000(남과 북의 합)
북쪽의 민간인 희생자	65,000	
합 계	1,198,957	약 3,000,000

출처: ベトナム戦争の記録編輯委員會 編 1988. 『ベトナム戦争の記録』. 大月書店.
후루타 모토오(2007: 164)에서 재인용.

1968년의 구정공세(Tet Offensive)를 전후한 무렵부터였다. 1968년 이
른바 구정공세 이후 그때까지의 대 베트남 전략이었던 '근거지 파괴 프로
그램(Pacification Program)'이 쓸모없는 것으로 되면서 미국은 세 가지
전략, 즉 첫째, 전폭기를 동원한 공중 폭격, 둘째, 지상군에 의한 마을의 파

---

4) 미국의 베트남에 대한 개입은 1950년대에는 외교전 및 군사지원 등으로 이루어지다가 1961년
~1964년 사이에는 군사고문단을 통한 남베트남 군 지원 및 특수부태의 파견을 통한 전투개입의
형태로 이루어졌다. 이와 같은 군사개입에도 불구하고 공산주의세력이 계속해서 확대되자 1964
년 7월 말 미군의 폭격기가 북베트남을 폭격하고 남베트남군의 특수부대가 통킹 만에 있는 두 개
의 섬에 상륙하면서 본격적으로 군사개입을 강화하기 시작했다(Fitzgerald, 1972).

괴, 셋째, 피닉스 프로그램(Phoenix Program)으로 불리는 공산당 기간
조직의 파괴를 병행하기 시작했다. 그런데 이러한 전략들은 모두 엄청난
대량살해의 가능성을 갖고 있는 것들이었다. 비행기에 의한 폭격은 가해
자가 직접 인지하기는 어렵지만, 수많은 인명피해가 발생할 것이라는 것
이 자명한 사실이다. 지상군에 의한 마을의 파괴는, 그 진행과정에서 이른
바 '미라이(My Lai) 사건'이 발생한 것에서 알 수 있듯이, 민간인에게 엄
청난 피해를 입힐 수밖에 없는 전략이었다. 1968년 중반부터 시작된 피닉
스 프로그램 역시 시작된 지 1년 정도 만에 18,393명이 사망했다는 발표에
서 알 수 있듯이 공산당 조직의 파괴라는 미명하에 수많은 민간인들을 살
해한 정보공작이었다(Hersh, 1985: 403~404). 그 결과 베트남 전에서는
엄청난 인명피해가 발생하였다(표 2).

2. 민간인학살(Massacre)에 대한 개념정의

2차 대전을 전후하여 사회과학적 조명을 받기 시작한 집단학살 사건은
통상 민족 혹은 종족 범주를 대상으로 하여 자행되는 것으로 여겨졌다. 그
래서 1944년에 렘킨(R. Lemkin)은 "한 민족 또는 종족집단의 박멸"이라
는 의미를 나타내기 위하여 '제노사이드(genocide)'라는 단어를 고안하였
다. 그 후 제노사이드는 대량살해, 대량학살, 집단학살, 종족말살, 집단말
살 등의 현상을 통칭하는 용어로 사용되어 왔다. 그리고 1948년에는 '홀로
코스트(Holocaust)'의 비극을 되새기며 유사 사례의 재발방지를 위해 「제
노사이드의 방지와 처벌에 대한 유엔협약」(UNGC)이 체결되면서, 제노사
이드 개념은 국제법상에 명문화되어 보편적인 개념으로 자리 잡았다.

그러나 위의 협약이 체결된 이후에도 민간인들이 정치세력에 의해 집
단적으로 학살되는 현상은 세계 도처에서 벌어지고 있었다. 더욱이 '홀로
코스트'가 인종 간 갈등에 근거하고 있었다면, 1950년대 이후에는 전쟁이
나 독재정권의 수립 및 유지과정에서, 정치적 이유로 행해지는 민간인 살
상이 주요한 현상으로 부각하기 시작했다. 그 결과 한편에서는 제노사이

드 개념을 그러한 현상까지 포함하는 개념으로 사용하기 시작했고(Fein, 1993; 김영범, 1999, 24~26), 다른 한편에서는 새롭게 폴리티사이드(politicide)라는 개념을 만들거나(Harff, 1988), 이 모든 현상을 망라한다는 의미로 대량살해(massacre 혹은 mass killing) 개념을 그대로 사용하기도 했다(Valentino, 2004). 본 연구에서는 이들 개념을 둘러싼 논쟁에 개입하는 것이 주요 목적이 아니기 때문에 그냥 현상을 가리키는 의미로 대량살해 개념을 차용하되, 한국에서 한국전쟁을 전후한 시기의 대량살해 현상을 두고 벌어졌던 논쟁을 감안하여 민간인학살이라는 개념(김동춘, 2000)을 사용하였다.

이와 같은 민간인학살은 다양한 형태로 존재하고 있지만, 이 글에서는 전쟁 중의 민간인학살만을 다루고자 한다. 이와 관련하여 1945년 이후 2000년까지 일어난 147개의 전쟁을 대상으로 대량살해 현상을 연구한 발렌티노(Benjamin Valentino)에 따르면 기존 문헌들에서 제시하는 전쟁 중 대량살해의 원인은 대체로 다음의 세 가지이다. 첫째, 인종 집단들 사이에서 나타나는 사회적 분열(social cleavages)과 강한 증오이다. 둘째, 갈등과 관련된 정치체제의 성격, 즉 그 체제가 민주적인 체제인지 혹은 권위적이고 전제적인 체제인지가 학살의 발생과 관계가 깊다. 셋째, 해당 사회에서 벌어지는 전쟁에서 게릴라전술이 사용되고 있으며, 이들 게릴라전의 위협이 클수록 대량살해의 가능성이 크다. 즉 비정규전의 성격이 강할수록 대량살해가 나타날 가능성이 크다는 것이다(Valentino, 2004: 381~387).

한편 2차 대전 이후 전쟁을 포함하여 동아시아사회에서 나타나는 정치적 갈등에는 토지 소유 및 농업작물의 상품화를 둘러싸고 벌어지는 한 국가 내부의 계급 간 갈등관계 및 국제정치적 환경이라는 것이 이 지역을 연구하는 많은 연구자들의 공통된 주장이다(Skocpol, 1989; Paige, 1995; Wolf, 1984; Scott, 2004). 이와 함께 동아시아 지역은 근대화 도정에서 대부분의 나라가 식민지로 전락했었으며, 2차 대전 후에는 미국 중심의 냉전체제 속에 편입되어야만 했던 역사적 경험을 갖고 있었다. 이 과정에서 대부분의 국가들은 권위적인 정치체제와 전체주의적인 지배를 경험하였다. 이러한 요소들 역시 전쟁의 발발 및 그 과정에서 자행된 민간인학살에 영향을 미쳤을 가능성이 큰 것으로 추정되고 있다. 본 연구에서는 이러한 변수들을 고려하면서 사례들을 비교, 검토할 것이다.

3. 비교방법론 - 일치법 및 맥락의 대조

이 글에서 채택하고 있는 가장 중요한 연구방법은 한국전쟁과 베트남전쟁을 비교하는 방법이다. 전혀 다른 사회의 현상들이 공통된 모습을 보이거나 혹은 매우 유사한 사회가 전혀 다른 모습을 보일 때, 그러한 현상의 인과관계를 논리적으로 추론하는 연구방법이 비교방법론이다. 비교방법의 이론적 근거는 밀(J. S. Mill)이 고안한 귀납방법들이며, 일치법과 차이법을 대표로 들 수 있다.

그 중 일치법은 전혀 다른 사회를 대상으로 하며, 조사대상이 되는 현상의 둘 또는 그 이상의 경우가 단지 하나의 상황만을 공유한다면, 그 상황을 주어진 현상의 원인(혹은 결과)으로 추론하는 방식이다. 일치법을 사용한 대표적인 연구로 무어(Barrington Moore Jr.)의 연구를 들 수 있다(Moore, 1985). 무어는 근대화의 각 경로에 대한 상이한 인과관계 규명 및 경험적 일반화를 시도하는 과정에서 동일한 유형에 포함되는 나라들의 근대화에 공통되는 사회적 기원을 알기 위하여 일치법을 사용하고 있다. 본 연구에서도 한국과 베트남이라는 전혀 다른 사회가 20세기 중반의 냉전체제 속에서 전쟁에 휘말리면서 민간인학살이라는 흔치 않는 현상을 공유하고 있다는 점에서 일치법을 사용하여 그 사회적 기원을 탐색하고자 한다.

그러나 일치법은 밀 스스로도 인정했듯이 여러 가지 난점이 있는 논리적 추론이다. 즉 단순히 공존하는 현상이나 다양한 원인이 작용하는 경우 등은 일치법을 적용하기 어렵다.[5] 이러한 난점을 보완하기 위하여 이 글에서는 '맥락의 대조'를 사용하고자 한다. '맥락의 대조' 방법은 두 사례의 명확한 차이를 비교하는 것으로 각각의 사례에 내재하는 맥락적 특수성을 발견하여, 그러한 특수성이 일반적인 것으로 추측되는 사회과정에 어떤 영향을 끼치는가를 보여주려고 하는 것이다. 따라서 개별 사례들 간의 대조가 중요시되며, 각각의 사례 내부에 통합되어 있는 역사적 특수성이 중요한 문제가 된다(한국비교사회연구회 편저, 1990). '맥락의 대조'를 이용한 대표적인 연구로는 스카치 폴(Theda Skocpol)의 혁명연구를 들 수 있다. 그녀는 프랑스와 러시아, 중국의 혁명을 비교연구하면서 혁명의 발생 원인을 추출하는 과정에서는 일치법을 사용했지만, 각각의 혁명이 갖는 특수성을 알아보기 위해서는 '맥락의 대조' 방법을 사용하고 있다(Skocpol, 1981).

본 연구에서는 일치법을 통해 확인된 주요 변수들을 대상으로 그 변수들이 한국과 베트남의 역사적 맥락에서 어떻게 다르게 나타나고 있는지, 그리고 그 차이가 민간인학살과 어떻게 관련되는지 검토하기 위하여 '맥락의 대조' 방법을 사용할 것이다. 이 과정을 통해 두 나라의 민간인학살이 갖는 독특한 측면을 이해할 수 있을 것으로 기대하고 있다.

Ⅲ. 민간인학살의 사회적 기원
– 베트남과 한국의 사례에 대한 일치법

한국과 베트남은 전혀 상이한 성격을 갖는 국가이며, 한국전쟁과 베트남전쟁도 전혀 다른 전쟁이다. 그렇지만 이러한 차이를 인정한 위에서 구체적인 요소들을 살펴보면, 근대 이후에는 두 나라가 놀라울 정도로 유사한 역사적 경로를 걷고 있다. 1945년 이전에는 제국주의 열강의 식민지였다는 점, 일본의 패망으로 독립국가의 가능성이 주어진 점, 세계적으로 형성되기 시작한 냉전체제 속에서 자본주의진영과 공산주의진영 사이의 대

---

5) 이런 점에서 밀은 비교방법의 대표적인 추론방식으로 차이법을 강조한다.

립구도가 형성되고 미국의 직접적인 개입 속에서 분단체제가 만들어진
점, 그 과정에서 전쟁이 발발하였다는 점 등 두 나라의 근·현대사는 매우
유사한 모습을 보여주고 있다. 그 결과 두 나라는 전쟁의 발발 및 민간인학
살과 관련하여 네 가지 공통된 변수를 보여주고 있다. 그것은 첫째, 복잡한
계급 간 관계 및 갈등, 둘째, 미국의 개입과 분단, 셋째, 폭력적이고 권위적
인 정치체제, 넷째, 비정규전 중심의 전쟁 양상이다. 이들 변수들이 상호
복합적으로 결합하면서 두 나라에서는 전쟁이 발발하였고, 그 와중에서
수많은 민간인학살이 발생한 것으로 추정되는 것이다. 두 나라가 갖는 공
통된 요소들은 다음과 같이 설명할 수 있다.

1. 식민지반봉건사회와[6] 복잡한 계급관계

동아시아 지역은 외부 세력에 의해 폭력적인 방식으로 근대화가 진행
되었으며, 자본주의적 생산양식의 유입에도 불구하고 전근대적인 토지소
유제도가 다양한 형태로 유지·존속되고 있었다. 그 결과 2차 대전이 끝난
1945년 무렵의 동아시아사회에서는 여전히 신분제가 유지되고 있었고, 상
대적으로 계급관계가 복잡했으며, 계급 간 갈등도 중층적이고 복합적인
형태를 띠는 경우가 대부분이었다. 이러한 신분 및 계급간의 갈등이 한편
으로는 이 지역에서 발생한 전쟁의 주요 원인 중의 하나이면서 동시에 전
쟁 중에 민간인학살을 야기한 원인이기도 했다. 한국과 베트남은 이와 같
은 동아시아사회의 대표적인 사례(Cumings, 1986: 84)라고 할 수 있다.

---

6) 여기서 사용하는 식민지반봉건사회라는 용어는 사회구성체와 관련된 논쟁에서의 의미가 아니라
　단순히 동아시아사회가 식민지를 경험하는 과정에서 자본주의가 이식되었고, 그 결과 전자본주
　의적인 요소가 상당 부분 남아있다는 의미 정도로 사용하였다.

2. 미국의 개입과 분단, 그리고 냉전체제 편입

2차 대전 이후의 세계체제는 미국을 중심으로 한 자본주의진영과 소련을 중심으로 한 공산주의진영의 상호 대립적인 체제로 양분되었다. 이 시기 미국의 제3세계 외교정책의 핵심적 이데올로기는 공산주의에 대한 자유세계의 대응이라는 차원에서 미국이 전 세계의 분쟁지역에 개입한다는 트루먼독트린(Truman Doctrine)과 도미노논리에 잘 나타나있다(이삼성, 1998: 166~168). 즉 당시 미국의 정책결정자들은 공산주의를 세계질서를 해치는 존재로 보고, 전 세계적인 수준에서 나타나는 공산주의운동을 심각한 위협으로 생각하며, 이들 공산주의운동을 퇴치하기 위해서는 미국이 제3세계에 적극 개입해야 한다고 생각했던 것이다(Porter, 2008: 69~73). 당시 이러한 미국의 전략이 가장 상징적으로 나타난 곳이 냉전체제로 인해 분단국가가 된 한국과 베트남이었다. 미국은 아시아지역에서 공산화한 소련 및 중국에 대한 견제를 위해 두 국가에 개입하였고, 결국 두 국가는 모두 분단국가가 되었던 것이다. 그리고 분단과정에서 이들 국가가 지닌 내부적 모순들이 적대적인 형태로 재구성되었고, 이러한 적대적인 대립이 전쟁과 민간인학살로 이어지게 된 것이다.

3. 구체제의 정당성 상실 및 폭력적이고 권위적인 정치체제

한국과 베트남 두 나라는 모두 근대화과정에서 외국의 식민지로 전락하면서 전통사회의 왕조들이 정당성을 상실한 상태였다. 또 1945년 일본의 패망으로 독립의 가능성이 주어진 상태에서는 식민지시기에 형성된 지배체제 역시 정당성을 상실하고 있었으며, 식민지시기에 만들어진 비교적 강고한 관료체제도 작동하기 어려운 상태였다. 두 나라 모두 1945년의 상황에서 정국의 헤게모니를 장악하고 있던 세력은 각종 지역조직을 장악하고 '토지개혁' 등 혁명적인 주장을 제기하고 있던 좌파세력들이었다. 이런 상태에서 반공을 세계전략의 가장 중요한 목표로 생각하고 있던 미국이 자신의 영향력을 강화하기 위해 할 수 있는 일은 미국의 이익에 충실한 친미 반공정권을 수립하여 지원하는 것이었다. 이렇게 성립한 정권이 한국의 이승만정권과 남베트남의 응오딘지엠(통상 고딘디엠)정권이었다. 이런 정권들의 공통점은 대중의 지지가 약하다는 것이며, 그 결과 경찰력과 군부의 힘에 의지하여 권위주의적인 통치를 행하는 독재국가가 될 수밖에 없다는 것이다(김동춘, 2000; 이삼성, 1998).

4. 비정규전 중심의 전쟁 양상

비정규전이 중심이 된 전쟁은 피아를 구별하기 어렵다는 특징이 있다. 따라서 이들 전투세력들은 확실한 자기편이 아닌 한 대부분의 민간인들을 잠재적인 '적'으로 여길 수밖에 없었으며, 민간인들은 그만큼 지속적인 감시와 폭력의 대상이 될 수밖에 없다. 그래서 슈미트(Karl Schmitt)가 지적한대로 전쟁의 비정규적인 성격과 적대적인 이중권력의 존재는 민중의 고통을 가중시킨 중요한 요인이었다(Schmitt, 1998). 한국전쟁과 베트남전쟁은 모두 이러한 비정규전이 중심이 된 전쟁이었으며, 그 과정에서 민간인들에 대한 공격이 일반화된 전쟁이었다. 한국전쟁에서 벌어진 빨치산 토벌작전은 주로 빨치산들이 들어가 있는 산 주변에 대한 소개 작전 및 민간인들에 대한 공격이었다(최정기, 2006). 베트남전쟁도 마찬가지였다. 베트남전쟁이 갖는 가장 큰 특징은 '전선 없는 전쟁(War without Front)'이라는 사실이었다(Thayer, 1985). 또한 베트남전쟁에서 미군이 채택한 작전의 핵심은 베트민이 있는 것으로 추정되는 마을 및 마을 주변지역, 정글 등에 대한 '수색 및 파괴(Search and Destroy)' 였으며, 그 과정에서 수많은 민간인학살이 발생하였다(Hersh, 1970; Hammer, 1970; Gershen, 1971; Fitzgerald, 1972). 비정규전이라는 전쟁의 성격이 민간인들의 피해를 가중시킨 주요 요인인 것이다.

Ⅳ. 민간인학살 양상의 차이
– 베트남과 한국의 사례에 대한 맥락의 대조

한국과 베트남은 모두 냉전체제 하에서 분단과 전쟁의 와중에 휘말렸지만, 전쟁의 구체적인 양상이나 그 과정에서 발생한 민간인학살의 양상은 매우 달랐다. 따라서 공통된 변수들의 상호작용을 통해서 전쟁의 발발과 민간인학살의 발생을 설명할 수 있었지만, 그 구체적인 양상의 차이는 다른 설명틀이 필요하다. 이를 위해 여기서는 이들 변수들이 두 나라에서 어떻게 다르게 나타나는지 맥락의 대조(역사 기술적 설명)를 통해 설명하고자 한다. 즉 위에서 설명한 네 가지 변수는 두 전쟁 당사국의 역사적, 사회적 맥락에 따라 각기 다르게 작용하고 있다는 것이다.

1. 계급 간 힘 관계의 차이와 상이한 계급갈등 양상

두 나라 모두 식민지권력에 의한 지주계급의 양성이 이루어졌으며, 그 결과 지주들은 1945년 당시 매우 강력한 사회세력을 형성하고 있었다. 그러나 지주들의 상대적인 힘이나 타 계급과의 관계는 두 나라가 매우 달랐다. 한국의 경우에는 식민지 전 기간을 통하여 지주들의 세력이 약화되지 않았으며(장시원, 1989), 해방 당시에는 사실상 가장 강력한 사회세력을 형성하고 있었다. 물론 이들의 힘은 일제의 지배에 협력할 수밖에 없었던 자신들의 행적과 농민을 비롯한 민중세력들의 도전에 직면하면서 위축된 것도 사실이지만, 한민당의 결성에서 드러나듯이, 미군정의 비호 하에 곧바로 가장 강력한 사회세력으로 자리 잡았다. 그 결과 1945년 이후에 형성된 한국의 갈등구조는 매우 복합적이었으며, 그것이 한국전쟁 시기에 다양한 형태의 폭력으로 표출되었다. 실제로 한국전쟁기의 민간인학살을 가해자에 따라서 분류한 결과를 보면, 가해자가 매우 다양하다는 것을 발견할 수 있다(최정기, 2010). 다양한 갈등구도들이 전쟁국면을 맞이하여 폭력적으로 표출되었던 것이다.

베트남에서도 한국과 유사하게 식민지시기 동안에 지주들이 주요 사회세력으로 성장하였다(Paige, 1995: 426). 그러나 그 힘은 상대적으로 약했다. 베트남의 경우 프랑스에 의해 추진된 근대적 토지소유관계의 사회적 침투 및 확산의 정도와 농작물의 상품화 정도는 지역[7]에 따라 차이가 난다. 즉 남부의 코친차이나 지역은 근대적 토지소유관계의 진전이 빠르고 농업작물의 상품화도 빨리 이루어지면서 지주계급이 주요사회세력으로 자리 잡은 반면 북부의 통킹과 중부의 안남지역은 상대적으로 그 속도가 느렸으며 지주들이 별다른 세력을 형성하지 못했다. 즉 상대적으로 지주계급의 힘이 약했던 것이다. 1945년 민주공화국을 수립한 이후에는 국가가 토지 및 산업시설에 대한 완전한 통제를 획득하였고, 1956년까지 순차적으로 토지개혁을 단행하였다(후루타 모토오, 2007: 16~18; 윤충로, 2005: 85~100). 1946년부터는 프랑스와의 전쟁이 발발하였다. 그렇지 않아도 미약했던 지주들이 민주공화국의 수립과 전쟁의 와중에서 세력화할 토대마저 상실한 것이다. 따라서 베트남전쟁에서는 국내 갈등보다는 베트남과 외세라는 대립구도 속에서 전개되었다.

2. 분단과정의 차이로 인한 상이한 전쟁 성격

한국의 분단은 애초 일본군의 무장해제를 목적으로 진주한 미·소의 군정이 국내의 좌·우 갈등과 맞물리면서 그대로 고착화된 형태로 이루어졌다. 그래서 한국전쟁은 처음부터 내전이자 국제전이었으며, 동시에 국제전이자 내전이었던 것이다(정병준, 2006). 그러나 전쟁의 실질적인 내용과는 상관없이 남과 북 모두 미국과 중국 등의 외세를 우방 내지 지원국이라고 선전하였고, 일반 민중들은 그것을 믿었으며, 따라서 남한과 북한을

---

7) 전통사회의 차이 및 식민지배의 차이, 사회경제적 조건의 차이 등을 감안하여 베트남에서의 지역 구분은 통상 북부지역의 통킹, 중부지역의 안남, 남부지역의 코친차이나로 나눈다.

전쟁의 당사자로 생각하는 경향이 강했다. 그 결과 전쟁을 통해 드러난 폭력은 대체로 내전의 형태를 띠는 것들이었다. 실례로 마을 수준에서 한국전쟁을 전후한 시기에 발생한 민간인학살을 연구한 박찬승은 당시 학살을 가져온 주요 갈등구조로 첫째, 신분·계급 간의 갈등, 둘째, 친족·마을 간의 갈등, 셋째, 종교와 이념간의 갈등을 들고 있다(박찬승, 2010: 25~40).

반면 베트남은 식민지 시절부터 사회주의 지도자들이 베트남 전역에 걸쳐 확실한 지도력을 행사하고 있었다. 그래서 이들은 1945년 중반기에 나타난 국제적 힘의 공백기를 맞이하여 적극적으로 독립국가를 건설할 수 있었으며, 마을에서 성을 거쳐 중앙정부에 이르는 인민위원회 조직을 완료할 수 있었다(윤충로, 2005: 216). 이때부터 베트남은 하나의 민족으로 성립하였던 것이다. 그런데 이러한 베트남의 국가건설을 방해한 것은 프랑스와 미국 등 외세였다. 최초 프랑스는 군대를 동원하여 베트남을 다시 식민지화하려고 하였지만, 결국 패퇴하였다. 그러자 미국 등 서방국가들은 제네바회담을 통해 베트남을 남·북으로 갈라진 분단국가로 만들면서 자신들의 영향력을 유지하려 하였다. 또 남베트남정부가 민중봉기로 붕괴될 지경에 이르자 미국이 직접 군사개입을 하였다. 따라서 베트남에서는 일반 국민들도 베트남전쟁을 베트남 대 외세의 대결구도라고 생각하였으며, 베트민의 항전이 민족해방을 지향하는 것으로 인정하고 적극 지지하였다(후루타 모토오, 2007: 79~85). 그 결과 전쟁 중의 민간인학살도 내부 갈등보다는 군사작전 중에 발생한 것이 대부분이었다. '인민의 전쟁'을 수행하는 베트남과 이들을 공격하는 미군이라는 구도 속에서 다수의 민간인학살의 발생한 것이다(이삼성, 1998: 206~207).

3. 정치체제의 차이

1948년 남한에 수립된 이승만정권이나 1954년 남베트남에 수립된 고딘디엠정권은 모두 식민지시기의 인적·물적 구조로부터 단절되지 못하고 있었으며, 대중의 지지도 약한 상태였다. 이들 정권을 만들고 유지시키는 힘은 미국의 지지와 군부 및 경찰력으로 이루어진 강제력이었다. 이와 같은 유사성에도 불구하고 두 정치체제는 구체적으로는 큰 차이를 보이고 있다(표 3).

두 정권의 가장 큰 차이는 이승만정권이 식민지시기의 체계화된 관료조직을 이용하여 지방까지 통제력을 확보할 수 있었던 데 비해 고딘디엠정권은 그런 관료조직이 없었으며, 분단의 상대방인 호찌민의 하노이정부가 자신과는 비교 불가능할 정도로 강력하다는 것이었다. 그 결과 고딘디엠정권은 지방에 대한 장악력이 매우 약했으며, 정권의 토대 자체가 불안정하였다. 똑같이 군부 및 경찰력을 이용한 폭력적인 통치를 했음에도 불구하고, 이러한 조건의 차이가 두 정권 사이에서 헤게모니의 차이를 가져왔던 것이다. 그리고 그 연장선상에서 전쟁 기간에 진행된 내부평정 역시 베트남에서는 불가능했지만, 남한에서는 가능했다(윤충로, 2005: 410~459).

<표 3> 이승만정권과 고딘디엠정권의 사회 통제·관리체제 비교

요인 국가	전통·식민지배의 유산		전쟁	미국의 영향력
	지방에 대한 통제	억압기구의 특성		
남베트남	중앙집권화와 지방 장악을 위한 투쟁	조직력·침투력이 약한 경찰과 관변조직	새로운 통치기제의 필요성	전쟁·식민지배 유산의 (−)효과
남한	남부 전역에 대한 일원적 통제의 확립	조직력·침투력이 강한 경찰과 관변조직	강제력의 성장과 지배체제의 공고화	승전국 개입·식민지 배 유산의 (+) 효과

* 출처: 윤충로(2005: 413)에서 재인용

4. 전선의 차이와 비정규전 주도권의 상이함

한국과 베트남은 모두 전쟁의 중심이 비정규전이었지만, 구체적으로 보면 상당히 다른 모습을 보여준다. 먼저 한국전쟁은 1950년 6월 25일부터 1951년 2월 정도까지의 6개월 정도를 제외하면, 현재의 38선 부근을

중심으로 전선이 형성되어 있었으며, 그 외 지역에서는 국내를 평정하려
는 군·경 토벌대와 이들에 맞서서 외부의 지원 없이 독자적으로 전투력을
유지해야 하는 빨치산 사이에서 전투가 이루어졌다. 그래서 군·경 토벌대
의 주 목적은 대한민국의 유지에 장애가 될 수 요소들을 제거하는 것인 반
면 빨치산들은 시간이 지날수록 이른바 '해방투쟁' 보다는 지역민들의 지
원이나 반강제적인 '보급투쟁' 에 의존하면서 살아남기에 급급했었다. 그
결과 지역 수준에서 보면 군·경 토벌대가 주도한 학살은 좌익 혐의자 및
비협조자들을 대상으로 이들을 제거하는 경우가 많았다. 반면에 좌익이
주도한 학살은 말단 조직이나 개인들의 결정에 의해 우익의 핵심인사를 제
거하거나 개인적인 감정에서 보복하는 경우가 대부분이었다. 또 사망의
원인도 비행기의 공습이나 총살에서 시작하여 칼이나 죽창으로 찌르거나
구타, 수장에 이르기까지 매우 다양하다.[8]

〈표 4〉 베트남 전에서 민간인사망자의 사망원인에 대한 미국의 조사결과

	지뢰 및 박격포	총 및 수류탄	포격 및 폭격	합계
1967	15,253	9,785	18,811	43,849
1968	31,244	15,107	28,052	74,403
1969	24,648	11,814	16,183	52,645
1970	22,049	7,650	8,607	38,306

출처: W. E. Colby, Statement to the Senate Subcommittee on Refugee and Escapees, 1972.
4. 21. p. 41 and Annex K.(Thayer, 1985: 130에서 재인용)

이에 비해 '전선 없는 전쟁' (Thayer, 1985)이었던 베트남전쟁은 남부
베트남의 거의 전 지역이 전장이었으며, 호치민루트[9]에서 알 수 있듯이 북
베트남에서 엄청난 인적·물적 자원이 남베트남의 각 전장에 보급되고 있

---

8) 이에 대해서는 '진실화해를위한과거사정리위원회' 의 지역 조사결과(2007; 2009a; 2009b)를 참
   조하라.
9) 북베트남에서 남베트남으로 인적, 물적 자원을 운송하였던 수송로를 말한다. 그 길이는 수 천
   Km에 달하며, 육상과 해상에 걸쳐서 여러 개의 루트가 있었다. 후루타 모토오(2007: 57)에 육로
   호찌민루트 그림이 있다.

었다. 그래서 베트민들은 미군의 엄청난 화력에 맞서서 독자적인 작전을 수행할 수 있었으며, 나름대로의 전과를 올릴 수 있었다. 그 결과 베트남에서의 학살은 대체로 군 작전으로 이루어진 공습 및 포격에 의해서 발생하였거나 '수색 및 파괴(Search and Destroy)'라는 작전수행 중에 일어났다. 베트남전쟁 중에 사망한 민간인들의 주요 사망원인이 포격 및 폭격, 지뢰 및 박격포 공격, 개인화기라는 것을 보여주는 〈표 4〉는 베트남전쟁에서 발생한 민간인 학살의 특성을 보여주는 하나의 지표가 될 수 있다. 물론 베트남에서도 피닉스 프로젝트에서 드러나듯이 남베트남 정보당국의 민간인학살이 있었고, 개인적인 감정이나 이념대립의 와중에서 민간인들끼리 서로 공격하는 경우도 있었다. 하지만 피닉스 프로젝트가 무차별적으로 특정 지역 주민들을 집단적으로 학살하는 것은 아니었으며, 민간인들 사이에서의 상호 공격도 그렇게 빈번하거나 규모가 큰 것은 아니었다.[10]

5. 결어

이 글은 역사적으로나 사회적으로 전혀 다른 사회라고 할 수 있는 한국과 베트남에서 왜 20세기 중반이라는 비슷한 시기에 전쟁이 일어났으며, 왜 그 전쟁의 진행과정에서 민간인학살이 발생하였는지, 둘 사이에서 공통적인 요인이나 차이가 있는지에 대한 의문에서 출발하였다. 두 나라의 사례를 개별적으로 접근하였을 때에는 지나치게 많은 직·간접적인 원인들이 거론되기 때문에 이들을 비교, 검토하면서 그러한 국면을 만들어낸 보다 거시적인 원인들을 추출하고자 한 것이다. 이를 위해 먼저 일치법에 의

---

10) 베트민이나 북베트남 당국에 의한 민간인학살 관련 소문은 주로 미국 정보당국이 제기하였지만, 별다른 증거를 제시하지 못했으며, 그 이후 헛소문으로 판명되는 경우가 대부분이었다. 필자의 베트남 현지조사 시 가이드를 해주었던 트롱(Trong)은 1975년 당시 남베트남군 장교였으며, 통일 이후 2년 6개월 동안 정치범 수용소에서 지낸 사람이었는데, 그나 그 가족들이 타인에게 맞은 적도 있고 현재도 사회생활에 장애가 많지만, 민간인학살이라고 부를만한 일은 없었다고 증언하고 있다.

해 1940년대에서 1050년대에 이르는 시기에 두 국가 사이에서 나타나는 유사한 변수들을 추출한 다음, 그러한 변수들이 각각의 사례에서 어떻게 다르게 작용하고 있는지를 검토하였다.

먼저 해당 시기를 전후하여 한국과 베트남이 갖고 있는 정치적, 경제적, 사회적 조건들을 비교 검토해 본 결과 두 나라는 첫째, 식민지 유산으로 인해 복잡한 계급관계를 보여주고 있다는 점, 둘째, 1945년 이후에 미국의 개입과 분단, 그리고 냉전체제 편입이 발생하였다는 점, 셋째, 정치적인 측면에서 폭력적이고 권위적인 정치체제가 등장하였다는 점, 넷째, 비정규전 중심의 전쟁이 발발하였다는 점에서 공통점을 보여주고 있었다. 즉 적어도 논리적인 수준에서는 이들 요소들이 상호 결합한 결과가 두 나라에서 전쟁이 발발한 원인이고, 전쟁의 와중에서 수많은 민간인들이 학살당한 사회적 조건을 창출했다고 볼 수 있는 것이다.

그렇지만 두 국가가 갖고 있는 공통적인 변수들은 각각의 사례에서 서로 다른 모습을 갖고 있었으며, 서로 다른 작용을 하고 있었다. 한국은 1945년 해방 당시 지주계급이 상대적으로 강력하였으며, 전쟁이 발발할 무렵까지 그 힘이 크게 손상되지 않고 있었다. 또 미국은 최초 해방군으로 인식되고 있었으며, 해방 당시 외국군대의 진주가 그대로 분단으로 이어지면서 분단과 전쟁이 지닌 외부의 간섭이라는 측면이 잘 부각되지 않았다. 정치체제도 폭력적이기는 하지만, 전국적인 수준에서 일원적인 통치력을 행사하고 있었으며, 전쟁 시기에는 전국의 헤게모니를 장악한 상태에서 내부 평정에 주력하고 있었다. 이에 비해 빨치산들은 외부의 지원이 없고 근거지 역시 일부 산악지역으로 한정된 상태에서 시간이 지날수록 지리멸렬할 수밖에 없었다.

반면에 베트남에서는 1945년 해방 당시 지주들이 사회적 영향력을 행사하지 못했으며, 오히려 공산주의세력이 주도하는 민주공화국이 대중의 절대적인 지지 속에서 성립되었다. 프랑스와 미국은 이렇게 수립된 독립국가를 붕괴시키고 다시금 식민지로 만들려고 하였고, 그 결과 베트남의 분단이 이루어졌다. 따라서 전체적인 대립구도가 베트남 대 외세의 구도로 만들어진 것이다. 미국의 지원 하에 수립된 남베트남정부는 나름대로 폭력적인 지배를 통해 정권을 유지하려고 했지만, 이미 헤게모니를 상실한 상태였고 식민지시기부터 이어진 지배체제의 취약성으로 인해 지방통제력도 없는 상황에서 여러 차례 쿠데타가 발생하는 등 불안정한 모습을 보여주고 있었다. 이와 같은 정국 하에서 남베트남에서 진행된 비정규전의 주도권은 전투력의 열세에도 불구하고 베트민이 장악하고 있었다.

이와 같이 두 나라가 보여준 맥락의 차이가 전쟁의 양상 및 민간인학살이 보여주는 양상의 차이를 설명해준다. 한국전쟁에서 나타난 학살의 원인은 매우 다양하며, 외부적인 요인에 의한 경우도 많지만, 그에 못지않게 내부적인 갈등이 학살로 표출되는 경우도 많았다. 이에 비해 베트남전쟁에서 발생한 민간인학살은 주로 외부세력에 의한 것이었다. 즉 한국전쟁은 내전과 국제전의 성격이 동시에 나타나는 반면 베트남전쟁은 국제전의 성격이 강하게 나타나고 있는 것이며, 이러한 성격이 민간인학살에서도 확인되고 있는 것이다. 이를 민중의 입장에서 보면 한국전쟁은 누가 적인지 모르는 상황이고 이웃이나 친척에 의해서도 죽을 수 있는데 비해 베트남전쟁에서는 베트남민족 대 외세라는 구도 속에서 적이 분명하며 민간인학살도 주로 외부세력들에 의해 발생하였던 것이다.

| 참고 문헌 |

김동춘. 2000. 『전쟁과 사회 : 우리에게 한국전쟁은 무엇이었나』. 돌베개.

김영범. 1999. 「집단학살과 집합기억 -그 역사화를 위하여-」. 제주4·3연구소 창립10주년 기념 국제학술대회. 『냉전시대 동아시아 양민학살의 역사』. 제주4·3연구소.

김현아. 2002. 『전쟁의 기억 기억의 전쟁』. 책갈피.

박찬승. 2010. 『마을로 간 한국전쟁』. 독베개.

윤충로. 2005. 『베트남과 한국의 반공독재국가형성사』. 선인.

이삼성. 1998. 『20세기 문명과 야만』. 한길사.

장시원. 1989. 『일제하 대지주의 존재형태에 관한 연구』. 서울대학교 대학원 국사학과 박사학위논문.

정병준. 2006. 『한국전쟁 -38선 충돌과 전쟁의 형성-』. 돌베개.

진실화해를위한과거사정리위원회·동아대학교석당학술원(연구책임자 홍순권). 2007. 『한국전쟁 전후 민간인집단희생 관련 피해자현황조사용역사업 결과보고서』.

진실화해를위한과거사정리위원회(연구책임자 최정기). 2009a. 『2008년 피해자현황조사 연구용역사업 한국전쟁 전후 민간인 집단희생 관련 최종결과보고서(영광군; 영동군; 영천군; 인제군; 임실군; 함양군)』.

진실화해를위한과거사정리위원회(연구책임자 전현수). 2009b. 『한국전쟁 전후 민간인희생 관련 2009년 피해자현황조사 연구용역사업 최종결과보고서(광양시; 성주군; 영덕군; 예산군)』.

채명신. 2006. 『채명신 회고록: 베트남전쟁과 나』. 팔복원.

최정기. 2006. 11. 「한국전쟁기 연파리의 갈등과 제노사이드 - 지리산 아래 면 소재지에서의 폭력사례를 중심으로」. 역사문화학회. 『지방사와 지방문화』 제9권 제2호.

최정기. 2010. 「한국전쟁기 민간인들의 고통과 국민/비국민의 경계 짓기 -한국전쟁기 지역별 민간인피해자 조사결과를 중심으로-」. 전남대 사회과학연구소. 『현대사회과학연구』 제14권. 81~101.

한국비교사회연구회 편저. 1990. 『비교사회학: 방법과 실제 1』. 열음사.

한국전쟁전후 민간인학살 진상규명 범국민위원회. 2005. 『한국전쟁전후 민간인학살 실태보고서』. 한울.

한국정신문화연구원 편. 1999. 『한국전쟁과 사회구조의 변화』. 백산서당.

Bauman, Zigmunt. 1989. *Modernity and the Holocaust*. Ithaca, New York: Cornell University Press.

Belknap, Michal R.. 2002. *The Vietnam War on Trial -The My Lai Massacre and the Court-Martial of Lieutenant Calley*. University Press of Kansas.

Cumings, Bruce. 김자동 역. 1986. 『한국전쟁의 기원』. 일월.

Fein, Helen. 1993. *Genocide: A Sociological Perspective*. London: Sage.

Fitzgerald, Frances. 1972. *Fire in the Lake: The Vietnamese and Americans in Vietnam*. New York: Vintage Books.

Foucault, Michel. 박정자 옮김. 1998. 『"사회를 보호해야 한다" 1976. 콜레주드 프랑스에서의 강의』. 동문선.

Gershen, Martin. 1971. *Destroy or Die -The True Story of Mylai-*. New Rochelle, N.Y.: Arrington House.

Hammer, Richard. 1970. *One Morning in the War -The Tragedy at Son My-*. Coward-McCann, Inc., New York.

Harff, Barbara and Ted Robert Gurr. 1988. "*Toward Empirical Theory of Genocides and Politicides: Identification and Measurement of Cases Since 1945,*" *International Studies Quarterly* 32(3): 359~371.

Hersh, Saymour M.. 1970. *My Lai 4 -a report on the massacre and its aftermath-*. New York: Random House.

Hersh, Saymour M.. "*What happened at My Lai?,*" Marvin E.

Gettleman, Jane Franklin, Marilyn Young and H. Bruce Franklin(ed.). 1985. *Vietnam and America: A Documented History*. New York: Grove Press: 403~417.

Kalyvas, Stathis N.. 2006. *The Logic of Violence in Civil War*. Cambridge University Press.

Katsiaficas, George(ed.). 1992. *Vietnam Documents: American and Viet- namese Views of the War*. Armonk: M.E. Sharpe.

Knoll, Erwin and Judith Nies Mcfadden(ed.). 1970. *War crimes and the American Conscience*. New York · Chicago · San Francisco: Holt. Rinehart and Wiston.

Maclear, Michael. 유경찬 옮김. 2002. 『베트남 10,000일의 전쟁』. 을유문화사.

Moore, Barrington. 진덕규 역. 1985. 『독재와 민주주의의 사회적 기원』. 까치.

Paige, Jeffrey. 1995. 『농민혁명』. 서울프레스.

Porter, Gareth. 2008. *Explaining the Vietnam War: Dominant and Contending Paradigm*. Mark Philip Bradley and Marilyn B. Young(ed.). *Making Sense of the Vietnam Wars*. Oxford University Press.

Skocpol, Theda. 한창수 역. 1981. 『국가와 사회혁명: 혁명의 비교연구』. 까치.

Schmitt, Carl. 김효전 옮김. 1998. 『파르티잔 -그 존재와 의미-』. 문학과 지성사.

Scott, James C.. 김춘동 옮김. 2004. 『농민의 도덕경제』. 아카넷.

Thayer, Thomas C.. 1985. *War Without Front -The American Experience in Vietnam-*. Boulder and London: Westview Press.

The Pentagon Papers. *The After of Tet*. Marvin E. Gettleman, Jane Franklin, Marilyn Young and H. Bruce Franklin(ed.). 1985. *Vietnam and America: A Documented History*. New York: Grove Press: 373~394.

Valentino, Benjamin, Paul Huth, and Dylan Balch-Lindsay. 2004. " 'Draining the Sea': Mass Killing and Guerrilla Warfare,"

International Organi- zation 58(2): 375~407.

Wells, Tom. 1994. *The War Within: America's Battle over Vietnam.* Berkeley: University of California Press.

Wolf, Eric R.. 곽은수 옮김. 1984. 『20세기 농민전쟁』. 형성사.

古田元夫(후루타 모토오). 박홍영 옮김. 2007. 『역사 속의 베트남전쟁』. 일조각.

'델리 시크 대학살' 이후 시크의 저항[*]
-인도 국내외 칼리스탄 운동(Khalistan Movement)을 중심으로

김경학[**]

Ⅰ. 들어가는 글

1947년 인도 아대륙이 인도와 파키스탄으로 분리 독립 된 이후 인도에서 분리주의 운동은 인도 정부의 통합을 위협하는 가장 심각한 문제의 하나로 간주되고 있다. 19세기 시크 정체성을 세우는 계기가 되었던 '싱 사바 운동'(Singh Sabha Movement)[1]과 '아칼리 운동'(Akali Movement)[2] 그리고 1965년의 '펀자비 수바'(Punjabi Subha)[3]를 통해 다시 한번 시크는 자신의 독자적인 문화적 정체성을 강조한 바 있다. 그러

---

[*] 이 논문은 2005년 정부(교육인적자원부)의 재원으로 한국학술진흥재단의 지원을 받아 수행된 연구임(KRF-2005-005-J11501). 『민주주의와 인권』 제8권 2호(2008년)에 게재된 논문을 재록함.

[**] 전남대학교 인류학과 교수.

1) 이 운동의 직접적인 발단은 1870년 무렵 미션학교에 재학 중인 4명의 시크 학생이 기독교로 강제 개종된 사건이었다. 그러나 펀잡 내의 근대 상업의 농업 부분 침투, 아리야 사마즈(Arya Samaj) 소속 힌두의 극우행동, 영인도 시크 연대 내에서의 시크 문화의 공고화 등 다른 원인들이 이 운동의 발판을 마련해 주었다. 싱 사바운동은 펀잡 전체로 세력이 확장되어 암리차르의 온건파와 라호르의 과격파로 나누어진 2개의 싱 사바가 운영되었다. 이 운동을 먼저 수용한 계층은 펀잡의 시크 엘리트들이었으며 점차로 일반 대중들도 수용하게 되었다(Gupta, D. 1996).

나 인도 내 시크 집단이 분리주의 운동을 정치적 차원에서 본격적으로 전개한 것은 1970년대 말부터이다. 사실 시크 집단이 인도 현대정치에 본격적으로 등장하면서 발생한 주목할 만한 사건들은 시크 내부의 정치적 헤게모니를 장악하기 위한 내부적 갈등, '인도회의당 I'(Indian Congress I[4])로 대표되는 인도 중앙정부와 편잡 주정부와의 정치적 역학관계, 이들의 정치적 산물인 1984년 6월 인도 정부군의 시크 성지인 황금사원에 대한 공격인 '블루스타 작전', 같은 해 11월의 '1984년 델리 시크 대학살'이었다.

델리 시크 대학살 사건 이후 인도에서 시크 무장 게릴라 전사들에 의해 가장 치열하게 시크 분리주의 운동이 전개된 기간은 대략 1985년에서 1995년의 약 10년 동안이었다. 사실 이 기간 동안 발생한 각종 피해의 직접적 당사자는 국내에서 활동한 무장 시크 게릴라와 그의 가족들, 무고한 민간인, 게릴라 소탕작전에서 희생된 인도 군경이었다. 또한 편잡에서 시크 분리주의자들에 대한 인도 정부군의 대대적인 군사 진압작전은 시크 무장 게릴라 외에 일반 민간인들의 인명살상과 다양한 형태의 인권침해를 가져왔다. 한편 인도 국내의 분리주의 운동에 자금과 무장대원을 지원하고, 더 나아가 칼리스탄 운동을 국제적 문제로 확대 재생산한 집단은 캐나다, 미국, 영국의 해외 시크 분리주의 지지자들이었다. 이들 지지자들의 핵심 세력들은 인도 편잡의 분리주의 운동에서 살아남기 위해 해외로 도피한 급진파 시크들과 이들에 동조한 시크들이었다.

이 글은 1984년 인도 정부의 황금사원 침탈과 델리 대학살 사건 이후 인도 국내외에서 전개된 시크들의 저항운동의 전개 과정과 그 성격을 인도

---

2) 아칼리 운동은 당시 대부분 시크교 성소를 장악하고 있던 세습적인 힌두 마한트(Mahant)들이 성소에 들어오는 헌금을 마음대로 착복하고 술과 마약에 빠지거나 성소에 순례를 오는 여자를 욕보이는 등 온갖 부도덕한 행태를 보여주었다는 이유로 시크교 성소를 힌두 비 시크 교인으로부터 찾아오는 구르드와라 개혁운동으로 일어났다(서민수 2001, 86).

3) 시크문화가 지배적인 편잡에서 '편자비'가 지배적 언어가 되어야 한다는 주장이 실제로 관철된 하나의 중요한 정치적 사건이었다. 편자비수바를 통해 편잡이라는 '영토'와 편자비라는 '언어' (문화)가 일치되는 계기가 되었다.

4) 명칭 끝의 'I'는 인디라 간디(Indira Gandhi) 이름의 이니셜 'I'를 지칭한다.

국내외 칼리스탄 운동에 대한 분석을 통해 규명하고자 한다. 이를 위해 이 글은 우선 1984년 인도 정부가 성지인 황금사원을 공격하고 델리에서 시크 대학살 사건이 발생하기까지의 편잡과 중앙정부 간의 정치적 역학관계를 살펴보고 있으며,[5] 이 두 사건을 경험한 국내외 시크들의 저항내용을 다루고 있다. 국내적으로 시크 무장 세력들의 저항운동과 이를 진압하는 과정 속에서 발생한 인도 정부군경에 의한 인명피해와 인권침해 상황을, 그리고 국외적으로는 소위 급진파 해외 시크 조직들에 의해 해외 시크집단의 시크 구르드와라에 대한 권력 장악의 형태를 이 글은 규명하고 있다. 마지막으로 인도 국내에서 거의 소멸된 칼리스탄 운동이 해외에서 여전히 계속되고 있는 몇 가지 가능한 이유가 결론 부분에서 논의되고 있다. 이 글은 문헌분석을 중심으로 국내외 시크 저항운동의 내용과 성격을 규명하고 있지만 해외 시크 저항운동에 관해서는 2007년과 2008년 2회에 걸쳐 수행된 캐나다 밴쿠버에서의 단기 현지조사를 통해 수집한 일부 자료가 이용되고 있음을 밝힌다.

Ⅱ. '블루스타 작전' 이전의 편잡 시크 정치 세력의 역동적 과정

인도에서의 시크 민족주의[6](Sikh nationalism) 운동 지도세력의 흐름에 대해 텔포드(Telford 1992, 969-970)는 다음과 같이 요약하고 있다. 우선 1873년 시작된 싱 사바 조직(Singh Sabha Organization)을 주도한 당시 주축 세력은 카트리(Khatri), 아로라(Arora)를 주축으로 한 도시화된

---

5) 이 글은 황금사원 공격과 델리 시크 대학살에 대한 자세한 언급은 하지 않는다. 특히 델리 시크 대학살에 관해서는 필자의 별도의 글에서 자세히 다루고 있기 때문이다.
6) 여기서 '민족주의'라는 용어는 시크집단을 종족집단(ethnic group)으로 간주하고 이들이 자신들이 주인이 되는 국가를 만들고자 하는 개인적이거나 집단적인 사회·문화적, 경제·정치적 행위들을 지칭하기 위해 사용되고 있다.

상층 시크들로 구성되었다. 다음으로 1920년 무렵 편잡의 마자(Maajha)[7] 지역 출신의 도시화된 중산층 카트리와 아로라가 주축을 이룬 아칼리 달 (Akali Dal)[8]이 주도적인 정치세력이었다. 그 후 1962년 무렵 아칼리 달 분파의 하나인 타라 싱(Tara Singh) 분파는 약화되고 파테 싱(Fateh Singh)을 중심으로 한 편잡 남동부의 말와(Malwa) 지역 출신의 부유한 자트 농부들로 구성된 분파가 아칼리 달을 지배하였다. 파테 싱은 편자비 언어가 지배하는 소위 '편자비 수바'를 위한 캠페인을 지속하는 등 세속적인 성격의 전략을 통해 아칼리 달을 지배하였다. 결국 그는 1966년에 편자비 수바를 통해 편자비가 지배적인 지역으로부터 힌디를 주요 언어로 사용하는 하리야나(Haryana)와 히마찰 프라데시(Himachal Pradesh)를 독립 주들로 분리시킴으로써, 아칼리 달이 편잡 정치의 핵심 정당으로 부상하도록 하였다.

그러나 편자비 수바 성취 후 아칼리 달은 심각한 딜레마에 직면하였다. 사실 자신들의 정체성은 시크 커뮤니티를 중심으로 형성되었지만 당시 아칼리 달이 독자적으로 주 정권을 획득하기에는 시크 유권자만의 힘으로는 어려웠다. 이에 편잡의 비 시크의 지지를 필요로 한 아칼리 달 지도부는 비 시크 세력과도 공조할 수밖에 없었다. 그러나 '골수' 시크 민족주의 노선의 시크들은 파테 싱의 이러한 비 시크세력과의 공조를 야합이라 비난하였다. 비 시크 세력과의 연합전선에도 불구하고 1972년과 1980년 선거에서 연속 패배한 아칼리 달은 자신들의 패인이 시크 커뮤니티의 결속과 이들의 확실한 지지의 부재에 있음을 깨닫게 되었다.

그러나 1980년대 들어 아칼리 달의 시크 정당 리더십은 시크 근본주의

---

7) 편잡의 서트레즈(Sutlej)강 이남 지역은 '말와'(Malwa)로, 서트레즈강과 라비(Ravi)강 사이 지역은 '도압'(Doab)으로, 도압 북쪽으로부터 파키스탄 방향은 '마자'(Maajha)로 불린다.
8) 1920년대 초에 조직된 '시로마니 구르드와라 파르반닥 위원회'(Shromani Gurdwara Parbandhak Committee: 구르드와라 중앙 운영위원회)는 시크의 종교적 사안에 대한 최종 판단을 내리는 가장 중요한 기구이며 이 위원회의 정치적 조직이 아칼리 달이었다, 아칼리 달은 인도 독립 이후에도 시크를 하나의 독자적인 사회·정치적인 단위로 유지시키는 책무를 맡아왔다.

세력인 자르나일 싱 빈드란왈레(Jarnail Singh Bindranwale)[9]와 아므리크 싱(Amrik Singh)이 주도하는 '전인도시크학생연맹'(All-India Sikh Students' Federation, AISSF)으로부터 도전을 받았다. 이들 근본주의 세력들의 정치적 기반은 편잡의 마자 지역을 중심으로 한 가난한 자트 시크와 중산층 자트 시크의 전폭적인 지지에 있었다.

1980년대 초 당시 빈드란왈레의 대중 강연의 내용은 매우 도발적이었다. 예컨대 그는 텔레비전 등 소비재의 구입보다는 총기류의 구입을 강조하였는데, 구루 고빈드 싱(Gobind Singh)처럼 진정한 전사가 되기 위해서는 의례용 단도인 키르판(kirpan) 외에도 총기와 같은 현대식 화기를 지니고 다닐 것을 지시하였다. 무장을 통해 한 명의 시크가 5~6명의 힌두를 죽인다면 인도에서 힌두는 사라지게 될 것이라고 그는 연설을 통해 강조하였다. 또한 그의 강연은 인도정부가 시크들을 차별하고 부당하게 대우함을 부각시키면서 '칼사 라즈'(Khasa Raj)라는 시크국가를 건설함으로써 이런 문제가 해결될 수 있음을 역설하였다(Kinnavall 2006, 118).

1980년대 편잡에 나타난 정치적 위기는 시크 내부적으로는 전인도시크학생연맹 및 빈드란왈레 세력과 아칼리 달이 리더십을 두고 대립하면서 시크 외부적으로는 중앙정권으로부터 시크가 강한 정치적 견제에 직면해 있었기 때문이었다. 사실 시크 무장 세력이 편잡 내부에서 발흥하게 된 발판은 당시의 아칼리 달이 정치적 리더십을 획득하기 위해 비 시크와 손을 잡고서 세속주의적 전략을 이용한 것이었다(Singh 1992). 그러나 비 시크세

---

9) 빈드란왈레는 1947년 가난한 농부의 일곱 번째 아들로 태어나 초등학교 공부를 끝낸 뒤 촌락 빈드란에서 종교 센터(taksal)인 담다미 타크살(Damdami Taksal)를 운영하던 사제 카타르 싱에게 넘겨져 양육되었다. 카타르 싱의 아들인 아므리크 싱(Amrik Singh)은 후일 전인도시크학생연맹의 회장이 되었다. 이 조직은 1984년 인디라 간디 시해 사건 후 폐쇄조치 당했다. 빈드란왈레의 교육 정도는 낮은 편이었지만 그는 시크 경전을 매우 열심히 배우는 학생이었고 설교까지 할 수 있을 정도의 종교분야의 실력을 인정받았다. 1977년 담다미 센터의 장이되었고 지역을 순회하면서 젊은 세대들에게 구루 고빈드 싱이 시작한 시크의 스파르타적 전통을 따르도록 고무하여 머리와 수염을 자르지 않고 술과 담배 그리고 마약 등으로부터 자유로워질 것을 강조하고 다녔다. 동시에 가는 곳마다 자신의 추종자들에게 세례를 주었다(Kinnavall 2006, 117-119).

력과의 연합에도 불구하고 1972년 선거에서 회의당에 패배한 뒤 아칼리 달은 정치력 확보를 위해서는 편잡의 시크 내부로부터 확고한 지지가 중요함을 알게 되었다. 이를 위해 아칼리 달이 내 놓은 한 가지 전략이 '아난드푸르 사힙 결의안' (Anandpur Sahip Resolution)[10]이었다. 즉 아칼리 달은 이 결의안의 천명을 통해 시크 지지자를 결속시켜보고자 하였다.

사실 아난드푸르 사힙 결의안은 1972년 이전에 준비되어 있었으나 인디라 간디 수상의 비상사태 선포 기간인 1975~77년 사이에 이를 공식적으로 들고 일어나는 것은 현명한 일이 아니었다. 당시 비상사태 선포에 대하여 아칼리 달은 '국가의 민주주의를 구하자' 라는 명분으로 일부 시위를 주도하였을 뿐이었다. 비상사태 기간에만 시위 관련하여 아칼리 달의 정당원 약4만 명이 체포되었으며, 비상사태 정국을 정면으로 반대하는 정치적 행보를 통해 아칼리 달은 인도의 회의당에 저항하는 주류 정치세력의 하나가 되었다.

1977년 편잡주 의회 선거의 주요 이슈는 비상사태로 상실된 민주적 질서의 회복이었다. 1978년 선거에서 세속적 성격의 자나타 당(Janata Party)과의 연합전선으로 아칼리 달이 과반수를 차지함으로써 편잡 주 정권을 창출하였으며 편잡 내 총선정국에서는 아칼리 달이 13석 가운데 9석을 차지하는 쾌거를 올렸다. 당시 '모라지 데사이' (Desai)가 이끄는 자나타 당의 인도 중앙정부의 내각에 두 명의 아칼리 달 의원이 입각한 점을 고려하여 아칼리 달은 계속 세속적 성격을 유지할 수밖에 없었다. 이러한 정국을 고려할 때 1978년에 나온 아칼리 달의 아난드푸르 사힙 결의안의 성격은 시크 민족주의 논조가 약화된 지방분권을 요구하는 수준일 수밖에 없

---

10) 당시까지 하리야나와 편잡의 공통 수도였던 찬디가르(Chandigarh)가 편잡의 단독 수도가 되어야 하며 하리야나와 편잡의 접경지대의 일부 지역의 상호 교환문제의 해결과 두 주의 경계를 흐르는 강물 분배문제의 해결을 대법원에서 해결하자는 제안이 '아난드푸르 사힙 결의안' 의 핵심 내용이었다(Shiromani Akali Dal 1978). 결의안 내용에 시크 민족주의적 성격이 반영된 시기도 1980년대 초 아칼리 달의 세속 지향적인 정책에 불만을 느낀 시크 근본주의자들이 결의안 내에 시크 지방분권에 대한 요구를 포함하라는 압력을 받은 후였다.

었다. 즉 당시 아칼리 달은 편잡에서 공동전선으로 정권을 탄생시켰기 때문에 자나타 당 중앙정부를 공격적으로 몰고 갈 수 없는 여건에 있었다.[11] 그러나 아칼리 달은 시크 집단 내부적으로는 자신들의 주요 지지 세력인 시크들을 달래야 할 형편에 놓여 있었다.

한편 빈드란왈레는 아칼리 달의 정치적 헤게모니를 극복하고자 '진정한' 시크란 세례를 받음으로써 시크교에 헌신하는 '칼사'(Khalsa: 진정한)[12] 시크 형제로 다시 공식적으로 태어난 사람임을 강조하면서, 내면적으로는 시크교로 정신 무장하고 외부적으로는 시크 상징물을 착용해야만 진정한 시크라 규정하였다. 시크에 대한 이러한 새로운 규정을 근간으로 하여 빈드란왈레는 당시 실용주의와 세속주의 전략을 추구하고 있던 부유층의 아칼리 달 주요 정치세력을 비난하였다.

자신을 지지하는 정치 바람을 느끼자 빈드란왈레는 이제 힌두교 등 타종교에 대한 공공연한 위협까지도 주저하지 않았다. 시크교 내부에서도 '니란카리'(Nirankari)와 같은 다른 종파[13]에 대한 공격도 주저하지 않았다. 빈드란왈레의 눈에 니란카리 종파는 신자들은 많지만 세례의례를 행하지 않고 힌두와 구분될 수 없을 정도로 시크 전통을 고수하지 않는 이단으로 보였다. 1978년에 니란카리와의 충돌에서 6명의 시크가 사망한 사건은 1980~90년대 편잡을 휩쓴 시크 정치의 급진화 과정의 신호탄이 되었다.

---

11) 주 정권을 자나타 당과 함께 창출했었고 따라서 심한 시크 민족주의적 성격을 결의안이 담게 되면 연립 주 정권이 붕괴될 수밖에 없었기 때문이었다.
12) 1699년 구루 고빈드 싱이 세운 칼사단(Order of Khalsa)의 전통에 따르면 칼사단원은 시크 정체성을 드러내는 5Ks를 착용하고 성년식을 거쳐야 한다고 한다.
13) 더 이상은 살아있는 구루는 없는 대신 구루 그란티 사힙이 영구적인 구루라고 선언한 마지막 구루인 구루 고빈드 싱을 따르는 정통 시크파와는 달리 여전히 살아 있는 구루를 따르는 다른 시크 종파들이 있었다. 예컨대 바이 바락 싱(Bhai Balak Singh, 1799~1862)이 세운 남다리 (Namdhari) 종파는 시크 구루들의 가르침에 따르는 생활방식으로 귀환하는 것을 목표로 하여 엄격한 행동규범 등을 적용하지만 살아있는 구루를 추종하고 있다. 한편 바바 디알(Baba Dyal, 1983~1855)에 의해 편잡 북서부에서 시작한 개혁적인 성격의 니란카리 종파는 시크 전통에서 각종 상징물을 제거하고 '무형의 위대한 존재'(formless One)인 니란카르를 숭배하고 있으며 이 종파의 창시자는 구루의 지위를 획득하였다(Singh, H. 1994).

사실 니란카리는 빈드란왈레가 자신의 정치적 목적 달성을 위해 가장 쉽게 선택한 정치 희생물이었다. 1978년 펀잡의 루디아나에서 있었던 '인도시크전국대회'에서 그는 가장 대중적으로 '영향력 있는' 시크의 한명으로 인정받았다. 그는 녹색혁명에 영향을 받은 펀잡의 암리차르와 구르다스푸르(Gurdaspur) 지역 출신의 교육받은 가난한 시크 청년 하층 계급원들로부터 자신의 대중적 지지기반을 발견하였다.

한편 1980년 1월 중앙정부의 정권을 자나타 당으로부터 탈환한 인디라 간디의 회의당 정부는 펀잡의 아칼리 달 정권을 비롯하여 전국의 9개 '비회의당' 주 정권을 해산시켰다. 정권을 상실한 아칼리 달은 정권탈환을 위해 펀잡 내의 시크 커뮤니티를 향해 종교에 호소하면서 정치적 결속을 다지려하였다. 1981년 아칼리 달은 인디라 간디를 비난하는 종교적 소요를 주도하고 45개 항의 요구가 담긴 아난드푸르 사힙 결의안을 다시 천명하였다. 니란카리와의 충돌과정에서 발생한 살인사건에 개입된 혐의를 받고 있는 빈드란왈레는 "결백하지만 체포에 응한다"는 우호적인 인상을 시크 대중에게 줌으로써 아칼리 달 구성원의 전폭적인 지지를 이끌어 냈다. 아칼리 달은 빈드란왈레의 대중적 인기를 감안하여 아난드푸르 사힙 결의안 내용에 제 1 요구사항으로 빈드란왈레의 석방을 내세웠다.

사실 당시 빈드란왈레와 아칼리 달은 편치 않은 공조를 하고 있었기 때문에 늘 상대를 자신의 목적달성을 위해 이용하고자 하였다. 빈드란왈레와 그의 청년 지지자들은 중앙정부를 압박하고 아칼리 달에게 일격을 가하려는 음모를 꾸몄다. 아므리크 싱이 석방되던 1983년 7월에 대중적 지지에 자신감을 얻은 빈드란왈레는 아칼리 달과는 별도로 독자적 무장투쟁을 위해 황금사원으로 자신들의 추종세력과 함께 들어가 인도정부에 저항하였다. 결국 인도정부군이 황금사원을 공격한 블루스타 작전에 의해 빈드란왈레와 아무리크 싱을 포함하여 약 300명의 시크 전사가 사망하였다.

Ⅲ. 델리 시크 대학살 이후의 편잡 정치와 시크의 무장투쟁

1984년 블루스타 작전과 델리 시크 대학살 사건은 인도 국내외 시크들에게 커다란 충격이었으며, 시크들로 하여금 시크 정체성을 확연하게 만드는 계기가 되었다. 그러나 이 사건들은 시크 문제의 종료가 아니었다. 이들 사건을 계기로 편잡에서는 시크 무력저항이 시작되었으며 분리주의를 주장하는 목소리가 국내외 시크 사회를 장악하게 되었다. 황금사원의 공격과 간디 수상 피격 이후 시크에 대한 대학살은 국내외 시크의 정체성에 많은 변화를 가져왔다. 시크 정체성은 더욱 선명해져 갔으며 특히 상무적 전통이 고무되었다(김경학 2005, 177).

단 5일 동안에 인도 정부의 공식적 통계상 2,733명의 시크가 살해되었던 1984년의 델리 시크 대학살 사건은 인도 국내외 시크 사회에 커다란 변화를 가져왔다. 인디라 간디의 뒤를 이어 수상이 된 라지브 간디의 인도 정부는 더 이상 시크와 무관한 힌두정부일 뿐이었다. 이러한 점은 인디라 간디 사망 후 인도 수상이 된 라지브 간디의 "거대한 나무가 무너진 후 땅은 흔들리게 되어 있다"라는 언급은 시크들에게 인디라 간디 수상의 암살 후 벌어진 그 잔혹한 살상은 어쩌면 자연스런 결과이기 때문에 너무 슬퍼하거나 개탄할 필요가 없다는 식으로 들릴 뿐이었다(Gupta, D. 1996).

1984년 시크에게 닥친 일련의 참혹한 사건들은 그간 상당히 세속적이었던 일부 시크로 하여금 머리와 수염을 기르고 세례를 받아 칼사가 되는 일로 이어졌으며, 온건파 시크에 속했던 사람들조차도 인도 정부의 황금사원에 대한 저항감을 공공연히 표출하였다(Deol 2000 ; Jeffrey 1994 ; Singh Tatla 1999). 이제 편잡에는 더 이상 '펀자비'는 없고 '힌두' 또는 '시크'만이 존재하는 듯 하였다(Wallace 1989, 459). 인도 군부대를 이탈하는 시크 병력들이 속출하였으며, 그간 빈드란왈레를 극단주의자 또는 테러리스트로 간주했던 시크들조차 이제 그를 시크교의 순교자로 생각하기 시작하였다(Mahmmood 1996). 카스트와 계층적으로 내부의 이질적인 요소가 다분히 있는 시크 커뮤니티가 일순간에 동질화되어 내부적인 차이나 차별이 더 이상 없는 듯하였다.

사실 황금사원의 공격에 이은 델리 시크 대학살 사건은 시크들의 내부 결속을 더욱 강화시키게 만들었다. 인도 정부가 자신들의 조직적인 개입이 없었음을 강하게 부인하고 있지만 인권단체와 시민단체 등의 주장에 따르면 이 사건은 국가의 대리 기관들 예컨대 경찰, 소방관, 델리 시 버스기사 등이 직간접적으로 참여한 회의당 정권 차원에서의 조직적 개입으로 인한 대학살이었다.[14] 델리에서의 시크 대학살 사건이 일어난 후 인도에서 시크로 산다는 것 자체가 매우 불안한 심리적 공황상태가 되었다. 이로 인해 펀잡 주 밖에 거주하던 약 5만 이상의 시크들이 펀잡으로 이주하였으며, 펀잡 내부에는 거처를 잃고 불안에 떨고 있던 약 2천명의 시크를 위한 난민 캠프가 설치되었다(Wallace 1989).[15]

인도정부는 인디라 간디 피살 후 시크들을 테러분자로 이미지화 하는데 적극적이었다. 특히 1985년에 치러진 총선에서 압승을 위한 회의당의 선거 전략에서 시크들은 인도의 안정을 위협하는 테러분자로 선동적인 선거 광고문구에 등장하게 되었다(김경학 2007a, 41). 인도 주요 도로의 선거 광고판에는 사망한 인디라 간디의 사진이 인도 지도를 배경삼아 부착되어 있으며, 여기에는 "내가 죽는다면 나의 모든 핏방울이 인도를 더욱 강성하게 만들 것이며 인도가 더욱 통합되게 할 것이다"는 인디라 간디의 연설문구가 적혀 있었다. 이러한 선거 광고는 시크를 인도의 통합을 위협하는 분리주의자로 이미지화 하였으며, 인도정부의 이러한 정치적 행태는

---

14) '1984년 시크 대학살'에 관련한 국내의 연구로는 김경학(2007a)의 "국가폭력의 양상과 그 성격: 1984년 인도 델리 시크 대학살 사건을 중심으로"가 있다. 이 연구는 시크 대학살 사건이 지배 정당 구성원, 경찰, 소방대원 등 국가의 대리기관이 직간접을 간여한 전형적인 국가폭력사태의 한 양상임을 보여주고 있다.

15) 당시 펀잡 내의 힌두들에 대한 시크들의 공격이 예기될 수도 있었지만 민간인 차원에서 이러한 일은 벌어지지 않았다. 대부분의 펀잡지역 촌락들에서 힌두들은 소수자 집단에 속하였지만 시크로부터의 피해사례가 거의 없었다. 갈등이 최고조에 달했을 기간조차 비 시크 가족들에 대한 시크들의 공격이 거의 없었다. 1984년 델리 시크 대학살 사건 당시에도 이웃 시크들을 숨겨주는 힌두들이 많았다. 시크들은 인도 정부에 대해서는 비판적이고 적대적이었지만 일반 힌두에 대해서는 그렇지 않았다.

호전적인 시크 조직들이 급속하게 양산되는 한 가지 원인으로 작용하였다 (Wallace 1989).

인디라 간디 사망 직후 1984년 12월 총선에서 승리한 회의당의 라지브 간디는 1985년 7월 당시 아칼리 달의 지도자였던 하르차란 싱 론고왈 (Harcharan Singh Longowal)과 펀잡을 둘러싼 고질적인 문제들의 해결을 위한 합의서에 동의하였다. 이러한 합의서의 내용을 중앙정부가 이행하는 조건으로 같은 해 9월에 주 의회 선거를 강행하기로 하였다. 그러나 시크집단을 배반했다는 이유로 론고왈이 시크 무장단체로부터 암살당하고 그 뒤를 서르지트 싱 바르나라(Surjit Singh Barnala)가 계승하였다. 전인도시크학생연맹을 주축으로 한 무장 단체들의 집요한 선거 방해에도 불구하고 선거 결과는 아칼리 달의 절대적인 압승이었다. 그러나 라지브 간디의 1985년 합의안에 대한 불이행은 바르나라 정권의 합법성을 위협하였으며 시크 무장투쟁이 재발하게 된 원인이 되었을 뿐 아니라 이는 시크 내부의 파벌주의에 다시 불을 지핀 결과로 작용하였다.

빈드란왈레 사망 후 시크 커뮤니티를 장악할 적당한 인물이 부재한 가운데 빈드란왈레의 팔순 아버지 조긴더르 싱(Joginder Singh)이 '연합 아칼리 달'(the United Akali Dal)의 이름 하에 다양한 파당을 연대시키기 위해 아칼리 달 지도자들에 의해 의도적으로 영입되었다. 조긴더르 싱의 업무수행능력이 부족했음에도 전인도시크학생연맹은 그를 전폭적으로 지지하였다. 연맹이 인도정부와의 합의안 자체에 반대하고 1985년의 선거를 적극 방해했음에도 불구하고 당시 선거는 66.5%라는 상당히 높은 참여율을 보임으로써 방해 작전이 실패한 셈이었다. 이러한 선거 결과를 둘러싼 논쟁 끝에 빈드란왈레와 학생연맹 지도자였던 아므리크 싱을 중심으로 연합하였던 세력들이 '빈드란왈레 추종파', '아므리카 추종파', '담다미 타크살 추종파'로 세분화되었다.

1986년 4월 26일에 펀잡 암리차르에서 시크들은 대집회 성격의 사르바트 칼사(Sarbat Khalsa)를 개최하고서 시크 커뮤니티를 이끌어갈 '5명의 시크 공동체 위원회'(Panthic Committee of five)에 의해 '칼리스탄'

(Khalistan)이라는 시크 독립 국가 건설을 위한 공식적인 천명이 있었다. 이 위원회는 '칼리스탄 코만도 병력'(Khalistan Commando Force), '칼리스탄 해방군'(Khalistan Liberation Army), '국제 바바르 칼사'(International Babbar Khalsa), '빈드란왈레 타이거'(Bhhindranwale Tiger), '시크학생연맹'(Sikh Student Federation), '칼리스탄 민족군'(Khalistan National Army) 등의 게릴라 조직들로 하여금 자신들의 목적 달성을 위해 무력사용을 인가해 주었다(Mahmood 1996). 1986년 7월 25일 칼리스탄 시크 무장 게릴라들은 버스에 타고 있는 수염과 머리를 자른 시크들을 살해하는 것을 필두로 하여 힌두와 시크 민간인에 대한 테러를 본격적으로 시작하였다.

1986년 1월 합의안의 핵심의 하나였던 찬디가르(Chandigarh)의 펀잡으로 이양 약속이 무기한 지연되자 전인도시크학생연맹과 담다미 타크살의 강경파에 의한 황금사원에 대한 점거가 1986년 다시 재연되었다. 이에 인도 중앙정부는 1987년 5월 바르나라 펀잡주 정권을 해산시키고 대통령의 직접통치를 실시하였다. 무장단체에 의한 황금사원 점거 사태는 1988년에 다시 재연되었다. 1986년 4월과 1988년 5월에 '블랙턴더 작전 I, II'(Black Thunder Operation I, II)가 각각 수행되어 황금사원을 장악하였던 무장 세력은 인도정부 군에 의해 체포되었다. 블랙턴더 작전 수행 이후에도 펀잡 내의 정치는 정상화되지 않았다. 1991년 6월 인도 중앙정권을 잡은 회의당 정부는 펀잡 주 의회 선거를 유보시켜 1992년 2월에 선거를 실시하도록 하였지만, 시크 정당을 지지하는 유권자 대부분이 선거에 참여하지 않아 투표 참여율은 불과 21.6%에 그쳤다. 시크 모든 파당들은 중앙정부가 공정한 선거를 담보할 수 없다는 명분으로 선거거부 운동을 전개하였지만 결국 선거를 통해 회의당이 주정부를 구성하였으며 이는 펀잡의 혼란을 가중시켰다.

대부분의 시크 무장단체는 무차별 테러를 자행함으로써 칼리스탄 운동의 이념과의 일관성 면에서나 도덕성 면에서 점차 시크집단으로부터도 호응을 잃어갔다. 사실 1982년부터 시작된 시크 무장단체의 활약은 1992년까지 약 10 년 동안 2만 명이 넘는 인명피해를 발생시키는 등 실로 폭력은 편잡의 일상이 되었다. 이로 인해 경제는 파탄지경에 이르렀으며, 많은 수의 시크 청소년들은 무장투쟁에 참여하는 것을 인생의 경력으로 삼다시피 하였다.

이 기간 동안 '칼리스탄 코만도병력'을 포함한 시크 무장단체들은 목표로 여긴 특정 개인뿐만 아니라 일반 민간인에 대해서도 무차별 공격을 가했다. 이러한 폭력은 인도 정부군에 의한 황금사원 공격이 있기 전에도 힌두 민간인, 정부요원, 힌두 종교지도자 등에 대해 자행되었지만 1985년 이후 그 수위가 크게 높아갔다. 일반적으로 무장단체의 공격에는 자동 소총, 로켓, 폭약, 폭탄 등의 경화기가 이용되었으며, 시크 무장단체에 의한 공격대상과 형태가 다양하지만 이들은 내용과 형식면에서 다음과 같이 분류될 수 있다.

1. 공공장소에서 민간인에 대한 무차별 공격

주로 사람들이 많이 모이는 시장, 주거지에서 자동화기로 무차별 난사하거나 폭탄투하를 하는 형식이다. 예컨대 1992년 3월 AK47로 무장한 4명의 시크 분리주의 무장단체 요원들은 편잡의 루디아나(Ludhiana) 도심에서 민간인에게 무차별 난사를 가해 20명을 살해하고 많은 수의 부상자를 발생시켰다. 무장요원들은 달리는 차 속에서 시내의 주거지역을 통과하며 무차별 난사를 가했다. 이들은 자신들의 행동을 인도 정부군의 무차별적인 시크 탄압에 대한 대가라고 주장하였다(United Press International 1992).[16]

---

16) "Punjab on Red Alert After Another Massacre", *Agence France Press*, March 17, 1992.

2. 힌두에 대한 공격

이는 무차별 공격이 아닌 특정 힌두 정치가나 종교 지도자에 대한 테러이며, 힌두 민간인에 대한 테러는 희생자가 힌두라는 이유로 살해하였다고 무장단체는 주장한다. 무장단체는 테러들로 인해 불안을 느끼는 힌두들이 펀잡을 벗어나 다른 지역으로 옮겨가게 되면 자연스레 펀잡은 시크들만 남게 될 것이라는 계산으로 힌두를 공격한다고 주장한다. 즉 펀잡에서 힌두들을 몰아내면 시크 독립 국가를 건설하기 쉽다는 생각에서 힌두를 무차별 공격한다고 주장한다. 1990년 11월 20일 펀잡의 암리차르 시내 힌두들이 밀집되어 있는 이슬라마바드 지역에서 '칼리스탄 코만도 병력'이 총기를 난사하여 13명의 힌두 민간인이 살해되었다(New York Times 1990).[17]

3. 버스와 기차 등 공공운송수단 내에서 공격

시크 무장단체는 펀잡을 비롯한 인근 주들에서 운행되는 대중버스와 기차의 민간인 승객을 대상으로 자주 테러를 가한다. 특정인을 대상으로 하지 않지만 대체로 힌두 승객을 선별하여 테러를 감행한다. 운행하는 운송수단을 정지시킨 후 힌두 승객만을 선별하여 살해하는 경우가 많았다. 예컨대 1987년 7월에 시크 무장 게릴라들은 하리야나(Haryana) 주 북부 지역에서 두 대의 버스를 공격하여 30명을 살해하였다. 대부분의 희생자는 힌두들이었는데 시크 무장 게릴라들이 버스 내부에 들어와 힌두들을 선별하여 밖으로 끌고나가서 총격을 가했다. 그러나 다른 요원이 버스 내부로 다시 들어와 남은 모든 승객을 총으로 사살하였다. 이 사건이 일어나기

---

17) "Attack by Punjab Gunmen Kills 13 and Wounds 15 at a Market", *New York Times*, November 21, 1990.

전날에는 편잡에서 버스에 총격을 가해 40명의 승객이 사망하고 27명의 승객이 중상을 입었다. 이 버스 속의 대부분의 힌두는 우타르프라데시의 힌두 성지로 순례차 가는 중이었다(United Press International 1987).[18]

4. 선거 관련 공격

1991~1992년 사이의 편잡 내에서 치러지는 선거를 방해하기 위해 무장단체들은 입후보자들을 중심으로 테러를 가하였다. 예컨대 1991년 인도 정부는 대통령의 직접통치를 실제적으로 끝내는 주의회 의원선거를 편잡에서 실시하고자 하였다. 시크 무장 게릴라들은 투표를 편잡에서 허용하는 것은 인도 정부의 통치를 정당화시켜주는 일이며 독립국가를 세우려는 시크들의 노력을 허사로 만드는 일임을 주장하며 선거를 거부하기로 선언하였다. 선거 유세 과정 속에서 24명의 후보가 암살당했으며, 이는 종국적으로 인도정부로 하여금 1991년의 선거를 다음 해로 유보하도록 만들었다(Telegraph 1991).[19]

이밖에도 시크 무장단체들은 정부 요인, 종교지도자, 신문방송기자, 경찰가족들에 대하여 테러를 가하였다. 예컨대 정치 지도자 가운데는 판사나 주장관이 주요 테러 목표물이었으며, 신문기자들 가운데는 힌디 신문기자들 뿐만 아니라 〈Human Right Watch〉같은 인권관련 기자들도 테러의 주요 희생자들이었다. 편잡에서의 '테러와의 전쟁'에는 군인들 뿐만 아니라 경찰들도 주요 병력의 일원이었기 때문에 경찰가족은 시크 무장 게릴라들의 주요 목표물이 되었다.

사실 편잡에 거주하는 시크와 힌두 민간인들은 시크 무장 게릴라와 인도 정부 진압군으로부터 인명피해 뿐 아니라 인권침해를 동반한 신체적 정

---

18) "Two more bus attacks bring death toll to 67 in 24 hours", *United Press International*, July 7, 1987.
19) "Candidates Elimination Plan in Punjab", *Telegraph*, May 15, 1991.

신적 테러를 이중으로 당하였다. 펀잡 내에서 일반 시크들은 인도 정부로부터 잠재적인 시크 무장 게릴라로 차별을 받아오는 등 심한 소외감과 불안감을 느꼈다. 그러나 대도시에서 시크와 힌두 간에 소수의 긴장관계가 보고된 바는 있었지만 펀잡 대부분의 촌락들에서 일반 힌두와 시크 간의 긴장과 갈등이 일어난 적은 거의 없었다.

무장투쟁이 심화되었던 당시 펀잡 농촌지역 젊은 층의 시크들은 소외감을 크게 느끼고 있었다. 어차피 교육과 직업의 기회 면에서 비관적이었기 때문에 이들은 무장단체의 유혹에 늘 노출되기 십상이었다. 이처럼 당시 종교적 이유와 실업상황은 청년 시크들이 테러 조직에 가입하게 되는 중요한 요인으로 작용하였다. 일단 무장 단체에 가입되면 이들은 자동차나 오토바이를 타고 테러 대상을 급습하고 도망치는 일을 하였다. 이들에게 이러한 일은 새로운 사회에서 자유와 이상을 지닌 시크로서 자존을 고양시키는 일로 해석되었다(Wallace 1989). 또한 소수의 청년 시크 무장 게릴라는 처음에는 시크 무장 게릴라에 동조하지 않았지만 인도 정부군으로부터 불신검문, 구속, 감금, 구타 등의 경험을 당한 후 시크 무장 게릴라 집단에 가입하였다.

이처럼 시크 무장단체의 구성원이 지속적으로 충원된 데에는 실업과 소외감 그리고 경찰 등으로부터 탈법적인 폭력 경험 등이 민간 시크들에게 무장 게릴라들에게 동정을 표하거나 가입하는 계기가 되었기 때문이었다. 이 밖에도 시크들이 순교의 전통을 강하게 신봉한 점이 지속적인 무장세력 구성원의 충원을 가능하게 했다는 주장도 제기되었다(Judge 2005). 시크 무장투쟁 기간 중에 소위 테러리스트로 인도 정부군에 의해 사망된 수많은 시크들이 순교자의 반열에 올라 순교자 의례가 수행된 바 있었다. 가장 대표적인 인물이 150명의 살인 사건에 연루된 펀잡의 구르다스푸르(Gurdaspur) 출신의 당시 20대 청년 투판 싱 침마(Toofan Singh Cheema)는 정부군에 의해 사살되었지만 그 이후 당시 지역 신문에서 가장 대대적으로 순교자로 칭송을 받고 순교자 의례를 받은 바 있었다. 무장투쟁 중 사망한 시크와 그의 행동은 시크 집단 내에서 칭송이 자자했으며 시크 교단의 대단한 영웅으로 간주되었다. 이런 시크는 적절한 절차에 따라 순교자의 지위를 받게 되고 일반 사람들은 그에게 경의를 표하였다. 무장투쟁이 한창일 때 시크 기관지와 지방 신문에는 사망한 무장투쟁 시크의 순교자 의례에 대한 광고가 자주 등장하였다. 그가 실제로 인도 정부군과 실전에서 사망했거나 또는 실전을 가장한 채 다른 방식으로 정부군에 의해 사망되었는가는 순교자의 반열에 오르는 일에 중요하지 않았다. 무장 게릴라 집단 내 권력투쟁이나 갈등으로 사망하는 일을 제외한 모든 투쟁원은 순교자가 될 수 있었다. 이러한 시크 칼리스탄 운동에서의 순교자의 전통은 청년 시크들로 하여금 무장 단체에 가입하도록 하는 '당근'으로 작용한 면이 없지 않았다(Judge 2005, 191).[20]

민간인에 대한 보복성 공격 등으로 인해 무장투쟁이 초기 이념과 원동력을 점차 상실하고 다른 한편으로 인도 정부군이 다각도 진압작전을 펼쳐오자 시크 무장 세력의 총구는 더욱 더 무고한 민간인을 향하게 된 경향이 있었다. 시크 무장 세력에 의한 무고한 민간인의 피해는 1985년에 63명으로 시작하여 1990년 2,467명에서 1991년에는 2,591명으로 증가하는 추세였다(Puri 1992:7). 이들 민간인 피해자에는 힌두 뿐 아니라 시크들도 포함되어 있기 때문에 일반 시크들은 인도 정부군뿐만 아니라 시크 테러집단도 점차 두려움의 대상이 되었다. 사실 일부 시크 테러조직은 칼리스탄 주에서 시크들이 반드시 지켜야 할 종교적 규칙을 시크들에게 강요하였다. 예컨대 시크 학생들에 대한 복장 규칙, 시크 사회 일반에 대한 혼인식 지침, 일상적 대화를 포함한 모든 의사소통에서 펀자비 사용 강요 등이 있었으며, 이를 지키지 않는 개인은 폭력과 살해의 대상이 되었다(Tatler 2006, 69).

---

20) 인도 정부군 역시 시크 무장 세력과의 전투에서 사망한 군경을 순교자로 간주하여 그의 이름을 딴 거리와 신도시 및 기관이 등장하였다. 따라서 시크의 순교자 전통은 이러한 정부군의 일련의 순교자 정책으로 크게 훼손된 면이 있었다. 따라서 당시 '순교자'와 '범죄자'를 구분한다는 자체가 어려웠으며 큰 의미를 갖지 못한 면이 있다(Tatla 2006, 71).

Ⅳ. 시크 인권침해와 해외로의 도피

펀잡 주는 1987년부터 1992년까지 대통령의 직접통치 하에 있었다. 국제사면기구는 이 기간들을 공식적인 법체계가 붕괴되어 실종, 인질, 임의구속, 살해 등이 자행되고 테러가 체계적으로 일어난 것으로 보고하고 있다. 이 기간에 사망한 약 1만 5천명 이상의 시크들은 인도 정부군과 시크무장 게릴라 양측으로부터 공격받은 사람들이었다. 이들 사망자 가운데 상당한 수의 민간인들은 시크 무장단체 진압을 위한 인도정부의 대테러 작전 속에서 인도 정부군에 의해 사망하였다. 경찰과 군병력으로 이루어진 대테러 진압군은 펀잡지역에서 테러진압이라는 명분 하에 시크 무장 게릴라 외에도 이들의 가족, 친지, 이웃, 친구에게 인권침해에 해당하는 폭력을 가했다. 예컨대 인도 진압군은 시크 민간인과 시크 무장 게릴라로 의심되는 사람들에게 임의동행, 고문, 장기인신구속, 실종, 살인 등을 자행하였다. 감금과 구속과정 속에서 사망한 시크들은 대테러 전투 과정에서 사망한 것으로 기록한 허위 보고서가 작성되었다. 시크 무장 게릴라 색출이라는 명분으로 영장 없이 시크 가택을 수색하는 인도 군경의 많은 탈법적 행위가 인권침해로 제소되는 일은 거의 일어나지 않았다.

군경이 시크에게 가하는 고문의 대상은 시크 무장 게릴라로 의심되는 용의자, 그의 가족과 이웃이었는데, 흔히 고문은 시크의 정부군에 대한 공격의 보복으로 이용되었다. 예컨대 1990년 8월 펀잡의 카투난갈(Khathunangal) 인근의 5개의 마을 200여명의 거주자들이 군경에 의해 포위당한 채 일부 진압군에 의해 심한 구타를 당했다. 이 가운데 일부는 경찰서에 끌려가 고문을 당했다. 이 일은 시크 무장 게릴라들의 소행으로 알려진 지프차 폭발 사건이 일어난 다음날 일종의 보복차원에서 행해진 것이었다. 민간인에 대한 고문이 문제시 되더라도 고문에 간여한 당사자는 잠시 대기발령 상태에 있다가 곧 바로 복직되었다(Amnesty International 1992, 30).[21] 시크 무장 게릴라 용의자의 실종사태는 빈번하게 일어났다. 정확히 알려지지는 않았지만 이런 식으로 실종된 수는 펀잡 내에서만 수천에 이른다고 추정된다. 실종자에 대한 문의나 항의가 제기되면 수감 자체를 부인하거나 탈옥했다고 변명하였다. 따라서 실종자 가족과 친지들은 희생자의 운명조차도 현재까지도 알 수 없다. 그러나 실종자의 대부분은 살해되어 유기되었을 것으로 믿고 있다.

1992년에는 반테러 전략과 진압으로 명성이 높았던 길(K. P. S. Gill)이 펀잡 총경으로 임명되면서 다양한 테러 진압작전이 전개되었다. 1992년부터 인도 정부는 펀잡 경찰병력, '중앙예비경찰병력'(Central Reserve Police Force), '국경수비대'(Border Security Force) 등 다양한 병력을 동원하여 펀잡 내 칼리스탄 운동에 종지부를 찍고자 하였다. 또한 중앙정부는 '국가 안전법', '테러지역 특별법안' 등 다양한 반 테러법안을 제정하여 진압작전을 법적으로 지원하였다. 펀잡주 총경인 길의 지휘 하에 수행된 진압작전은 극심한 인권침해 사안을 발생시켰다. 자신이 공언한 펀잡에서 시크 무장투쟁의 완벽한 진압이란 목적달성을 위해 길 총경은 피의자에 대한 고문 등 탈법적인 일을 무시하거나 이를 고무하기도 하였다. 또한 길 총경은 고위급 시크 무장 게릴라를 사살한 경찰에 대해서 포상하였으며 이러한 포상제도는 경찰력이 시크에 대해 탈법적으로 인권을 침해하도록 하는 계기로 작용하였다(Human Right Watch 1994).[22]

사실 펀잡의 무장 세력의 핵심은 자트(Jat) 시크 농민층이었으며 이들을 지지한 기반세력 역시 자트들이었다. 자트 시크가 펀잡의 지배적 집단으로 칼리스탄 운동의 핵심 리더들이었다는 점은 인도 중앙정보국 요원들에 의해 운동 핵심세력을 장악하는 요인으로 작용하였다. 인도 중앙정보국은 파벌주의, 과도한 경쟁의식, 평등주의, 명예 추구, 수직적 관계를 강조하는 자트 시크의 사회·구조적 특징을 파악하여 이를 칼리스탄 주요 무장투쟁 요원들을 색출하는데 이용하였다. 즉 체포된 자트 시크 핵심 요원

---

21) Amnesty International, 1992, *India: Torture, Rape & Deaths in Custody*, London, p. 30.
22) Human Right Watch, 1994, *Dead Silence: the Lagacy of Abuses in Punjab*, p. 38.

은 자신과 경쟁관계에 있는 다른 시크 무장투쟁 조직에 대한 단서를 제공함으로써 함께 붕괴하도록 만들었다(Pettigrew 1995).

인도 정부의 다각적인 반테러 진압작전, 법적 지원체제 확립, 펀잡 내 시크 사회·구조적 특성을 토대로 한 주요 테러범의 검거 등을 통해 대체로 1994년을 기점으로 펀잡의 칼리스탄 운동은 거의 붕괴되었다(Singh 1996). 앞서 언급한 것처럼 인도 정부의 지원으로 1992년 주 선거를 통해 회의당이 정권을 창출하였지만, 정치적 소요가 다소 잠잠해지는 1995년에 정치판에 복귀한 아칼리 달은 힌두 보수정당인 바라티야 자나타 당과 연합전선으로 1997년 선거에서 펀잡 주 정권을 창출하였다. 이로써 펀잡 주에는 중앙정부와의 타협과 대립 각을 세우는 정치적 관계가 정상으로 복귀되었으며, 최소한 인도 국내에서 인도 중앙정부를 위협할 정도의 심각한 칼리스탄 운동은 더 이상 재기되지 않았다(Deol 2000 ; Tatla 1999). 물론 이후에도 작은 규모의 테러 기도가 있었지만 국제 바바르 칼사 조직 등은 1992년을 전후로 하여 거의 붕괴되었다. 2005년 5월에 해외에 근거지를 두고 있는 시크 테러집단의 사주를 받은 인도 국내 바바르 칼사 조직원이 인도 뉴델리의 두 곳의 영화관에서 일어난 폭파사건을 주도하였다고 알려졌지만 이들 사건을 제외하면 주목할 만한 다른 테러사건이 일어나지 않았다(Singh, M. P. 2005).

한편 펀잡을 중심으로 인도로부터 독립을 주장하는 분리주의 운동인 '칼리스탄' 운동을 주장하는 '전투주의자'와 이를 진압하는 인도 정부군 사이의 공방이 1990년대 중반까지 이어지는 과정 속에서 정부군에 의해 시크 분리주의 운동가들에게 협조했다는 의심을 받은 다수의 시크들은 미국, 캐나다, 유럽, 동남아 국가로 정치적 난민의 길을 선택하였다. 1984년에 시작된 시크 난민의 수를 정확하게 파악하기 어렵지만 외국에 난민자격을 신청한 인도인 대부분이 시크로 알려져 있다. 예컨대 1984년 독일에 난민 자격을 요청한 인도인이 1,083명이었는데 1986년에는 6,554명으로 급증하였으며 1996년에도 4,130명이었는데 이들 대다수가 시크 난민이었다. 난민 자격을 획득 한 사람들은 거의 없지만 이들 대다수는 독일에 임시

체류허가를 받게 되었다(Tatla 1999). 독일 외에도 영국, 캐나다, 미국 등의 국가에도 유사한 난민자격을 신청한 시크가 1985년 이후 급증하였으며 많은 수의 시크들이 임시 체류 자격을 획득한 바 있다.[23]

V. 해외 시크들의 저항 : 북미 사례를 중심으로[24]

시크의 해외 이주사는 크게 보아 영국과 북미로의 이주사라 요약될 수 있다. 편잡 지방은 영국 식민통치하에서 이미 '캐널 컬러니' 조성으로 편잡 내 이주를 경험한 바 있으며, 영국 식민정부의 '시크 연대'의 일원으로 영국군 주둔지였던 극동지역, 아프리카, 유럽 등에 일찍이 배치된 바 있다. 이러한 역사적 경험은 시크들이 해외의 새로운 사회에 대한 호기심과 해외 이주를 통해 가족의 명예를 드높이고자 일찍부터 새로운 기회를 해외에서 찾게 되는 토대가 되었다.[25]

1970년대부터 유럽과 북미, 특히 캐나다의 경우 정착국의 다문화주의 정책이라는 우호적인 사회·문화적 환경 속에서 인도에서 이민 온 사람들의 상당수는 정착국에서 시크의 종교적 상징물인 터번과 수염 등의 전통을 고수할 수 있었다. 사실 1970년대 훨씬 이전에 이주왔던 시크들은 당시 현지의 인종차별을 피하기 위해 외형적으로 드러나는 종교적 상징물을 일찍이 포기하였다. 따라서 해외 시크 구르드와라 내부에는 종교적 상징물 착용을 포기하고 현지 문화에 적응해 온 구 이주민 온건파와 종교적 전통을

---

23) 김경학(2005) "시크 종족성의 성격", 김광억 외, 『종족과 민족』, 서울: 아카넷, 175~6쪽.
24) 해외 시크들의 인도 정부에 대한 저항운동은 영국과 북미에서 활발하게 전개된 바 있지만 본 글이 북미의 사례 특히 캐나다의 사례에 주목하는 이유는 해외 시크 저항운동이 가장 극렬한 형태 예컨대 에어 인디아 폭파 사건을 야기한 것으로 알려진 것처럼 극단적인 형태를 보이고 있기 때문이다. 이로 인해 캐나다 내에서 시크집단을 테러집단으로 색칠하는 주요 언론들이 등장하였다. 한편 이광수(2006)의 논문은 영국 시크의 저항운동을 다루고 있다.
25) 편자비, 특히 시크 편자비의 해외 이주의 역사와 '이주문화'에 관한 자세한 연구는 김경학(2007b)의 "국제이주와 편자비의 '이주문화'"를 참조바람.

고수하고 있는 이민 후발 주자들의 급진파 간에 특정한 사안을 둘러싼 긴장과 갈등이 있어 왔고 그 조짐이 외부로 드러나기 시작한 것은 1980년대 초부터였다.

국내의 시크 저항운동이 인도 정부의 직접적인 진압과 보복 대상이 되었던 것과는 달리 해외 시크들의 저항운동은 상대적으로 매우 자유로운 편이었다. 1980년대 초 인도 정부의 시크 집단에 대한 정치적 압박이 본격화되자 해외 시크 사회에서도 점차 분리주의를 지향하는 단체들이 등장하였다. 특히 1984년 황금사원의 침탈과 델리에서의 시크 대학살 이후 정치적 난민 자격으로 분리주의를 지향하는 시크들이 영국과 북미로 대거 입국하자 해외 시크 집단내의 급진파 시크 집단의 세력이 강화되면서 이들이 대부분의 해외 구르드와라를 장악하였다. 1984년 이후 한동안 인도에서의 시크핍박은 해외 시크들로 하여금 인도 정부에 대항하는 무장 게릴라 집단에 동조하게 하였는데, 여기에는 해외 시크 집단 스스로가 '희생 디아스포라'(victim diaspora)가 되었다는 공통된 인식이 있었기 때문이었다.

해외 시크들은 1984년 6월에 황금사원이 인도 정부에 의해 유린되자 당시 수상이었던 인디라 간디의 허수아비를 불태우는 등 자신들의 분노를 표출하였다. 같은 해 10월 말에 인디라 간디가 시크 경호원에 의해 시해되자 이들은 시내 중심가에 나가 '스위트'를 나눠먹으며 춤을 추고 환호하였다. 그러나 곧바로 델리에서 시크 대학살이 자행되자 해외 시크들은 다시 인도 정부에 대한 복수를 다짐하였다.[26]

1984년 인도 내 시크를 핍박했던 일련의 사건들로 인해 해외에서 활동하던 소수의 급진파 조직들이 시크 구르드와를 장악하였다.[27] '세계시크조직'(World Sikh Organization), '국제시크청년연맹'(International Sikh Youth Federation), '바바르 칼사(Babar Khalsa)', '칼리스탄 카운

---

26) 시크 대학살 이후 해외 시크 사회의 성격적 변화에 대해서는 김경학(2006)의 "정체성의 정치: 캐나다 시크사회를 중심으로"를 참고 바람.

슬'(Khalistan Council) 등은 대표적인 해외 급진파 시크 조직인데, 이들은 전략과 조직은 다소 상호 차이가 있지만 칼리스탄 건설이라는 목표를 공유하고 있었다.

'세계시크조직'은 온건한 칼리스탄 운동지원 단체이며 이로 인해 해외 거주국 당국으로부터 테러집단으로 분류되지 않아 가장 많은 시크 회원을 유지하면서 현재까지도 운영되고 있다. 이 조직은 간접적인 방법으로 칼리스탄 운동을 지원하고 있다. 예컨대 '세계시크신문'(World Sikh News)을 창간하여 시크가 독립 국가를 세워야 하는 당위성을 강조하고 있을 뿐만 아니라 과격한 형태의 칼리스탄 운동에 관여한 시크가 구속될 경우 변호사비용을 지원하는 등 비폭력적인 방식으로 운동에 관여한다. 또한 이 조직은 해외에서 적극적으로 시크의 종교적 권리와 인권을 보호하는 일에 종사해 왔다. 예컨대 이 조직은 캐나다 경찰에 임용된 시크에게 터번착용을 금하게 했던 사건과 학교 등교 시 키르판(단도)을 소지 못하게 하는 학교의 요구들에 반대하는 소송을 제기하여 승소한 바 있다.

캐나다에 본부를 두고 있는 '국제시크청년연맹'은 캐나다 대부분의 구르드와라를 장악하여 인도 국내 칼리스탄 운동에 지원할 재원을 확보하였다. 이들이 내세운 외형적인 목표들은 비폭력을 지향하고 있지만 칼리스탄 건설을 위한 활동으로 간주될 때는 폭력도 불사하였다. 이로 인해 캐나다 정부는 청년연맹을 불법단체로 지목하여 조직을 폐쇄시켰다. 청년연맹은 캐나다 내에서 온건파 시크에 대한 살인, 폭파, 유괴사건에 연루되었으며, 인도 정부 편에서 발언하는 인도출신 정치인과 온건파 시크에 대한 테

---

27) 1980년대 중반 무렵 인도 정부를 비난하고 맹목적인 시크 충성주의가 지배하는 당시의 캐나다 경우 상황은 시크 전통주의를 주장했던 일부 '신 이민자'와 난민으로 입국한 칼리스탄 조직원들과의 자연스런 결합을 가능하게 하였다. 이러한 당시 분위기 속에서 급진적 성격의 시크 조직들이 결성되었으며, 이들 조직들 특히 급진적 조직으로 알려진 국제시크청년연맹 운동원들은 칼리스탄 운동을 명분으로 밴쿠버의 주요 구르드와라들을 장악하였다. 이들은 커다란 저항 없이 1994년까지 근 10년 동안 대부분의 시크 구르드와라를 독점 운영하였다(김경학 2006, 152~3).

러도 불사하였다. 캐나다 정부 관련 보고서에 따르면 청년연맹은 보다 급
진적인 조직들인 바바르 칼사와 칼리스탄해방군 등과 연결되어 있으며 사
안에 따라서는 이들과 공조행동을 한다.[28] 파키스탄 정보국(Pakistan's
Inter Service Intelligence)은 국제시크청년연맹을 다양하게 지원하였다
고 의심받는다. 예컨대 칼리스탄을 지지하는 청년들을 군사훈련 시키고
이들에게 무기와 재원을 지원하였다고 의심받는다. 또한 이 청년연맹은
인도로부터 분리 독립이라는 공통된 목표를 갖고 있는 캐시미르 반군단체
와도 연결을 맺고 있다고 추정된다(Nandy, C. 2004).

'국제 바바르 칼사'(Babbsr Khalsa International)는 캐나다에 근거지
를 두고 있었으며 소수의 가장 '골수' 시크 조직원으로 구성되어 과격한
폭력행위에 관여한다고 알려졌다. 캐나다에 거주하였던 탈윈더르 싱 파르
마(Talwinder Singh Parmar)[29]가 국제 바바르 칼사를 이끌었는데, 이 조
직은 시크 종교를 지키다가 죽어간 순교자들의 보복을 위해 모든 수단을
동원하며 그 궁극적인 목적은 칼리스탄 건설에 있다. 총책으로 알려진 탈
윈더르 싱 파르마, '돈줄'로 알려진 리푸다만 싱 말릭(Ripudaman Singh
Malik), 폭탄 제조책으로 알려진 인더르지트 싱 레이야트(Inderjit Singh
Reyat) 등은 국제 바바르 칼사 조직원들이며, 이들과 함께 일부 국제시크
청년연맹과 세계시크조직원이 1985년 에어 인디아 폭파사건에 직간접적
으로 연루되어 있다고 캐나다 경찰은 발표한 바 있었다.

1985년 6월 23일 오전 대부분 인도계 캐나다 사람들을 태운 밴쿠버 발
에어캐나다는 중간 기착공항인 일본 나리타공항에서 인도로 출발할 방콕
행 비행기로 수하물을 옮기고 있었다. 이때 두 개의 수하물이 폭발하여 수
하물 운송 담당자 2명이 현장 즉사하였지만 항공운항 중 일어날 수 있는

---

28) "*Assented to*" *Acts Service*, Department of the Solicitor General of Canada,
   http://www.parl.gc.ca/31/1/parlbus/commbus/senate/com-e/secu-e/repsecintjan99-
   e.htm.
29) 1985년 에어 인디아 폭파를 주도하였으며 해외 무장단체들과 긴밀한 연결을 맺어왔다고 알려
   진 파르마는 1992년 인도로 잠입하였다가 인도에서 경찰에 의해 피살당했다고 알려졌다.

대형 폭발은 면할 수 있었다. 이 사건이 일어난 지 채 한 시간도 되지 않아 토론토를 출발하여 인도를 향하고 있던 에어 인디아 182편은 유럽의 아일랜드 상공에서 폭발하여 탑승자 329명 전원이 사망하는 캐나다 역사상 가장 큰 규모의 테러사건이 일어났다. 이들 항공기 테러 사건들은 1984년 황금사원 침탈과 델리 시크대학살을 주도한 인도 정부에 대한 캐나다 거주 시크들의 보복으로 알려졌지만, 에어 인디아에 탑승하여 희생된 대부분의 승객은 인도계 캐나다인이었다. 캐나다 정부로서는 이 사건을 계기로 자국의 시크에 대한 부정적인 시각을 가질 수밖에 없었으며, 국제 바바르 칼사와 국제시크청년연맹을 불법단체로 간주·폐쇄시키고 이 사건에 연루되었던 시크들을 체포하였지만 2008년 현재까지도 관련자에 대한 재판이 진행 중이다.

1985년의 항공기 폭파사건 이후에도 캐나다, 영국, 미국의 급진파 시크 구르드와라의 집행부는 구르드와라 헌금의 일부를 인도 내 칼리스탄 무장투쟁 집단에게 송금하고, 더 나아가 시크 청년을 파키스탄의 게릴라 훈련소로 보냄으로써 인도 국내에서 전개되고 있는 칼리스탄 운동을 적극 지원하였다. 헬벡(Helweg 1998, 322)은 해외의 시크 구르드와라들이 인도 펀잡에서 활동하고 있는 무장 게릴라에게 주당 수천 불씩 송금했음을 인터뷰 대상자였던 한 '칼리스탄 코만도 병력'(Khalistan Commando Force) 대원의 입을 통해 확인한 바 있다.[30]

캐나다의 시크들이 자행했다는 에어 인디아 폭파사건은 캐나다 내에서 과격하게 진행되었던 반 인도 정부 성격의 칼리스탄 운동의 기세를 약화시켰다. 그러나 '세계시크조직'과 '국제시크청년연맹'은 시크 구르드와라 내의 정치적 활동뿐만 아니라 정착국가의 정부요인, 정치인, 국제기구를 상대로 칼리스탄 운동을 위한 로비활동을 하였다. 이들 조직들은 로비 대

---

30) 헬벡이 만난 대원은 칼리스탄 해외 시크 조직들로부터 6만 불을 지원받은 바 있다고 진술하였다. 그 대원은 일부 해외 시크 청년들이 파키스탄에 있는 칼리스탄 훈련 캠프에 자원하여 훈련에 참여한 뒤 인도 무장 게릴라로 투입된다고 진술한 바 있었다.

상을 상대로 시크가 인도로부터 독립되어야 하며 시크는 인도의 일부분이 아닌 별개의 종교·정치적 실체임을 선전해 왔다.

이들의 로비활동은 대체로 성공적이었다. 예컨대 이들은 로비활동을 통해 국제인권 NGO들, 예컨대 국제사면기구(Amnesty International)와 인권감시기구(Human Right Watch) 등에도 접근하여 펀잡에서 시크에 대한 인권탄압 실상을 공개하고, 국제기구 기관지에 이를 공개하도록 촉구하였다. 특히 '세계시크조직'은 '유엔경제사회위원회'(UN Economic and Social Council)의 옵서버 자격을 1987년부터 1994년까지 유지하였으며, 1992년 1월에는 캐나다의 하원의원 3명으로 하여금 펀잡을 방문하도록 설득하여 인권침해의 현장을 돌아보게 했다.[31] 이들 조직들의 국제적 활동은 다양한 웹 사이트[32]를 이용하여 초국가적으로 긴밀한 네트워크 유지를 통해 전략적으로 이루어져 오고 왔다.

2008년 현재에도 캐나다 등 해외에서는 칼리스탄 운동을 지향하는 일부 구르드와라들이 존재하며 이들은 직간접적인 방식으로 인도 정부를 비판하고 칼리스탄을 지향하고 있다. 예컨대 캐나다 밴쿠버의 급진적 성격의 대표적인 구르드와라로 알려진 '다쉬메쉬 다르바르 구르드와라'(Dashmesh Darbar Gurdwara)의 핵심 인사들은 인도 펀잡의 여느 구르드와라에서처럼 터번과 키르판을 착용하고 이념적으로는 칼리스탄 운동을 지지하고 있다. 다쉬메쉬 다르바르 구르드와라의 입구 벽면에는 5Ks의 모형과 설명이 부착되어 있으며 중앙 구르드와라의 벽면 중심부에는 "칼리스탄이 승리하리라"(khalistan zindabad!)라는 구호가 선명하게 부착되어 있다.

해외 시크 집단들이 모두 급진적 성향을 선호하는 것은 아니다. 급진파

---

31) 그러나 이들 시크 조직들은 후일 흔히 테러리스트 또는 근본주의 단체로 간주되어 국제기구에서 회원자격을 상실하게 되었다.
32) http://www.khalistan.com, http://www.khalistan.net, http://www.khalistan-affairs.org가 대표적이다.

와는 달리 소위 온건파 시크집단은 시크가 인도에서 핍박받는 점에는 불만을 토로하지만 칼리스탄 운동과 이들의 폭력적 저항에 동의하지 않는다. 인도 내에서 칼리스탄 운동이 종식되어 갈 무렵인 1990년대 중반부터 온건파 시크들이 일부 구르드와라의 주도권을 회복하기 시작하면서 자신들의 목소리를 내기 시작하였다. 캐나다의 경우 다쉬메쉬 다르바르를 비롯한 소수의 구르드와라을 제외하고 온건파가 구르드와라 주도권을 회복하였다. 그럼에도 불구하고 정착국의 일반인들은 대부분의 시크가 폭력적인 테러 집단이라 여기고 있다. 1984년 인도 수상이 피격 당했다는 소식에 거리에서 춤추는 모습, 1985년 에어 인디아 폭파사건에 캐나다의 시크가 연루되었다는 정황, 캐나다 구르드와라 내부에서 권력 장악을 위한 물리적 충돌 사건 발생 등은 캐나다의 주류 언론으로 하여금 시크에 대한 부정적 이미지를 부각시킬 수 있는 빌미를 주었다. 사실 캐나다 시크들의 인도 정부에 대한 저항 운동적 성격의 칼리스탄 운동의 기세는 이미 약화되었다. 그럼에도 불구하고 밴쿠버의 대표 일간지인 '밴쿠버 선'(The Vancouver Sun)은 다쉬메쉬 다르바르 구르드와라를 비롯한 일부 시크 구르드와라를 테러집단과 연결하여 이에 관한 기사를 지속적으로 내 보내고 있다.

Ⅵ. 맺음말

1984년 황금사원의 침탈과 '델리 시크 대학살' 사건은 인도 국내외 시크집단의 정체성을 더욱 공고하게 한 결정적 계기로 작용하였다. 1980년대 일련의 사건 이전에도 시크 집단은 동일한 의례, 상징, 성전, 5Ks, 터번 착용 등의 문화적 기원을 공유하고 역사의식을 공유했다는 점을 토대로 일찍이 시크 종족 정체성 형성이 가능했다는 주장도 있다.[33] 그러나 국내외 시크들에게 자신들이 '집단적 타자' 라는 의식을 강하게 심어준 1980년대 일련의 인도 정치의 격동적 사건들은 시크 집단을 '주변화' 시키고 '소수화' 시킴으로써 보다 선명한 형태의 시크 종족 정체성이 구성될 수 있었다

(김경학 2005).

1986년부터 2006년까지 '1984년 델리 시크 대학살' 사건과 관련한 약 10개의 각종 진상조사 위원회가 인도 정부의 지시로 구성된 바 있었다. 그러나 이들은 당시 사건에 대한 책임자 규명에 실패하였고, 이에 불만에 찬 시크 집단들의 정확한 진상파악과 책임자 처벌에 대한 요구는 계속되고 있다. 델리 대학살 사건 그리고 1985년부터 1995년 약 10년에 걸친 편잡의 시크 분리주의 운동에 직·간접적으로 참여한 분리주의 운동원과 그 가족들은 많은 인명피해와 인권침해를 당했다. 이에 대한 진상규명은 2008년 현재 시크 출신이 인도정부 수상직에 있음에도 불구하고 쉽게 해결될 수 없는 복마전 같은 정치적 문제이다.

인도 국내 시크 분리주의 운동은 대략 1995년을 기점으로 거의 소멸되었다. 그간 인도 국내외 시크 분리주의 운동은 상호 연동되어 있어 운동의 원동력을 상호 제공하는 역할을 해 왔다. 특히 해외 시크 분리주의 운동은 인도 국내 운동이 진행 중일 때 해외에서의 자신들의 활동에 더 큰 정당성을 부여하였으며 이를 국제적으로 확대 재생산시킬 수 있었다. 그러나 국내 칼리스탄 운동이 소멸된 현재의 사정과는 별도로 해외 일부 시크 집단에서 나타나는 분리주의 운동과 그 지지자들의 존재를 어떻게 설명해야 할 것인가.

사실 1984년 두 번에 걸친 정부군의 직간접적 시크 공격과 10 여 년 동안 자행된 시크에 대한 인명피해와 인권침해에 대한 본질적인 해명과 보상을 위한 초보적 단계에도 들어서지 못한 실정이다.[34] 특히 이들 사건들에 직접적으로 간여한 책임자에 대한 법적 조치가 거의 되지 않았지만 인도

---

33) 특히 시크집단의 헤게모니를 장악하고 있는 엘리트들은 시크들이 문화적 기원뿐만 아니라 이미 1699년 칼사단의 성립과 무갈, 영국, 인도 통치자들의 핍박으로 인한 순교의 기억과 전통에 근거하여 이미 정치화된 종족 정체성이 형성되어 있었다고 주장한다(Shani 2000).

34) 물론 시크 출신인 현 수상 맘 모한 싱이 취임한 후 일련의 시크 사건들에 대한 정부의 공식적 사과를 하였으며 일부 보상이 이루어지고 있지만 책임자 처벌과 본격적인 보상조치는 요원한 형편이다.

국내에서 이들 문제를 제기하고 나올 시크 정치적 집단은 거의 없는 형편이다. 물론 편잡의 일부 시크 조직들이 황금사원 내에 블루스타 작전으로 침탈된 성지와 관련한 기념관을 건립하겠다는 등의 발언으로 중앙정부를 압박해 보지만 그 효과는 미미한 형편이며 이들의 일련의 집단적 행동에 대한 정부의 감시와 대처도 매우 강력하다.

이처럼 인도 국내에서 시크 문제를 제기하고 나오는 것 자체는 그 위험 부담이 클 뿐만 아니라 그간 10여년 이상을 테러의 지옥에서 지낸 편잡의 일반 시크들의 호응도 기대할 수 없는 실정이다. 그러나 인도 국내의 시크 침탈과 인명피해 및 인권침해에 대한 아무런 조치가 성사되지 못한 인도 국내의 정치적 현실은 해외 일부 급진파 시크들에게 칼리스탄 운동의 지속력을 제공하는 기반이 되고 있다. 이들 급진파 시크들 또한 과거와는 달리 해외 시크 집단을 칼리스탄 운동을 내세워 완전히 장악할 수 없는 현실이다. 그러나 이들은 일상적인 시크 종교행사와 특정한 시크 축제일, 대표적으로는 1699년 칼사단이 출범한 북인도의 추수절인 배사키(Vaisakhi) 축제일에 맞춰 빈드란왈레와 간디 수상을 피격한 저격범 등의 사진을 축제에 등장시켜 순교자로 추앙하는 등 칼리스탄 운동이 진행되고 있음을 외부로 시위하고 있다.[35]

한편 시크 성지 침탈과 델리 대학살 이래 해외 시크집단은 급진파와 온건파 시크로 분리되어 10여년 이상을 크고 작은 사안을 둘러싸고 상호 갈등하여 왔다. 특히 캐나다 밴쿠버의 한 구르드와라에서는 두 집단 사이의 물리적 충돌로 수명의 시크가 부상하여 관할 경찰이 개입할 수밖에 없는 사태가 벌어졌다.[36] 해외 급진파 시크들이 칼리스탄을 여전히 주장하고 있지만 이들의 상당수는 현실적으로 편잡이 인도로부터 독립가능하다고

---

35) 캐나다 밴쿠버에서는 2007년과 2008년 배사키 축제의 퍼레이드에서 빈드란왈레, 에어 인디아 폭파 용의자 파르마, 2명의 인디라 간디 저격범의 사진이 전시되어 순교자로 추앙된 일로 인해 캐나다 정부가 이들 집단에 대한 강한 거부감을 보인 바 있다.
36) 캐나다 시크 집단 내에서 칼리스탄 지지자와 이에 소극적인 온건파 사이의 정치적 역동학에 대해서는 김경학(2006) 연구를 참조바람.

생각하지 않는다.[37] 이들은 칼리스탄 건설을 실현 가능한 목표로 인식하기보다는 다문화주의를 표방하는 캐나다와 같은 서구 사회에서 자신들의 정체성이 단순히 '인도계 캐나다인'(Indo-Canadians)이라는 출신 국가를 통해 범주화되기보다 '시크'라는 보다 구체적인 종교적 정체성을 토대로 인정받고자 한다.[38] 자신들이 범주화되는 국가가 자신들을 정치적으로 핍박하였으며, 이로 인해 현재도 정신적 트라우마를 안고 살고 있는 많은 시크들이 인도가 아닌 시크 정체성을 통해 자신들이 인정되기를 원하고 있다. 해외 시크 가운데 소위 급진파 또는 전통주의자 시크들의 이러한 '인정의 정치'(politics of recognition)가 해외에서 칼리스탄 운동이 지속되고 있는 토대가 되고 있는 것으로 해석될 수 있다.

---

37) 캐나다 밴쿠버의 현지조사에서 만난 상당수의 급진파 시크들은 펀잡이 인도로부터 독립할 가능성을 높게 보지 않고 있었다.
38) 실제로 2007년과 2008년 이들과의 인터뷰에서 그들을 '인도-캐나다인'으로 호칭하자 그들은 우선적으로 자신들을 '시크 캐나다인'(Sikh-Canadians)으로 호칭하라고 요청하였다.

| 참고 문헌 |

김경학. 2005. "시크 종종성의 성격: 근원주의와 상황주의의 통합적 접근." 김광억 외.『종족과 민족: 그 단일과 보편의 신화를 넘어서』. 서울: 아카넷.

김경학. 2006. "정체성의 정치: 캐나다 시크사회를 중심으로."『한국문화인류학』. 제39집 2호.

김경학. 2007a. "국가폭력의 양상과 그 성격: 1984년 인도 시크 대학살 사건을 중심으로."『민주주의와 인권』. 제7권 1호.

김경학. 2007b. "국제 이주와 펀자비의 '이주문화'."『국제지역연구』. 제11권 3호.

서민수. 2001.『시크교』. 서울: 시공사.

이광수. 2006. "'1984년 폭력'과 디아스포라에서의 시크 종족 정체성의 변화." 김경학 외.『인도인 디아스포라: 경계를 넘나드는 사람들』. 서울: 경인문화사.

Agence France Press. 1992. "Punjab on Red Alert After Another Massacre." March 17.

Amnesty International. 1992. *India: Torture, Rape & Deaths in Custody*, London, p.30.

Deol, H. 2000. *Religion and Nationalism in India: the case of the Punjab*, London and New York: Routledge.

Gupta, D. 1996. *The Context of Ethnicity: Sikh Identity in a Comparative Perspective*, Delhi : Oxford University Press.

Helweg, A.W. 1998. "Sikh Politics in India: The Emigrant Factor." Barrier and Dusenbery(eds.), *The Sikh Diaspora: Migration and the Experience beyond Punjab*, New Delhi: Chanakya Publications.

Human Right Watch, 1994. *Dead Silence: the Legacy of Abuses in Punjab*, p.38.

Jeffrey, R. 1987. "Grappling with History: Sikh Politicians and the Past." *Pacific Affairs.* 60, 1(spring).

Jeffrey, R. 1994. *What Happening to India: Punjab, Ethnic Conflict and the Test for Federalism*, London: Macmillan.

Judge, P. S. 2005. *Religion, Identity and Nationhood*, New Delhi: Rawat.

Kinnavall, C. 2006. *Globalization and Religious Nationalism in India*, London and New York: Routledge.

Mahmood, C.K. 1996. "Why Sikh Fight" in Alvin Wolfe and Honggang Yang(eds.) *Anthropological Contributions to Conflict Resolution*, University Georgia Press.

Nandy Chandan. 2002. "Lashkar to Train Khalistan Militants at ISI's Behest", *The Hindustan Times*, April 9.

New York Times. 1990. "Attack by Punjab Gunmen Kills 13 and Wounds 15 at a Market." November 21.

Pettigrew. J. 1995. "Achieving a New Frontier: Rural political Patterns and Their Impact on Sikh Independence Movement", *International Journal of Punjab Studies*, April, 2:1.

Puri, H. 1992. "1992 Elections in Punjab: problems of democritization in a strife-torn state." conference paper at the *International Conference on the Democritization Process in South Asia*, 19–22 August 1992, Colombo, Sri Lanka.

Shani, Giorgio. 2000. "The Construction of a Sikh National Identity." *South Asia Research*, 20:1.

Singh Dhillon, Gurdarshan. 1996. *Truth about Punjab: S.G.P.C. White Paper*, Chandigarh: S.G.P.C.

Singh, Gurharpal. 1992. "the Punjab Elections 1992: Breakthrough or Breakdown?" *Asian Survey*, vol.32, No. 11.

Singh, H. 1994. *The Heritage of the Sikhs*, Delhi: Manohar Publishers.

Singh, M, P. 2005. "Religion and Conflict in India: A Sikh Perspective." The Round Table: *The Commonwealth Journal of International Affairs* 94:382, pp.589~598.

Tatla, D.S. 1999. *The Sikh Diaspora : the search for statehood*. Seattle: University of Washington Press.

Tatla, D.S. 2006. "The Morning After: Trauma, Memory and the Sikh Predicament since 1984." *Sikh Formations*, 2:1, pp.57~88.

Telegraph. 1991. "Candidates Elimination Plan in Punjab." May 15.

Telford, H. 1992. "the Political Economy of Punjab," *Asian Survey*, vol. 32:11. pp.969~987.

United Press International. 1987. "Two More Bus Attacks Bring Death Toll to 67 in 24 Hours." July 7.

Wallace, P. 1989. "Religious and Ethnic Politics: political mobilization in Punjab." in F.R. Franel and M.S.A. Rao(eds.) *Dominance and State Power in Modern India: decline of a social order*, vol. II, Delhi: Oxford University Press.

개혁개방 이후 중국의 인권관과 인권정책[*]
−저항과 개입에 대한 국가의 대응

윤영덕[**]

Ⅰ. 서론

1978년 중국공산당 제11기 중앙위원회 제3차 전체회의(11기 3중전회) 이후 현재까지 지속되고 있는 중국의 개혁개방정책은 중국이 처한 대내외적 환경과 구조의 변화를 수반하고 있다. 중국은 1949년 중화인민공화국을 건국한 이후 사회주의를 표방하며 계획경제시스템을 통한 폐쇄적이고 자급자족적인 국가건설을 추진해 왔다. 그러나 11기 3중전회는 중국의 국가건설 노선과 정책을 획기적으로 변화시키는 전환점이 되었다. 개혁개방 노선은 대내적으로 '계획경제체제'의 '시장경제체제'로의 전환을 의미했으며, 대외적으로는 개방을 통한 국제사회로의 '재편입'을 의미했다. 이후 30여 년의 시간동안 중국은 세계가 주목하는 괄목할만한 변화를 보여주고

* 이 논문은 2005년 정부(교육인적자원부)의 재원으로 한국학술진흥재단의 지원을 받아 수행된 연구임(KRF-2005-005-J11501). 『민주주의와 인권』 제8권 2호(2008년)에 게재된 논문을 재록함.
** 전남대학교 5·18연구소 학술연구교수.

있다. 우선 개혁개방 이후 중국의 경제성장은 경이적인 것으로 평가되고 있다. 지난 30여 년 동안 중국 경제는 연평균 9%를 상회하는 성장률을 기록하면서 2007년도 말 기준으로 세계 4위의 경제대국이 되었다. 이에 따라 중국 인민들의 생활수준이 날로 향상되고 상당한 정도의 현대화가 이루어졌다. 또한, 지속적인 경제성장을 기반으로 지역 및 국제무대에서의 외교활동에도 적극적으로 참여하면서 중국의 국제적 지위와 영향력이 급격히 강화되고 있다. 이제 동아시아지역은 물론 전 세계적 범위에서 발생하는 국제적인 문제에 있어서 중국의 참여를 배제하고서는 충분한 논의와 실효성 있는 정책을 수립하기가 어려운 정도에까지 이르렀다. 그러나 이러한 성과의 이면에는 중국 정부 스스로도 우려하는 적지 않은 문제들이 새롭게 등장하고 있다.

이전 시기와는 확연히 구별되는 전환의 시기는 필연적으로 사회구조의 변화와 대외적인 조건의 변화를 동반할 수밖에 없었다. 대내적으로는 '사회주의 계획경제'에서 '사회주의 시장경제'로 전환하는 과정에서 생산과 분배방식은 물론 사회 구성원들의 이익과 권리에 대한 인식을 포함한 가치관 및 사회 전체의 계층구조 등이 총체적으로 변화하고 있다. 또한 대외적으로는 개방정책의 추진으로 중국의 국제사회에 대한 참여의 폭이 확대되면서 국제사회와의 연계성과 상호의존성이 심화되고 있다. 이러한 과정에서 이익분배의 불균형(지역, 계층, 도농간)이 초래하는 사회구성원들의 불만과 갈등이 다양한 형태의 저항으로 표출되고 있으며, 국제사회의 '지구적 표준'(global standards) 또는 '보편적 기준'에 대한 수용 압박도 가중되고 있다.

중국의 개혁개방정책은 중국공산당 지도부의 위로부터의 결단에 의한 '점진주의적 접근'(gradualist approach)이라는 특징을 보여주고 있다(전성흥 2004, 13~38). 이는 근본적인 사회변화를 야기할 수 있는 노선전환이 일거에 전면적인 결과를 기대할 수 있는 성질의 것이 아니며, 개혁개방의 토대가 공고하지 못하고 그 결과 역시 확신할 수 없는 상황을 고려한 결과라고 할 수 있다. 본 연구가 주목하고자 하는 중국의 인권관과 인권정책도 이러한 특징에서 벗어나지 않는 것으로 판단된다. 개혁개방정책의 시행 이후 중국 사회에서 '인권'이라는 용어가 등장하면서 인권문제와 관련한 중국 정부의 인식과 정책도 점진적인 변화의 과정을 보여주고 있다. 이와 같은 변화를 이끌어낸 동인(動因)은 무엇보다 중국이 처한 대내외적 환경의 변화였다고 할 수 있다. 개혁개방으로 인한 중국 사회 내부의 급속한 변화와 국제사회로의 적극적인 참여가 인권문제에 대한 중국 정부의 인식을 변화시켰으며 이것이 중국의 인권정책의 변화로 나타나고 있는 것이다.

본 연구는 이렇듯 사회적 전환의 시기에 변화되고 있는 대내외적 환경이 중국의 인권문제에 어떠한 영향을 미치고 있으며, 이에 대해 중국 정부는 어떻게 대응하고 있는지를 고찰해 보고자 한다. 이를 위해 우선 관련 문헌자료 분석을 중심으로 개혁개방 이후 중국의 인권관과 인권정책의 변화를 살펴보고 이러한 변화의 동인을 국내적 차원과 국제적 차원에서 분석할 것이다. 이를 통해 개혁개방 이후 중국 인민들의 향상된 권리의식은 어떠한 행동으로 표출되고 있으며, 국제사회는 중국의 인권문제에 어떻게 개입하고 있는지를 확인하고자 한다. 동시에 인권보장을 위한 국내의 법제화와 국제인권레짐에 대한 입장과 태도의 변화 등을 포함한 인권정책의 점진적 변화로 나타나고 있는 중국 정부의 대응은 구체적으로 어떠한 내용을 담고 있는지를 살펴볼 것이다. 본 연구가 중국의 인권문제에 주목하는 것은 인권이 20세기 후반 이후, 특히 냉전 종식 이후 대단히 역동적인 이념으로 등장하였고, 인권담론이 극적으로 팽창하면서 일종의 '패권적 이념'의 지위를 확보해 가고 있기 때문이다(조효제 2007, 39~40).[1] 바야흐로 오늘날 "어떠한 국가나 문화 또는 개인도 이런저런 방식으로 인권레짐(human rights regime)에 걸려들지 않는 경우가 없다."(마이클 프리먼 2006, 18에서 재인용).

따라서, 중국의 인권관과 인권정책은 중국이 국제사회의 주요 문제를

---

1) 관련 내용에 대해서는 Jack Donnelly(2003) 참조.

어떻게 인식하고, 대응하는가를 살펴볼 수 있는 중요한 소재가 될 수 있을 것이다. 또한, 인권문제를 통해 중국 정부가 어떠한 입장과 태도를 갖고 국제제도와 질서를 수용하고 이에 참여하는가에 대한 변화의 궤적도 추적해 볼 수 있을 것이다.

Ⅱ. 개혁개방 이후 중국의 인권관

1. 인권문제에 대한 중국의 인식 변화

중국 국내에서 인권문제와 관련한 담론이 본격적으로 등장한 것은 1978년의 11기 3중전회 이후였다. 개혁개방 이전 시기 중국은 소위 '마르크스 레닌주의'에 입각하여 계급해방을 이룬 사회주의사회가 '인간해방'을 이룬 사회이며, '인권'은 자산계급의 구호라는 인식을 갖고 있었다. 그러나 11기 3중전회를 통해 개혁개방노선과 정책이 천명된 이후 인권문제에 대한 중국 국내의 인식은 크게 변화하기 시작했다. 그 시기는 대략 다음의 세 단계로 구분해 볼 수 있다(范燕寧 1992, 62~65 ; 백영서 1994, 32~55 ; 이남주 2004, 61~88). 각각의 시기별 인권담론의 쟁점과 주요 내용을 간략하게 정리해 보면 다음과 같다.

첫 번째 시기는 개혁개방노선이 천명된 1970년대 말부터 천안문사건이 발생한 1989년 이전까지의 시기이다. 이 시기에는 비록 '인권'이라는 용어가 본격적으로 등장하였지만 기본적으로 '마르크스 레닌주의적 인권관'이 지속되었던 시기이다. 우선, 인권개념에 대해 부정적인 태도를 갖고 있었으며, 인권의 역할에 대해서도 평가절하하는 입장이 주류를 형성하였다. 즉, 인권은 자산계급의 이데올로기와 구호로서 서구 사회에서 주장하는 인권사상의 핵심은 자산계급의 개인주의에 불과하다는 것이다. 비록 인권이 인류 역사에 있어서 일정한 진보의 역할을 하였지만 그 한계와 허구성을 극복하지 못하고 자산계급의 사적인 특권의 대명사가 되었다는 것이다. 다시 말해, 서구의 자유민주주의적 인권이란 시민권을 지칭하는 것이고 그 실제적인 적용은 생산수단의 사적 소유자에 한정된 자산계급의 자유권에 불과한 기만적인 것이라는 주장이었다. 둘째, 심지어는 '마르크스주의적 인권관'의 존재 문제에 대해서도 부정적이었다. '마르크스주의적 인권관'이란 표현에 대해서 이를 경시하거나 부정하는 태도를 갖고 있었다. 즉, 인권개념과 프롤레타리아트의 투쟁목표는 상치하는 것이기 때문에 마르크스주의 창시자들은 인권에 대해 반대의 입장을 취하였다는 것이다.[2] 셋째, 인권과 사회주의의 관계에 대해서도 부정적인 입장이었다. 인권과 사회주의는 서로 상치되는 것으로 그 근본부터 다르다는 견해가 지배적이었다. 다시 말해, 전자는 자산계급의 노동자들에 대한 착취를 옹호하는 것이며, 후자는 프롤레타리아트가 노동계급을 억압하는 계급적 적(敵)에 대항해 종국에는 계급소멸에 도달하는 것을 보장하는 것이라는 관점이었다. 프롤레타리아트의 사회경제적 권리를 보장한 사회주의적 인권만이 진정한 인권이라는 주장인 것이다.[3]

두 번째 시기는 1989년 천안문사건 이후부터 1990년대 중반까지의 시기이다. 이 시기에 이르러 중국 국내에서 인권문제와 관련한 연구와 논의가 활발해지면서 미국을 중심으로 한 서구 국가의 인권공세에 적극적으로 대응하기 시작했다. 우선, 인권개념과 인권이론에 대한 연구가 심화되면서 그 본질과 역할에 대한 인식에서 상당한 변화가 나타난다. 이 시기에 이르면 인권개념을 막무가내로 부정하고 배척하던 태도에서 벗어나 인권이

---

2) 물론 당시에도 몇몇 글에서는 이러한 관점에 대해 반대의 입장을 가진 것도 있었다. 이들은 인권이라는 구호는 비록 자산계급이 제기한 것이기는 하지만 프롤레타리아트도 이를 이용할 수 있는 것이며, 단지 각자가 주장하는 내용과 목적이 다를 뿐이라고 주장하였다. 즉 프롤레타리아트는 모든 인권을 배척하는 것이 아니라 자산계급의 인권관만을 반대한다는 것이다(鮑宗豪·姚儉建, 1989).

3) 1980년대 중반에 덩샤오핑(鄧小平)은 "인권이란 무엇인가? 우선 얼마나 많은 이들의 인권인가 하는 물음을 던져야 한다. 소수의 인권인가 아니면 다수의 인권인가, 전국 인민의 인권인가? 서구에서 말하는 '인권'과 우리가 생각하는 인권은 본질적으로 다르며 이를 바라보는 관점도 틀리다"라고 주장하면서 중국이 인권에 대해 서구와는 다른 인식을 가졌음을 피력한 바 있다(鄧小平 1993, 125).

라는 사상적 도구를 충분히 이용해 국내외 각종 적대세력과 적극적인 투쟁을 진행해야 한다는 쪽으로 의견이 모아지기 시작했다. 이는 중국 정부가 천안문사건 이후 국내외적으로 수세에 몰리면서 인민들의 불만을 제한적으로 수렴하고, 외부로부터의 비난과 제재에 적극적으로 대응하고자 하는 의도의 반영이었다고 할 수 있다. 이때부터 중국의 학계에서도 '마르크스주의 인권관'이 객관적으로 존재한다고 인정하기 시작한다. 더불어, 인권과 사회주의의 관계에 대하여 긍정적인 평가를 내리면서 사회주의 중국의 인권상황이 갖는 특징과 우위성을 강조함으로써 사회주의 인권상황이 자본주의의 인권상황보다 근본적으로 우월하다는 것을 밝히는 것이 필요하다는 견해가 강조되었다. 둘째, 중국이 개발도상국으로서 인권의 옹호와 발전이라는 실천의 과정에서 여러 가지 실패가 있었음을 솔직히 인정하고 인권문제에 대한 중국 정부의 기본적인 입장과 정책을 떳떳하게 밝혀야 한다는 견해가 대두되었다. 셋째, 중국 정부의 차원에서도 천안문사건으로 촉발된 내부적인 불안정과 외부로부터의 공세에 적극적으로 대응할 필요를 인식하였다. 이에 따라, 당시 중국공산당 총서기였던 장쩌민(江澤民)이 「인권문제의 연구를 심화시키는 것에 관한 지시」를 내린 것을 계기로 여러 매체와 학술기관에서 인권문제와 관련한 논의가 활발하게 진행되었다. 또한 1991년 3월 2일에는 중국공산당 선전부가 인권문제좌담회를 개최하고 인권분야의 연구사업을 본격적으로 추진하였다(焦世新 2007, 135). 이러한 토대 위에서 1991년 11월 2일 중국 최초의 소위 〈인권백서〉(中國的人權狀況)가 「인민일보」에 게재되었다.[4] 또한 1993년에는 중국인권연구회를

---

4) 이 〈인권백서〉 전문에서는 "충분한 인권을 향유하는 것은 오랫동안 인류가 추구해온 이상이다"
  고 밝히고 있다. 이 말은 중국이 인권이 갖는 가치의 보편성을 인정한 것이라고 할 수 있다. 그러
  나 백서에서는 "다만, 인권상황의 발전은 각국의 역사, 사회, 경제, 문화 등 조건의 제약을 받는
  하나의 역사적인 발전과정이다. 각국의 역사적 배경, 사회제도, 문화적 전통, 경제발전의 상황이
  매우 다르기 때문에 인권에 대한 인식과 인권정책도 서로 일치하지 않는다"고 밝히고 있다(中國
  人權發展基金會楊 2003, 1-56). 이는 중국이 인권이 인류 보편의 가치라는 점에 동의하면서도
  중국의 특수성을 강조하는 문화적 상대주의의 입장에 있다는 것을 말해주는 것이다.

설립하여 해외 각국의 인권실태를 연구하게 하였다(이금순·김수암 2006, 173).

세 번째 시기는 1990년대 중후반부터 현재까지의 시기이다. 이 시기는 개혁개방의 심화와 세계화의 가속화와 같은 대내외적 환경의 변화에 보다 능동적으로 대응해 오고 있는 시기이다. 인권문제에 대해서는 중국 인민들의 권리의식 신장에 따른 사회적 갈등의 해소차원에서 점진적인 정치개혁과 함께 인권의 법제화를 시도했으며, 국제사회의 국제적 표준의 수용 압력에 대해서는 인권백서를 지속적으로 발행해 인권문제에 대한 외부의 공세에 적극적으로 대응해오고 있다. 1997년에 개최된 중국공산당 제15기 전국대표대회에서 발표된 정치보고서에서는 "인권을 존중하고 보장한다"는 내용이 최초로 등장하였으며, 2002년에 개최된 제16기 전국대표대회의 정치보고서에서도 "인민이 광범위한 권리와 자유를 향유하도록 하며, 인권을 존중하고 보장한다"는 내용이 재차 천명되었다(『人權』 2004, 37). 또한 2004년 3월에 개최된 제10기 전국인민대표대회(이하, 전인대) 제2차 회의에서 통과된 헌법 수정안 제33조 제3항에는 "국가는 인권을 존중하고 보장한다"는 문구가 삽입되었는데 이는 인권이 헌법적 보장을 받는 권리로 공식화되었다는 것을 의미하는 것이다. 이와 함께 중국은 미국의 인권압박에 대응하여 1999년부터 해년마다 〈미국인권실태보고서〉를 발표하고 있다. 미국이 안고 있는 인권문제를 부각시킴으로써 미국이 다른 '정치적 의도'를 갖고 '이중 잣대'로 중국의 인권문제를 제기하고 있다는 점을 공격하면서, 중국의 정치체제를 정당화하고 인권상황을 합리화하고자 하는 의도를 갖고 있는 것으로 평가되어진다(이금순·김수암 2006, 129~130).

2. '중국식 인권관'의 특징과 내용

앞에서 살펴본 바와 같이 중국은 1989년 천안문사건으로 인한 국제사회의 비난과 제재에 대응하기 위하여 인권문제에 대한 연구를 본격화하면서 소위 '중국식 인권관'(有中國特色的人權觀)을 정립하기 시작했다. 중국

정부의 인권에 대한 기본적인 입장과 관점은 1991년부터 매년 발간되고 있는 〈인권백서〉에 잘 나타나 있으며, 여기에 '중국식 인권관'의 특징과 내용이 드러나 있다. 이를 간략하게 요약해 보면 다음과 같다(中國人權發展基金會 2003 ; 최지영 2004, 82~86 ; 李雲龍 2001 ;『解放日報』2001).

첫째, 인권이 가진 보편성을 인정하면서도 이러한 보편성이 반드시 특수성과 상호 결합되어야 한다는 상대주의적 입장을 강조하고 있다.[5]

인권의 보편성이라는 원칙은 반드시 각 국가의 구체적인 상황과 결합되어야만 한다는 것이 중국의 기본 입장이다. 중국은 하나의 관념과 제도로서 인권의 특수성은 각 국가와 민족의 역사와 문화, 지리적 환경, 사회제도, 경제발전 수준 등에 의해서 결정되는 하나의 역사적 산물로서 각각의 역사발전 시기에 따라 각기 다른 인권문제가 제기되며, 따라서 각 국가의 인권에 대한 이해와 인권보장을 위한 정책들도 차이를 보인다고 주장한다(劉海年 1994, 43 ; 唐天日 1996, 45 ; 蒲傳 2004, 50). 그러므로 인권의 보편성은 반드시 각국의 상이한 특수성을 고려해야만 한다는 것이다. 중국 정부는 이러한 인권의 상대주의적 입장이 이미 국제사회의 동의를 획득했다고 주장하는데, 그 근거로 1993년 비엔나 국제인권대회에서 채택된 선언문을 들고 있다. 이 선언문에서는 인권의 보편성을 재확인하면서도 제5조에서 "국가와 지역적 특성의 중요성, 그리고 역사적·문화적·종교적 배경을 유념해야 한다"고 언급하고 있다.

둘째, 중국은 주권이 인권보다 우위에 있으며, 개인적 인권과 집단적

---

5) 인권을 둘러싼 담론에 있어서 가장 대립되는 두 가지 접근법은 보편주의(universalism)와 문화적 상대주의(cultural relativism)로서 1990년대 이후 중국을 비롯한 동아시아 일부 국가들과 서구 국가들 사이에 활발한 논쟁이 되고 있다(박기철 2006, 415~418). 크게 보아 상대주의에는 두 가지 종류가 있다. 첫째, '메타 윤리적 상대주의'는 인권이 서구에서 나온 개념이므로 비서구 사회에는 윤리적으로 타당하지 않고 '보편' 인권자체가 서구의 이념적 가치를 반영한다고 본다. 둘째, '규범적 상대주의'는 인권개념이 옳고 그름을 떠나 인권을 무기삼아 타문화를 비판하고 변화시키려 하는 것은 또 다른 식민주의이며 획일적인 기준을 강요하는 것이라는 입장이다. 중국, 싱가포르, 말레이시아, 인도네시아 등이 주도하고 있는 '아시아적 가치' 논쟁은 메타 윤리적 상대주의와 규범적 상대주의가 뒤섞여 나타난 것으로 볼 수 있다(조효제 2007, 204~209 ; 마이클 프리먼 2006, 29~31).

인권이 결합되어야 한다는 점을 강조하고 있다.

사실 중국을 비롯한 개발도상국들은 인권문제가 국제적인 측면이 있기는 하지만 본질적으로는 일국의 내부 관할문제이며, 인권과 관련한 각종 국제문서들에서 요구하고 있는 내용들은 각각의 국가들이 국내의 입법과 행정적 조치를 취해야만 실현될 수 있다고 주장해 왔다(唐天日 1996, 45). 인권을 둘러싼 논쟁에 있어서 중국 정부가 갖고 있는 기본 입장도 인권문제는 국내문제이며, 미국과 서구사회의 중국에 대한 인권 압박은 '주권의 원칙'과 '내정불간섭원칙'을 천명하고 있는 유엔헌장과 국제적 규범의 위반이라며 강력하게 반발해 왔다. 최근 들어 중국의 국제사회에 대한 참여가 확대·심화되면서 인권의 보편성을 받아들이는데서 보다 유연하고 실용적인 태도를 보이고 있지만 주권원칙에 대해서는 여전히 강경한 태도로 일관하고 있다.[6] 또한 중국 정부는 인권은 단지 개인적 권리만을 의미하는 것이 아니며, 민족적이고 사회적인 인권으로서의 집단적 인권(集體人權)도 중요한 구성요소임을 주장한다. 이는 중국 근대사 속에서 외세로부터의 자주권 수호와 민족국가의 수립, 서구의 제국주의와 패권주의에 맞선 정치적 독립과 평등의 실현, 자유와 민주를 이끌어내었던 '주권'이 '집단적 인권'으로 인식된 결과라고 할 수 있을 것이다. 다시 말해 주권과 인권의 관계에 대한 중국의 인식은 개인보다는 국가와 민족에 치우쳐 있는 '국가주권 상위의 집단주의적 인권의식'이라고 요약해 볼 수 있을 것이다(최지영 2004, 82~88).

셋째, 중국은 생존권과 발전권에 인권의 우선적 지위를 부여하고 있으며, 시민적·정치적 권리와 경제적·사회적 권리의 조화를 강조하고 있다.

---

6) 인권문제에 있어서 주권원칙을 강조하는 중국의 입장은 최근 들어 민족주의와 결합되면서 서구 사회에 대응하는 하나의 '대항 이데올로기'를 형성하고 있는 것으로 보인다. 중국정부는 20세기에 형성된 대항 이데올로기로서의 '주권적', '집체적' 민족주의의 연속성 속에서 현재의 민족이나 국가 그리고 개인과 인권문제에 접근한다. 20세기 국가 존망의 위기 상황 하에서 주권의 문제는 민족의 최소한의 자기주장과 자기실현으로 독해될 수 있으며 따라서 민족과 국가의 주권은 개인의 권리를 효과적으로 보장하는 기본조건으로 간주되고 있는 것이다(조경란 2001, 51).

우선, 중국은 생존권과 발전권이 가장 기본적이면서도 가장 중요한 인권이라고 주장한다. 이러한 인권이 보장되지 못할 경우 다른 어떠한 인권의 보장도 기대할 수 없다는 것이다. 1991년에 발표된 〈인권백서〉에서도 "한 국가와 민족에게 있어서 인권은 우선적으로 인민의 생존권"이며, "제국주의의 침략과 봉건주의와 관료자본주의의 압박으로 인해 인민의 생명이 보장받지 못했던 중국인민에게 있어서는 생존권을 쟁취하는 것이 역사적으로 가장 먼저 해결해야 할 인권문제가 되었다"고 밝히고 있다(中國人權發展基金會 2003, 4~8 ; 백영서 1994, 34~43). 또한 중국은 시민·정치적 권리와 경제·사회적 권리는 서로 대립되거나 명확히 분리될 수 있는 성질의 것이 아니며 상호 밀접한 연관과 의존관계에 있다고 강조한다.

이 외에도 '중국식 인권관'은 권리 없는 의무와 의무 없는 권리가 없다는 관점을 제시하면서 사회 구성원인 개인들의 사회발전에 대한 의무를 강조한다. 위와 같은 '중국식 인권관'의 특징과 내용을 살펴보았을 때 중국 고대사회의 군주통치제도 및 유교문화의 영향과 중국 근대에 있어서 반제반봉건투쟁 및 서구의 민주자유와 인권관의 전파, 중국화된 마르크스주의 및 사회주의 이데올로기 등이 현대 중국의 인권관념을 구성하는 문화적 배경이 되고 있는 것으로 볼 수 있다(劉海年 1994, 45).

Ⅲ. 개혁개방 이후 중국의 인권정책

1. 인권의 점진적 법제화

인권은 애초에 어떤 도덕적 포부에서 촉발되고, 역사적 투쟁 속에서 형성되었으며, 인류의 진보적 상상력 속에서 발전되어 온 하나의 거대한 운동이라고 할 수 있다. 따라서 그 어떤 담론보다 강력한 효과를 가진 것처럼 보이는 법적 담론은 실은 그러한 움직임을 제도화·성문화한 것에 불과할지도 모른다(조효제 2007, 26). 그럼에도 불구하고 인권의 효과적 보장은 법적·정치적 제도의 민주적 개선으로 담보될 수 있다는 것 또한 부정할 수 없다(조경란 2001, 53). 개혁개방 이후 중국에서는 변화된 대내외적 환경에 조응하기 위한 인권의 점진적인 법제화가 추진되고 있는데, 이에 대해서 시민·정치적 권리의 영역과 경제·사회적 권리의 영역으로 구분하여 간략하게 살펴보고자 한다.

최근 들어 중국의 인권정책 변화를 엿볼 수 있는 중요한 사례의 하나는 2004년 3월에 개최된 전국인민대표대회에서 "국가가 인권을 존중하고 보장할 것"이라는 문구를 헌법에 삽입한 것이다. 이로써 개혁개방 이후 점차 하나의 중요한 정치적 개념으로 자리 잡아 온 인권이 국가의 최고법인 헌법적 보장을 받을 수 있는 법률적 개념으로 발전되었다고 평가할 수 있다.[7] 이에 따라 지금까지 점진적인 방식으로 진행되어 온 중국의 인권문제 법제화는 보다 탄력을 받을 것이며, 이러한 제도적 변화는 중국 인민들의 인권의식을 향상시키는데도 긍정적인 작용을 할 수 있을 것으로 전망된다.

우선, 개혁개방 이후 중국 국내의 시민·정치적 권리와 관련된 인권의 법제화가 이루어지고 있다. 중국에서 시민·정치적 권리에 대한 최초의 명문화된 규정은 중화인민공화국 건국 이후 1954년 최초로 제정된 헌법에서였다. 1954년의 헌법 총강에서 국가의 "모든 권력은 인민에 속한다"고 규정하고 마지막 장에서 공민의 정치·경제·사회·문화적 권리를 규정하였다(《人權》 2004, 37). 그러나 개혁개방정책이 시행되기 이전까지 보통선거를 통한 정치지도자의 선출 등과 같은 인민의 정치권력 행사는 실질적으로 불가능하였다. 이 같은 상황은 개혁개방정책의 실시와 함께 변화되기 시작했다(이정남 2005, 233). 1978년 12월에 개최된 중국공산당 중앙공작회의(中央工作會議)에서 덩샤오핑은 "인민 민주의 보장을 위해 법제를 강화해

---

7) "인권을 존중하고 보장한다"는 문구가 헌법에 삽입됨으로써 인민들의 인권보장을 위한 헌법적 근거가 생겼을 뿐만 아니라 정부의 공권력에 대한 제한의 근거도 마련되었다고 평가할 수 있다 (劉素華 2004).

야 한다"는 방침을 밝혔다(장윤미 2004, 188). 뒤이어 1982년에 개정된 헌법에서는 기존 헌법의 마지막 장에 배치되었던 "공민의 기본적 권리와 의무" 부분을 총강 다음의 제2장으로 배치하고, 기존에 10여 개에 불과했던 조항도 20여 개로 확대하였다. 또한 전인대 상무위원회가 갖는 입법기관으로서의 권력을 강화했으며, 농촌의 촌민위원회(村民委員會)를 자치기구로 규정하였다.

그리고 개정된 헌법 조항을 실행에 옮기기 위하여 1982년부터 인민대표대회 선거 개혁을 통해 직선제 실시의 범위를 현급(縣級)으로까지 확대하였으며, 1987년에는 〈촌민위원회조직법(시행)〉을 제정하여 촌민위원회의 주임, 부주임, 위원을 촌민이 직접선거로 선출한다고 규정하였다. 이에 따라 1988년에는 촌민 직선에 의한 촌민위원회의 자치제가 전국적으로 실시되었고, 이후 도시지역의 기층조직인 사구주민위원회(社區居民委員會)의 직접선거로 확대되었다. 이 같은 선거제도의 개혁은 사회 기층의 자율성을 제고시켜 관료들의 부패와 전횡을 방지하고, 더 나아가서는 기층사회에 대한 통치력을 확보하려는 중국공산당의 정치적인 의도에서 출발하였다고 볼 수 있다(이금순·김수암 2006, 131 ; 이정남 2005, 233).[8]

1997년에 이르러서는 중국공산당과 정부의 관련 문건에서 '법제' (法制)라는 단어를 '법치' (法治)로 바꾸어 법률의 중요성을 강조하기도 하였다.[9] 1997년 9월에 개최된 제15차 중국공산당 전국대표대회에서 당시 중국 국가주석이었던 장쩌민은 '법에 의한 국가운영' (依法治國)을 역설하며, 정치지도자가 교체되더라도 제도와 법률은 변하지 않을 것이라고 천명하

---

8) 1998년 말에는 쓰촨성(四川省)의 두 개 지역에서 기층정권이라고 할 수 있는 향진장(鄕鎭長) 직선제가 실시된 이후 지금까지 제한된 지역에서 직접선거를 통한 행정수장의 선출이 이루어지고 있다. 농촌의 촌민위원회와 도시지역의 사구주민위원회가 자치기구의 성격을 갖는데 비해 향(鄕)과 진(鎭)은 중국의 기층 행정단위로서 향진정부가 국가와 농촌 기층사회를 연결하는 국가의 통치기구이기 때문에 그 수장의 직선제 도입이 갖는 정치적 의미는 지대하다고 평가되고 있다. 이에 대한 연구로는 이정남(2007) 참조.
9) 관련 내용에 대해서는 徐湘林 2001 참조.

였다(장윤미 2004, 188). 1997년을 전후하여 행정절차법, 변호사법, 국가배상법, 행형법(行刑法), 형법 등 시민의 권리에 영향을 미치는 법률이 잇달아 제정되거나 개정되었다. 그리고 2000년에는 경찰 등 공무원의 월권행위에 따른 인권침해를 막기 위해 행정재심법을 제정하는 등 21세기에 들어서도 인권보장을 위한 법률체계를 지속적으로 정비하고 있다(이금순·김수암 2006, 155). 이처럼 개혁개방 이후에 추진되어온 행정체제개혁과 정치체제개혁을 포함한 중국의 정치개혁은 시민·정치적 권리의 법제화로 이어지고 있다.

다음으로, 1990년대 이후 노동관련 법규의 제정 등을 포함한 경제·사회적 권리에 대한 법제화가 진행되어 오고 있다. 이는 1990년대 들어 크게 변화된 중국의 대내외적 상황이 그 배경으로 작용하였다. 우선, 사회주의 시장경제로의 이행과정에서 노동관계 주체가 분명해지고 갈등의 양상이 복잡해지면서 국내적으로는 파업 등 노동자의 집단적인 행동이 잦아지고, 대외적으로는 천안문사건 이후 국제사회로부터 중국 인권에 대한 외부 압력이 가중되었다. 또한 2001년 말에 WTO에 가입하면서 중국의 노사문제를 국제적인 규범에 맞출 필요성이 제기되었다. 이처럼 변화된 노동관계 등을 규범화하고 조정할 국내입법화가 중요한 문제로 대두되었던 것이다 (이금순·김수암 2006, 153 ; 장윤미 2004, 168).

1986년 노동계약제도를 도입한 이후 1993년 7월 6일 중국 국무원(國務院)은 〈기업 노동쟁의처리조례〉를 발표하고, 1994년 7월 5일에는 〈노동법〉을 반포한다(장윤미 2004, 176). 2004~2007년 시기에는 특히 집중적으로 노동입법 추진(노동계약법과 동시에 취업촉진법과 노동쟁의처리법 입법화 추진), 코포라티즘적 제도의 수립을 위한 노동조합의 활성화(그 방향은 노조조직의 확대, 단체협상제도의 이식, 그리고 노사정 협의기구를 전국적으로 설치하는 것으로 나타나고 있다), 그리고 정부의 사회정책적 지향의 강화 등과 같은 움직임이 관찰된다.[10] 2004년부터 제정에 착수한 〈노동계약법〉은 2007년 6월 29일 전인대 상무위원회 28차 회의에서 최종 통과되어 반포되었으며, 2008년 1월 1일부터 시행에 들어갔다(백승욱

2007, 8~15).[11]

　이렇듯 중국 정부가 인민들의 경제·사회적 권리를 보장하는 내용을 담은 입법을 추진하고 있는 것은 노동관계의 안정을 포함한 경제·사회적 안정을 통해 지속적인 경제성장을 이어가고자 하는 의도의 결과라고 판단된다. 즉, 계획경제시기에 가부장적 권위나 정책적인 강제력으로 사회적 이익갈등을 해결해왔던 중국이 개혁개방 이후에는 합법적인 절차에 의해 제정된 게임의 규칙에 따라 각종 이익갈등을 조정하고 허용된 질서의 범위 내로 갈등을 제한하고자 하는 것이다. 그러나 중국의 노동입법이 이미 시장경제의 가치법칙에 따른 입법원칙을 확고히 하고 있는 것은 분명하지만, 문제는 이러한 갈등의 제도화가 노동자의 불만을 해소할 수 있을지, 그리고 노동자의 실질적인 조직 역량 획득의 법적 근거로 작용할 수 있을지의 여부는 여전히 불투명하다(장윤미 2004, 189).

2. 국제인권레짐 참여와 대외인권정책의 형성

　중국 정부는 전통적으로 다른 사회주의 국가들과 마찬가지로 〈세계인권선언〉 등 국제인권체제에 대해 부정적인 입장을 취하였다. 1971년에는 타이완을 대신하여 유엔 회원국 겸 안전보장이사회 상임이사국의 지위를 회복했지만 개혁개방 이전까지 인권문제에 있어 회피와 불관여 정책으로 일관하였다. 그런데 개혁개방 이후 1980년대 초반부터 선택적으로나마 국제인권체제의 규범을 받아들이기 시작하였다(中國外交部 홈페이지 2004

---

10) 코포라티즘적 제도의 수립을 위한 노동조합의 활성화와 관련한 내용에 대해서는 이창휘(2005) 참조.
11) 그러나 각종 노동관계법에서 노동자 개인의 권리에 대한 조항들은 계속 보완되고 있지만, 단체행동권에 대한 조항은 1982년 헌법에서 파업권이 삭제된 이후 근본적인 변화를 보이지 않고 있다. 중국의 현행 법률은 파업문제에 대해 명확한 규정을 담고 있지 않으며, 〈헌법〉뿐만 아니라 〈노동법〉, 〈노동조합법〉에서도 모두 파업을 노동자와 노조의 권리로 보고 있지 않다. 오히려 헌법을 비롯한 중국의 현행 법률들에는 파업권을 제한하는 조항들이 산재해 있어 파업노동자에 대한 국가의 개입과 탄압을 합법화하고 있다(백승욱 2007, 33~34 ; 장윤미 2004, 173 ; 김재관 2003, 49~50).

; 이남주 2003, 4 ; 이금순·김수암 2006, 171~172 ; Pei 2000, 21~40).[12] 중국은 1981년 4월 유엔인권위원회의 정식 회원국이 되었으며, 〈여성차별 철폐협약〉, 〈인종차별철폐협약〉, 〈난민의 지위에 관한 협약〉, 〈난민의 지 위에 관한 의정서〉, 〈인종학살의 금지와 처벌에 관한 협약〉, 〈인종분리의 금지와 처벌에 관한 협약〉, 〈국제적 무장충돌시 피해자 보호에 관한 1949 년 8월 12일 제네바협약에 대한 보충 제1의정서와 제2의정서〉, 〈고문 및 비인도적·굴욕적 처우나 형벌금지조약〉 등 총 9개의 국제인권협약에 가입 하였다.

〈표 1〉 국제인권협약에 대한 중국의 가입 현황

	협약명칭	협약 통과 시간/장소	협약 발효시점	중국의 가입현황
국제 인권 규약	경제적·사회적·문화적 권리에 관한 국제규약	1966. 12. 16/ 뉴욕	1976. 1. 3.	1997. 10. 27. 서명 2001. 3. 27. 비준 제8조 1항 1호 유보
	시민·정치적 권리에 관한 국제규약	1966. 12. 16/ 뉴욕	1976. 3. 23.	1998.10. 5. 서명
차별 방지	인종차별철폐협약	1966. 3. 7/ 뉴욕	1969 1. 4.	1981. 12. 29. 비준 제22조 유보
	인종분리금지와 처벌에 관한 협약	1973. 11. 30/ 뉴욕	1976. 7. 18.	1983. 4. 18. 비준
	스포츠분야의 인종분리 반대 협약	1985. 12. 10/ 뉴욕	1988. 4. 3.	1987. 10. 21. 서명
	동일가치 노동에 대한 남녀 노동자의 동일 보수에 관한 협약	1951. 6. 29/ 제네바	1953. 5. 23.	1990. 9. 7. 비준
여성 권리	여성차별철폐협약	1979. 12. 18/ 뉴욕	1981. 9. 3.	1980. 7. 17. 서명 1980. 11. 4. 비준

---

12) 중국이 개혁개방 이전에 가입한 국제인권규약은 1952년에 승인을 선언한 〈전쟁포로의 대우에 관한 제네바 협약〉과 〈전시 민간인 보호에 관한 제네바협약〉 등 단 2건에 불과했다. 그러나 중국 은 개혁개방노선이 천명된 이후 1980년대 들어 국제인권레짐에 선택적으로 참여하기 시작했다.

	협약명칭	협약 통과 시간/장소	협약 발효시점	중국의 가입현황
아동 권리	아동권리협약	1989. 11. 20/ 뉴욕	1990. 9. 2.	1990. 8. 29. 서명 1992. 1. 31. 비준 제6조 유보
	아동의 매매·매춘·포르노그라피에 관한 아동권리협약의 선택의정서	2000. 5. 25/ 뉴욕	2002. 1. 18.	2002. 12. 3. 비준
	아동의 무력분쟁 연루에 관한 아동권리협약의 선택의정서	2000. 5. 25/ 뉴욕	2002. 2. 12.	2001. 3. 15. 서명
	아동노동 철폐 및 최악 형태의 아동노동 금지 협약	1999. 6. 17/ 제네바	2000. 11. 19.	2002. 8. 8. 비준
피구속자·수형자 보호	고문 및 비인도적·굴욕적 처우나 형벌금지협약	1984. 12. 10/ 뉴욕	1966. 7. 15.	1986.12.12. 서명 1988.10. 4. 비준 제20조, 제30조 제1항 유보
취업	취업정책협약	1964. 7. 9/ 제네바	1987. 6. 27.	1997. 12. 17. 비준
난민	난민의 지위에 관한 협약	1951. 7. 28/ 뉴욕	1954. 4. 22.	1982. 9. 24. 비준
	난민의 지위에 관한 의정서	1966. 12. 16/ 뉴욕	1967. 10. 4.	1982. 9. 24. 비준
국제 인도주의 법	전쟁포로에 관한 제네바협약	1949. 8. 12/ 제네바	1950. 10. 21.	1952. 7. 13. 승인 선언 제10조, 제12조, 제85조 유보
	전시 민간인 보호에 관한 제네바협약	1949. 8. 12/ 제네바	1950. 10. 21.	1952. 7. 13. 승인 선언 제11조, 제45조 유보
	국제적 무장충돌시 피해자 보호에 관한 1949년 8월 12일 제네바협약에 대한 보충 제1의정서	1977. 6. 8/ 제네바	1978. 12. 7.	1983. 9. 14. 비준 제88조 제2항 유보
	국제적 무장충돌시 피해자 보호에 관한 1949년 8월 12일 제네바협약에 대한 보충 제2 의정서	1977. 6. 8/ 제네바	1978. 12. 7.	1983. 9. 14. 비준

출처: 中國外交部 홈페이지(2004).

그리고 1990년대에 들어서는 〈동일가치 노동에 대한 남녀 노동자의 동일 보수에 관한 협약〉과 〈아동권리협약〉, 〈취업정책협약〉에도 가입하였다. 1990년대 들어 중국의 국제인권협약 참여에서 무엇보다 주목을 받았던 것은 대표적인 양대 국제인권규약으로 평가받고 있는 〈경제적·사회적·문화적 권리에 관한 국제규약〉과 〈시민·정치적 권리에 관한 국제규약

〉에 가입한 점이다. 중국 정부는 1997년과 1998년에 양대 국제인권규약에 각각 서명하였으며, 2001년 3월에는 전인대 상무위원회에서 〈경제적·사회적·문화적 권리에 관한 국제규약〉을 제8조 1항 1호 노동조합 결성과 가입권리 조항을 유보하는 조건에서 공식 비준하였다.[13] 21세기 들어서는 아동권리와 관련된 3개의 인권협약에 서명하거나 비준을 완료했다.

또한 중국은 1988년 최초로 유엔인권선언 기념식을 거행한 이후(Ann Kent 1993, 101~104), 인권관련 국제회의의 유치 등을 통해 인권에 대한 중국 정부의 입장과 정책을 선전하는 장으로 활용하기도 하였다. 대표적으로 중국은 1995년에 제4차 유엔 세계여성대회와 NGO포럼을 주최하였다. 이와 함께 중국 정부는 국제인권문제에 있어서 대결을 반대하고 대화를 추진한다는 입장을 제시하면서 영국, 호주, 노르웨이, 브라질, 일본, 캐나다 등과 지속적인 인권대화를 개최해 오고 있으며, 여러 형태로 타국과의 사법 및 법적 교류를 확대하고 있다(이금순·김수암 2006, 172). 이처럼 중국이 개혁개방 이후 국제인권협약에 대한 참여의 폭을 넓혀 오고 있는 것은 1989년 천안문사건 이후 국제사회의 인권 압박에 대한 초기의 수세적 대응에서 보다 적극적이고 공세적인 대응으로 전환되었음을 나타내는 것이다.

이처럼 중국은 서구 국가들이 인권을 이유로 타국의 내정에 간섭하는 것을 반대함과 동시에 국제인권분야의 활동에 적극적으로 참여하는 과정에서 점차 중국식 대외인권정책을 갖추기 시작했다(蒲傳 2004, 46~51). 중국의 대외인권정책은 중국이 국제인권문제에 적극적으로 대응하는 하나의 지침이 되고 있을 뿐만 아니라 21세기 들어 '세계적 강대국으로의 부상'을 장기적인 목적으로 설정한 대외전략의 중요한 요소가 되고 있다.[14]

중국의 대외인권정책은 다음과 같은 특징을 보이고 있다. 첫째, 인권문제와 관련된 국제 활동에 적극적으로 참여하면서 인권문제에 대한 중국의

---

13) 〈시민·정치적 권리에 관한 국제규약〉은 아직까지 비준 절차를 마치지 않고 있다.

입장 및 주장과 중국의 인권정책을 선전하는 기회로 활용하고 있다. 둘째, 인권문제를 둘러싼 국제적 갈등에서 인권문제를 빌미로 타국의 내정에 간섭하는 것을 철저하게 반대하는 주권의 원칙을 견지하고 있다. 셋째, 인권문제와 관련한 국제 활동에서 개발도상국과의 연대와 협력을 적극적으로 추진하고 있다. 넷째, 중국은 미국이 해년마다 발표하는 〈세계 각국의 인권보고서〉에 대응해 2000년부터 해년마다 〈미국의 인권실태보고서〉를 발표해 반격하고 있는데, 이는 중국의 대외인권정책이 보다 공세적으로 변화되고 있다는 증거의 하나이다.

이처럼 중국이 1990년대 이후 적극적인 대외인권정책을 시행하고 있는데, 이러한 정책의 형성을 촉진한 요인은 다음과 같은 것들을 들 수 있을 것이다. 첫째, 개혁개방 이후 특히 1989년에 발생한 천안문사건을 경과하면서 고양되기 시작한 중국 국내에서의 인권문제에 대한 연구의 성과가 축적되면서 중국의 대외인권정책이 형성되는 토대가 되었다. 둘째, 개혁개방 이후 중국사회의 권리의식이 지속적으로 증대되면서 국민들의 인권에 대한 인식수준과 자신의 이익을 보호하고자 하는 의식이 크게 증대된 결과라고 할 수 있다. 셋째, 세계적 강대국으로의 부상을 장기적인 국가전략의 목표로 설정하고 있는 중국으로서는 강대국화를 위한 국제적 이미지를 제고할 필요성이 있었으며, 이러한 필요를 충족하기위해 대외인권정책을 수립하기 시작했다. 넷째, 탈냉전 이후 국제정세가 크게 변화되어 인권이 인류의 보편적 가치로 인식되기 시작했으며, 이러한 상황에서 미국을 중심으로 한 서구 국가의 중국에 대한 인권 압박에 대응하는 과정에서 일정한

---

14) 중국은 개혁개방 이후의 안정적이고 지속적인 경제성장과 탈냉전 이후 강화된 국제적 지위와 영향력을 기반으로 제3세대 지도부에 이르러 "중화민족의 위대한 부흥"(中華民族偉大復興)이라는 전략적 목표를 제시했다. 중국 제3세대 지도부의 핵심이었던 장쩌민은 2001년 7월 1일 개최된 중국공산당 창당 80주년 기념식에서 다음과 같이 강조한 바 있다. "19세기 중엽부터 20세기 중엽까지 100년의 기간 동안 중국 인민의 모든 목표는 조국의 독립과 민족해방을 실현해 굴욕적인 민족의 역사를 철저하게 청산하는 것이었다. 이 역사적인 위업을 우리는 이미 완성했다. 이제 20세기 중엽부터 21세기 중엽까지 100년 동안 중국 인민의 모든 목표는 조국의 부강과 인민의 부유, 그리고 민족의 위대한 부흥을 실현하는 것이 되어야 한다."(江澤民 2002).

경험을 축적한 것이 중국의 대외인권정책 형성을 촉진하는 요인으로 작용하였다. 이와 같은 배경과 특징을 갖고 있는 중국의 대외인권정책이 향후 국제사회의 광범위한 동의와 지지를 획득할 수 있느냐의 여부가 중국이 의도하는 목표의 실현을 가늠할 수 있는 중요한 조건이 될 것이다.

Ⅳ. 중국 인권정책 변화의 국내외적 요인

1. 국내적 요인: 사회적 갈등의 확대와 인민의 권리의식 성장

앞에서 살펴본 바와 같이 중국의 인권정책은 제도화를 지향하는 방향으로 점진적 변화를 보여주고 있다. 이와 같은 변화를 이끌어 낸 요인으로 우선 지적할 수 있는 것은 '시장화'와 '개방화'에 따른 사회갈등의 확대 및 인민의 이익과 권리에 대한 인식의 성장이라는 국내적 요인들이다. 이에 대해 노동 갈등과 노동자 저항, 농촌사회의 갈등과 농민의 집단행동, 기층사회에서의 직접선거 도입, 시민의식의 성장 등을 중심으로 살펴보고자 한다.

개혁개방 이후 진행된 중국경제의 시장화 과정은 기존의 사회적 이해구조에 커다란 변화를 초래하였다. 공유제 부분의 경우 개혁의 심화에 따라 소유구조의 개편을 포함한 구조조정이 광범위하게 진행되면서 실직, 사회보장체제의 약화, 그리고 사회적 불평등의 문제가 지속적으로 제기되고 있다. 또한 사유부문에서도 대규모 노동인력의 유동을 수반하는 노동시장의 형성과정은 고용과 임금수준 등 각종 노동조건을 둘러싼 갈등을 내포하고 있다(김영진 1999, 235~236). 이처럼 개혁개방은 집단과 평등주의를 근간으로 했던 중국 사회에 다양한 형태의 불평등을 확대시킴으로써 삶의 질이라는 측면에서 인권에 부정적인 영향을 미치는 요인으로 작용하고 있다.[15] 예컨대 면직(下崗) 및 임금체불과 임금삭감으로 인한 노동자들의 저항이 국가적인 문제로 대두되고 있는데, 최근 들어 중국에서의 노동쟁의 발생이 급격히 증가하는 추세이다(이금순·김수암 2006, 167~168).

2002년 중국 노동사회보장부가 발표한 백서에 따르면, 1993년 8월 1일 〈중화인민공화국 기업노동쟁의처리조례〉가 공표된 이후 2001년 말까지 전국의 각급 노동쟁의 중재위원회에서 처리한 노동쟁의 안건은 모두 68만 8천여 건이고, 관련 노동자는 236만 8천여 명에 달한다. 특히, 1997년 국유기업 구조조정을 단행한 이후 노동쟁의는 급증하였는데, 1998년 노동쟁의 안건이 1997년에 비해 30.9% 상승하였고, 관련 노동자 수도 62.1%나 증가하였다. 2002년의 노동쟁의 안건은 18만 4천여 건, 관련 노동자 수는 61만 명으로 전년도에 비해 각각 19.1%와 30.2% 상승하였다(장윤미 2004, 169에서 재인용). 노동쟁의 중재위원회에 접수된 노동쟁의 안건 수는 2005년에는 31만 4천 여 건으로 대폭 증가하였다(백승욱 2007, 29).

이처럼 노동자의 저항이 급증하고 있는 사회적 배경과 제도적 원인으로는 다음과 같은 점들이 지적되고 있다(김재관 2003, 28~43). 즉, 구조조정에 따른 실업률의 상승, 경영자 권력의 독재화와 노동환경의 악화, 경영자의 부패와 기업 파산, 노조를 비롯한 기업내 친노동자 조직의 약화, 경영관리자와 일반노동자의 임금격차 심화 등이 그것이다. 이러한 배경 하에서 중국의 노동운동은 대개의 개발독재에서 나타나는 바처럼 노동자들의 인권과 기본권 등과 같은 민주주의의 요구와 결합되면서 포괄적인 사회운동의 성격을 내포하고 있다. 오늘날 중국에서 이루어지고 있는 노동운동은 크게 세 가지 유형으로 나누어질 수 있다(김영진 1999 ; 장영석 2004 ; 장윤미 2004 ; 백승욱 2007). 첫째는 중화전국총공회(中華全國總工會)를 정점으로 하는 각종 공식적 노동조직에 의한 제도내적 활동이다. 1990년대 중후반 이후 국유기업 구조조정에 따른 감원 문제와 과거 평생을 보

---

15) 노동관계의 측면에서 볼 때, '시장화'의 영향은 대체로 다음과 같은 일련의 결과를 초래하고 있다. 예컨대, 노동자계급의 분화와 유동성 증대, 효율중심의 구조조정과 기업개혁에 따른 실업의 확대, 경영자 권력의 독재화와 친노동자조직의 기업내 영향력 약화, 노동유연성의 강화, 일반노동자와 경영관리자의 임금격차 심화, 노동환경의 악화, 노사갈등의 심화, 계급계층간 이익충돌의 가능성 심화 등이 '시장화'의 부정적인 파급효과들이다(김재관 2003, 28).

장받았던 사회보장시스템이 개혁되면서 사회보장문제를 둘러싼 갈등이 국유기업 노동자 저항의 주요 원인이 되고 있다. 둘째는 주로 면직 노동자나 실직자 등을 중심으로 일회적으로 이루어지는 각종 시위, 청원, 파업 등과 같은 자발적인 저항이다. 중국에서 자발적인 노동운동은 주로 퇴직 노동자, 실직자, 면직 노동자 등 조직화되지 않은 노동자들에 의해 진행된다. 중국에서는 1990년대 말부터 국유기업 구조조정이 본격화되면서 면직 노동자들이 증가하고, 임금체불과 각종 사회복지의 혜택으로부터 소외된 사각지역이 늘어나고 있는데, 이에 따라 사회적 불만이 폭넓게 확산되고 있다. 셋째로는 일부 노동운동가들을 중심으로 하는 비공식적이며 조직적인 노동운동이다. 천안문 사건 이후 정부의 엄격한 통제로 인해 비공식적 노동운동은 소수 활동가들에 머물러 있지만 천안문 사건은 일종의 직업적인 노동운동가들이 출현하는 계기가 되었다. 그와 더불어 이들에 대한 정부의 탄압도 인권의 차원에서 대외적으로 관심을 끌게 되었으며, 노동운동도 국내외의 일정한 협조체제가 형성되면서 더욱 과감한 형태로 이루어지고 있다.

현재 진행되고 있는 중국 노동운동을 종합적으로 검토해 보았을 때, 중국의 노동자들이 일련의 저항의 과정 속에서 단련되고 스스로를 조직하고 있으며, 저항의 형태도 조절해 나가고 있다는 것을 발견하게 된다. 이런 점들은 중국 노동자의 저항이 표면적으로는 분산되고 자연발생적인 것처럼 보이지만, 어느 계기를 만나게 되면 조직화된 능동성을 보일 것이라는 점을 예고하고 있다(장영석 2004, 36~38).[16] 그 동안 중국의 노동자들은 국가체제의 절대적 옹호자로 평가되어졌다. 그러나 개혁개방 이후 점증하는 생존권적 위기 상황에서 그들은 자신들의 권리와 이익을 지켜내기 위한 집

---

16) 그러나 노동운동의 합목적적 조직화 경향을 낙관적으로 전망하는 이러한 견해에 대한 반론에도 유의할 필요가 있다. 예컨대 김재관(2003, 43~45)은 중국 노동자 저항의 특징을 분석하면서 중국의 노동운동은 '항의성 집회'의 수준을 벗어나지 못하고 있으며, "무대표·무조직화·무지도자로 집약되는 '3무' 현상이 두드러진다"고 주장한다.

단적 저항에 나서고 있으며, 이것이 국가와 사회의 안정성을 위협하는 심
각한 문제로 등장하고 있는 것이다.

이와 함께 중국 전체 인구의 60% 가까이를 차지하고 있는 농민들의 저
항과 농촌사회에서의 갈등도 점점 심각해지고 있는 것으로 평가되고 있
다. 예컨대, 한 연구의 관련 통계에 의하면, 농민들의 폭력적인 집단행동이
1990년대 이래 폭발적으로 증가하고 있는 것으로 나타났다. 중국경찰의
발표에 따르더라도 100명 이상의 시위자가 참석한 시위가 1993년에는
8,700건에 불과하던 것에서 1999년에는 3만 2,000건, 2003년에는 5만
8,000건, 2004년에는 7만 4,000여 건에 달해 매일 평균 200건 이상의 시
위가 발생하고 있다(이정남 2007, 377에서 재인용). 이러한 집단적 저항
은 과중한 조세부담이나 불합리한 토지수용에 따른 저항, 또는 지방정부
관료들의 부패 등이 주요 원인이 되고 있는데, 최근 들어 농민과 지방정부
사이의 긴장을 고조시키면서 직접적인 물리적 충돌의 양상으로까지 번지
고 있다.

또한 개혁개방정책의 시행 이후 기층사회의 정치·사회적인 안정성을
제고하기 위해 도입된 현급(縣級) 이하에서의 인민대표대회 대표 선출과
촌민자치위원회 선거에서의 직선제 도입도 기층 인민들의 정치참여와 권
리의식을 제고시키고 있다(이정남 2005, 249~250). 기층 단위에서의 직
선제 도입은 기층 인민의 정치참여를 제도화하고 확대시켰으며, 기층 인
민들이 지역정치공동체의 지도자를 스스로 선출하여 지역공동체에 대한
권력을 행사하는 것을 가능케 하였다. 이 과정에서 기층 인민들의 정치권
력에 대한 주체의식과 권리 및 이익의식에 근거한 정치적인 시민권의식의
성장이 이루어지고 있다. 인민대표대회와 촌민위원회 선거에 대한 조사결
과를 통해서 보더라도 중국의 기층 인민들이 시민으로서의 정치권력 행사
에 대한 참여의지와 이익·권리의식에 근거한 정치참여가 이루어지고 있음
을 확인할 수 있다. 이는 중국의 기층사회에서 정치적인 권리의식과 이익
의식으로 무장된 정치적인 시민의식이 형성되고 있음을 의미한다고 볼 수
있다. 현실적으로 중국 농민들은 국가의 지시와 요구를 일방적으로 수용

하는 것이 아니라 그들의 이익을 계산하여 선택적이고 전략적인 반응을 하고 있다고 평가되어진다(고영근 2003, 201).

중국 사회의 변화와 인민들의 권리의식 성장을 엿볼 수 있는 또 하나의 중요한 예는 지식인들을 중심으로 형성되고 있는 자유주의의 흐름과 중국 민간사회단체의 비약적인 발전을 들 수 있다. 우선, 중국의 자유주의는 기본적으로 민주주의의 '자유'의 개념을 중시하는데, 구체적으로는 정치개혁과 법치의 촉진, 절차적 민주주의의 선호, 시장경제 메커니즘의 완전한 구축, 보편적 가치의 존중 등을 주장한다(이희옥 2005, 206~207). 이러한 주장들은 중국 사회에 형성되고 있는 다양한 여론을 반영한다고 할 수 있다. 특히, 개혁개방이 심화되면서 누적되고 있는 사회적 문제에 대한 지식인들의 비판적 목소리는 인터넷의 확산 등에 힘입어 최근 들어 보다 활발하게 표출되고 있다. 다음으로, 1990년대 이후 중국 사회에 관변 성격의 사회단체들뿐만 아니라 민간 성격의 사회단체들이 등장하기 시작하면서 점차 국가로부터 독립된 사회역량으로 성장하고 있다. 이러한 민간사회단체들은 대부분 환경운동, 에이즈 방지 등과 같은 보건위생운동, 교육사업, 지역 자원봉사활동 등의 공익서비스 영역에서 활발하게 활동하고 있는데, 이와 같은 공공영역은 사회보장제도의 약화에 따라 갈수록 그 중요성이 높아지고 있다. 이것은 중국에서 국가와 구별되는 시민사회의 형성 가능성을 시사하는 것이며, 그 영향력의 확대를 전망해 볼 수 있는 의미 있는 변화라고 할 수 있다.

2. 국제적 요인: 국제환경의 변화와 중국 인권문제의 국제화

개혁개방 이후 중국의 인권관과 인권정책은 점차 국제적 표준을 수용하는 방향으로 개선되고 있다. 이러한 변화를 이끌어 낸 국제적 요인으로는 '냉전의 해체'와 '세계화'로 대변되는 국제환경의 급속한 변화 및 천안문사건 이후 중국의 인권문제가 국제적 관심을 받게 된 점을 지적할 수 있다. 즉, 국제환경의 변화에 적극적으로 대응하고 국제사회의 중국 인권문제에 대한 압박에 대처하면서 안정적인 경제성장을 추진하고 국제적 이미지 개선을 통해 국제무대에서의 영향력을 강화하고자 하는 중국 정부의 의도가 인권관과 인권정책의 변화로 나타나고 있는 것이다.

냉전 해체 이전까지만 하더라도 중국과 서구 국가와의 관계에서 인권문제가 중요한 이슈가 아니었다. 중국과 미국의 관계정상화가 시작되고, 중국이 타이완 대신 유엔의 안전보장이사회 상임이사국이 되었던 1970년대는 문화대혁명의 와중에서 여전히 정치적 폭력이 일상화되었던 시기였음에도 불구하고 국제사회에서 중국의 인권문제가 거의 제기되지 않았다. 그리고 1970년대 말부터 신냉전이 시작되면서 카터 행정부나 레이건 행정부는 소련의 인권문제를 강하게 비판하였으나 중국의 인권문제는 제기하지 않았다. 오히려 인권외교를 표방하였던 카터 대통령의 적극적인 노력으로 1979년 1월 1일 중국과 미국은 정식으로 국교를 수립하였다(이남주 2003, 4). 그러나 1989년 천안문광장에서의 정치개혁 요구에 대해 중국 당국이 무력을 동원하여 강경 진압한 이후 국제사회에서 중국 인권문제에 대한 관심이 고조되었다(이금순·김수암 2006, 128). 앞에서 살펴본 바와 같이 중국의 인권관과 인권정책은 천안문사건을 경과하면서 크게 변화되었다. 이처럼 인권과 관련한 중국의 인식과 정책이 변화된 국제적 요인을 살펴보면 다음과 같은 몇 가지 문제를 도출해볼 수 있다(羅艷華 2001 ; 焦世新 2007).

첫째, 천안문사건 이후 미국을 중심으로 한 서구 국가들의 중국에 대한 제재와 국제사회의 중국 인권상황에 대한 비난이 중국의 인권관과 인권정책을 변화시키는 중요한 계기가 되었다. 규범성의 인식 확산이라는 측면에서 본다면, 미국의 대중국 인권정책과 중미간의 인권 갈등 및 국제인권 NGO 등을 포함한 국제사회의 중국 인권문제에 대한 본격적인 문제제기는 중국 내부의 국제인권규범에 대한 연구와 학습 및 수용의 과정을 촉진함으로써 중국이 양대 국제인권규약에 가입하기 위한 사상적·여론적 토대를 준비할 수 있도록 하였다. 수세에 몰린 중국으로서는 국제사회의 인권 공세에 대응하기 위한 이론적 연구가 필요했으며, 국제적 비난 여론을 설득시킬 수 있는 구체적인 행동을 보여줘야만 했다. 그렇지 않으면 개혁개방 이후 지속되어 온 경제발전이 타격을 받을 수밖에 없으며, 이는 중국의 국익에 결코 도움이 되지 않는다고 판단했던 것이다.

둘째, 1980년대 말부터 1990년대 초에 발생한 동유럽 사회주의국가들의 급속한 붕괴와 소련의 해체 등과 같은 국제환경의 급변으로 중국 지도부의 위기의식이 고조된 것도 중국의 인권관과 인권정책 변화를 촉진시킨 중요한 요인이 되었다. 특히, 중국은 소련과 동유럽의 체제변동을 야기한 중요한 요인 중의 하나가 미국을 비롯한 서구 국가들의 '인권이라는 무기'였으며, 이제 그 '무기'가 자신을 겨냥하고 있다고 위기의식을 갖게 되었다. 이에 따라 중국은 주권원칙을 철저하게 견지하면서도 다른 한편으로는 서구 국가들의 인권공세를 반격하기 위해 '작은 것을 버리고 큰 것을 얻는' 상대적으로 유연한 정책을 추진하였다.

셋째, 탈냉전 이후 국제사회에 대한 적극적인 참여와 국제무대에서의 외교적 성과가 축적되면서 중국이 인권문제를 둘러싼 대결에서 자국에 유리한 결과를 끌어낼 수 있다는 자신감을 갖게 된 것도 중국이 인권에 대한 인식과 인권정책의 변화를 보다 가속화하는 요인이 되었다. 1989년 천안문사건 이후 중국은 미국을 중심으로 한 서구 국가들의 인권문제에 대한 비판에 대해 원칙적으로 강경한 태도를 취하였다. 특히, 중국은 1990년 3월 제46차 유엔인권위원회 총회부터 거의 매년 미국을 중심으로 제출되고 있는 〈대중국 인권개선 촉구 결의안〉의 상정과 통과를 저지하는데 주력해 왔다. 실제로 미국 등이 제출한 이들 결의안을 저지하기 위한 중국의 노력은 제3세계 국가들의 지지를 얻어 성공하였다.[17] 이러한 과정에서 중국은 서구 국가들의 대중국 공세에 적극적으로 대응하는 것이 필요하며, 현재의 국제제도에 적극적으로 참여해 중국에게 불리한 요소들을 개혁하는 것

---

17) 중국이 인권문제를 둘러싼 외교전에서 거둔 또 하나의 의미 있는 성과로는 유엔 인권사업의 의제를 자국에 유리하게 이끌기 위해 아시아 국가들의 전폭적인 지지를 얻어낸 것을 들 수 있다. 이에 대해서는 Andrew Nathan 1996, 284~285 참조.

이 국익증진에 유리하다는 교훈을 얻게 되었다. 더불어, 이와 같은 목표를 효과적으로 달성하기 위해서는 무엇보다 중국의 입장을 지지하는 제3세계 국가들과의 연대 강화가 필수적이라는 사실을 절감하고 있다.

넷째, 탈냉전 이후 '중화민족의 위대한 부흥' 이라는 장기적 국가전략 목표를 제시하고 이의 실현을 위해서 보다 공세적인 대외전략을 추진할 필요성이 있다는 판단이 중국의 인권정책 변화를 촉진한 또 하나의 요인이다. 중국의 제3세대 지도부가 제시한 '중화민족의 위대한 부흥' 이라는 목표는 독립적이고 현대화된 강대한 국가를 건설해 국제적으로 이러한 국력에 상응하는 세계적 강대국의 역할을 하겠다는 것으로 해석된다(윤영덕 2006, 12~13). 중국이 세계적 강대국으로 부상하기 위해서는 국제사회가 인정하는 명실상부한 '영향력' 을 구비하는 것이 필수적이라 할 수 있다. 이러한 '영향력' 을 확보하고자 한다면 물질적 국력의 신장과 더불어 '연성권력' (soft power)의 강화도 중요한 문제이다. 중국 정부로서는 중국 인권문제에 대한 국제사회의 비난이 계속되고 있는 상황에서, 인권개선을 위한 가시적 행동을 보여주는 것은 '연성권력' 을 강화하는 것이 될 수 있고, 이는 곧 세계적 강대국으로 부상할 수 있는 필요조건이라는 점을 인식했다고 볼 수 있다. 특히, 중국은 인권관련 국제기구 등을 포함한 다자간 외교에 적극적으로 참여하고 있는데 이는 다음과 같은 고려 때문으로 판단된다(윤영덕 2005, 214) 첫째, 중국은 현존하는 국제제도가 여전히 많은 문제를 안고 있기는 하지만 이러한 제도가 중요한 국제문제의 해결에 유익한 틀을 제공하고 있기 때문에 이를 적극적으로 이용하고 그 과정에서 불합리한 문제들을 개혁할 필요가 있다고 보고 있다. 둘째, 중국의 국제제도에 대한 적극적인 참여 의향에 상응해 국제기구도 중국을 국제체제에 편입시키는 것이 국제사회의 안정과 발전에 유익할 것이라고 판단하고 중국의 참여를 적극적으로 유도하고 있다. 셋째, 탈냉전 이후 세계화와 지역화가 심화되고 있는 상황에서 국제제도의 역할이 점차 증대되고 있기 때문에 국제제도로부터 유리되는 것은 지속적인 경제발전뿐만 아니라 국제적 지위를 강화하고자 하는 중국의 대외전략 목표에도 부합하지 않는다는 판단이 중요하게 작용했다고 볼 수 있다. 마지막으로, 중국이 국제제도에 참여하면서 적지 않은 성과를 거둠으로써 국제적 활동에서 자신감을 갖게 된 것이 중국의 다자간 외교 중시를 끌어낸 또 하나의 이유가 된 것으로 평가된다.

V. 결론

이상의 논의를 통하여 11기 3중전회에서 개혁개방노선과 정책이 천명된 이후 중국의 인권관과 인권정책이 점진적으로 변화되어 왔음을 살펴보았다. 이를 간략하게 정리해 보면 다음과 같다. 첫째, 개혁개방 이후 중국 정부의 인권문제에 대한 인식은 마르크스 레닌주의적 관점에서 벗어나 인권의 보편성을 수용하는 방향으로 변화되었다. 그러나 중국의 인권관은 여전히 문화적 상대주의와 중국적 특색을 강조하고 있다. 둘째, 개혁개방 이후 중국의 인권정책은 비록 제한적이고 점진적인 방식이기는 하지만 시민·정치적 권리와 경제·사회적 권리의 보장을 제도화하는 국내 입법화가 추진되고 있다. 또한 국제 인권문제에 대한 회피와 불관여의 태도에서 벗어나 적극적으로 국제인권레짐에 참여하고 있으며, 독자적인 대외인권정책을 시행하고 있다.

그렇다면 중국의 인권관과 인권정책의 변화를 촉진시킨 요인은 무엇일까? 개혁개방 이후 1989년 천안문사건 이전까지는 마르크스 레닌주의적 인권관이 지속되었으며, 국내 경제체제의 개혁과 국제사회 재편입이라는 대내외적 환경의 변화에 따라 제한적 범위 내에서 인권관련 내용을 담은 일부 법률의 보완과 선택적인 국제인권레짐 참여가 이루어졌다. 즉, 이 시기에는 개혁개방정책의 시행으로 변화된 대내외적 환경에 적응하려는 동기가 주요하게 작용한 것으로 보인다. 그리고 1989년 천안문사건의 발생 이후 1990년대 중반까지는 인권문제에 대한 연구와 논의가 활성화되면서 인권관의 부분적 수정이 이루어지고, 시장화 개혁에 조응하기 위한 일부 노동관련 법률의 제정이 이루어졌으며, 〈인권백서〉 발간을 통해 중국의 인

권상황을 합리화하고자 하였다. 즉, 이 시기에는 개혁개방정책을 안정적
으로 추진할 국내적 여건의 재구축이 무엇보다 절실하였다. 동시에 가중
된 중국에 대한 국제사회의 제재 및 압박과 사회주의권의 붕괴라는 탈냉전
시대의 급속한 환경 변화도 중국의 장래를 불안하게 했다. 이러한 대내외
적 상황 변화는 중국의 국제사회에 대한 인식을 변화시키고, 인권관련 국
제규범을 포함한 국제제도로의 참여를 유도한 중요한 요인으로 작용하였
다. 그리고 1990년대 중후반 이후에는 '중국식 인권관'이 정립되고, 인권
의 국내적 법제화와 국제인권문제에 대한 적극적인 참여가 진행되고 있
다. 즉, 이 시기에는 대내적으로 점증하고 있는 사회적 불안 요인을 해소하
고 인민들의 권리의식 신장을 수렴하기 위한 제도적 장치를 마련해 국가체
제의 안정성을 확보하는 것이 절실해졌다. 대외적으로는 그 동안의 외교
적 성과를 기반으로 세계적 강대국으로 도약하기 위한 국가전략적 필요성
이 대두되었다. 이러한 대내외적 필요성이 중국의 인권정책을 보다 적극
적이고 공세적인 방향으로 변화시킨 요인이 되고 있다.

　이상과 같은 검토를 통해 다음과 같은 결론을 도출할 수 있을 것이다.
중국의 인권문제가 개혁개방 초기에는 국내 경제체제의 개혁과 국제사회
재편입이라는 조건에 의해 변화의 동력을 제공받았으며, 1989년 천안문사
건과 탈냉전 시기를 경과하면서는 국제사회의 개입이 중국의 인권문제를
부각시키고 중국 정부의 행위를 변화시킨 주된 동력이 되었고, 1990년대
중후반 이후에는 정치사회의 안정성을 확보해 지속적인 경제성장을 추진
해 나가고, 국제인권레짐을 자국의 강대국화에 유리한 방향으로 변화시키
고자 하는 동기가 보다 적극적인 인권정책을 추진하는 요인이 되고 있다.
즉, 개혁개방 이후 중국의 인권관과 인권정책은 '국가발전 전략의 수정과
변화된 환경에 대한 적응' → '국내적 저항과 인민의 권리의식 신장에 대한
제한적 대응 및 국제사회의 인권 압박에 대한 수동적 대응' → '국내적 저항
과 인민의 권리의식 신장의 체제내로의 수렴 및 국제인권레짐의 변화를 목
표로 하는 적극적인 참여'의 변화과정을 보여주고 있다. 결국 중국의 인권
관과 인권정책의 변화는 중국 인권문제에 대한 내적인 저항과 외적인 압력

이 동시에 작용한 결과라고 할 수 있다.

그런데 여기서 주목해야 할 문제는 1990년대 중후반 이후 중국 국내에서 인권문제를 부각시키는 원인과 동력이 증가하고 있다는 것이다(이남주 2003). 개혁개방정책의 결과로 초래된 사회적 갈등의 확대와 국민의 권리의식 성장 등이 그러한 동력의 원인이 되고 있다고 할 수 있다. 향후 이러한 국내적 요인이 중국의 인권정책을 변화시키는 보다 주요한 동인이 될 수 있을 것이다. 이러한 점에 비추어 보았을 때, 개혁개방정책이 유지되는 조건에서 중국의 인권정책은 지속적으로 개선되어 갈 것으로 전망해 볼 수 있다. 그러나 '중국식 인권관'의 특징과 내용을 통해 살펴본 바와 같이 중국의 인권에 대한 인식과 인권의 적용 방식을 둘러싼 내외부의 논쟁은 상대적으로 장기간 지속될 가능성이 크다. 중국의 국제적 영향력이 강화되고 있는 상황에서 향후 '중국식 인권관'이 국제사회의 동의와 지지를 획득할 수 있을지의 여부가 주목되는 대목이다.

| 참고 문헌 |

고영근. 2003. "중국농민의 정치참여: 농촌 촌민자치의 운용을 중심으로." 『대한정치학회보』 10집 3호. 183-203쪽.

김영진. 1999. "중국의 비공식 노동운동: 인적·조직적 전개를 중심으로." 『한국정치학회보』 34집 2호. 235~254쪽.

김재관. 2003. "중국 노동자 저항운동의 원인과 국가의 대응." 『국제·지역연구』 12권 3호(가을). 23~57쪽.

Nathan, Andrew. 1996. "중국의 인권문제, 어떻게 볼 것인가." 『계간사상』(겨울호). 275~290쪽.

마이클 프리먼(김철효 역). 2006. 『인권: 이론과 실천』. 서울: 아르케.

박기철. 2006. "세계화 시대의 중국 인권의 미래에 대한 담론." 『중국학연구』 제36집. 413~436쪽.

백승욱. 2007. "후진타오 시대 중국 노동관계의 변화 노동계약법 도입 과정을 중심으로." 『현대중국연구』 제9집 1호. 1~47쪽.

백영서. 1994. "중국 인권문제를 보는 시각: 동아시아적 상황과 관련하여." 『창작과 비평』 86. 32~55쪽.

윤영덕. 2005. "탈냉전 후 중국의 부상과 대외전략." 『사회과학연구』 제26집 1호. 199~219쪽.

______. 2006. "중국의 주변외교전략과 대아세안 정책." 『한국과 국제정치』 제22권 제3호. 1~40쪽.

이금순·김수암. 2006. 『개혁·개방과정에서 인권의제: 이론과 실제』. 서울: 통일연구원.

이남주. 2003. "중국 인권문제의 국내화와 2008년 베이징올림픽." 성공회대학교 사이버NGO자료관, http://www.demos.or.kr/scholar/doc_files/북경올림픽과중국의인권(삼인)[1].hwp

______. 2004. "중국 인권정책 변화에 대한 외부 요인의 영향." 『인권과 평화』 제4권 제1호. 61~81쪽.

이정남. 2005. "중국의 기층선거와 정치적 시민권의 형성." 『국제정치논총』 제
　　　45집 1호. 227~254쪽.

＿＿＿. 2007. "중국의 기층(基層)민주주의의 확대와 향진장(鄕鎭長)직선제." 『국
　　　제지역연구』 제11권 제2호. 369~394쪽.

이창휘. 2005. "중국 노사관계의 현황과 도전: 조합주의적 징후들과 그 한계."
　　　『국제노동브리프』 3(8). 40~46쪽.

이희옥. 2005. "체제전환과 중국의 새로운 이데올로기 모색." 『국제정치논총』
　　　제45집 1호. 201~225쪽.

장영석. 2004. "중국 국유기업 개혁과 노동자 저항의 논리 정조우　공장 사례를
　　　중심으로." 『中蘇硏究』 통권 101호. 13~38쪽.

장윤미. 2004. "중국 노동쟁의 처리의 특징과 갈등의 제도화 모색." 『東亞硏究』
　　　제46집. 165~192쪽.

전성흥. 2004. 『전환기의 중국사회 I : 변화와 지속의 역동성』. 서울: 오름.

조경란. 2001. "유교·민족·인권 중국의 근대성 문제: 개인과 국가를 넘어서."
　　　『철학연구』 제53집. 47~74쪽.

조효제. 2007. 『인권의 문법』. 서울: 후마니타스.

최지영. 2004. "주권과 인권: 인권 담론을 통해서 본 중국의 주권에 대한 인식
　　　연구." 『中蘇硏究』 통권 104호. 65~92쪽.

Donnelly, Jack. 2003. *Universal Human Rights in Theory and Practice*,
　　　2nd Edition. Ithaca, NY: Cornell University Press.

Kent, Ann. 1993. *Between Freedom and Subsistence: China and Human
　　　Rights*. Hongkong: Oxford University Press.

Pei, Minxin. 2000. "Rights and Resistance." in Elizabeth Perry & Mark
　　　Selden ed. *Chinese Society*. New York: Routledge. pp.21~40.

Scott, James. 1985. *Weapons of the Weak: Everyday Forms of Peasant
　　　Resistance*. New Haven: Yale University Press.

『人權』 2004. 2. pp.36~39.

『解放軍報』 2001年 4月 14日.

江澤民. 2002. 『全面建設小康社會, 開創中國特色社會主義事業新局面』. 北京: 人民出版社.

唐天日. 1996. "中國和西方在人權問題上的原則分岐." 『時事報告』 1996年 第3期. pp.44~48.

鄧小平. 1993. 『鄧小平文選』第三卷. 北京: 人民出版社.

羅艶華. 2001. "'中國外交戰略調整中的' 人權問題." 『國際政治研究』 2001年 第1期. pp.17~24.

劉素華. 2004. "中國人權保障新起點." 『新京報』 2004年 3月 10日.

劉海年 1994. "不同文化背景的人權觀念." 『中國法學』 1994年 第3期. pp.43~46.

范燕寧. 1992. "中國兩次人權理論研究高潮比較." 『社會主義研究』 1992年 第2期. pp.62~65.

蒲 俜. 2004. "中國對外關係中的人權政策." 『敎學與研究』 2004年 第9期. pp.46~51.

徐湘林. 2001 "以政治穩定爲基礎的中國漸進政治改革." 『戰略與管理』 2001年 第5期. pp.16~26.

楊成銘. 1999. "中國歷史上的人權意識和人權思想." 『武漢大學學報(哲學社會科學版)』 1999年 第2期. pp.54~58.

王晨光 1992. "人權內容的劃分及其作用." 『北京大學學報(哲學社會科學版)』 1992年 第3期. pp.44~47.

李雲龍. 2001. "中國人權政策的特點." 『學習時報』2001年 7月 9日.

中國外交部 홈페이지. 2004. "中國參加的人權類國際公約一覽表." http://www.fmprc.gov.cn

中國人權發展基金會. 2003. 『中國人權事業的進展 中國人權白皮書滙編』. 北京: 新世界出版社.

焦世新. 2007. "中國融入國際人權兩公約的進程與美國的對華政策." 『復旦學報

(社會科學版)』2007年 第4期. pp.133~139.

鮑宗豪, 姚儉建. 1989. "商品經濟與人的權利槪念的演進." 『哲學硏究』1989年 第
     5期.

'中華民族' 論下의 국민통합과 갈등
– '민족영웅' 岳飛를 중심으로[*]

송한용[**]

Ⅰ. 머리말

현재의 중국에서는 민족주의와 관련된 극단적 두 개의 모습이 대조를 보이고 있다. 하나는 최근 티베트와 新疆 지역에서 보여주듯이 중국으로부터 독립하려는 민족주의이고, 다른 하나는 이른바 '중화민족' 이라는 이름으로 강력한 국민통합을 이루려는 민족주의이다.

2002년 12월 岳飛 탄생 900주년을 앞두고 중학교과서 학습참고서에서 악비의 민족영웅에 관한 내용이 삭제되자, 잡지나 인터넷에서 수개월 동안 논쟁이 지속되어, 이 문제가 전국적인 대상이 되었다. 한편 2003년 3월 河南省 악비의 탄생지 湯陰縣 정부는 300만元의 인민폐를 출자하여 대규모의 악비 탄신 900주년 기념행사를 하였다. 지방정부에서 행사를 주관하

---

* 이 논문은 2005년 정부(교육인적자원부)의 재원으로 한국학술진흥재단의 지원을 받아 수행된 연구임(KRF-2005-005-J11501). 『역사학연구』제41호(2011년)에 게재된 논문을 약간 수정하여 전재함.
** 전남대학교 사학과 교수.

고, 많은 악비 후예 및 각계인사가 참가한 기념대회는, 악비가 여전히 전혀 흔들리지 않는 민족영웅의 지위를 가지고 있음을 확인한 것일 뿐만 아니라 악비의 애국정신과 향촌의 경제발전이 결합할 수 있음을 강조하는 자리가 되었다.[1]

악비는 女眞族이 세운 金에 의해서 宋이 남방으로 천도하지 않을 수 없었던 시기, 金에 무력으로 저항하면서 宋의 국위를 회복하고자 하였던 인물이다. 이와 유사한 인물들이 몽골에 저항하였던 文天祥, 滿洲族에 저항하였던 鄭成功 등이다. 이들의 공통점은 漢族으로서 북방 유목민족의 남하에 끝까지 저항함으로써 漢族의 역사적 영웅으로 추앙받고 있다는 것이다.

악비를 비롯한 이러한 인물들에 대한 중국인들의 인식은 현대중국에서 상당한 문제점을 내포하고 있다. 현 중국이라는 영토 안에 거주하는 집단은 '중화민족'으로 하나의 공동체 내지 운명체라는 것이며, 중국은 유사 이래 '다민족통일국가'로서 유지되어 왔고 지금도 변함이 없다고 주장하고 있기 때문이다. 이러한 논리대로라면 악비를 비롯한 위의 인물들은 민족 내부에서 화평을 주장한 인물들을 배척하고 무력으로 혼란을 부추긴 사람들이 되는 논리의 모순에 빠지게 된다. 하지만 여전히 '민족영웅'이라고 추앙받고 있는 것은[2] 무엇인가? 형식적으로 중국정부는 '중화민족'이라는 이름하에 완전한 국민국가가 형성되었음을 교육하고 있지만, 실재 정

---

1) 「關于記念大會的情況」, 『岳飛思想研究會會報』, 九江, 2003년 제1기.
2) 근래 중국에서 악비의 민족영웅론과 관련한 글로서 巫仁恕, 「民間信仰與集體抗爭: 萬曆承天府民變與岳飛信仰」, 『江海學刊』, 2005; 祝彦, 「陳獨秀與岳王會的創建」, 『百年潮』, 2006.; 張朝勝, 「辛亥革命與長江中下游暨中國同盟會岳王會百年紀念國際學術研討會召開」, 『安徽大學學報』(哲學社會科學版), 2005.5.; 『華人月刊』編輯部, 「長嘯滿江紅 千秋朝天闕 -- 對岳飛的歷史評價再認識」, 『華人月刊』, 2003.1.; 高明揚, 「紀念岳飛誕辰900週年暨宋學國際學術研討會綜述」, 『中國史研究動態』, 2004.1.; 章頴, 「也談民族英雄的民族性 -- 從文天祥, 岳飛是否爲'民族英雄'談起」, 『閩西職業技術學院學報』, 2006.2.; 孫果達, 「岳飛是鐵定的民族英雄 -- 與葉文憲敎授商榷」, 『探討與爭鳴』, 2004.10.; 朱天運, 「岳飛是民族英雄?」, 『河東學刊』, 1998.6.; 李衛東, 「岳飛崇拜的文化原因再探」, 『華東交通大學學報』, 1996.3.; 鳴弓, 「岳飛, 于謙兩少保冤獄及其平反」, 『書屋』, 2008.1.; 林世芳, 「新見解: 岳飛愚忠與秦檜禍國問題」, 『福建師大福淸分校學報』, 2004.1.; 降大任, 「民族英雄問題再思考 -- 從岳飛, 文天祥的評價說起」, 『晋陽學刊』, 2003.04. 등이 있다.

황은 漢族 중심의 민족주의 내지 中華主義가 횡횡하고 있음을 보여주는 것
이다.

　현재 중국에서 漢族과 '소수민족'의 문제는 '중화민족' 론과 '다민족통
일국가' 론을 바탕으로 추구하고 있는 국민통합과 밀접히 관련이 되어 있
고 혹은 사회적 갈등의 요소로 작용하고 있다고 여겨진다. 중국의 민족문
제와 관련한 갈등을 상징적으로 보여주는 것이 악비의 '민족영웅' 론이라
고 생각되기 때문에 중국의 국민통합 내지 국민국가의 완성을 위한 기재가
악비에게는 어떻게 투영되고 있는가를 살펴보고자 한다. 바꿔 말하면 악
비를 기념하는 장소인 岳飛廟와 악비가 '민족영웅인가 아닌가'에 대한 논
쟁을 중심으로 살펴봄으로써 중국의 국민통합의 실정을 알아보고자 하는
것이다.

Ⅱ. '天下'에서 '國家'로의 변신

　악비가 '민족영웅' 인가 아닌가의 문제가 제기되는 것은 현재 중국의 실
정을 잘 나타내주는 지표이다. 그 연원은 천자가 다스리던 '천하'가 공화
국의 '국가' 로 바뀌는 과정에서 천자가 지배하던 영역과 인민을 국가적 질
서 속에 그대로 편입하고자 하는 데에 있고, 위와 같은 현재의 중국 실정은
국민국가를 만들어가는 데서 나타나는 하나의 현상이라고 하겠다. 즉 청
조가 붕괴되고 중화민국이 들어서는 시기부터 중국에서 해결해야 할 문제
가 이른바 민족문제였다.[3] 그것은 근대 국민국가 내지 민족국가를 구성하
는 것이 시대의 조류에 어울리는 것이고 당시 중국의 후진적 모습을 벗어
나는 상징으로 생각하였기 때문이다.[4]

---

3) 이 논문에서 '민족' 이나 '중화민족' 의 개념의 문제에 관한 논의는 지면 관계상 하지 않겠다.
4) 王柯 저, 『20世紀中國の國家建設と' 民族』, 東京大學出版會, 2006.(제2장, '民族', 近代日本か
　ら來た誤解 - 國民國家言說の起源, 참조)

중국에서 국민국가의 구성은 당시에도 그렇지만 지금도 쉽지 않은 문제이다. 당시 국민국가를 구성하려던 혁명파의 입장에서 보면 淸朝는 이민족인 만주족 정권이었고, 이를 타도하는 것이 진정한 민족국가를 수립하는 것으로 간주하였다. 때문에 티베트나 위구르 그리고 몽골족 등은 민족국가를 수립하는데 있어서 애초에 고려의 대상이 아니었다. 곧 민족국가를 구성한다는 것은 한족의 국가를 구성하는 것을 의미한다는 것에는 의심의 여지가 없었던 것이다. 한족이 독립국가를 구성한다는 것은 여타의 민족도 독립국가를 구성할 수 있다는 것을 의미하였고, 지금 현재도 이러한 문제는 해결되지 않고 있다.

예컨대 2008년 3월 티베트에서는 1980년 광주의 5월을 연상시키는 대규모의 시위가 있었다. 철저히 언론이 통제되어 사건의 전말에 대해서는 잘 알 수 없지만, 근원은 티베트인들이 중국으로부터 독립하여 하나의 민족국가를 구성하고자 하는 갈망이 아닐까 한다. 20세기 전반기는 사실상 완전한 독립국으로 존재하였던 티베트가 1950년 10월 중국 인민해방군의 무력 앞에 독립이 좌절된 이후에도 끊임없이 소요나 주장이 계속되었던 것은 잘 알려진 사실이다. 이와 유사한 것이 신강의 위구르인들이다. 최근 북경 올림픽을 계기삼아 세계에 자신들의 주장을 알리기 위해서 극단적인 방법을 택하여 세상을 놀라게 하고 중국 당국을 긴장시킨 사건이 일어나기도 하였다.

티베트인과 위구르인의 공통점은 漢族과 언어와 종교 그리고 생활풍습이 완전히 다르고 중국의 변방지역에서 생활하고 있다는 것이다. 특히 위구르인들은 외양도 전혀 달라서 그들 스스로도 중국인이라는 것을 받아들이기 힘든 것으로 보인다. 그들이 하나의 완전한 독립국을 이루고자 한 것은 19세기 말에 등장한다. 이는 淸朝의 쇠퇴 내지 국제적 역학관계에서 파생된 것이지만, 1세기가 지난 지금까지도 자신들은 중국의 일원이 아니라고 주장하면서 때로는 한족들에 적대적 감정을 표출하고 있는 것이다.

이러한 일들은 중국의 국민국가 형성과정과 밀접한 관련을 가지고 있다. 주지하는 바대로 국민국가는 서양에서 생성되어 제2차 세계대전 이후

전 세계의 모든 국가가 지향하는 것이 되었다. 아시아에서의 국민국가는 대부분 식민지 경험을 가지고 있거나 혹은 서방 제국주의 국가의 영향을 강하게 받아 반식민지의 경험을 가지고 있다. 때문에 대부분 식민지 종주국의 부자연스러운 유산을 물려받고 있음을 확인할 수 있다. 예를 들면 보르네오섬의 북부(부르나이왕국을 제외하고 사라와크·북보르네오)가 말레시아 연방에 속해 있는 한편, 남부는 인도네시아공화국에 속하고, 혹은 뉴기니아섬에서는 동부가 파푸아뉴기니아국, 서부가 인도네시아령에 속해 있는 등, 하나의 섬이 지리와 민속을 무시하고 별도의 나라로 나뉘어 있는 것은, 영국과 네덜란드의 식민지 시대 분할의 흔적을 그대로 국경선으로 답습한 것에 유래한다.[5]

중국의 경우도 예외가 아니다. 중국이 식민지를 경험한 것은 아니지만 현재의 국경이 정해지는 과정에 서구세력의 영향이 강하게 작용하던 시기에 청조에 대신하는 국민국가를 만드는 과정에 나타났다. 현재 중국의 판도는 거의 淸代의 그것을 이어받은 것인데, 몽골족은 일부는 독립하고 일부는 중국에 속해있으며, 新疆 지역의 여러 집단도 국내외로 분리되어 있고, 티베트인들은 일부 인도와 네팔에 일부는 자치구 밖의 雲南, 靑海, 四川 등의 지역으로 분할되었다. 청조는 만주족이 지배하면서 行省制度 하에 직접 지배하던 지역과 자치를 허용하여 간접통치하던 지역으로 나뉘어 있었다. 간접지배 하던 영역이 이른바 만주(중국에서는 東北三省이라 부른다)와 몽골, 신강, 티베트, 청해 등이 그것이다. 이들 지역 가운데 만주지역을 제외하고는 理藩院이라는 기구를 통해서 간접지배 하였고 사실상의 자치를 허용하였다. 하지만 서구세력의 침투 특히 러시아와 영국의 세력다툼 속에 중국은 행성체제로의 편입을 적극적으로 시도하게 되었고, 반면 해당 지역 인민들은 독립을 추구하였다.

문제는 왜 이들이 독립을 추구하였는가 하는 것이다. 이들은 청조의 지

---

5) 溝口雄三, 『方法としての中國』, 東京大學出版會, 2000, 123쪽.

배는 인정하였지만 한족의 지배는 받아들일 수 없다는 인식이 있었기 때문이다. 사실 청조의 황제는 정복왕조로서 한족을 무력으로 지배하는 황제였지만, 유목민족에게는 大汗으로, 티베트인들에게는 문수보살로 인식되었다. 그들은 중국 황제의 지배를 받는 것으로 인식하지 않았던 것이다. 또한 만주족의 청조가 지배함으로써 중화사상의 기반이 되는 華夷秩序의 문화가 퇴색된 것도 청조의 지배를 쉽게 받아들일 수 있는 여건이 되었다 하겠다. 하지만 한족의 지배로 넘어가는 것은 받아들일 수 없다는 의미를 내포하고 있다. 한족의 지배라는 것은 만주족의 지배를 부정하고 '恢復中華; 중화를 회복하자' 는 혁명파들의 구호에서 알 수 있듯이 철저히 한족중심의 국가수립을 의미한다. 때문에 그들도 자신들의 독립적 국가를 수립하는 것은 명분에 있어서도 정당화되었던 것이다.

반면 신해혁명을 주도한 혁명세력은 청말기의 모든 위기가 만주족이라는 이민족의 지배로부터 온 것이라고 선전하였고, 한족의 지배권을 회복하는 것이야말로 위기를 극복하는 것이라고 하였다. 물론 일본이나 혹은 어느 나라나 마찬가지이지만, 康有爲나 梁啓超 등 개혁세력이나 孫文을 중심으로 하는 혁명세력 모두 서양으로부터의 위기를 극복하는 것은 국민과 國家가 일체가 되는 국민국가의 건설을 유력한 대안으로 보았다. 그런데 여기에서 혁명세력은 한족 중심의 국가를 주장한 반면 개혁세력은 청조의 지배영역을 유지하는 것을 우선으로 생각하였다. 혁명세력에 대해 개혁세력은 분열주의자이고 종족혁명세력이라고 비판하였던 것이다. 그럼에도 불구하고 혁명세력의 한족중심론은 큰 힘을 발휘하였고 결국 만주족의 청조는 한족에 의해서 붕괴되었던 것이다.

그런데 중국의 국민국가 건설에서는 국가의 영역과 국민을 어떻게 설정할 것인가라는 문제가 다른 나라와는 차이가 나는 점이다. 관념적으로 天子는 하늘(天)의 위임을 받아 天下를 지배한다는 의미를 가지고 있다. 적어도 周代 이래 모든 왕조는 천하를 지배한다는 의식을 가지고 있었던 것이다. 천하에 국가의 영역이나 국민이라는 개념은 존재하지 않는다. 물론 중국이나 동아시아에 국민국가 이전의 왕조체제에서 통치영역의 범위가 전혀 없는 것은 아니고 自他의 의식도 있었지만, 앞에서 언급한 것처럼 청조의 경우는 매우 모호하였다. 더구나 중국 이외에 한국이나 일본에서도 왕조의 정부는 있었지만 '국민'(nation)은 존재하지 않았다. 양계초도 "중국은 수천년의 역사를 가지고 있으면서, 겨우 몇 개의 왕조가 있을 뿐 하나의 국명을 갖지 않았다. 있다면 오로지 '天下'였다."[6]라고 하였다.

물론 중국에 고대부터 '國家'라고 하는 단어가 없었던 것은 아니지만, 그것은 거의 어느 지배영역·기구로서의 國과 지배자의 家, 요컨대 朝廷을 가리켜 사용하였고, 民이 그것에 관여할 수 있는 것은 아니었다. 民은 天이 낳은 자연적 존재로서의 '生民'이고, 그 위에 얹혀 있을 뿐으로 王朝=國家의 명운에 함께 휩쓸려 가는 것은 아니었다. 다시 말하면 '국'이 망하여도 '民'은 망하지 않지만, '天下'가 망하면 '민'도 망한다는 의식을 가지고 있었던 것이다.[7] 개혁가들은 '천하'를 망하게 하면 안되는 것이었기에 淸朝를 끝까지 유지하고자 하였던 것이다.

중국의 왕조체제에서 토지정책은 '민을 이롭게 하는 것이지, 나라를 이롭게 하는 것은 아니다'라는 인식하에 이루어졌다. 관료들에게 '나라를 이롭게 하는 것'보다는 '王道'로써 '민을 이롭게 하는 것'을 요구하였고, '민을 핍박하여 나라는 살찌우는 것'을 철저히 경계하도록 하였던 것이 통념이었다. 명말청초의 顧炎武가 國과 天下에 대해서 "易姓改號, 이것을 亡國이라고 하고, 仁義充塞하여 率獸食人하니, 사람들이 장차 서로 잡아먹기에 이른다. 이것을 亡天下라고 한다."[8]라고 구분하고 있다. 나라가 망해도 민은 망하지 않지만, 천하가 망하면 민도 망한다. 그 亡天下라는 것은 인의가 폐하여 사람이 서로 잡아먹고, 결국 인간이 그 자연적 상태(유가는 인의

---

6) 梁啓超, 「中國積弱溯源論」(溝口雄三, 앞의 책, 125쪽 재인용)

7) 溝口雄三, 앞의 책, 125쪽.

8) 顧炎武 『日知錄』 卷十三 "正始"條云 : "有亡國, 有亡天下. 亡國與亡天下奚辨? 曰 : 易姓改號 謂之亡國 ; 仁義充塞, 而至於率獸食人, 人將相食, 謂之亡天下. ……保國者, 其君其臣, 肉食者 謀之; 保天下者, 匹夫之賤與有責焉耳矣!"라 하였다. (蔣寅, 『明淸之際知識分子的命運與選擇』, 中國文聯出版社, 2000, 참조)

를 인간적 자연이라고 한다.)를 상실한 모습이라 하겠다.[9]

여기서 확인할 수 있는 것은 '국'이 정치개념인 반면 '천하'는 도덕개념이다. 즉 왕조체제 하에서 천자는 도덕으로 천하를 지배하는 사람이었고, 그의 지배를 받는 집단은 '국민'이 아니라 자연상태에서 태어나 그냥 살아가는 '生民'이었던 것이다. 이러한 의식 때문에 청조의 지배체제에서는 순응할 수 있었던 집단도 신해혁명 이후 중화민국의 지배는 받아들이기 힘든 즉 스스로의 국가를 만들어 '국민'으로 존재하려고 하였던 것이다. 그런 곳이 티베트, 신강, 몽골 등이라고 할 수 있다. 결국 천자가 지배하는 '천하'에서 '국민'이 스스로 지배하는 공화국 '중화민국'으로의 변화 후에는 통치영역과 국가를 구성하는 '국민'을 어디까지로 설정할 것인가라는 문제가 남게 되었다.

Ⅲ. '漢族' 중심 민족주의와 岳飛

청조의 붕괴 즉 신해혁명은 '천하'에서 '국가'로의 변신을 의미하였을 뿐만 아니라 '생민'에서 '국민'으로의 변신을 강요하였다. 하지만 청조의 지배를 받고 있던 각각의 집단들은 스스로를 서구의 민족이라는 개념 속에서 자각하기 시작하였다. 청조는 이들 집단의 독립을 왕조의 붕괴로 인식하였고, 하나의 틀로 묶어둘 필요가 있었고, 이에 대한 공통된 개념으로 中華·華人 등의 용어를 사용하기 시작하였다. 하지만 청조의 와해를 목적으로 하는 혁명집단은 중화·화인=漢族으로 인식하였고, 만주족 내지 몽골·티베트·위구르 등은 중화의 대상으로 인식하지 않았다. 즉 국민의 대상을 한족만으로 제한하는 민족혁명을 구상하고 있었던 것이다. 이는 곧 청조가 지배하는 영역의 분할을 의미하였고, 이에 대해서 양계초는 '虛君共和'

---

9) 溝口雄三, 앞의 책, 126쪽.

를 주장하면서 영토의 분할을 막기 위해서 청조의 유지를 주장하였다. 그는 심지어 "공자의 후손을 황제로 내세운다 하더라도 영토의 분할을 막을 수 없다"[10]고 하였다. 이러한 양계초의 이야기는 신해혁명과 더불어 티베트·몽골이 독립을 주장함으로써 현실로 나타났고, 손문을 중심으로 하는 혁명세력은 급히 '五族共和'를 내세워 국민통합을 이루려고 하였다.

하지만 손문은 만주가 일본의, 몽골은 러시아의, 티베트는 영국의 영향력 하에 놓여 있는 현실과 각 민족집단이 독립을 추구하고 있는 현실에서 영토보존을 위한 '오족공화'는 무의미하다고 보았다. 때문에 손문은 '오족공화'를 버리고 '민족동화'에 의한 '대중화민족'의 형성을 주장하기 시작하였다. 그는 1921년 6월 廣州의 한 연설에서 "우리가 금일 중국의 민족주의를 강구하는 것은 오족의 민족주의라고 하는 것 같은 막연한 말을 쓰는 것만으로는 안된다. 당연히 한족의 민족주의에 대한 말을 해야 한다. …… 여기서 한족만의 민족주의를 강구하는 것은 만주, 몽골, 회, 티베트의 불만을 초래하는 것이 아닌가 하고 생각하는 사람도 있을 것이다. …… 내가 현재 생각하고 있는 조화의 방법은 한족을 중심으로 만주, 몽골, 회, 티베트의 4족을 우리에게 동화시키는 것이다."[11] 1921년 桂林에서 발표된 「軍人精神敎育」 가운데서 손문은 "삼민주의 속에서 첫째는 민족주의이다. …… 말하자면 '오족공화'라고 하는 것은 실로 사람을 속이는 말이다. 요컨대 만주, 몽골, 회, 티베트는 모두 자위능력이 없다. 민족주의를 발양시키고 빛나게 하는 것은 만주, 몽골, 회, 티베트를 우리 한족에 동화시켜, 최대의 민족국가를 건설하는 것이다. 그것은 한족에 의한 자결이다."[12] 라고 말하기도 하였다. 그는 확실히 여타의 민족을 한족에 동화시키는 것을 국민통합이고, 이를 기반으로 국민국가를 구성해야 한다고 보았던 것이다.

결국 손문 중심의 중국국민당은 민족동화를 전제로 하는 '대중화민족'

---

10) 梁啓超, 「新中國建設問題」, 『飮氷室文集』 第3集, 雲南敎育出版社, 2001, 1619쪽.
11) 孫文, 「三民主義之具體辦法」, 國防硏究院 編 『國父全集』, 1961, 臺灣, 890쪽.
12) 孫文, 「軍人敎育精神」, 國防硏究院 編 『國父全集』, 1961, 臺灣, 913쪽.

과 '대중화민족주의'의 노선을 추구하게 되고, 동화되어야 할 대상이 다름 아닌 '소수민족'이었던 것이다. 청조로부터 물려받은 영역을 중국의 영역으로 하고, 그 안에 거주하는 집단을 국민으로 하는 국가를 구상하고 있는 것이다. 물론 '一民族一國家'를 구성하는 것이 가장 완결된 근대적 국가로 간주하고, 그 집단을 '중화민족'이라고 칭하되, '중화민족'의 대부분은 한족이기 때문에[13] 한족을 중심으로 국민을 구성하고 여타의 소수민족은[14] 강제로 동화시켜야 한다고 보았다. 사실상 이러한 손문과 국민당의 노선을 지금 중국에서 계속되고 있다고 하겠다. 곧 이른바 '소수민족'이 독립을 추구하는 것은 영토에 맞추어진 等身大의 민족인 '중화민족'을 파괴하는 행위로 간주되는 것이다.

그렇다면 이런 한족 중심의 국민국가를 완성하고자 할 때 이민족의 침입에 저항하는 상징으로서 岳飛는 어떻게 받아들여지고 상징화 되었는가?

말할 것도 없이 신해혁명 시기 악비는 최고의 상품가치가 있는 인물이었다. 신해혁명은 기본적으로 공화체제 수립을 목적으로 한 것이었지만, 그 실제 과정에서는 만주족이라는 이민족 지배에 대한 한족의 저항이라고 하는 일종의 '민족혁명'의 성격을 강하게 띠고 있었기 때문이다.[15] 명태조 朱元璋은 "驅逐胡虜 恢復中華(오랑캐를 몰아내고 중화를 회복하자)"라고 하였고, 孫文도 흥중회(1897)와 중국동맹회(1905)의 강령에서 "驅除韃虜 恢復中華(오랑캐를 몰아내고 중화를 회복하자)"라고 주장하였다. 주원장은 몽골로부터 한족이 독립하는 것을, 손문은 만주족으로부터 한족이 독

---

13) 손문은 "중국의 민족에 대해서 말하면 그 수가 4억인 이다. 그 속에서 여타의 민족은 얼마 되지 않고 대부분 4억 모두 완전히 한족이라고 할 수 있다. 같은 혈통, 같은 언어문화, 같은 종교, 같은 습관, 완전히 하나의 민족이다."이라고 강변하고 있다(孫文, 國防硏究院 編『國父全集』, 187쪽, 참조).

14) 중국어 가운데 '소수민족'이라고 하는 용어가 등장한 것은 1924년 1월 23일「中國國民黨第1次 全國代表大會宣言」가운데 "……于是國內諸民族因以航阻不安之象, 遂使少數民族疑國民黨之 主張亦非誠意. ……"라고 한 것에서 '소수민족'이라는 용어가 처음 사용되었다고 알려져 있다.(『中國國民黨歷次代表者大會及中央全會資料』上冊, 光明日報社, 1985, 16쪽 참조)

15) 배경한,「19세기 말 20세기 초 중화체제의 위기와 중국 민족주의」,『역사비평』2, 2000, 239쪽.

립하는 것을 주장하였던 것이다. 혁명파의 입장에서 자신들이 내세울 인물로 악비보다 더 적합한 사람은 없었다. 진독수를 중심으로 하는 인물들은 급진적 혁명단체로 岳王會를 만들었다.[16]

악왕회는 安徽省 蕪湖에 있던 安徽公學에서 시작되었다.[17] 안휘공학에서 근무하던 陳獨秀와 栢文蔚, 常恒芳등은 악비의 '抵抗遼金, 至死不變, 精忠報國'의 정신을 계승하여 만주 청조를 전복하는 것에 목적을 두었다. 창건 당시 참가자 수는 대략 30여명으로 무호의 關帝廟에서 향을 태우고 歃血盟誓하는[18] 형식으로 의식을 진행하였다. 의식형태에서 보듯이 기본적으로 악왕회는 근대적 조직체라기보다는 청조에 저항하여오던 구식회당의 모습을 그대로 답습하여 상징적으로 反滿의식을 표현하였다고 하겠다. 악왕회는 효과적으로 혁명활동을 하기 위하여 적지 않은 회원을 安慶 新軍에 투입하였고, 1906년 총회의 명의로 회원 전체가 동맹회에 가입하였다. 1908년 11월 26일 광서황제와 서태후의 잇따른 죽음을 전해들은 악왕회는 이를 기회라고 여기고 당일 정오 긴급회의를 열어 熊成基를 '安慶革命軍總司令'으로 삼아 봉기하였지만, 실패하고 와해되었다.[19]

악왕회는 혁명단체 가운데서도 가장 이른 시기에 창립된 것 중의 하나이다. 이름을 '岳王會'라고 한 것은 의심의 여지가 없이 악비의 抗金 전승을 계승하여 만주족의 청조를 붕괴시키고자 할 때 자신들의 결의를 보여줄 수 있고, 또한 많은 사람들의 호응을 얻을 수 있다고 생각하였기 때문이다.[20] 바꿔 말하면 만주족의 지배를 종식시키고 한족의 독립을 쟁취하고

---

16) 祝彦, 「陳獨秀與岳王會的創建」, 『百年潮』, 2006, 46쪽.
17) 안휘공학은 1903년 안휘인 李光炯과 盧仲農이 호남의 長沙에서 개교하였다가 1904년 무호로 옮겼다. 설립 초기에는 中學과 師範 학부로 이루어졌었고, 안휘성 출신 50여명을 모집하였으며, 혁명청년을 양성하고 혁명역량을 배양하는 것을 敎學의 宗旨로 하였다. 안휘공학은 유명한 혁명운동가나 일본에서 유학한 사람들을 초빙하였는데, 陳獨秀, 劉申淑, 陶成章(光復會), 周震鱗(華興會), 栢文蔚, 張伯純, 蘇曼殊, 謝無量, 江彤侯 등이 그들이다. (祝彦, 위의 글, 46쪽 참조)
18) '歃血之儀' 혹은 '歃血同盟'은 犧牲의 피를 마시면서 맹세를 확약하는 행위이다.
19) 祝彦, 앞의 글. 49쪽
20) 祝彦, 앞의 글, 48쪽, 栢文蔚과 常恒芳의 회역록 참조.

자 결성하였다는 의미이다. 이와 비슷하게 '興中會' 나 '華興會' 등의 명칭에서 나타나는 '中' 이나 '華' 가 한족을 지칭한다는 것은 너무나 잘 알려진 사실이다.

그렇다면 악비는 어떻게 한족이 숭상하는 대상이 되었는가? 악비를 내세우면 한족은 결합하여 하나의 국민국가를 쉽게 만들 수 있는가? 우선 악비가 어떻게 영웅화 되었는지 살펴보자.

악비(1103~1142)는 河南 湯陰人으로 佃農의 가정에서 출생하였다. 12세기 초 여진족이 건립한 金과 宋은 수시로 전쟁을 하였고, 금나라 군대는 화북지역을 장악하기에 이르렀다. 戰火가 河南省 경내에 미쳤을 때, 당시 나이 겨우 약관인 악비는 抗金 전투에 참여하였다. 전투 중에 악비는 두각을 나타내었고, 10년이 되지 않아 일약 문자도 잘 모르는 농촌의 청년에서 이름이 널리 알려진 '中興四將' (岳飛, 劉光世, 韓世忠, 張俊)의 하나가 되었다. 악비가 전승을 거듭하여 금군을 북으로 밀어내고 황하 이북에 이르렀을 때, 갑자기 남송황제 고종이 그를 소환하고 병권을 박탈하였다. 물론 주화파 秦檜의 의견에 따른 것이었다. 그 이후 고종과 진회 일파는 악비에 대해서 의심의 눈초리를 거두지 못하였고, 급기야 1141년 초 廬山에서 한가롭게 지내고 있던 악비를 속여 항주에 오게 하여 옥에 가두었다. 진회파인 감찰어사 萬侯卨은 악비에 대해서 고문으로 자백을 강요하여, 모반죄명을 덮어씌워 1142년 1월 28일 그믐날 (음력 12월 29일) 39세인 악비를 항주의 大理寺에서 독살하였고, 그의 아들 岳雲 및 부장 張憲도 저자거리에서 腰斬하였다. 한 옥졸이 악비를 동정하여, 그 시신을 몰래 거두어 항주의 북산 九曲叢祠(지금 寶石山, 少年宮 일대)에 장사를 지냈다고 한다. 악비는 사후 20년이 흘러서, 고종이 퇴위하고 효종이 즉위하자 비로소 누명을 벗게 되었다. 악비는 원래의 관직을 회복하고 그 유해는 栖霞嶺 南麓으로 이장되었다.

악비의 억울한 누명이 벗겨진 후, 각지에서는 악비의 廟가 세워졌다. 가장 빠른 것은 武昌의 '忠烈廟' 이고, 그 후에 악비 생전 많은 전투가 있었던 九江, 宜興 등지에서도 잇따라 각종 記念祠, 碑, 亭이 세워졌다. 1221년

〈그림 1〉 항주 악왕묘 내부에 있는 악비의 무덤　　　〈그림 2〉 항주 악왕묘 입구

악비 후예의 요구에 의해서 남송조정은 岳飛墓 근처의 智果寺를 岳氏 문중에 하사하고, 그 이름을 岳飛功德寺로 개명하였다. 이것이 곧 항주의 岳飛墓廟의 유래이다. 현재 항주의 岳飛廟와 이름을 나란히 하고 있는 것이 악비가 태어난 하남 湯陰縣의 岳飛廟이다. 이것은 明朝 1450년에 건립된 것이다.[21] 다른 岳飛廟와는 달리 항주의 악비묘는 분묘와 그를 기리는 사당인 廟가 함께 있는 것이 특징이다. 때문에 다른 어떤 악비묘보다도 항주의 악비묘가 그를 상징하게 되었으며, 현재에도 악비묘는 항주의 그것이 대표한다고 할 수 있다.

항주의 岳王廟[22](현재는 공식 廟宇의 명칭이 '악왕묘'로 되어있다.)는 1961년 3월 국무원에서 전국중점문물보호단위로 지정받았는데, '문화대혁명' 중에 심하게 파괴되어, 1979년 개보수한 후 대외적으로 개방하였다. 1979년 이래 악왕묘를 참관하는 여행객은 년평균 4~5백만에 이르러 북경의 고궁(자금성) 방문객에 맞먹는다고 한다.[23] 악왕묘를 참배하는 인원이 갑자기 늘어난 것이 아니고 민국시기에도 대단하였다. 지금도 학생들의

---

21) 孫江 主編, 『事件, 記憶, 敍述』, 浙江人民出版社, 2004, 158~159쪽.
22) 杭州의 악비묘는 淸代 嘉慶帝 이후 「岳王廟」로 호칭하고 있다. 여기에는 사당인 '廟'와 악비의 무덤이 있으며, 무덤 앞에는 秦檜 부부가 무릎을 꿇고 있는 鐵跪象이 있는데, 그 뒤 벽에는 "講究文明"(문명을 소중히 하자), "不要吐痰"(가래침을 뱉지 마시오)라고 씌어 있다.
23) 陳文錦, 「杭州岳廟文物保護工作的回顧與展望」, 『岳飛研究』, 中華書局, 1992년.

〈그림 3〉 진회부부 철궤상

중요 수학여행 코스 가운데 하나로서 악왕묘에서는 언제나 수많은 어린 학생들을 볼 수 있다. 뿐만 아니라 많은 관광객 가운데 상당수는 타이완에서 온 사람들이다. 사실 이미 남송 시기부터 악왕묘에는 많은 문인사대부들이 와서 악비를 찬양하는 비문을 남겨두었고, 이러한 비문은 악왕묘 내부의 중요한 볼거리로 남아 있는 실정이다.

악왕묘에서 가장 유명한 것 중의 하나가 岳飛墓 바로 앞에 있는 네 개의 鐵跪象이다. 악비를 모함하여 죽음에 이르게 하였다고 비판받고 '莫須有' 고사의[24] 주인공 秦檜와 그의 아내 왕씨, 그리고 萬俟卨과 張俊이다. 철궤상 뒤편 墻壁에는 "青山有幸埋忠骨, 白鐵無辜鑄跪臣"(푸른 산은 다행히도 충신의 뼈를 묻게 되었지만, 무쇠는 불행히도 간신의 모습으로 주조되었구나)라는 유명한 글귀가 새겨져 있다. 항금을 주장하는 주전파 악비와 화평론자 진회가 아니라, 매국노 진회와 애국충신 악비의 모습으로 철저히 대비시키고 있다. 이러한 악비의 모습을 더욱 극적으로 묘사하고 있는 것이 진회가 손이 뒤로 묶인 체 꿇어앉아 있는 철궤상과 충렬사(忠烈祠) 안에는 4.5m 높이의 늠름한 악비 좌상이 있고 그 뒤에 '還我河山'(우리의 강산을 돌려 달라)이라는 실내를 압도할 만큼 커다란 그의 친필현판이 걸

---

24) 권신 진회(秦檜)가 악비(岳飛)를 무함(誣陷)하여 옥사(獄事)가 장차 벌어지려고 하는데, 한세충(韓世忠)이 진회에게 악비의 범죄 사실로 내건 일에 대해 따져 물으니 진회가 '莫須有'라고 대답하자, 한세충이 "'莫須有'란 세 글자로는 천하를 승복시키기에 부족하다."고 한 데서 나온 말임. (檜曰: 飛子雲與張憲書雖不明, 其事體莫須有. 악비, 아들 악운, 부하 장헌의 진술만으로는 명확하지 않지만, 그럴만한 사건이 혹시 있었는지도 모르잖은가. 世忠曰: 相公! 莫須有三字, 何以服天下乎? 혹시 있었을지도 모른다(莫須有)! 이 세 글자로 어떻게 천하를 납득시킨단 말이오.)라고 하였다 한다.

려있는 것이다. 물론 그가 되찾고자 한 산하는 여진족 金에 빼앗긴 화북지역이다.

사실 악비의 죽음이 진회의 모함뿐만 아니라 악비와 고종 사이의 갈등이 그를 죽음으로 몰고 갔다는 것도 논의되고 있다. 악비는 빼앗긴 영역을 되찾는 것뿐만 아니라 인질로 잡혀한 휘종과 흠종을 모셔와야 한다고 종종 주장하는가 하면, 수차에 걸쳐서 고종에게 태자의 建儲를 상주하였다. 그가 후사문제를 걱정하였던 것은 고종이 金軍과의 격전 사이에 고종이 생식능력을 상실하여 치료하고 있는 상황이었을 뿐만 아니라 그의 유일한 아들도 궁녀의 부주의로 잃고 말았기 때문이다. 당시 고종은 태조 조광윤의 직계인 황실자손 두 명을 자신의 이름 아래 두었지만 황위계승은 확정하지 않고 있었다. 악비의 그런 행위가 비록 충성심에서 우러나왔다고 하더라도, 휘종와 흠종의 귀환은 고종의 황위를 위태롭게 하는 것이고, 자칫 궁중의 암투로 이어질 수 있는 후계문제를 쉽사리 언급한다는 것은 금도를 벗어난 행위였다고 하겠다.[25] 이러한 악비의 행위는 황제인 고종을 격분시키기에 충분하였던 것이다.

그럼에도 불구하고 현재 악왕묘를 찾는 이유에 대하여 대부분의 중국인들은 "악비는 抗金 '민족영웅' 이고, 간신의 모함을 받아 억울하게 죽었기 때문"이라고 답한다. 악비가 역사 속의 수많은 장군 가운데 유달리 기억되는 이유는 나라가 외침을 당했을 때 끝까지 저항하였고, 그 때문에 모함을 받아 억울하게 죽었다는

〈그림 4〉 악비의 좌상, 위에
'還我河山' 이라는 글이 보인다.

---

25) 林世芳, 「新見解: 岳飛愚忠與秦檜報國問題」, 『福建師範大學福淸分校學報』 2004년 제1기, 13쪽 참조.

것이다. 이러한 것은 어느 나라나 있을 수 있고 또 실제로 있다. 그럼에도 불구하고 현재 중국에서 악비가 단순히 기억되는 것 이상의 문제가 되는 까닭은, 현재 중국이라는 영토의 판도 안에 거주하고 있는 사람들을 모두 ‘중화민족’ 이라고 지칭하고, ‘중화민족’ 안에 포함되는 집단의 역사는 모두 중국의 역사라고 간주하는데 있다 하겠다. 현재의 입장에서 본다면 악비는 단연 내전을 즐기는 흉악한 반국가 수괴나 다름없는 것이다. 이러한 문제는 중국에 많은 민족이 함께 살고 있는 다민족국가이기 때문이기도 하지만, 실은 영토와 인민에 관한 한 淸朝의 유산을 그대로 이어받음으로써 파생된 문제라고 할 수 있다.

때문에 신해혁명을 전후한 시기에 혁명파와 개혁파 사이에는 새로운 국가건설 방법을 가지고 격렬하게 논쟁을 하였던 것이다. 신해혁명전 혁명파와 논쟁하였던 양계초는 혁명은 종족혁명이고 분열을 조장한다고 비판하면서 통일된 하나의 중국을 주장하였다. 그러나 1911년 신해혁명이 일어났을 때 혁명파에서도 ‘淸’ 제국의 판도는 ‘하나의 국가’ 로 유지되어야 한다는 입장을 공식적으로 선택하였다. 그 결과 손문 등은 ‘五族共和’ 라는 구호를 공식적으로 내걸었다. 이것은 물론 티베트나 몽골 등 이민족 지역에서는 도전받는 ‘중국’ 의 개념이었다. 사실 손문은 1910년대 말에 변방민족을 사실상 아메리카 인디언 같은 존재로 간주하여 ‘國族’ 과 ‘중화민족’ 속에 포함시켜 버렸다. 당시의 ‘중화민족’ 은 ‘漢族’ 을 가리키는 것이었고, ‘非漢族’ 은 손문의 경우에서 볼 수 있는 것처럼 동화의 대상이었고, ‘비한족지역’ 은 ‘대식민지’ 건설의 대상이었다. 그리고 이러한 시각은 단순히 손문 개인의 생각이라기보다는 당시 중국국민당의 입장이라고 할 수 있다.

이러한 중국국민당의 입장은 1920년대에 들어서 약간의 변화하기 시작하였다. 이는 1차세계대전과 러시아 혁명의 영향으로 반제국주의=민족주의의 인식이 널리 퍼지면서 ‘피압박민족’ ·‘ 약소민족’ ·‘ 소민족’ 등이 함께 사용되면서부터이다. 이른바 ‘소수민족’ 이라는 개념이 등장한 것이다.[26] 중국 내부에서는 기존의 ‘이민족’ 을 ‘소수민족’ 으로 바꿈과 동시에, 동화시켜야 할 대상으로서가 아니라 함께 제국주의에 저항해야 할 대상으로서 설정된 것이다. 이제 '중화민족' 은 한족을 가리키는 것이 아니라 '하나로 통일된 중국' 의 구성원인 소수민족까지를 포함한 개념으로서 사용하기 시작하였다. 1928년 중국을 사실상 재통일한 蔣介石은 '삼민주의' 를 내세우면서 '소수민족' 을 '중화민족' 의 일원으로 보았다. '중화민족' 과 '소수민족' 은 宗族과 支族의 관계로 간주되었다. 이제 악비는 북방유목민족에 저항한 '민족영웅' 으로서가 아니라 반제국주의의 표상으로 간주되었고 추앙되었다. 하지만 이것이 한족의 입장인 것은 두말할 나위가 없다 하겠다.

이러한 장개석 국민정부의 입장은 국제주의를 표방하고 있던 중국공산당에 의해서 '한족대민족주의' 로 비판당했다. '지방민족주의' 와 '대민족주의' 를 모두 비판하는 입장을 보이는 중국공산당은 1920년대 이래 '연방제' 국가의 창설을 주장하였다. 그러면서도 1930년대 중반 이후 공산당측도 '중화민족' 개념을 중국 전체 주민을 가리키는 말로 사용하였다. 사실상 '소수민족' 은 '중화민족' 의 하위개념이 된 것이다. 중국국민당이나 중국공산당의 민족과 영토에 관한 입장은 사실상 양계초의 입장을 이어받아 청조의 판도는 '하나의 국가, 하나의 국민' 이 되어야 했던 것이다.[27]

중국공산당 정부는 1947년에 내몽골에서 민족구역자치를 실시하면서부터 제국주의 세력의 위협을 명분으로 하여 '연방제 공약' 은 일방적으로 취소되고, '민족구역 자치제도' 를 실시하였다. 중국공산당 정부는 공산주의 이념에 따라 '민족주의' 를 매우 부정적인 현상으로 인식하기 때문에 '해방후' 국가에 대한 충성을 강조하는 '애국주의' 가 널리 사용하였다. 애국주의는 민족주의의 대체어 이기는 하지만, 민족주의 대신 사회주의를 중시한다는 것을 의미한다. 중화민국 시기의 집권세력이었던 국민당세력은 이른바 '한족중심주의' 로 체제의 통합을 꾀했으나, 중화인민공화국 시기의 공산당세력은 '사회주의' 라는 공통의 기반을 강조하였다.[28] 그런데

---

26) 박장배, 「중국의 '소수민족' 정책과 지역구조」 −지역 재구성 및 '서부대개발' 과 관련하여−],
　　『중국의 동북공정과 중화주의』, 고구려연구재단, 2005, 168쪽
27) 박장배, 위의 글, 168~169쪽 참조.

이러한 중국공산당의 정책은 사실상 소수민족의 문화와 전통은 차치하더라도 그들의 민족성 자체를 사실상의 궤멸적 상태로 몰아넣었던 것이다. 이에 대한 저항이 1959년 티베트의 독립운동이라고 할 수 있다. 반면 티베트인나 위구르인의 독립의지를 억누르는 사상적 바탕이 이른바 중국의 '다민족통일국가' 론이다. 아울러 '중화민족' 이라는 이름하에 강제적으로 통합된 국민에게 일체감을 갖도록 하는 것 가운데 하나가 '민족영웅' 에 대한 칭송이겠지만, 이는 현실적으로 매우 어려운 작업이다. 그것을 단적으로 보여주는 것이 악비의 '민족영웅' 론이라 하겠다.

Ⅳ. '다민족통일국가' 에서의 岳飛

중화인민공화국의 민족정책 전제는 1954년의 헌법 제3조에 규정된 것처럼 "중화인민공화국은 다민족통일국가(多民族統一國家 혹은 統一的多民族國家)"라는 것이다. 즉 국가개념으로 '다민족통일국가', 민족개념으로는 '중화민족' 으로 설정하였다. 중국의 이러한 민족에 대한 '일체화 정책' 은 사실은 이중적인 차원에서 추진되었다. 표면적으로는 '민족구역 자치제도' 가 채택되어 '소수민족 자치구' 가 성립되었다. 그러나 '자치' 의 의미는 매우 제한된 것이었다. 1950년대 후반에 소수민족지역에 이른바 '민주개혁' 이 실시되자 구지배층이 몰락하였지만 반면 한족 문화가 쇄도하기 시작하였다. 한편으로는 대규모 건설병단이 구성되어 특히 '변강' 에 인구구성이나 경제형태에 큰 변화를 몰고 왔다.[29] 이러한 중앙정부의 '민족공작' 에 대한 '소수민족' 의 반응 가운데 가장 대표적인 것이 1959년 3월 10

---

28) 신강성의 哈密(하미)라는 도시는 위구르족이 거주하는 가장 동쪽에 있는 것이다. 이곳의 박물관은 광동성에서 투자하여 세워졌으며, 그 입구에는「愛國主義敎育基地」라는 현판이 걸려 있다. 지금의 애국주의는 사회주의가 아니고, 투자자와 내부 전시물이 말해주듯이 한족중심의 '하나의 중국' 을 체현하는 것이다.
29) 박장배, 앞의 글, 참조.

일 티베트 독립운동이라 할 수 있는데, 이 사건을 계기로 티베트에 '자치구'가 설립되었다.

중화인민공화국의 '민족' 개념은 일반적으로 1913년 스탈린이 제기한 민족개념을 따랐지만, 상위개념인 '중화민족'과 하위개념인 '소수민족'으로 구성되어 있다는 점이 독특하다.[30] 그러한 연장선상에서 중국공산당은 소련과 달리 중국 특성에 따라 '연방제'가 아닌 '민족구역 자치제'를 실시한다고 주장하였던 것이다. 하지만 이러한 소수민족 정책은 문화대혁명 시기에 계급투쟁 논리에 압도되어 민족성은 억압되었고 민족 풍습은 가혹하게 폐지되었으며 심지어 지명도 바뀌었다. 소위 소수민족의 프롤레타리아화 개혁이 추진되었던 것이다.

모택동 시대에는 민족구역 자치제의 틀을 유지하면서 한족의 비율이 낮은 전략적인 요지들에 生産兵團 등을 설치함으로써 대외 방비와 소수민족 비율을 낮추려고 시도하였다. 이 시기 내지-변강의 이중구조는 군사적·행정적인 방식으로 봉합되어 있었다. 하지만 1975년 신장의 건설병단을 제외한 건설병단이 해체된 이후 중국 정부는 적극적인 대안을 마련해야 했다.[31] 1970년대 말에서 80년대 중반의 기간은 중국의 민족정책이 복원되고 새로운 내용이 첨가되는 시기였다. 개혁개방은 시장의 힘으로 내지-변강의 일체화·내지화 정책을 추진하는 것이라 할 수 있다. 내지화·일체화 정책은 도로의 개통에 따라 민족동화의 효과를 더욱 가속화 하고 있는 반면 소수민족의 반발도 커지고 있다. 그러한 반발의 대표적인 것이 2008년 3월 있었던 '티베트 사건'이고, 북경올림픽 기간에 있었던 위구르족 폭탄 테러 사건이라 할 수 있다.

1980년대 후반 중국의 저명한 사회인류학자 費孝通은 '中華民族多元

---

30) '중화민족' 론에 대해서는 (유용태, 「중화민족론과 동북지정학 – "동북공정"의 논리근거 –」, 『동약사학연구』93집, 2005) 참조.
31) 新疆의 수도 우르무치 서쪽 200㎞ 지점에 石河子라는 인공 오아시스 도시가 있다. 이곳은 건설병단이 만든 도시로 지금도 사회구조가 군대식으로 되어 있고 한족만이 거주하는 곳이다.

一體格局'이란 개념을 내세워 한족과 소수민족, 내지-변강 등의 불가분성을 역설하였다. '중화민족 일체화'를 강조하는 것은 소련체제의 붕괴와 세계화의 추세라는 세계정세의 변화에도 깊은 관계가 있다. 이러한 변화에 대하여 대내적으로 가장 적극적으로 대처하는 것은 '중화민족'과 '다민족 통일국가'라는 구호 하에 '하나의 중국'을 이루는 것이라고 판단하고 있다. 이러한 정책의 추진은 사실상 소수민족의 이익을 분열주의로 매도하면서 강력한 한족중심의 민족주의를 부추기고 있는 실정이다.[32]

소수민족에 대한 정책의 변화와 한족중심의 민족주의의 충돌과 갈등을 잘 표출하고 있는 것이 이른바 악비의 '민족영웅'론이다. 항주의 '岳王廟'는 이미 남송시기부터 제사를 지내는 장으로서의 역할보다는 악비를 기념하는 장으로서의 역할이 더 컸다고 할 수 있다. 악비가 상징하는 바는 '盡忠報國'이다. 바로 현대적 개념으로서는 국가주의 혹은 애국주의가 그를 상징하고 있는 것이다.

때문에 중화민국 건립 후 악비는 關羽와 동등하게 되었고, 오히려 관우보다 중요한 위치에 있게 되었다. 1914년 총통 원세개는 명령을 발포하여 역대 武功彪炳名臣名將 및 민국 개국 충렬 將士를 제사하도록 하였다. 다음해 關岳廟 제례규정을 반포하고, 大殿의 왼편은 관우를 오른편은 악비를 두었다. 그 옆으로 역대 忠武將士 24위를 제사하였다. 그때 많은 사람들은 24명의 무장을 함께 제사하는 것에 대해서 의문을 가졌지만, 유일하게 의문을 갖지 않았던 인물은 악비였다고 한다.[33]

민국 정부는 전통기억과 신앙 가운데 영웅인물을 규범화하여 기념활동을 할 것을 희망하였고, 그것을 현대국가의 상징공간 속에 집어넣고자 하였다. 1918년부터 1921년에 걸쳐 독군으로 왔던 楊善德과 盧永祥 및 절강

---

32) 이러한 의식에는 20세기초 영국과 러시아를 필두로 하는 서방세계의 영향 하에 몽골과 티베트의 독립운동이 일어났다고 보는 인식이 작용하고 있다. 필자는 북경올림픽 개막식이 한족중심의 '하나의 중국'을 극단적으로 표현한 것이라고 보고 있다.
33) 孫江 主編, 『事件, 記憶, 敍述』, 浙江人民出版社, 2004, 168쪽.

성 성장 張載陽 등이 합력하여, 자금 15만元을 모아 악비묘를 중수하고, 청대의 일부 기념문물을 버리고, 민국시대의 새로운 문물로 채웠다. 다분히 악비를 이용하여 滿淸의 유산을 청산하고자 한 것이다. 그리고 1933년 前절강성 省長이었던 장재양이 '악비묘보관위원회' 주석으로 부임하여, 모금을 통하여 악묘 및 항주성내부와 악비와 유관한 유적을 중수하였다.[34] 이때의 중수가 '9·18만주사변'과 상해 '1·28사변' 직후에 이루어지고 있다는 것은 일본제국주의에 대한 애국주의를 고취하고 민족주의 열정을 환기하고자 했던 것임을 알 수 있다.

이렇듯 국민정부 시기에 악비묘는 만청 유산의 청산 내지 반제국주의의 의식을 고취시키는 장으로서 활용하였던 것이다. 9.18사변 후 악비는 중국 역사상의 '軍神'으로 불렸으며, '민족영웅'으로 확실히 자리매김 하였다. 1937년 중일전쟁이 폭발한 후 馮玉祥은 항주 악비묘에 '민족영웅'이라는 편액을 주었으며, 이 편액은 지금까지 보관되고 있다. 당시 소수민족의 경우 티베트와 몽골 등 일부는 독립을 추구하였지만, 거의 대부분은 제국주의 특히 일본의 침략에 공동으로 대응해야 하는 시기였기 때문에 악비묘의 성역화가 특별히 문제될 것은 없었다. 중국공산당의 입장에서도 통일전선 하에서 민족주의 노선을 추구하고 있었기 때문에 문제시하지 않았던 것이다. 다만 앞서 언급한 것처럼 국민당의 노선을 '한족대민족주의'라고 비판할 따름이었다.

1966년 시작된 '문화대혁명' 중에 악비묘는 元朝 이래 가장 심한 인위적 파괴를 만났다. 즉 홍위병들에 의한 狂熱的 파괴행위가 그것이다. 마르크스주의 계급이론에서 보면 악비는 통치계급의 일원이었고, 때문에 비판과 타도의 대상으로 간주되었던 것이다. 문화대혁명 이후 계급투쟁 의식은 현저히 약화되었고, 중국공산당의 노선이 개혁·개방 즉 실용주의 노선으로 변함에 따라 '盡忠報國'으로 상징되는 악비묘도 또다시 애국주의 교

---

34) 위와 같음.

〈그림 5〉 충렬사 앞에서 필자(왼쪽),
葉劍英의 ‘心昭天日’라는 글귀가 보인다.

육의 현장으로 인식되기 시작하였다. 바로 이 새로운 역사배경 하에 악비묘는 1979년 대규모로 중수되었던 것이다.

문화대혁명이 끝난 후 악비묘는 또 다시 공공기억의 ‘장’으로 재창조되기 시작한 것이다. 중국공산당은 70년대 말에서 80년대 중엽까지 애국주의 선전하면서 악비와 악비묘의 의의는 광범하게 이용하였다. 1979년 인민대표위원회 상무위원회 위원장 葉劍英은 악비가 임종시에 ‘天日昭昭’라고 유언한 것을 모방하여, 새롭게 重修한 악비묘에 ‘心昭天日’이라고 쓴 대편액에 금도금을 하여 걸고, “국가가 백만금을 들여 악비묘를 중수함은 후대의 교육을 중시하기 때문이다(國家花百萬修岳廟, 重在敎育後代)”라고 하였다. 1983년 12월 2일 등소평도 친히 악비묘를 참관하였다.[35] 1995년 악비묘는 절강성 ‘애국주의 교육기지’로 지정되었고, 1996년 또 국가문물국, 국가교육위, 문화부 등 여섯 부문의 ‘전국중소학교 교육기지’ 가운데 하나가 되었다. 이러한 추세에 따라 항주의 악비묘는 학생들의 수학여행 필수코스가 되었으며, 수많은 관광객이 발을 잇고 있는 것이다. 즉 ‘민족영웅’ 악비로부터 애국주의를 배우고 익히는 확실한 기억의 공간이 된 것이다.

항주의 악비묘에는 한족중심의 민족주의와 관련하여 매우 상징적인 유물이 있다. 청의 乾隆帝는 한족의 抗淸의식을 약화시키고 滿·漢을 일체화된 臣民으로 만들기 위해서 여섯차례나 南巡하였고, 항주에서 악비충효사

---

35) 항주 악왕묘 제3전시실 안에 李先念, 葉劍英, 鄧小平 등이 방문했을 때의 사진과 글들이 전시되어 있다.

적을 찬양하는 시문 9편을 남겼다. 그리고 이 시문은 詩碑로 제작되어 악비묘 충렬사 앞에 세웠다. 사실 건륭제는 전통적 화이사상의 틀을 뛰어넘어, 악비를 君臣之義 속에서 人臣의 전범으로 삼고자 하였던 것이다.[36] 즉 악비를 절대충효의 상징으로 삼음으로써 漢人과 공동의 역사기억을 만들고자 하였던 것이라 하겠다.

하지만 청말에 악비묘는 오히려 혁명당에 의해 만주족의 청조를 타도하고자 하는 혁명의 장으로 바뀌고 말았다. 예컨대 청말 반청혁명당인 '광복회'는 연합비밀회당의 「龍華會章程」중에 규정하기를, 용화회의 입회의식은 반드시 악비묘에서 거행하고, 입회자는 악비의 神位 앞에서 歃血之儀를 행해야 한다고 하였다.[37] 건륭제가 바라던 바와는 전혀 달리 악비는 반청혁명 계보의 최고 위치에 놓이게 되었다.[38] 청말 혁명당은 이러한 전통적 삽혈결맹의 의식을 통해서 만주족과 한족 사이를 구분하고, 서로를 조화할 수 없는 대항관계에 위치지우고 악비의 기억을 滿淸타도의 발판으로 삼았던 것이다. 이것은 건륭제가 악비를 통해서 만주족과 한족의 경계를 없애려고 한 것에 대한 반동이었다. 1921년 중화민국은 악비묘에서 건륭제의 시비를 대문 입구로 옮겼고, 현재는 그 입구에 아무도 주의를 기울이지 않을 정도로 방치되어 있다.[39] '중화민족'과 '다민족통일국가'를 외치는 현재의 중국 애국주의 성격을 적나라하게 보여주는 상징물이라 하겠다.

급기야 악비가 '민족영웅인가 아닌가' 하는 논쟁이 2000년대에 들어 거세게 일어났다. 2002년 중국교육부의 검정출판 『고중역사교학대강』(시험수정판)에서 악비와 문천상은 '민족전쟁'(국내민족간의 전쟁)에 참가한 것이지 '反抗外敵戰爭'이 아니다는 이유로 다시는 민족영웅 반열에 두지 않기로 하였다고 홍콩의 『星島日報』가 보도한 이후 중국에서는 이에 대한

---

36) 孫江 主編, 앞의 책, 170쪽.
37) 孫江 主編, 앞의 책, 171쪽.
38) 혁명세력이 악비를 반청혁명의 상징으로 삼기 이전 반청을 상징하는 것은 天地會였다.
39) 孫江 主編, 앞의 책, 170~171쪽.

격렬한 논쟁이 일어난 것이다.[40] 사실 논쟁이라기보다는 학계뿐만 아니라 일반 사회에서 오히려 악비의 '민족영웅' 론이 확산되어가는 느낌이다. 논의는 일방적으로 여전히 '민족영웅' 임을 강변하는 내용이 대부분이다. 그런데 대부분의 논쟁에서 악비가 '민족영웅' 인지 '중화민족영웅' 인가에 대한 구분은 하지 않고 있다. 그리고 '다민족통일국가' 에서 한족 이외의 여타 민족이 어떻게 생각하고 있는가에 대한 논의는 전혀 없다.

2002년 말에서 2003년 초에 몇 개의 대형 포털 사이트에서 "당신은 악비와 문천상이 민족영웅이라고 생각하는가?"라는 물음으로 조사하였다. 『聯合早報』에서 '그렇다' 는 응답이 92.82%; 『搜狐』에서는 '그렇다' 84.49%, '그렇지 않다' 11.58%, '잘 모르겠다' 3.93%가 나왔다고 한다.[41]

여기에서 문제는 악비와 문천상이 '민족영웅' 인가라고 물었을 뿐 '중화민족영웅인가' 라고 묻지 않았다. 해석하기에 따라서 한족의 영웅은 당연히 '민족영웅' 이고 '중화민족영웅' 이라는 등식이 성립하도록 묻고 있는 것이다. 설사 '중화민족영웅' 이라고 답한 것이라고 해석해도 티베트나 신강의 위구르인들도 그렇게 답할 것인가에 대한 것은 미지수이다. 다시 말하면 그저 중국의 한족을 대상으로 해서 조사하고 거의 모든 중국인이 당연시하는 것으로 발표함으로써 진정한 국내의 모습을 감추려는 한다는 것을 쉽게 간파할 수 있다.

악비가 '민족영웅' 인가를 둘러싸고 일어나는 논쟁의 핵심에는 '중화민족' 에 대한 논란이 있다. 첫째 한족이 곧 중화(여타의 민족은 동화의 대상일 뿐)이기 때문에 '민족영웅' 은 당연하다는 입장, 둘째 과거에는 비록 이민족이었지만 현재는 중화민족으로 일체화되었기 때문에 '민족영웅' 이라는 입장, 셋째 미래적 시각에서 통일적 중국의 유지는 정치적 통일체를 강화해야 하고 정치적 통일체를 강화하기 위해서는 민족동화에 노력을 경주

---

40) 章穎, 「也談民族英雄的民族性 – 文天祥·岳飛是否爲' 民族英雄' 談起–」, 『閩西職業技術學院學報』, 2006, 6. 15쪽 참조.––
41) 章穎, 위의 글, 18쪽.

해야 한다는 입장에서 민족영웅론은 당연하다는 시각이 지배적이다.

여기에서 첫째와 셋째는 한족중심주의로서 그 폭력성이나 패권적 태도를 가지고 있는 중화주의일 뿐만 아니라 현재의 중국영역 내에 거주하는 집단은 모두 '중화민족' 의 일원으로 간주하는 것을 전제하로 한다. 한편 두 번째는 역사를 논리의 도구로 삼아 과거와 현재를 별도의 다른 기준으로 봐야 한다고 한다. 즉 남송과 金은 당시 별개의 국가이고 별개의 민족이었지만, 이후 역사전개과정에서 일체화되었고, 현재는 '중화민족' 의 일원으로 정치적 통일체를 형성해야 한다는 것이다. 따라서 과거는 과거의 기준으로 '민족영웅' 이고 현재는 현재대로 '민족영웅' 이라고 해야 한다고 강변한다.

2002년 『華人時刊』은 高中歷史敎學參考資料 가운데 악비와 문천상 등에 대하여 '민족영웅' 을 사용하지 않는다는 문제에 대해서 대토론회를 개최하였다.[42] 여기에 참여한 사람들은 역사학바가 학자가 아닌 일반인들이거나 어린 학생들이다. 여기에 참여한 대부분은 이들은 모두 악비를 '민족영웅' 이라고 하고 있으며, 중국 56개 민족의 역사상의 '민족영웅' 은 모두 '중화민족' 의 '민족영웅' 이라고 하고 있다.[43] 다만 눈에 띄는 사람은 청조를 세운 만주족 누르하치의 11세손이며 深陽市 歷史學會滿族史研究會副會

---

42) 참가자 명단
　　楊明 : 南京大學 東方道德研究中心 주임, 부교수.
　　楊穎奇 : 江蘇省社會科學院歷史研究所 부소장
　　徐日輝 : 杭州商學院碩士生徒師, 中國『史記』文化研究會와 中華伏羲文化研究會常務理事
　　愛新覺羅·德崇(溥旻) : 深陽市 歷史學會滿族史研究會副會長, 누르하치 11세손
　　周描坤 : 『中華英才』半月刊 駐蘇瀘完 수석기자
　　盧新建 : 南京師範大學附屬中學 敎學科研所 常務副所長, 고급교사
　　張珍英 女士 : 江蘇省 歸國華僑聯合會印尼歸僑聯誼會會長
　　梁杰文, 梁美珍 同學 : 南京航空航天大學 '澳門班' 學生
　　蕭和 : 유명 화가, 국가일급미술사, 좌담회에 악비 초상화를 증정.
　　石學鴻 : 유명 서예가, 江蘇省文史館館員, 本刊 岳飛詞『滿江紅』을 증정.
　　그 외 10세의 초등학생 및 악비묘 여행자 등이 참여.
43) 『華人時刊』編輯部, 「長嘯滿江紅 千秋朝天闕 -- 對岳飛的歷史評價再認識」, 『華人時刊』, 2003.
　　1, 5쪽.

長을 맡고 있는 愛新覺羅·德崇(溥旻)이다. 그는 토론회에 직접 참여하지 않고 [岳飛是千古忠臣, 民族英雄]이라는 서면으로 다음과 같이 밝히고 있다.

"중국은 다민족국가이고, 역사상 여러 차례 민족간의 전쟁이 발생하였다. 독립에서 연합으로, 분립에서 통일로 가는 역사과정. 송과 금이 전쟁을 한 것도 비록 구체적 是非가 있지만, 역시 역사진행의 궤적을 벗어날 수 없다. 전쟁할 때 쌍방은 모두 자기의 충신과 영웅의 출현을 가지고 있다. 역대 충신과 영웅을 평가하는 문제에서 반드시 대중화민족의 입장을 지향점으로 삼아야 한다. 누르하치는 '七大恨'으로 伐明하였지만 '민족영웅'이고, 袁崇煥은 明廷을 위하여 抗淸하였지만 충신이며, 악비는 실지회복을 위하여 抗金하였지만 영웅이다."[44] 라고 하여, 누르하치도 '민족영웅'이고 악비도 '민족영웅'이다 라고 철저히 중화민족론의 입장에서 평가하고 있다. 물론 그가 자신의 의사표시가 자유스러운가 하는 점은 차치하더라도, 현재의 그가 현재의 만주족을 대표할 수 있는가, 혹은 비록 만주족도 소수민족으로 일컬어지고 있지만 티베트나 위구르와 동일한 선상에서 논의될 수 있는가 하는 점도 의문이다.

宋學에 관한 국제회의도 악비의 '민족영웅' 배제와 관련하여 대대적으로 개최되었다. 2003년 '민족영웅' 악비탄신 900주년. 8월 24~27일 절강대학 송학연구센터와 항주악묘관리처, 절강대학고적연구소 및 악비연구회 등은 공동으로 紀念岳飛誕辰900周年暨宋學國際學術研討會를 개최하였다. 중국과 대만의 20여개 대학이나 연구소 및 한국과 일본의 전문가 그리고 악비 후예 등 70명, 논문 50여편이 발표되었다.[45]

연토회는 '민족영웅악비' '송학연구' '남송초기정치,군사,경제와 문화' 세 방면으로 나뉘어 행하여졌다. 악비와 관련하여서는 "900년 동안 악비는 줄곧 중국인민의 敬仰과 傳頌의 대상이었으나, 최근 국내외에서 악

---

44) 愛新覺羅·德崇, 「岳飛是千古忠臣, 民族英雄 —— 應『華人時刊』編輯部關于岳飛的歷史評價再認識座談之邀的書面發言」, 『華人時刊』, 2003. 1, 8쪽.
45) 高明揚, 「紀念岳飛誕辰900周年暨宋學國際學術研討會綜述」, 『中國史研究動態』, 2004. 1, 8쪽.

비는 '민족영웅'이 아니라는 논조가 출현하였지만, 그는 한족의 '민족영웅'일 뿐만 아니라 동시에 '중화민족'의 '민족영웅'과 우수모범이며, 악비 정신은 마땅히 繼承發揚廣大해야 한다고 인식이 일치하였다."[46] 라고 연토회의 분위기를 평가하였다.

이러한 악비의 민족영웅론에는 스탈린의 '민족' 개념에 바탕을 두고 있으면서도 중국의 현실을 반영하려는 '중화민족론'이 강하게 작용하고 있다. 이들은 대체로 "민족성은 인류학상에서 한 민족이 즉 신체·정신·의지·감정과 습속 제방면의 종합표현이다. 때문에 공동언어, 공동지역, 공동경제생활과 공동역사연원을 가진 민족은 무의식적 표현과 공동문화상의 공동심리 소질이 특정민족의 민족정신을 반영하고, 시대와 계급을 초월하는 내용과 정신이 장기적으로 누적되어 형성된 것이고, 상대적 穩定性과 동시에 그것은 또 민족문화의 발전 과정중에 끊임없이 발전과 創新을 거듭한다. 우리들은 세계상의 유일하게 몇 천년의 (華夏)한민족 문화를 생존발전시켜왔으며, 그것은 한민족문화를 주체로 하여 5천여년을 거쳐, 월·오·조선·일본·서하·요·몽골·여진 등 각 민족국가의 문화를 동화시켰고, 점차 중화민족문화를 완성하고, 수차례의 어려움을 겪었지만 여전히 완강하게 생존하여 發揚廣大하고 있다."[47]라는 논지로 다민족공동체가 사실은 한족 중심의 동화주의임을 숨김없이 강하게 드러내고 있다.

이러한 논지에서는 애초의 민족론에서 주장하는 네 개의 공동요소가 '중화민족'에 존재하는가에 대해서는 심도있는 논의를 하지 않는다. 오히려 다른 민족(소위 소수민족)이 어떤 의식을 가지고 있는가는 전혀 고려 대상이 아니다. 한 가정을 이루었다는 것도 한족의 주장임은 티베트와 신강 위구르의 독립 내지 자치 주장이 이를 뒷받침한다. 곧 한족중심의 국가 일체화 즉 한족 민족주의에 강제로 동화시키는 것을 의미하고 있을 뿐이다.

---

46) 高明揚, 위의 글, 17쪽.
47) 韋穎, 앞의 글, 17쪽.

이것을 정치 일체화로 보고 있다. 이러한 시각은 '오족공화'를 서둘러 취소하고 새로운 민족주의를 주장하였던 손문의 동화주의에서부터 확인할 수 있는 것이다.

반면 여전히 악비의 영웅론에 반론을 제기하는 사람도 있다. 애초 2002년 12월부터 2003년 봄까지 계속된 악비가 '민족영웅'인가 아닌가에 대한 논쟁은 『中國古代史全敎案』의 다음과 같은 문장에 기인한다.

> 민족간의 전쟁성질은 형제가 울타리 안에서 다투는 것이고, 집안의 다툼이며, 중국영토 내부의 상호투쟁에 속한다. 때문에 민족간의 전쟁은 正義와 非正義로 나누어지지만, 침략과 비침략으로 나뉘지는 않는다. 통일추세에 순응, 약탈에 저항, 민족압박에 반항, 민족반란을 평정하는 전쟁은 정의이다. 이상의 표준에 기초하면, 우리들이 잘 아는 악비는 抗金名將이지 '민족영웅'으로 부를 수는 없다.[48]

위와 같은 논지에 기반하여 "우리가 악비의 신상에서 얻을 수 있는 유일한 가치는 민족의 이익을 지켜내기 위하여 外族의 침략에 견결히 저항하였다는 것이다. 그러나 우리가 반드시 지적해야 하는 것은, 여진족도 고대 중국의 한 민족이고, 비록 당시 송조와 금나라가 두 개의 독립적 정권이었지만 금나라는 결코 외국이 아니다."[49] 라고 하면서 현재의 국민통합이 절실한 중국 상황 속에서 악비를 평가하는 사람도 있다. 한걸음 나아가 악비를 민족영웅으로 보는 것은 민족분리주의를 추동할 것이라는 우려를 표명하기도 한다. 즉 "악비의 민족영웅 신분은 현실적으로 적극적 의의를 가지고 있지 못하다. 오히려 이런 민족문제에 대하여 민감한 사람들에게 자극을 줄 수 있고, 이러한 자극은 단지 민족 분리주의에 영향을 줄 뿐이다. 만

---

48) 陳其, 『中國古代史全敎案』(全日制普通高級中學敎材人敎版敎案系列總書), 人民敎育出版社, 2002년. 162쪽.
49) 葉文憲, 「忠奸之辯 - 以岳飛和秦檜爲例論忠君與愛國」, 『探索與爭鳴』, 2004.6, 22쪽.

약 역사에 충실하여 말하고자 하고, 역사를 환원하고자 한다면, 역사상의 악비는 충신이고 실패한 대한족주의 중심자이다. 그는 기껏해야 당시 한족이 세운 송왕조의 국가영웅이지, 현재 의의상에서 '민족영웅'은 아니다. 현재 나라와 나라 사이의 교섭에서 악비는 어떤 외교활동이나 국가간의 왕래에 있어서 전혀 적극적 의의나 가치를 가지고 있지 못하다."[50] 라고 하면서 현재 중국의 국민통합을 전제할 때 악비의 역사적 가치에 대해서 오히려 매우 부정적으로 평가하기도 한다.

이러한 모습들은 현재 중국의 '중화민족론'을 근거로 하는 국민통합을 둘러싼 대민족인 한족과 소수민족간의 갈등을 그대로 대변해주는 것이라 하겠다. 특히 사회현실에서 보면 비록 정부가 국민통합을 위해서 형식적으로나마 악비를 '민족영웅'에서 삭제하고자 하였지만, 민간에서는 오히려 더욱 악비를 추앙하고 있는 추세를 보여주는 것이라 하겠다.

V. 맺음말

신해혁명을 통해서 중국은 천자가 다스리던 '천하'에서 국민이 스스로 통치하는 '국가'로 바뀌었다. 하지만 영토와 인민을 청조의 지배하에 있던 것을 그대로 이어받음으로써 새롭게 영역과 '국민'을 규정하지 않을 수 없게 되었다. 여기에서 창출된 개념이 '중화민족'론이고 '다민족통일국가'론이다. 하지만 이러한 논리는 한족의 논리이고 여타 이른바 '소수민족'의 입장은 아닌 것이다. 이러한 괴리는 현재 중국에서 소수민족의 폭력시위 등으로 나타나고 있으며, 중국 정부의 강경진압은 전형적인 국가폭력을 보여주고 있다.

이러한 한족과 소수민족 간의 좁힐 수 없는 간극을 남송시대 역사인물

---

50) 孫江 主編, 앞의 책, 174쪽.

인 악비와 그를 기리는 '악비묘' 가 상징적으로 보여주고 있다. '중화민족' 이라는 개념 하에서 악비는 결코 '민족영웅' 이 될 수 없지만,[51] 오히려 갈수록 그는 '민족영웅' 으로 재창조되고 있는 실정이다. 현재의 중국정부는 상징적인 '민족영웅' 을 삭제하고 경제적으로 '하나의 중국' 을 창출하려고 하지만, 이는 오히려 소수민족의 집단적 저항을 초래하고 있고, 민간에서는 '민족영웅' 악비를 기념하는 행사가 더욱더 확대되고 있다. 항주의 악비묘를 찾은 중국인 관광객이 자금성을 관광하는 사람과 비슷할 정도라고 하는 것은 한족과 소수민족이 동등한 하나의 결합체라는 허구적 개념을 동원한 '중화민족' 이 사실은 한족중심의 민족주의에 불과하다는 것을 상징적으로 보여주는 것이라 하겠다.

만약 '중화민족' 으로서의 동일성이 달성되지 못한다면, 혹은 경제적인 통일을 이루지 못한다면, 이때 우리가 볼 수 있는 것은 바로 하나의 제국이며, 결코 하나의 민족이 아니다.[52] 현재 중국의 '중화민족' 론에 바탕을 둔 국민통합은 극도의 한족중심주의에서 벗어나지 못하고 있고, 악비의 '민족영웅' 론에서도 보이다시피 한족 이외의 민족들의 의사는 전혀 반영되지 않은 측면이 강하다는 것에서 제국주의적 속성이 강하다 하겠다. 이러한 제국주의적 속성에서 소수민족의 독립의지는 중앙에 의해서 억압될 것이고, 강제로 '중화민족' 의 동일성을 확보하려는 시도가 계속되는 한 중국에서 국민통합을 둘러싼 사회적 갈등은 지속될 것이다.

---

51) 范文瀾, 翦伯贊, 鄧廣銘 등 유명한 사학자들은 물론 각자의 견해를 가지고 있었지만, 악비의 민족영웅론에는 동의하지 않았다. 하지만 사학계와 거리가 먼 집단은 그렇지 않다. (朱天運,「岳飛是民族英雄?」,『河東學刊』16-2, 1998, 참조)
52) 방중영·허종국,「족군·종족·만족·그리고 중화민족」,『한국과 국제정치』14-1, 1998, 361쪽.

| 참고 문헌 |

김한규 외, 『기억과 역사의 투쟁』, 삼인, 2002.

백영서 저, 『동아시아의 귀환』, 창작과 비평사, 2000.

안병우 외, 『중국의 변강 의식과 갈등＝中國歷代邊疆認識與衝突』, 한신대학교출
　　　판부, 2007.

이개석 외, 『중국의 동북공정과 중화주의』, 고구려연구재단, 2005.

이인철 외, 『대고구려 역사 중국에는 없다』, 예문당, 2004.

임지현 엮음, 『근대의 국경, 역사의 변경』, 휴머니스트, 2004.

조정남, 『현대중국의 민족정책』, 한국학술정보, 2006

하정식 외, 『근대 동아시아 국제관계의 변모』, 혜안, 2002.

한림대학교 아시아문화연구소 편, 『중국 문화대혁명 시기 학문과 예술』, 태학사,
　　　2007.

蔣寅, 『明淸之際知識分子的命運與選擇』, 中國文聯出版社, 2000.

梁啓超, 『飮氷室文集』第3集, 雲南敎育出版社, 2001,

孫文, 國防硏究院 編 『國父全集』, 臺灣, 1961.

陳其, 『中國古代史全敎案』(全日制普通高級中學敎材人敎版敎案系列總書), 人民
　　　敎育出版社, 2002년.

孫江 主編, 『事件 記憶 敍述』, 浙江人民出版社, 2004.

王曾瑜 著, 『盡忠報國 岳飛新書』, 河北人民出版社, 2001.

岳飛硏究會, 岳飛墓廟文物保管所 主編, 『岳飛墓廟碑刻』, 當代中國出版社, 1999.

于振華, 『中華民族英雄』, 京華出版社, 1994.

潘龍海 외, 『中華民族學初探』, 延邊大學出版社, 1992.

費孝通, 『中華民族多元一體格局』, 中央民族大學出版社, 1999.

　　　『中華民族硏究新探索』, 中國社會科學出版社, 1991.

馬融, 『中華民族凝聚力形成與發展』, 北京大學出版社, 1999.

中華叢書編審委員會 編, 『中華民族融合歷程考述』, 中華叢書編審委員會, 19 -.

陳育寧, 『中華民族凝聚力的歷史探索 : 民族史學理論問題硏究』, 云南人民出版

社, 1994.

胡耐安, 『中華民族』, 商務印書館, 1972.

『當代中國叢書』編輯部 편, 『當代中國的民族工作(상)』 北京, 當代中國出版社, 1993.

李資源, 『中國共産黨民族工作史』, 廣西人民出版社, 2000.

馬大正, 『中國邊疆研究論稿』, 黑龍江敎育出版社, 2002.

『建國以來主要文獻選編』, 北京, 中央文獻出版社, 1987.

中國社會科學院民族研究所民族問題理論研究室編, 『黨的民族政策文獻資料選編』, 1981.

中國第二歷史 案館 편, 『中國國民黨第一,二次全國代表大會會議史料(上下)』, 上海古籍出版社, 1986.

任一飛·周竟紅, 『中華人民共和國民族關係史研究』, 遼寧民族出版社, 2003.

星訟·王軍 주편, 『20世紀中國少數民族與敎育: 理論, 政策與實踐』, 北京, 民族出版社, 2001.

王柯, 『民族與國家 – 中國多民族統一國家思想的系譜』, 中國社會科學出版社, 2001

王柯 저, 『20世紀中國の國家建設と「民族」』, 東京大學出版會, 2006.

溝口雄三, 『方法としての中國』, 東京大學出版會, 1989.

毛里和子 편, 『現代中國の構造變動』 1-8, 東京大學出版會, 2000-1.

毛里和子 저, 『周緣からの中國－民族問題と國家』, 東京大學出版會, 1998.

平野健一郎 편저, 『アジアにおける國民統合』, 東京大學出版會, 1988.

平野聰 著, 『淸帝國とチベット問題 : 多民族統合の成立と瓦解』, 名古屋大學出版會, 2004.7

西村成雄 著, 『20世紀中國の政治空間 :「中華民族的國民國家」の凝集力』, 靑木書店, 2004.6

〈논문〉

곽덕환, 「胡錦濤 時代의 中華民族中興戰略」, 『中國硏究』36, 2005.

權寧俊, 「近代 中國의 國籍法과 朝鮮人 歸化政策 (近代中國の「國籍法」と朝鮮人 歸化政策)」, 『한일민족문제연구』 5, 2003.

김병호, 「中華民族學」, 『민족학연구』 1, 1995.

　　　　「중국 서부대개발의 정치·경제적 의의」, 고려대학교 평화연구소, 『평화연구』 9, 2000.12.

김재기, 「중국의 민족문제와 '서부 대개발' :정치경제적 배경과 딜레마」, 『한국동북아논총』 18, 2001.

김태승, 「현대중국의 역사서술에 나타난 근대주의와 근대성 – 중국 근대사 인식을 중심으로 –」, 『중국학보』 46, 2002.

남정휴, 「중국에서의 민족과 민족국가」, 『한국정치학회보』 29-3, 1995.

박광득, 「중국공산당의 소수민족정책 연구」, 『대한정치학회보』, 12-1, 2004.

박병광, 「중국 소수민족정책의 형성과 전개: 민족동화와 융화의 변주곡에 관하여」, 『국제정치논총』 40-4(한국국제정치학회), 2000.

　　　　「개혁기 중국의 지역격차문제 : 한족지구와 소수민족지구간 경제편자를 중심으로」, 한국국제정치학회, 『국제정치논총』 42-1호, 2002.

박병석, 「중국의 국가, 국민 및 민족 명칭 고찰」, 『사회이론』 26, 2004.

박상수, 「중국 근대 '민족국가'(nation-state)의 창조와 '邊疆' 문제 – 청말~민국시기 '변강' 인식의 변천 –」, 『중국학보』 52, 2005.

박선영, 「국민국가·경계·민족 (國民國家, 國境, 民族 Nation State, Boundary, Nation)」, 『東洋史學研究』 81, 2003.

　　　　「중화인민공화국의 판도(版圖) 형성과 신강」 『中國史研究』 44, 2006.

　　　　「동북 프로젝트와 중국의 소수민족 문제 –다민족 통일국가의 일원화와 다원화 사이」, 『대고구려 역사 중국에는 없다』

박장배, 「'중화민족' 개념의 형성에 대한 小考 – 청말민국전기(1899-1928)를 중심으로 –」, 서강대학교 사학과 석사학위 논문, 1992.

　　　　「근현대 중국의 역사교육과 中華民族 정체성 1-2」 『중국현대사연구』 20, 2004.

　　　　「중국의 '소수민족' 정책과 지역구조」, 『중국의 동북공정과 중화주의』,

고구려연구재단, 2004.

방중영, 허종국, 「종군, 종족, 민족 그리고 중화민족」, 『한국과 국제정치』 14-1, 1998.

윤휘탁, 「중국 중·고교 역사교과서에 반영된 '중화의식'」, 『中國史硏究』 45, 2006.

李康源, 「롭노르 논쟁과 신쟝 생산건설병단-중국 서북지역 사막화의 사회적 과정-」, 『대한지리학회지』38-5호, 2003.

이성규, 「중화제국의 팽창과 축소: 그 이념과 실제」, 『역사학보』 186, 2005.

이중희, 「중국의 서부대개발 : 국가발전전략의 변화와 한계」, 현대중국학회, 『현대중국연구』 4-2호, 2002.

　　　 「장쩌민시대의 소수민족정책과 서부대개발」, 『아시아연구』6-2호, 2003.

이진영, 「중국 공산당의 조선족 정책의 기원에 대하여(1927-1949)」, 『在外韓人硏究』 9-1, 2000.

　　　 「조선인에서 조선족으로」, 『중소연구』 26-3, 2002.

　　　 「중국 서부지역개방과 민족문제」, 숙명여자대학교 통일문제연구소, 『현대사회연구』8, 2000.

조경란, 「현대 중국의 소수민족에 대한 '국민화' 이데올로기」, 『시대와 철학』 17-3, 2006.

車榮九, 「新疆省軍區 생산건설병단 창설 및 성장배경」, 『中蘇硏究』4-2, 1979.

천성림, 「내셔널 아이덴티티를 찾아서」, 『대구사학』 81, 2005.

최우길, 「현대 중국 민족문제에 관한 소고」, 『世界地域硏究論叢』 14, 2000.

崔熙在, 「1874-5년 海防·陸防論 성격」, 『동양사학연구』 22집, 1985.

허원, 「중화인민공화국의 민족문제 논쟁 – 민족형성과 민족개념을 중심으로-」, 『中國史硏究』 34, 2005.

허종국, 「신민주주의 혁명시기 중국공산당의 민족정책 및 민족구역자치제 채택배경」, 『한국과 국제정치』20-3(경남대 극동문제연구소), 2003.

허평길, 「중국 소수민족정책의 思想-中華思想(이華觀)의 형성과 변화」, 『韓國民族文化』 10, 1997.

趙華富, 「爲正確闡明我國歷史上的民族關係而鬪爭」, (『山東大學學報』 1959-1,
　　　　節錄 ; 國家民族事務委員會政策研究室編, 『中國民族關係史論文集』上集
　　　　(民族出版社), 1982.

孫祚民, 「中國古代史中有關祖國疆域和少數民族的問題」(『文滙報』 1961.11.4 ──〉
　　　　『古代中國民族關係問題探究』, 開封: 河南大學出版社, 1992.)

劉鍔·何潤, 『民族理論和民族政策綱要』, 修訂本, 北京, 中央民族學院出版社,
　　　　1993.

朱浤源, 「民國以來華人國家觀念的演化」, 中央研究院近代史研究所編, 『認同與國
　　　　家: 近代中西歷史的比較』, 臺北, 中央研究院近代史研究所, 1994.

陳儀深, 「二十世紀上半葉中國民族主義的發展」, 中央研究院近代史研究所編, 『認
　　　　同與國家: 近代中西歷史的比較』, 臺北, 中央研究院近代史研究所, 1994.

巫仁恕, 「民間信仰與集體抗爭: 萬曆承天府民變與岳飛信仰」, 『江海學刊』, 2005

祝彦, 「陳獨秀與岳王會的創建」, 『百年潮』, 2006.

張朝勝, 「辛亥革命與長江中下游暨中國同盟會岳王會百年紀念國際學術研討會召
　　　　開」, 『安徽大學學報』(哲學社會科學版), 2005.5.

愛新覺羅·德崇, 「岳飛是千古忠臣, 民族英雄 ── 應『華人時刊』編輯部關于岳飛的
　　　　歷史評價再認識座談之邀的書面發言」, 『華人時刊』, 2003.01

『華人時刊』編輯部, 「長嘯滿江紅 千秋朝天闕 ── 對岳飛的歷史評價再認識」, 『華
　　　　人時刊』, 2003.01

蔣元明, 「誰還在守護岳飛」, 『人民文學』, 2007.10

高明揚, 「紀念岳飛誕辰900周年暨宋學國際學術研討會綜述」, 『中國史研究動態』,
　　　　2004.01

葉文憲, 「忠奸之辯 ── 以岳飛和秦檜爲例論忠君與愛國」, 『探索與爭鳴』,
　　　　2004.01

母進炎, 「傳播與接受 ── 岳飛形象在明淸通俗小說中的嬗變」, 『貴州民族學院學
　　　　報(哲學社會科學版)』, 2003.05

唐厚純, 「從(海辭)兩個版本看辭學界對岳飛的評價」, 『九江師傳學報』, 1994.01

傅正谷, 「人民愛憎的夢幻化 ── 談有關岳飛與秦檜的夢事」, 『百科知識』, 1994.09

章穎, 「也談民族英雄的民族性 -- 從文天祥, 岳飛是否爲 ‘民族英雄’ 談起」, 『閩西職業技術學院學報』, 2006.02

孫果達, 「岳飛是鐵定的民族英雄 -- 與葉文憲敎授商榷」, 『探索與爭鳴』, 2004.10

朱天運, 「岳飛是民族英雄嚜」, 『河東學刊』, 1998.06

延明, 「岳飛是’精忠’還是’愚忠’辨析」, 『學術月刊』, 2002.04

李衛東, 「岳飛崇拜的文化原因再探」, 『華東交通大學學報』, 1996.03

李光羽, 「岳飛背上刺的是’精忠報國’嚜」, 『咬文嚼字』, 2007.03

鳴弓, 「岳飛, 于謙兩少保冤獄及其平反」, 『書屋』, 2008.01

林世芳, 「新見解: 岳飛愚忠與秦檜禍國問題」, 『福建師大福清分校學報』, 2004.01

降大任, 「民族英雄問題再思考 -- 從岳飛,文天祥的評價說起」, 『晋陽學 간』, 2003.04

제2부
아시아
시민사회의
동학과
참여민주주의

DEMOCRACY AND
HUMAN RIGHTS
IN ASIA

한국 시민사회의 참여정치 구조
– '87년 체제'의 시민사회[*]

박해광[**]

Ⅰ. 왜 87년 체제인가?

시민사회의 급격한 성장 및 시민운동의 분출에 결정적 계기가 되었던 것이 87년의 민주화 운동이라는 사실에는 이견이 없는 듯하다. 그렇다면 시민사회를 통해 참여정치의 경험을 축적해 온 한국 사회에서 87년 이후의 과정에 대한 이해는 시민사회를 이해하는 그 출발점이 되는 것이 당연해 보인다. 특히 몇 년 전부터 87년 이후의 정치 혹은 사회구조를 가리켜 '87년 체제'라 명명하는 다수의 글들이 제출되고 있는데, 그 개념의 내용과 외연의 다소간 차이에도 불구하고 87년 이후의 우리 사회를 좀 더 구조적인 관점에서 바라보려는 노력이라 여길 때 충분히 동의할 수 있는 개념이라 생각된다. 이 연구도 이러한 전제에서 출발해보려 한다.

* 이 논문은 2008년 정부(교육과학기술부)의 재원으로 한국연구재단의 지원을 받아 수행된 연구임 (NRF-2008-005-J01402). 『민주주의와 인권』 제10권 2호(2010년)에 게재된 논문을 재록함.
** 전남대학교 사회학과 교수.

1987년은 우리 사회의 커다란 전환점이었다. 오랜 권위주의 정권의 지배 하에서 민주주의가 억압되어왔던 시기를 극복하고, 민주화운동을 통해 그 권위주의 질서를 종식시킨 분기점이 바로 1987년이었던 것이다. 87년 체제란 이 시기를 기점으로 하여, 민주화운동을 통해 권위주의가 해체되고 절차적 민주주의 제도가 확립되어 이후 다양한 민주주의적 과정을 통해 이를 공고화 혹은 확장해온 사회체제(social regime), 혹은 사회양식(mode of society)를 지칭하는 개념이다. 체제라는 개념은 이 시기가 정치적 사회적으로 특정한 시대정신을 보여주거나 역사적 특수성을 갖고 있거나, 혹은 사회 발전의 논리를 보여주었다는 사실을 함축하고 있다. 또한 87년이라는 시기가 이전의 시대와는 구분되는 새로운 과정의 단절적 계기임을 내포하는 개념이기도 하다.

오랜 군부 권위주의 정권의 지속으로 민주주의가 억압되었던 한국 사회에서 민주주의 시기로의 전환을 가져왔던 것은 다양한 사회 세력들의 민주화 운동에 힘입은 것임을 누구도 부정하지 못할 것이다. 하지만 87년 6·29선언[1]으로 상징되는 민주화 운동의 결과는 불행히도 구 정치세력들, 여당과 야당 간의 정치적 타협으로 귀결되었다. 그렇기 때문에 87년 체제는 이전과 질적으로 단절한 새로운 체제라기보다는 구시대와의 타협에 의해 형성된 체제이기도 했던 것이다(강병익, 2004: 10; 김종엽, 2005: 17). 그 결과 권위주의 정권은 해체되었지만 기존의 권위주의 세력은 여전히 정치적인 영향력을 크게 행사하게 되었으며, 권위주의 지배를 지탱했던 억압적 국가기구들 역시 전혀 변화하지 않은 채 지속하게 되었다.[2]

87년 6월에 이은 7, 8, 9월의 노동자 대투쟁과 87년 노동체제 역시 87

---

1) 6·29선언(국민대화합 특별선언)의 내용은 '대통령 직선제 수용, 대통령선거법 개정, 김대중의 사면·복권과 시국관련 사범의 석방, 국민 기본권의 신장, 언론자유 창달, 지방자치제의 실시와 대학의 자율화, 정당의 자유로운 활동 보장, 과감한 사회정화 조치' 등으로, 그 핵심은 대통령 직선제의 시행과 이를 위한 자유화 조치에 초점이 맞추어져 있었다.
2) 이런 점에서 87년 민주화운동의 결과인 정치적 타협은 일종의 '수동혁명'의 성격을 띠는 것이었다. 이에 대해서는 이광일, 2007: 72.

년 체제를 설명하는 출발점으로서 중요한 의미를 지닌다. 노동자 대투쟁은 87년의 민주화 항쟁이 열어 놓은 정치 공간 내에서 이전의 억압적이고 폐쇄적인 노사관계 및 노동관행을 개혁하려는 폭발적인 열망이 분출된 결과였다. 하지만 노동자 대투쟁은 그 폭발적인 분출에도 불구하고 제도화 측면에서는 매우 제약된 것이었다. 임영일은 87년 대투쟁을 통해 형성된 87년 노동체제의 특징을 다음과 같이 요약한다(임영일, 2004). 첫째, 87년 노동체제는 매우 제한적이고 불균형한 제도화를 특징으로 하는데, 작업장 수준의 노사관계만이 안정적으로 제도화되어 있을 뿐, 사회적 정치적 수준의 노사관계 제도화는 미비한 결과를 낳았다. 즉 전두환 정권이 만들어 낸 기업별 노조 체제와 노동악법들을 개혁하지 못한 채 작업장 단위의 민주노조 건설 및 임금상승 등의 제한적 성과만을 얻었을 뿐이었다. 둘째, 이런 이유에서 87년 노동체제는 매우 높은 수준의 갈등을 수반하는 체제일 수밖에 없었다. 이후 노동운동은 조직화 연대투쟁 모델의 노동운동과, '현장 장악력'을 둘러싼 기업별 노조 내의 투쟁이 빈번하게 발생했다. 마지막으로 기업별 노동조합이라는 매우 분산적인 노동조합 조직체계를 기반으로 한 것이었기 때문에 노동운동의 성장 및 정치화가 근원적으로 한계에 부딪힐 수밖에 없었다. 특히 노조조직률의 확대는 기업별 체제 내에서는 그 한계가 뚜렷하여, 이는 1997년 IMF 경제위기를 기점으로 조직률 저하 및 민주노조운동의 위기와 침체를 맞게 되었다.

민주화운동이 제기했던 민주주의 요구는 87년의 정치적 타협 속에서 최소주의로만 반영되었다. 정치의 민주적 절차성이 회복되고 폭력에 의한 통치는 약화되었지만, 사회를 실질적으로 민주화시키고 제반 제도들을 개혁하는 것은 87년 협약의 내용에 부재했다. 즉 87년 체제는 민주주의의 불균형적 정착에 기초한 체제였던 것이다. 여러 이론가들은 이러한 체제의 한계와 약점을 다양한 방식으로 지적해 왔다. 우선 민주주의를 주도했던 민주화 세력들이 정치적 민주화의 급속한 전개 속에서 민주화 이후의 국면에 대한 현실적 대안을 제시하지 못하고 대안세력으로 부상하지 못하게 되었다(이영제, 2004: 185). 이후 민주화 세력의 급격한 퇴진은 87년 체제를 보다 민주적으로 진전시키지 못하는 요인이 되었을 뿐만 아니라, 시민사회와 시민운동의 성격을 국가 행위의 상관적 혹은 보조적 위치로 만드는 구조적 특징이 되었다. 둘째, 1987년 직선제를 통해 선출된 (단임제) 대통령제는 87년 체제의 가장 큰 성과이자 동시에 많은 정치적 갈등을 양산할 수밖에 없는 구조의 기본이 되었다(최장집, 2002; 현재호, 2008; 오현철, 2003). 단임제 대통령제는 여와 야, 혹은 기존 집권세력과 대안세력이 서로의 장기적 집권을 방지하기 위해 보수적으로 타협된 제도였다. 하지만 5년의 단임제는 정책의 계속성과 일관성을 보장해주지 못하며, 임기의 많은 부분을 다음의 재선을 위해 할애해야만 하는 임시성을 지속적으로 양산할 수밖에 없다.[3] 셋째, 87년 체제는 민주화의 경향성 및 보편성에 대한 과도한 신뢰를 만들어냈다. 87년 체제가 획득한 것은 단지 정치의 절차적 민주성에 지나지 않음에도 불구하고, 이를 토대로 사회 각 분야의 민주주의가 보편성으로서 획득될 것이라는 착각을 불러 일으켰다.[4] 민주화 체제로의 이행이 그 자체로서 민주주의의 자동적인 진전을 보장해주지는 않으며, 심지어 민주화 이후 다시 비민주적 사회로 역전된 경험들도 존재한다.[5] 이와 유사하게 2007년 대통령 선거와 이명박 정부의 사례는 민주주의의 역전이 우리 사회에서도 얼마든지 발생할 수 있음을 극명하게 보여주고 있다. 즉 87년 체제란 한국의 역사적 경험 속에서 고유하게 만들어진 민주주의 체제이자, 그 속에 매우 긴장적 요소들을 안고 있는 불완전한 체제라 할 수 있다. 그렇기 때문에 체제에 대한 개혁 요구가 구조적으로 발생할 수밖에 없는 체제이며, 이것이 시민사회를 중심으로 강력하게 분출되

---

3) 이에 덧붙여, 임기 중에 실시되는 선거들 역시 이러한 선거 몰입 정책을 계속 만들어낼 수밖에 없다.
4) 헌팅턴은 "두번의 정권교체 시험"(two turnover test)을 통과한 사회는 과거의 비민주주의 사회로 회귀하기 어렵다는 가설을 제시한다. 이것은 경험적인 테제로서, 우리 사회에서도 이러한 믿음이 강하게 유포되어 있다. Huntington, The Third Wave: Democratization in the Late Twentieth Century.
5) 대표적으로 1999년 쿠데타 이후 민주주의가 후퇴한 파키스탄의 사례를 들 수 있다.

도록 하는 한 요인이 되어 온 것이다.

그렇다면 과거의 민주화 세력은 왜 이러한 체제 개혁의 주체로 등장하는데 실패했는가? 그 주된 요인은 1987년 대통령 선거를 통해 정통성의 문제가 일단 제도상으로는 해결됨으로써 정치의 주요 이슈가 정당성의 문제로부터 예컨대 환경, 여성, 분배, 교육, 의료, 인권 등의 문제로 국민들의 관심이 옮겨가고 있었는데도 민주화 세력은 이를 포착하지 못하고 있었던 것에 기인한다(이신행, 1997: 155). 즉 87년을 계기로 활성화되고 확장된 시민사회와, 이를 통한 다양한 이해관심의 분출을 체제의 민주화와 연결시키지 못한 것이 그 주된 원인인 것이다.

그 출발점이 보여주듯이, 87년 체제는 무엇보다 시민사회의 활성화, 그리고 시민단체를 중심으로 한 정치 및 사회적 개혁 요구가 구조적으로 정착하는 긴장적 체제로 요약해 볼 수 있다. 혹은 87년 체제로의 이행은 '아래로부터의 민주화와 타협에 의한 민주화라는 두 가지 양식이 결합된 이행'이라고도 할 수 있다(최장집, 2002). 그렇기 때문에 87년 체제는 시민사회의 활성화 및 시민운동의 분출이라는 특징을 빼놓고는 설명하기 어렵다. 이 글이 주목하는 것은 바로 이 지점이다. 시민운동은 87년 체제를 지탱하는 구조적인 부분이자, 또한 기존의 민주화 운동과는 구분되는 새로운 이념과 이해관심, 새로운 주체와 참여 양식을 대표한다. 시민운동은 87년 체제 민주주의의 공백을 메우려는 실천이며, 보수적 정치 타협 이상을 보여줄 수 없는 대의제 민주주의를 시민적 참여로 보완하려는 노력이자, 또한 다양한 사회 영역들의 모순적 이해들을 주장, 갈등, 타협하려는 실천이기도 하다. 시민운동은 국가 정치의 구조적 일부분이 되었다는 것이 이 글의 주요한 전제이며, 이 속에서 87년 체제가 이러한 시민운동을 통한 정치 참여가 갖는 특징들을 밝히려는데 목적이 있다.[6]

Ⅱ. 87년 체제와 시민사회의 특징

1. 시민사회 기획의 형성과 다원화

87년 이전까지 권위주의적 국가의 지배는 시민사회의 성장을 극도로 억압함으로써 국가–시민사회 관계를 즉자적인 대립관계로 구조화시켰다. 이런 이유 때문에 국가와 시민사회의 관계는 제로섬 게임의 성격을 가질 수밖에 없었다. 즉 시민사회의 성장 자체가 국가의 권위주의적 지배를 약화시키며, 반대로 권위주의적 지배가 강화될수록 시민사회는 약화될 수밖에 없는 상황이 된 것이다. 87년 민주화운동의 성공을 가능하게 만들었던 '민주화 최대연합'의 형성은 이러한 국가–시민사회 관계의 구조적 조건 하에서 가능했던 측면이 크다고 하겠다. 즉 시민사회의 성장 자체가 민주화연합의 성격을 거의 자동적으로 부여받게 되었던 것이다. 하지만 87년을 기점으로 이루어진 정치사회의 절차적 민주화의 형성, 그리고 정치적 시민권의 복원은 국가–시민사회 관계를 재조정하는 계기가 되면서, 이전의 대립적 국가–시민사회 관계의 일정한 변형을 초래하게 되었다.

국가–시민사회가 대립적 성격을 가진다 해도, 시민사회는 하나의 동질적인 집단 혹은 영역이 아니다. 시민사회는 계급적으로 분열되어 있으며, 다양한 자발적 결사체들의 이해관계가 충돌하는 영역이다. 앞서 언급하였듯이 87년 체제는 불완전하면서 또한 그 내용에서 보수적 타협을 특징으로 한다. 정치적으로 이루어진 성과는 대통령 직선제와 절차적 민주주의틀의 형성이라는 민주주의의 최소 내용에 그쳤고, 더 진전된 민주주의적 개혁의 과제는 더 이상 구 정치 세력에게서 기대하기 힘들어졌다. 이 때문

---

6) 이 글은 여러 점에서 제약적이다. 우선 87년 체제는 정치, 노동체제, 시민운동이 주축이 되는 체제이지만 이 글에서는 시민운동을 중심으로 시민사회의 정치참여 문제를 다루고자 한다. 시기적으로 87년 체제는 87년 민주화운동을 기점으로 2007년의 20년을 지칭하지만, 전 시기에 걸친 체계적인 분석이 이루어지진 못했다. 이는 추후 보완할 예정이다. 또한 사례 분석 역시 몇몇 거대 시민단체만을 대상으로 했다는 점도 한계로 지적할 수 있겠다.

에 시민사회는 자연스럽게 민주적 개혁이라는 정치적 역할을 맡게 된 것이다. 억압적 권위주의 체제 하에서 성장이 지연되었던 시민사회는 자연스럽게 자신의 정치적, 이념적 욕구들을 분출하기 시작했다. 따라서 시민사회를 통한 참여정치는 내재적으로 다양화의 욕구를 강하게 내포하고 있는 것이다.

시민사회는 국가 및 사적 영역과 구분되는 공공영역이라 할 수 있으며, 시민사회의 형성을 보여주는 가장 중요한 지표가 바로 시민단체라 할 수 있다. 시민들에 의해 자생적으로 조직되어 정치적 및 생활 현안에 대한 문제를 제기하고 해결하려는 시민운동 단체들의 성장은 시민사회의 가장 중요한 토대이다. 시민단체는 80년대부터 등장하기 시작하여 87년을 기점으로 고유한 역할과 특색을 가진 조직들로 분화하기 시작하였으며, 시민들의 참여 역시 눈에 띠게 증가하였다. 『한국민간단체총람』(2000)에 의하면 20,000여개의 민간단체 중 1960년 이전에 설립된 단체는 5.7%, 1960년대 설립된 단체가 7.2%, 1970년대에 설립된 단체가 9.0%인데 반해, 민주화운동 시기였던 1980년대 설립된 민간단체는 21.6%, 그리고 1990년대에 설립된 단체가 56.5%로, 80년대부터 시민단체의 성장이 시작되어 90년대에는 가히 폭발적인 성장이 이루어졌음을 보여준다(임혁백, 2006: 55).

〈표 1〉 시민사회단체 연도별 창립시기

			1997년 총람	2000년 총람
1960년대 이전			7.7	5.7
1960년대			10.3	7.2
1970년대			11.0	9.0
1980년대		1980~86	15.0	21.6
		1987~89	14.4	
1990년대		1990~92	17.7	56.5
		1993~96	23.7	

자료 : 조희연, 2001: 20에서 재인용

역사적으로 한국 시민단체는 대략 3가지 경로를 통해 형성되었다고 할 수 있다. 첫째, YMCA, YWCA, 흥사단 등과 같이 독자적이고 비교적 오랜 역사를 가지고 있던 단체들이 과거에는 중간층운동, 종교운동 등 비민중 운동의 이름으로 불리다가 1990년대 흐름 속에서 시민운동 또는 NGO 운동으로 불리거나 전화한 경우를 들 수 있다. 두 번째는 여성운동과 같이 1980년대에는 적극적인 의미에서 민주화운동 또는 민중운동으로 호명되다가 1990년대에 시민운동으로 정체성을 새롭게 정립하는 경우이며, 마지막으로 경실련, 참여연대와 같이 시민운동을 적극적으로 담론화하고 이론화하면서 1987년 이후 새롭게 탄생한 시민단체의 경우이다(정종권, 2000: 133~4). 대체로 87년 이후 시민사회의 확장은 새롭게 만들어진 시민단체의 성장에 힙입은 것이었다. 이것은 위의 표에서 50%를 훨씬 넘은 단체들이 87년 이후에 설립되었음을 보여주는데서 단적으로 드러난다. 2000년 현재 분야별 시민단체, 회원 수를 보면 단체 수는 시민사회 단체가 가장 많고, 회원 수는 노동/농어민 단체가 가장 많은 것으로 나타나고 있다.

<표 2> 분야별 시민단체수 및 회원수: 2000년

구 분	단체 수	회원 수	산하단체 수
시민사회	1,103	8,130	11.62
지역자치	222	2,008	8.11
사회서비스	743	7,198	10.82
환 경	287	3,594	11.15
문 화	634	4,279	11.77
교육/학술	235	2,864	16.97
종 교	107	7,514	12.23
노동/농어민	217	16,381	33.52
경 제	501	2,469	39.24
국 제	44	9,213	11.43
기 타	20	31,462	24.80
합계(평균)	4,023	6,284	15.09

자료: 「한국민간사회단체총람」, 2000.

시민단체의 형성 및 성장이 87년 이후 본격화되는 것은 87년 체제가 갖고 있는 구조적 성격을 반영하는 것이다. 시민사회의 성장을 촉진한 87년 체제의 특징을 대략 다섯 가지 정도로 요약해 볼 수 있다. 그 첫 번째 특징은 정치체제로서 87년 체제가 갖는 협소성 혹은 불완전성을 들 수 있다. 87년 체제는 민주화운동으로 인한 근대적 시민권이 우리 사회에서 처음으로 성립되고, 정치사회가 시민들을 향해 개방됨으로써 시민사회가 활성화될 수 있는 근거를 제공했다. 하지만 87년 체제가 만들어준 정치구조, 즉 대의제는 시민사회의 다양하고 복수적인 욕망과 민주적 요구를 담기에는 너무나 협소한 구조였다. 더구나 이러한 대의제의 대의 기능이 과거의 비민주세력 및 보수적 정치세력에 위임되어 민주화운동이 제기했던 요구들이 봉쇄되어 버리는 결과를 낳았다. 시민단체의 성장은 이러한 욕구들이 자연스럽게 발산된 결과이자, 또한 이러한 욕구들이 필요로 했던 표출 통로로서의 의미를 가진다.

둘째, 80년대 중반의 사회경제적 상황 및 계급적 관계의 변화가 상당히 결정적인 요인으로 작용했다. 주변부 포드주의적 산업화를 진행해 온 한국 사회는 80년대 들어서면서 포드주의적 사회, 즉 대량생산과 대량소비 체제의 초기적 모습으로 이행했다. 주된 산업화의 동력이 수출지향적 중공업 부문에 있었지만, 그럼에도 불구하고 내수시장의 일정한 성장 및 이 소비시장을 점령한 중간계급층의 성장으로 인해 소비자본주의적 형태로 이행해가고 있었던 것이다. 이러한 산업화에서 새로운 주체로 등장했던 이들이 바로 중간계급이다. 주변부 포드주의가 갖는 특징 중의 하나가 바로 대량소비의 실현 주체로서 중간계급의 역할이 두드러진다는 점인데, 우리 사회에서도 일정한 지불능력을 가진 화이트칼라의 양적 성장이 전면화된 것이 바로 이 시기인 것이다. 또한 이들은 87년 6월 항쟁 기간 동안 자신의 민주화요구를 거리에서 분출함으로써 스스로 정치적 주체로서도 성장했다. 그 결과 이전까지 유령처럼 떠도는 '중산층' 혹은 '중산층 의식'이라는 것이 정치적으로 중요한 의제로 성립되기에 이르렀다. 중간계급 혹은 중산층은 이전의 민주화 세력과는 분명히 구분되는 집단이었기 때문에, 87년 체제는 구정치세력, 민주화세력, 노동자계급, 그리고 중산층이라는 복잡한 세력들의 구성체가 되었다. 그리고 이것은 시민사회 내 복잡한 이해관계의 상충을 설명하는 중요한 변수가 되었다.

세 번째, 주변부 포드주의적 발전이 가져온 생활방식의 변화 역시 중요한 요인이었다. 경제적 성장, 특히 소비수준의 확대는 삶의 욕구들을 다양화시키는 것이 일반적이다. 권위주의적 지배는 삶의 기회를 극단적으로 억압하고, 그로 인해 정치적 요구도 정치사회만을 지향하는 것으로 제한된다. 하지만 형식적 민주화 및 삶의 수준 향상은 일상의 삶을 매개로 한 정치적 욕구들을 분출시키는 계기를 제공한다. 그리고 이러한 욕구는 또한 제한적인 형식적 민주화가 배제한 다양한 민주주의적 요구들과도 높은 친화성을 가지는 것이라 할 수 있다. 이것은 마치 17~18세기 유럽에서 부르주아 민주주의 사회가 형성될 시기, 시민들이 제일 먼저 관심을 가졌던 것이 귀족적 삶과 문화에 대한 동경이었던 것과 유사한 것이다.

네 번째, 역사적으로 특수하게 사회주의권의 붕괴가 가져온 효과 역시 상당히 컸다. 민주화세력의 일정 부분은 과학적 사회주의 이념에 기대어 본격적인 변혁 혹은 혁명 과제를 수행하고자 했다. 현실 사회주의는 이러한 이념의 증거 혹은 준거라 할 수 있는데, 사회주의권의 붕괴는 이러한 이념적 준거를 약화시킴으로써 복잡한 이데올로기 투쟁의 길을 열었다. 이후 보겠지만, 이 시기 이데올로기적으로 '민중'과 '시민'은 명확히 구분되었고, 사회주의권의 붕괴는 시민적 길을 보다 확장시키는 결과를 낳았다.

마지막으로는 문화적 다양화를 들 수 있다. 권위주의적 지배는 문화적 획일화를 낳는 경향이 있다. 반대로 민주주의의 진전은 다양한 정체성의 출현을 자극함으로써 문화적 다양화, 그리고 욕구의 다양화를 낳는다. 민주화로의 이행과 함께 이러한 정체성의 정치가 처음으로 표출되었던 대표적인 사례가 바로 '신세대' 담론이라 할 수 있다. 신세대 담론은 권위주의적 지배와 획일적 사회 분위기로부터 상대적으로 자유로운 새로운 세대의 등장, 그리고 그들의 문화가 가진 탈정치성, 자유분방함, 새로운 상상력 등을 시대적 이행의 징후로 해석하던 담론들을 지칭한다.[7]

이렇게 짧은 기간 동안 마치 폭발하듯이 성장한 시민사회 영역은 지체된 민주화의 요구뿐만 아니라 다양한 시민적 권리들에 대한 요구들을 표출하기 시작했다. 경실련의 사례는 이러한 억압된 요구들이 얼마나 다양했는지를 단적으로 보여준다. 창립 후 1년 동안 이루어졌던 사업들을 살펴보면 의정감시, 노점상 문제, 도시빈민 문제, 노동자 문제, 여성 문제, 경제부정 고발, 과소비 문제 등 사회 대부분의 영역에 그 관심이 닿아 있다. 그리고 이러한 활동은 경실련에 의해 자체적으로 기획, 목표된 운동이 아닌, 제 영역의 시민들이 먼저 움직임으로써 촉발된 경우가 대부분이었다.[8] 이러한 다양한 요구와 관심의 분출 속에서 시민사회는 짧은 기간에 걸쳐 형성됨과 동시에 분화, 다원화되기 시작했다.

2. 시민운동의 다원화: 제약과 가능성

1) 민주화운동의 유산

앞서 보았듯이 시민단체의 급격한 성장은 87년 체제를 형성시킨 민주화운동의 한 성과이자 구조적 결과였다. 그렇지만 보다 직접적으로 많은 시민단체들은 상당 기간 동안 민주화운동과 직접적으로 결합되어 있었다. 우선 시민단체 활동가들의 상당수는 과거 민주화운동 세력의 일원인 경우가 많았다. 한 조사에 따르면 시민단체 활동가의 84.1%가 과거의 민주화운동 동지들의 권유에 의해 시민운동에 참여하게 되었다고 응답하였고, 또한 66%의 상근활동가들이 이미 다른 운동단체에서 활동한 경험이 있는 것으로 보고되고 있다(송호근, 1998; 조대엽, 1999: 206에서 재인용).

반면 민주화운동, 특히 민중운동과 시민운동을 구별하고, 시민운동의 고유한 목표와 역할을 강조하는 것도 민주화운동의 한 유산이자, 그 구별의 이익을 획득하려는 노력이라 할 수 있다. 민중과 시민을 명백히 구분하

---

7) 대표적으로 『신세대, 네 멋대로 해라』(현실문화연구)를 들 수 있다.
8) 대표적으로 도시빈민 운동의 경우, 서울의 1만여 비닐하우스 거주자들이 정부의 강제철거 정책에 항의하면서 경실련 회원으로 가입하여 활동하였다.

고, 운동의 방식 및 목표를 기존 운동과 차별화하려는 노력은 경실련의 창립 발기문에서도 단적으로 드러난다.

"우리가 오늘 이 운동의 주체를 시민이라고 표현할 때는 단지 민중과의 차이를 보여주기 위한 것만은 아닙니다. 오히려 우리의 깊은 관심의 대상은 '87년 6월 민주화 대쟁 때 길거리에 쏟아져 나왔던 시민들입니다. 이렇듯 우리 사회에 정치적 기적을 가져다주었던 이 시민들은' 87년 말 대통령 선거유세 이래로 줄곧 관망만 하고 있습니다. 우리가 소망하는 바는 바로 이 시민들이, 바로 이 보통시민들이 다시금 경제정의를 위한 행동에 참여함으로서 이번에는 분배의 기적을 만들어 내는 일입니다."(경실련, 1989 발기문)

이러한 정향은 내부 회원들의 사회적 위치와 성향을 반영한 것이기도 하고, 또한 스스로 민중운동과 구분되는 시민운동을 정립하려는 노력은 매우 구체적인 운동의 상을 그리고 있다.

"우리사회는 지금 민주화 과정 속에 있다. 이제는 혁명을 통해서가 아니라 투표를 통해 정권이 바뀌는 사회에 살고 있다. 이렇게 되면 과거와는 달리 소수의 급진적 운동보다는 다수의 온건한 운동이, 이념 지향적 운동 보다는 국민적 합의에 기초한 운동이, 길거리에서 가두투쟁을 벌이는 것 보다는 사람의 마음을 움직이는 운동이 더 큰 영향력을 발휘하게 된다. … 과거에는 사회운동을 기층운동과 중산층 운동으로 분류하고 민중운동은 기층운동으로서 근본적 개혁을 원하는 운동이고 중산층 운동은 기회주의적인 부르주아 운동이라고 규정하였다면 민주화 과정 이후의 민중운동은 노동자, 농민 혹은 지역주민의 이해관계를 관철하는 이익집단으로 바뀌게 되고 반면에 다른 한편에서는 사회적 공공선을 추구하는 시민운동이 등장하게 된다. 이렇게 되면 특정한 이해관계에 얽매이지 않고 공공이익을 추구하려고 하는

균형 잡힌 시각의 시민운동이 훨씬 큰 영향력을 행사하게 된다."(서경
석, 『경실련 4주년 기념자료집』, 1993)

여기서 흥미로운 것은, 과거의 민주화운동 혹은 민중운동은 사회의 기
본 구조를 대체로 계급관계에 기초하여 이해했던 반면, 새로운 시민운동
은 이러한 계급적 인식을 의식적으로 부정하고 있다는 점이다. 위에서 보
듯 경실련의 경우 '경제정의'의 문제를 '생산자층'과 '불로소득층'의 대
립으로 설정하고 생산자의 이익을 대변하는 운동으로 정의하는데, 이 생
산자층은 노동자와 기업가를 포함하고 있다. 이것은 기존의 민주화운동
세력 혹은 민중 세력이 표방했던 대립관계와는 상당히 다른 인식인데, 이
불로소득층은 명시적으로 '재벌' 세력을 지칭하는 것이었다.

경실련의 발기 취지문은 시민운동이 이중의 전선을 설정하거나, 혹은
두 가지 방식의 구별짓기를 명시화하고 있음을 보여준다. 그 하나는 사회
적 대립 관계를 계급관계가 아닌 정의와 부정의의 대립으로 설정하는 것이
다. 사회를 정의와 부정의로 구분하는 이분법은 다음과 같은 대립 관계를
설정한다.

생산적 세력   〈--〉   불로소득 세력
양심적 기업가〈--〉   재벌
시민   〈--〉   정경유착 세력
서민   〈--〉   땅투기 세력

이러한 이분법은 시민운동을 '정의와 양심을 지키는 운동'으로 설정하
면서 그것의 도덕적 정당성을 획득하려는 노력을 표현하고 있다. 그래서
이 운동은 불로소득 세력, 재벌, 정경유착, 땅투기 등을 대표적인 사회적
부정의로 지목하고, 이것에 반대하는 운동이야말로 사회의 정의와 양심을
회복하는 운동이 되는 것이다.

두 번째 구분의 전선은 기존의 민중운동과 새로운 시민운동의 대비다.

이것은 다음과 같은 이분법을 설정한다.

급진적 운동　〈--〉　온건한 운동
이념 지향　〈--〉　국민적 합의
이익집단　〈--〉　사회적 공공선
편향된 시각　〈--〉　균형 잡힌 시각

이 이분법에서 명확히 드러나는 것은 기존의 민중운동 혹은 민주화운동에 대해 상당히 부정적인 이미지를 투사하고 있고, 마치 경실련 혹은 시민운동만이 공정하고 정당하며 효율적인 운동이라는 이미지를 덧씌우고 있다는 사실이다. 이러한 대비 속에서 시민운동은 '재야운동권의 문제제기를 흡수하는 완충지대'로 설정된다. 이것은 87년 이후의 시민운동이 민주화운동과의 특정한 관계설정을 통해 자기 정당성을 획득하고자 노력하고 있다는 것을 보여주는 단적인 예라 하겠다. 또한 대체로 이러한 시민운동의 자기규정은 80년대 운동을 급진적이고 과격한 것으로 단죄하면서 안정적 시민사회로 복귀하려는 보수적 안정화의 열망을 보여주고 있다.

87년 체제는 87년까지의 민주화운동이 보여주었던 다양한 정치적 이념과 민주적 요구가 확대된 시민사회에서도 이념적으로는 보수적으로 회귀하는 특징을 보여주었다. 물론 시민사회란 언제나 보수적 안정을 추구하는 경향이 있는 것이 사실이지만, 민주화운동 과정에서 드러났던 급진적 이념들이 시민사회에 자리 잡지 못한 것은 87년 체제를 규정하는 중요한 한 특징인 것이다. 그 많은 부분은 바로 이러한 시민운동의 보수적 성격에 기인하는 것이라 할 수 있겠다.

2) 이질적 이해관심의 출현

임혁백(2006)은 87년 이후 전개된 시민단체의 활동을 두 유형으로 구분한다. 하나는 특정 분야에서 시민적 이해와 관심을 조직하고 이를 정책적으로 실현하려는 압력 단체적 운동으로, 환경, 여성, 전교조, 교육 등의 시민단체들이 이에 해당된다. 다른 하나는 종합적(encompassing) 혹은 포괄적(catch-all) 시민운동이라 할 수 있는 것으로, 활동이 단일 이슈나 영역에 국한되지 않고 다양한 정치, 사회, 경제적 문제영역을 포괄하는 것을 그 특징으로 한다. 지배적인 흐름은 포괄적 시민운동이지만, 그 속에서 다양한 이해관심의 분화가 가속화되는 것이 뚜렷한 경향이 되고 있다.

한편 새로운 시민단체들이 시민을 강조하고, 민중과 구분되는 시민운동을 특화하는 것은 무엇보다 80년대 중반 이후 급격히 진행된 계급분화, 사회적 세력 구성의 변화를 반영하는 것이기도 했다. 시민단체들은 일차적으로 회원들의 요구로부터 자유로울 수 없기 때문에, 시민단체의 회원 구성은 그 단체의 정치적 지향을 설명하는 기본 변수라 할 수 있다. 출발에서부터 민중과 구분되는 시민운동을 강조했던 경실련의 경우, 내부 회원 구성의 성격과 정치적 지향의 뚜렷한 상관성을 확인할 수 있다.

<표 3> 경실련 회원의 직업별 분포: 1990~1994

	1990	1991	1992	1993	1994
교수·교사(학계)	7.2	13.2	10.5	11.2	11.5
종교인	3.2	4.8	7.5	7.4	6.4
언론인	2.2	3.0	3.5	3.6	3.7
전문직(의사·약사·변호사·회계사)	3.4	6.6	6.7	6.9	8.8
학생	18.3	15.5	20.5	12.1	10.6
공무원	0.9	0.6	1.1	1.2	1.4
사무직	11.3	27.9	27.9	23.4	24.2
도시빈민	46.0	4.4	4.3	5.5	2.7
중소기업 및 자영업	5.0	9.2	9.2	11.2	13.0
사회 및 노동단체	–	5.8	6.1	6.6	6.4
주부·군인·문화예술 기타	7.0	6.4	7.7	7.3	8.4
생산직	–	1.7	2.3	2.5	2.8

자료: 경실련, 『기념자료집』, 각년도.

1990년부터 1994년까지 회원 구성의 추이를 보면 사무직과 학생이 가장 높은 비율을 차지하고, 교수·교사, 전문직 및 자영업자도 상당히 높은 비율을 보인다. 즉 회원의 반수 이상이 중산층 혹은 중간계급으로 구성되어 있으며, 생산직이나 도시빈민은 1990년을 제외하고는 매우 낮은 비율만을 보일 뿐이다. 1990년의 경우 도시빈민의 비율이 46%를 차지하고 있는데, 이것은 경실련이 설립과 함께 진행했던 도시빈민협의회의 철거반대 사업에 철거민들이 대거 회원으로 가입함으로써 발생한 일시적 현상이었다. 많은 계급이론들의 주장에 따르면 중산층은 변혁적이기 보다는 안정을 원하며, 경제적 배분과 같은 직접적 물질적 이익 보다는 탈물질적 욕구를 더 추구하는 경향이 있으며, 폭력 보다는 평화적 방법을, 급격한 변화 보다는 점진적 개혁을 선호하는 경향이 있다. 이러한 회원 구성의 성격은 창립 때부터 평화적이고 점진적이며 합법적인 운동을 주창한 경실련의 이념과 매우 깊은 상관성을 가진다고 하겠다. 특정한 계급적 전망이 부재한 이 중산층의 욕구는 사회 전반의 합리성이라는 다각적 관심으로 표출되기 마련이며, 이는 경실련이 보여 온 백화점식 운동과의 높은 친화성을 드러내는 것이다.

나아가 시민단체들의 활동이 본격화되고, 고유한 조직 논리 및 이념에 따른 운동이 활성화되면서 시민단체들의 내부 분화가 진행되고, 이는 동일한 사회적 쟁점에 대한 시민단체의 이견의 발생, 이해관계의 다원화 및 심지어 충돌이 발생하기도 한다. 나아가 특정 쟁점에 대해 서로 상이한 의견을 가진 시민단체 조직들이 서로 경쟁하는 양상도 등장했다. 대표적으로 1990년대에 노동운동의 방향과 전략에 대해 전노협, 한국노총, 경실련, 노동자협의회, 민주노총 등이 서로 다른 의견을 제시한 것이 그 예이다(정태석 외, 2009). 또한 환경오염의 원인과 환경보전 전략에 대해 환경운동연합, YMCA, 경실련, 환경센터 등이 서로 다른 의견을 제시하기도 하였다(구도완, 1993).

<표 4> 1990년대 환경운동단체들의 입장 차이

사 안	환경운동연합	대한YMCA	경실련 환경센터
환경오염의 원인	급속한 산업화와 도시화, 탐욕스런 기업활동, 정부의 성장우선 개발정책과 임기응변식 대처, 무절제한 소비	과학기술만능주의, 공업화와 도시화, 그릇된 기업윤리, 정부의 규제 소홀, 시민의식 부재	경제적 부정의, 이윤만을 추구하는 잘못된 경제구조
환경오염의 책임자	기업과 정부가 주요 책임자	나 자신이 피해자이자 가해자(최근 기업을 주범으로 규정)	지구적 규모의 환경오염에서 모두가 피해자이자 가해자
대안적 사회의 모습	환경친화적인 산업구조, 인간과 환경이 조화를 이루는 질서, 자연과 더불어 모든 인류가 자유롭고 평등하게 살아가는 공동체적 삶	환경적으로 건전한 경제성장을 위한 자본주의의 개선, 기업의 양심적 경제행위를 통한 공평한 경제질서 수립	환경과 개발의 조화, 환경적으로 건전하며 환경이 지탱할 수 있는 개발의 길 모색
주요 활동방향	피해자들의 이해와 입장을 최우선적으로 반영하기 위한 반공해 주민운동지원, 무분별한 개발사업 저지, 핵개발과 군국주의 반대, 환경정책 건의 및 대정부 압력 행사	생활실천운동, 입법요구운동, 생활협동조합운동, 자원재활용운동	생활실천운동, 자원재활용운동, 유기농업과 생활협동조합운동, 정책건의
행동방식	집회, 시위, 농성, 강연회, 공청회, 언론이용	강연회, 공청회, 국회청원, 언론이용	강연회, 공청회, 언론이용
정치참여	지방의회 진출지향	소극적	지방의회 진출지향

자료: 구도완, 1993.

환경문제의 경우 시민사회를 통해 쟁점이 제기되고 여론화되며, 다양한 운동으로 표출된, 90년대 이후 가장 활성화된 시민운동의 하나이다. 하지만 환경·생태이론의 갈래가 다양하듯이, 서로 기초하고 있는 이념의 차이에 따라 동일한 사안에 대한 환경운동적 주장은 위에서 보듯 상당히 차별적으로 나타난다. 또한 실천 방식에 있어서도 환경운동연합은 시민들의 동원을 통한 보다 직접적인 실천, 즉 집회, 시위, 농성 등에 집중하는 반면,

YMCA나 경실련은 보다 온건한 방법인 강연회, 공청회 등의 실천을 주로 수행하는 차이도 명확히 드러난다.

이러한 시민단체들 간의 분화 및 이해관계의 다원화는 서구에서 일어났던 신사회운동(New Social Movement)과 외형적으로 유사한 모습을 보여주기도 한다. 하지만 한국의 시민운동은 신사회운동과는 다른 특징을 보여주며, 이것이 한국의 시민사회를 규정하는 중요한 측면의 하나가 된다. 서구의 신사회운동은 풍요로운 복지국가의 실현에 의해 계급갈등이 어느 정도 제도적으로 해결된 근대적 기획의 완결을 그 배경으로 하는 것이었다. 월러스틴(E. Wallerstin)이 '마지막 저항운동'이라 명명했던 68운동은 근대적 합리성이 점점 더 인간에 의한 인간 지배를 향하는 자기 모순성에 대해, 다양한 영역과 이해관심에 따라 저항했던 일종의 급진적 대안운동이라 할 수 있다. 하지만 적어도 1990년대까지 한국의 시민운동은 분배 정의, 균형적 계급관계, 인간다운 삶의 실현 등 여전히 충족되지 않은 근대적 과제를 지향하고 있으며, 또한 강력한 이데올로기 지향성을 내재하고 있다는 점에서 신사회운동과 뚜렷이 구분된다(정해구 외, 2005: 194). 서구의 신사회운동은 노동운동의 관료화 및 노동계급의 보수화, 이에 반해 중간계급의 탈물질적 욕구의 표출과 반핵, 평화, 여성, 환경 등의 새로운 쟁점들을 부각시킴으로써 기존의 정치질서에 강력하게 도전하는 급진성의 특징을 보여주었으나, 한국의 시민운동은 여전히 분배 정의, 국가 정책의 수정이라는 국가 정치의 틀에 갇혀 있다는 점에서도 구분된다. 이러한 한국의 시민운동은 서구의 신사회운동과의 형태적 유사성에도 불구하고 결과적으로 국가의 제한적 개혁정책에 협조적으로 대응함으로써 온건개량적 시민운동의 입지를 강화하는 효과를 낳고 있다. 이러한 경향은 2000년대 들어 다양하고 급진적이며 소수적인 실천운동의 등장으로 새로운 변화를 맞고 있으나, 여전히 시민운동을 대표하는 거대 시민단체들은 이러한 물질적 가치지향의 시민운동이 지배적이라 할 수 있다.

한편 이 시민운동들은 대외적으로 민중운동과의 경계를 명백히 긋고자 하지만, 내부적으로는 '시민운동'과 '전문운동'의 상이한 지향 사이에서

신중한 모습을 보이기도 한다. 전문운동과 대비되는 시민운동은 아마도
대중성을 기반으로 한 시민적 운동을 지칭하는 것으로 보이는데, 이것은
특히 환경 등의 특정 운동영역을 확보한 시민단체에서 더 두드러진 모습을
보이고 있다.

그렇다면 이러한 시민단체 및 시민운동은 어떤 구조적 특징을 지닌 것
인가? 그것은 무엇보다 87년 체제의 출발점, 즉 시민 부문과 민중 부문의
구조적 분리라는 사실에서 설명되어야 할 것이다. 예컨대 경실련이 선언
처럼 제시한 5가지 강령은 민중운동과 정확히 대척점을 형성하면서 만들
어진 것으로, 시민운동은 민중운동의 잔여 부분을 담당하려는 일종의 분
리 기획으로 이해될 수 있다. 즉 이러한 시민단체의 등장 및 시민사회의 분
화는 다른 측면에서 이념적·계급적 분화와 동시적으로 이루어진 것이었
다. 경실련과 같은 시민운동은 암묵적으로 '국가 대 시민사회' 라는 대립관
계를 부각시킴으로써 '국가 대(노동을 포함한) 민중' 이라는 대립 구도를
은폐하거나 혹은 부차화시키는 전략을 취했다고 볼 수 있다.[9] 따라서 시민
운동 부문의 다원화는 시민사회의 성장에 따른 자연스러운 이해관심의 분
화를 반영하기 보다는, 민중 부문과의 차이라는 전제 하에서 탈계급적 방
향으로 이루어진 것이라 해석하는 것이 더 타당하다고 볼 수 있다.

3. 시민사회의 대중적 분화: 분산적 담론들의 출현

대략 2000년대에 들어서면서 시민사회에 새로운 정치 참여의 통로가
출현한 것으로 생각된다. 그것이 처음 출현했을 때는 중요한 정치의 통로
이자 정치적 장이 될 것이라는 예상은 큰 설득력을 얻지 못했지만, 이제 이
새로운 정치의 장은 기존의 시민사회 정치와는 구분되면서 그 영향력을 넘

---

9) 보다 근본적으로 이러한 입장은 과거의 친관변단체 등과의 차별성도 거세시키면서 공익을 추구
한다는 동질성만을 부각시키고, 민중운동 및 노동자운동을 이익집단의 차원으로 격하시키는 의
미의 정치를 가동시킨다고도 볼 수 있다. 조현연, 2004: 84.

어서는 위력을 발휘하고 있다. 기술적으로 이러한 통로를 제공한 것은 인터넷이었다. 90년대 동안 인터넷은 빠르게 보급되어 전 세계적으로 유례없는 높은 보급률 및 보급 속도를 자랑하며 인구의 70% 정도가 네티즌이 되었다.[10] 한국의 인터넷 문화 중 특징적인 것은 게시판 문화가 매우 활성화되었다는 점인데, 대부분의 웹 사이트에는 게시판 기능이 기본으로 제공되고, 여기에 글을 올리고 답글을 다는 일이 일상적인 사이버 컬쳐의 한 형태가 되었다. 이러한 게시판 글쓰기는 시민들의 자발적인 의사표현이라 할 수 있다. 왜 이렇게 게시판 글쓰기가 활성화되었는가에 대해 많은 이론가들이 다양한 답을 제시하고 있지만, 공통적으로 이들이 지적하는 것은 이 현상이 공론장의 확장이라는 특징을 보인다는 것이다. 그리고 이러한 공론장의 확대는 시민사회에서 직접적 참여를 통한 의사표현의 통로가 부재했다는 사실을 반영하는 것이라 해석한다. 단적으로 언론의 자유가 보장되고 언론의 공론형성 기능이 강화되었지만, 87년 체제는 보수언론의 체계적으로 왜곡된 여론형성만을 가능하게 했다. 인터넷은 이러한 체제적 조건 하에서 정치화되었던 것이다.

인터넷이 공론장이나 정치적 행동의 통로가 될 수 있다는 가능성을 처음 보여준 것은 효선이·미순이 촛불집회였다. 미군 장갑차에 치여 숨진 어린 여중생 효선이와 미순이 사건은 미군에 대한 기소가 한미군사협정을 이유로 미군을 기소하지 못하자 이에 분노한 시민들이 온라인을 중심으로 문제를 제기하였고, 이에 대한 광범위한 호응이 이루어지면서 거대한 시민 행동으로 표출된 사건이다. 추모의 의미에서 이들이 들었던 촛불은 이후 노무현 탄핵 반대 시위, 2008년의 미국산 쇠고기 수입반대 시위로 이어지면서 하나의 새로운 운동 형식으로 자리 잡았다. 특히 인터넷을 중심으로 토론되고 이것이 오프라인의 집회로 이어지는 운동 방식은 이전에는 우리

---

10) 인터넷 이용률은 12세 이상 인구를 모집단으로 하여, 보통 한 달에 1번 이상 접속하는 사람을 이용자로 분류한다. 따라서 이 이용률에는 인터넷을 소극적으로 이용하는 다수가 포함된다는 사실이 전제될 필요가 있다.

사회에 존재하지 않았던 새로운 실천방식이자, 또한 이러한 운동을 주도하고 참여한 주체들이 시민운동단체나 민중 부분의 운동권이 아니라 평범한 일반 시민이었다는 점에서 하나의 새로운 '참여민주주의'로 볼 수도 있을 것이다.

그렇지만 이런 온라인 행동의 영향은 이미 효선이·미순이 사건 이전에도 그 가능성이 검증된 바가 있다. 그것이 바로 시민단체들이 주도한 2000년의 낙천·낙선운동이었다.[11] 시민단체들에 의한 정치개혁 운동으로서, 한국 시민운동의 역사에서 가장 큰 성과로 지목되고 있는 이 운동은 1,000여개에 달하는 시민단체들이 결합한 '총선시민연대'[12]를 통해 낙천운동 → 공천철회운동 → 낙선운동의 3단계 운동을 실천하였으며, 아울러 노동조합을 제외한 사회단체의 선거 운동을 불허하는 선거법 87조 개정 운동도 동시적으로 이루어졌다. 낙천 인사로 1차 66명, 2차 46명의 명단이 발표되었고, 이중 자진 사퇴 인사를 제외한 공천자가 64명이었다. 이 인사들 외에 22명의 명단이 추가 발표되어 낙선 대상자는 총 86명이 되었다. 낙선운동은 '유권자 약속, 227만 표 모으기' 전국 버스 투어 등의 행사와 아울러 언론의 적극적인 관심으로 계속 여론화되었고, 이를 위한 국민 모금도 광범위하게 이루어졌다. 아울러 단체들의 인터넷 홈페이지에 명단 공개 및 이메일 보내기 등의 온라인 운동이 전개되었다. 낙선운동의 결과는 86명 대상자 중 59명이 실제로 낙선하여 68.6%의 낙선율을 기록하는 유례없는 성공을 거두었다.

이 시기 온라인은 부수적인 수단으로만 여겨졌지만, 실제로 여러 게시판을 통한 토론이 이루어지고, 막 시작된 블로그 문화를 통해 명단의 '실

---

11) 2000년의 낙천·낙선운동의 경과에 대해서는 조희연, 2004 참조.
12) 합법적 운동을 표방하는 경실련은 선거법 위반을 전제한 총선시민연대 운동에 참여하지 않고 독자적으로 낙천인사 명단을 발표했다. 경실련은 타 시민단체와의 연대의 원칙으로 1) 국민적 합의의 원칙, 2) 합리적 대안모색의 원칙, 3) 비폭력, 합법, 평화운동의 원칙, 4) 시민운동 중심의 원칙을 제시하였고, 총선시민연대는 이러한 원칙에 위배되는 것으로 판단했다. 경실련은 이러한 원칙에 따라 1991년 강경대 치사정국의 범국민 대책회의에 이미 불참한 바 있다.

어 나르기'가 활발히 전개되었다. 아래는 한 블로그에 게시된 낙선 명단과 댓글이다.

> (66명 명단)
>
> 이번 투표 하시는데 참고 하시기 바랍니다.
>
> 낙천으로 끝내선 안될 인간들도 여럿 됩니다.
>
> 쓰레기들은 다 모아 놓은듯 하네요
>
> (출처: http://xe***.egloos.com/263349)

낙천·낙선 운동에서 이러한 온라인 행동의 효과를 분석한 글은 아직 없지만, 적어도 이 시기의 낙천·낙선운동에서 인터넷을 통한 여론화가 상당히 핵심적인 역할을 한 것은 명백한 듯하다. 인터넷을 통해 형성된 여론은 시민단체들이 주도한 여론과는 뚜렷이 구별된다. 인터넷은 개개인의 발언이 공표되고 토론되며 집단화되는 가장 참여적 공간이다. 또한 개인의 발언은 특정 이슈나 정치적 상황에 국한되지 않고, 다양한 욕망과 필요를 반영하며, 자유로운 의견의 흐름들을 만들어낸다. 이것은 시민사회의 새로운 흐름, 새로운 시민적 정체성들의 형성이라 할 수 있겠다. 이 새로운 정체성과 새로운 정치는 2008년 촛불운동으로 이어졌다.[13]

Ⅳ. 87년 체제와 시민사회 정치참여의 특징

이제 87년 체제에서 시민사회를 통한 정치참여가 보여준 구조적 특징들을 정리해보고자 한다. 이것은 87년 이후 시민사회와 시민운동이 보여

---

13) 2008년 촛불운동과 87년 체제의 연관에 대한 글로는 김종엽, 2008 참조.

준 특징이자 또한 87년 체제의 구조적 성격 하에서 한계 지워진 특성들이
기도 하다.

1. 여론화 및 영향력의 정치

90년대 시민단체들은 대중의 굳건한 신뢰를 바탕으로 준정당적 정치 참
여의 통로를 만들어냈다. 시민단체들에 대한 대중의 이례적인 신뢰와 지지
는 몇몇 조사에서 두드러진다. 예컨대 1999년 사회 각 기관에 대한 공적/제
도적 신뢰에서 시민단체는 73.2%의 지지를 받으며 그 신뢰성을 확인받았
는데, 이는 교육기관(57.8%), 종교단체(50.3%) 보다 훨씬 높은 것이었다.[14]
90년대 시민운동의 성공은 80년대 민주화 운동의 한 유산으로서만 평가가
가능할 것이다. 시민단체는 미완의 민주화운동을 보완하고 미성숙한 정치
체제의 문제점을 해결해 줄 중요한 매개체이자 의사소통의 통로였다.
　한편 시민단체가 이러한 높은 신뢰를 얻을 수 있었던 것은 독특한 운동
방식에 기인하는 것이기도 했다. 이전의 민주화운동은 국가의 억압에 의
해 공개적인 방식으로 활동할 수 없는 비합법 혹은 반합법 조직의 형태를
취할 수밖에 없었다. 그래서 운동방식은 급진적이고 과격할 수밖에 없었
으며, 여론을 통해 공론장을 형성하는 방법 보다는 직접적으로 운동 대중
을 동원하는 방법을 취해야만 했다. 하지만 이러한 직접 동원이 아닌 법질
서 내에서 언론과 공청회, 성명서 발표 등을 통해 여론을 형성하는 방식으
로 전환한 시민운동은 대중에게 보다 많은 접촉 기회를 제공하고 영향력을
미칠 수 있게 되었다.
　이런 점에서 시민운동은 일종의 새로운 '담론의 질서' 를 만들어 낸 것
이라 할 수 있다. 정부의 정책에 대한 반대 혹은 대안의 담론을 창출하는

---

14) 이 조사에서 가장 낮은 신뢰를 받은 기관은 국회로 8.7%였다. 성경륭, 2001; 김선미, 2007:155
　　에서 재인용.

것은 대중으로 하여금 의미론적 비교의 기회를 제공함으로써 정부의 정책을 상대화시키고 시민단체의 담론을 승인하게 만드는 효과를 가진다. 특히 이러한 담론이 언론을 통해 대중에게 제공될 때 그것은 매우 큰 설득력을 가진다. 왜냐하면 언론이란 '공적 담론'으로서 신뢰할 수 있는 담론으로 작용하기 때문이다. 경실련과 환경운동연합의 언론 보도 횟수를 정리해보면 다음과 같다.[15]

〈표 5〉 경실련과 환경운동연합의 언론 노출 추이: 서울 종합 일간지 1990~2007

연도	경실련	환경운동연합
1990*	267회	7회
1991*	545회	62회
1992*	416회	44회
1993	830회	236회
1994	702회	480회
1995	935회	497회
1996	701회	497회
1997	856회	579회
1998	797회	459회
1999	1,467회	795회
2000	1,907회	842회
2001	919회	816회
2002	1,130회	773회
2003	1,230회	989회
2004	976회	727회
2005	888회	865회
2006	929회	633회
2007	641회	633회

* 1990~1992년 환경운동연합은 '공추련'으로 검색한 결과임
자료: KINDS 서울 종합일간지 기사 검색

---

15) 금융실명제는 '경제정의'를 운동 목표로 출범한 경실련이 초기 운동의 핵심 사업으로 삼았던 쟁점이다. 1993년 김영삼 정부의 금융실명제 전면 실시는 경실련이 강력한 시민단체로 성장하는 계기가 되었다.

경실련은 창립 당시부터 적극적인 언론 보도를 지향하였기 때문에 창립 이듬해인 1990년에 이미 연간 267회나 언론 보도에 노출되었다. 1991년에는 그 두 배에 해당되는 545회 노출되었고, 지속적으로 노출 빈도가 상승하여 2000년에는 1,907회나 보도되는 절정기를 맞았다. 환경운동연합은 공추련 시기인 1990~1992년까지 언론에 노출되는 빈도가 극히 낮았지만 1993년 환경운동연합의 결성과 함께 적극적인 언론 보도를 지향하여 그 빈도가 빠르게 상승함을 알 수 있다. 경실련과 달리 환경운동연합은 환경과 생태라는 전문적 영역을 갖고 있기 때문에 종합적 시민운동에 비해 언론 보도 횟수가 상대적으로 적지만, 연간 평균 500회 이상 언론에 보도되는 것은 이 운동 역시 여론을 형성하는 담론정치를 실천하고 있음을 보여준다.

또한 특정 국면에서는 이슈를 중심으로 적극적인 담론 정치를 구사하였다. 경실련의 대표적인 성공 사례인 금융실명제의 경우, 언론을 적극적으로 활용하여 매우 높은 노출 빈도를 만들어내기도 했다.

〈표 6〉 경실련 활동의 언론 노출 횟수: 금융실명제 사례

시기	금융실명제	환경운동연합
1990년	1,077회	57회
1991년	302회	36회
1992년	713회	73회
1993년 8월 12일까지	1,009회	67회
합계	3,101회	233회

자료: KINDS 서울 종합일간지 기사 검색

87년 체제는 구조적으로 담론의 정치를 활성화시키는 내적 요인을 갖고 있었다. 구체제 세력이 여전히 지배적이지만 선출된 정부로의 이행, 그리고 이은 문민정부로의 이행을 통해 국가는 자기정당성을 스스로 구축하기 시작했으며, 이 정당성의 구축은 확연히 담론적 실천에 의존하는 경향을 보였다. 이것은 명확히 시민사회를 헤게모니적으로 재구축하려는 노력

이라 할 수 있다. 예컨대 노태우 대통령은 스스로를 '보통 사람'으로 지칭하면서 이전의 군부 정권과 차별화 담론을 구사하기 시작했으며, 김영삼 대통령은 3당 합당의 정치적 부담을 '개혁'이라는 담론으로 극복하고자 했다. 1993년 공직자윤리법 개정을 필두로 금융실명제 실시, 1994년 정치관계법 개정, 지방자치제 전면 실시, 5·18특별법 제정 등은 개혁 담론을 통해 정권의 정당성을 획득하고자 하는 노력의 표현이었으며, 집권 후반기는 '세계화' 담론을 통해 전 세계적으로 지배적인 신자유주의적 담론을 수용하기도 했다. 이 때문에 시민운동은 미완의 민주주의 개혁을 위해 담론적 수준에서 대항 담론, 개혁 담론을 작동시켜야만 했다.

동시에 87년 체제의 특징을 단적으로 보여주는 것으로 '사회통제 법제'[16]를 들 수 있다. 사회통제 법제란 '국가가 사회, 특히 시민사회에 대하여 적극적으로 개입하고 통제하는 데 이용하는 법제'로 정의할 수 있는데 (박지현, 2008: 50), 87년 체제는 타협을 통한 정치적 민주화에도 불구하고 오히려 이 사회통제 법제를 기존의 악법적 형태로 존속시키거나 오히려 강화해 왔다는 데 그 특징이 있다. 대표적으로 국가보안법과 집시법의 경우, 87년 민주화운동은 국가보안법을 완전히 민주적으로 개정하거나 폐지하는 것을 목적으로 했으나 정치적 타협을 통해 만들어진 87년 체제는 1991년에 가서야 아주 작은 개정만이 이루어졌을 뿐이다. 집회와 시위에 관한 법률 역시 마찬가지로 1989년 법 개정을 통해 학교, 공장, 교회 등을 집시법 적용 대상 장소에서 제외하는 약간의 개선을 이루었지만, 여전히 야간 집회·시위의 금지, 광범위한 금지통고제, 광범한 집회 금지 장소 설정, 집회 금지 대상 도로의 시행령에의 위임 등은 헌법상 집회·결사의 자유를 침해할 소지를 안고 있었다(박지현, 2008: 56).

즉 이러한 사회통제 법제가 행위와 사상을 억제하는 상황에서 시민운동이 타협적으로 선택한 것은 법제의 테두리 내에서 법제의 모순성을 폭로

---

16) 이는 박지현(2008)의 개념이다.

하는 담론 정치였던 것이다. 하지만 이러한 여론 형성과 영향력의 정치는
그 자신의 정치를 논리를 가진다. 대중에게 좀 더 환기되는 담론을 만들어
내기 위해서는 언제나 대중의 필요와 관심이 반영되는 이슈들을 선택해야
만 하고, 그것이 좀 더 영향력이 있기 위해서는 대중의 욕구에 부응해야만
한다. 이러한 현실 논리는 시민단체의 활동은 사회 전영역의 전방위적인
쟁점들을 다룰 수밖에 없도록 만든다. 아래의 표에서 보듯 경실련이 창립
에서부터 2001년에 이르기까지 여론 형성을 주도했던 쟁점들은 정치, 경
제, 사회, 환경, 문화, 통일 등 거의 사회 전 영역을 포괄하고 있다.

<표 7> 경실련의 분야별 활동현황: 1989~2001

분야	정치	부패	경제	환경	도시	외교	사회	통일	총계
사업건수	492	99	651	219	120	103	314	106	2,004
	(24.6)	(4.9)	(32.5)	(10.9)	(6.0)	(5.1)	(15.7)	(5.3)	(100.0)

자료: 김태롱 외, 2004; 조대엽, 2007: 200에서 재인용.

즉 여론화와 영향력의 정치, 그리고 담론의 정치는 시민단체의 활동을
흔히 말하는 '종합적 시민운동' 혹은 '백화점식 시민운동' 으로 만드는 경
향이 있다. 언론을 통한 여론 형성과 쟁점의 부각은 사회 정치적 상황을 직
접적으로 반영해야만 그 효과가 커지며, 이것은 주요한 정치적 행위와 상
관적일 수밖에 없는 것이다. 그렇기 때문에 쟁점은 사회의 거의 모든 전 영
역을 포괄하게 되는 것이다. 그리고 이것은 마치 유럽의 복지국가가 과도
한 부하, 지나치게 많은 국가의 일 때문에 정당성의 위기에 빠지게 되는 것
과 유사한 상황을 불러일으키고 있다.

2. 국가정책의 상관적 담론 정치

논리적으로 시민사회란 국가와 구분되는 자율적 영역이다. 다르게 표
현하면 지배와 정치로 대표되는 국가의 기능과 다른, 자유와 자율성의 영
역인 시민사회는 그 고유한 목적과 기능을 갖고 있다는 말이다. 하지만 87

년 체제의 시민운동은 이러한 시민사회 고유의 목적을 실현하기 위한 운동
보다는 항상 국가의 정치에 상관적인 운동들을 펼쳐 왔다. 물론 국가와 시
민사회의 관계에 있어, 국가의 행위가 시민사회에 어떤 식으로든 영향을
미치고 시민사회의 틀을 만들어내는 것이 사실이다. 하지만 시민사회는
이러한 국가의 작동으로부터 시민의 공공영역을 보호하는 것이 그 고유한
목적이라 할 수 있는데, 시민단체들이 만들어내는 담론의 정치는 끊임없
이 그것을 국가의 상관적 담론으로 만듦으로써 시민사회를 보다 국가 가까
이에 위치시키는 효과를 낳는다. 물론 이것은 시민사회의 자율성을 보호
하는데 부정적인 효과를 미친다.

위의 경실련 여론 형성 목록에서 보듯, 거의 모든 쟁점들은 국가의 정
치와 정책에 대한 비판과 견제의 담론들이다. 한 예로 금융실명제의 경우
를 보자. 노태우 정부는 경제력 집중 및 조세부담에 대한 비판이 높아지면
서 1989년 4월 11일 재무부에 「금융실명거래 실시준비단」을 설치하고
1991년 실명제를 실시하기로 했다. 하지만 3당 합당을 통해 정치 주도권을
회복한 정권은 국민경제에 대한 급격한 충격을 완화한다는 미명 하에 실시
시기를 재검토한다는 방향으로 선회하였다. 그러나 1992년 정보사 부지
매각의혹이 불거지면서 금융실명제를 조속히 실시해야 한다는 여론이 높
아지고, 이러한 상황에서 경실련 등의 시민단체들이 조기 실시를 강하게
요구하게 되었다. 경실련은 1992년 7월 18일, ‘정보사터 매각관련사건의
철저한 진상규명과 이의 방지를 위해 금융실명제의 조속한 실시 및 행정정
보공개 제도의 확립을 촉구한다’는 성명서를 발표하고, ‘사회경제질서를
문란케 한 이와 같은 대형 경제부정사건들의 잇단 발생에 대해 책임’질 것
을 강하게 요구하였다.[17] 김영삼 정권의 출범은 이러한 상황에서 개혁과
신한국 창조라는 담론을 내세우며 이전부터 실시 계획이었던 금융실명제
를 자신의 고유한 개혁 정책으로 표방하면서 정권의 정당성을 확보하고자

---

17) 경실련, 『경실련 출범 3주년 기념자료집』, 1993.

했고, 경실련의 운동은 이러한 개혁 정책을 시민사회에서 뒷받침하는 정권의 보조적 담론으로 작동했던 것이다.

<표 8> 금융실명제 관련 경실련의 동원 유형과 횟수

동원 유형	횟 수	
성명서 발표	49회	90년: 14회 91년: 12회 92년: 14회 93년: 9회
공청회	4회	
세미나(공개토론, 토의 포함)	8회	
시민대회	4회	
설문조사	3회	
정책캠페인	1회	총선·대선 기간 금융실명제 촉구 캠페인
청원	2회	
도서발간		– 경실련 정책자료집 「우리사회 이렇게 바꾸자」 – 「3당 정책 비교평가 자료집」 – 「우리사회 이렇게 바꾸자」 – 「금융실명제」 단행본 발간

자료: 김선미, 2003: 118.

특히 경실련은 정부와 보조를 맞추면서 정권의 정당성 창출 및 정책 집행에 지원세력으로 참여하는 모습을 뚜렷이 보여주었다.

<표 9> 경실련의 정부 지원 운동: 김영삼 정권 사례

정 권	일 시	내 용
김영삼 정권	1993. 3	경무 1장관 보좌관에 경실련 상임집행위원장 참여
	1993. 4	대통령 자문기구인 「행정쇄신위원회」에 인명진 본부장, 국무총리 직속기관 「국민고충처리위원회」에 신대균 사무처장 참여
	1993. 5	기획원–경실련 〈신경제 5개현 계획〉 정책토론회
	1993. 5	건설부–경실련 〈신경제 주택부문토론회〉 개최
	1993. 7	한약분쟁 해결을 위한 보사부의 「약사법개정추진위원회」에 서경석 사무총장 참여

자료: 경실련 기념자료집, 각 년도.

경실련과 성격은 다르지만 환경운동연합 역시 환경 및 생태 문제에 집중하면서도 정부의 정치 및 정책에 직접 연결되어 있는 담론 투쟁을 지속해 왔다. 핵폐기장 건설 정책에 반대 여론 형성, 영종도 신공항 건설에 대한 환경파괴 우려, 김영삼 정권의 신경제계획의 반환경적 성격 비판 및 신환경 5개년계획 등은 모두 정부의 담론과 대당을 이루는, 상관적이거나 보조적인 담론들에 해당된다.

논자에 따라서는 시민단체의 고유한 역할을 '국가 정책에 영향력을 행사하는 것'으로 정의하기도 하지만(박상필, 1999), 시민단체는 자율적 시민사회와 시민의 자유 및 권리, 그리고 문화를 발전시키는 보다 큰 의미와 역할로 정의되어야 한다. 시민단체가 자신의 실천을 국가 정책의 직접적 상관물로 만드는 것은 외견상 국가에 대립적인 것으로 보임에도 불구하고 시민사회의 관심을 국가의 정책으로 축소시키는 결과를 낳을 것이다. 물론 이러한 실천을 구조적으로 강제한 것이 바로 87년 체제의 특수성이며, 이제 시민단체들은 이러한 강제를 보다 자유로운 실천으로 확장시켜야 하는 과제를 안고 있는 것이다.

3. 준정당적 시민운동

87년 체제는 정치적으로 기존의 세력관계를 바꾸지 않은 채 보수적으로 타협된 체제다. 민주화운동은 시민들의 민주주의에 대한 요구 수준을 한층 높여놓았지만, 기존의 정치 및 정당은 민주주의의 제기능을 발휘하지 못했다. 이런 상황에서 특히 종합적 시민단체는 정치의 공백과 부재를 메우는 준정당, 시민적 대의기구의 역할을 맡게 되었다. 대표적으로 경실련의 활동 분야에서 드러나듯이, 그 범위가 전사회 영역에 걸쳐 있고, 뚜렷하게 이 단체를 대표할 수 있는 전문화된 영역 활동이 보이지 않는다는 특징을 갖는다. 또한 시민단체가 제기하는 쟁점들은 제도정당의 이슈보다 훨씬 더 실질적인 정책 쟁점들인 경향이 있으며, 그렇기 때문에 가장 거시적인 수준의 문제로 집약되는 것이다.

준정당적 운동이 보이는 또 다른 특징은 이것이 정책적 제언의 형태를 띠는 운동이 된다는 점이다. 이를 좀 더 자세히 살펴보면, 경실련의 경우, 금융실명제, 의정활동 개혁 운동, 금리자유화 문제, 토지세제 정상화, 노사관계 개혁, 정치관계법 및 국회법 개정, 한·양약 분쟁 조정, UR 재협상 촉구, 지방자치법 개정, OECD 가입 반대, 외환위기 진상규명, 국가채무 축소 입법 청원, 지방선거 정책 제언, 이라크 파병 반대 등의 주요 담론들은 모두 직접적으로 정부의 정책을 반대 혹은 수정, 보완하는 역할을 수행하는 정책적 담론들이라 할 수 있다. 환경 문제를 전문적으로 다루는 환경운동연합의 경우는 경실련과는 달리 고유의 운동적 담론을 보이고는 있지만 이 역시 러시아 핵투기 조사, 시베리아 벌목 문제, 수질오염 조사, 유조선 기름유출 대책, 핵폐기물 매립지 건설 반대 등 정부의 정책, 혹은 환경부의 정책과 유사한 담론들을 표출하고 있다.

<표 10> 경실련과 환경운동연합의 공론 형성 목록(1989~2007)

시 기	경 실 련	환경운동연합
1989~1990	토지공개념, 금융실명제, 세입자보호, 의정활동개혁, 이문옥감사관 지지, 향락퇴폐업소 척결 등	골프장 건설 반대, 핵폐기장 건설 반대, 영종도 신공항 건설 환경파괴
1991~1992	금리자유화, 재벌의 증여상속문제, 호화사치품 수입 반대, 토지세제 정상화, 골프장 환경파괴, 스포츠신문 퇴폐화, 노사관계 개혁, 쌀시장개방 반대, 이동통신업자 선정, 성폭력 추방, 공정거래법, 공명선거(정책대결 유도, 부정선거 고발, TV토론유도) 등	핵처리장 건설 반대, 팔당호 골재채취 반대, 페놀유출사건·두산불매운동
1993~1995	부정부패추방, 신경제정책 평가, 한·양약 분쟁조정, 장애인 교통대책, 정보공개법, 세제개혁, 정치관계법 및 국회법 개정, 교통정책 개선, 지속가능한 발전, 주요 강 수질오염, UR 재협상 촉구, 지방자치법 개정, ABS 기준마련, 중앙은행 독립 촉구, 농안법 개정, 행정구조개혁 등	신경제정책 비판, 러시아 핵투기 조사, 지리산 양수댐 반대, 신환경 5개년계획 촉구, 기업 규제완화 특별법 반대, 생수 시판 반대, 수도료 거부, 핵폐기장, 시베리아 벌목, 핵정책 반대, 그린피스와 공동 핵반대, 강 수질 문제, 프랑스 핵실험 반대, 해수욕장 수질오염 조사, 매연차량 추방, 지자체 친환경 후보 지지, 기름유출 LG 불매, 북한산 도로개설 반대

시 기	경 실 련	환경운동연합
1996~2000	시민공정거래위원회, OECD 조기 가입 반대, 안기부법·노동관계법 날치기 통과 저지운동, 한보사건 축소수사 규탄, 중앙은행 독립 촉구, 외환위기 규명 특별위원회 설치, 경제 위기 책임자 처벌 촉구, 옷로비 사건 규명운 동, 후보자 감시 운동, 의료개혁 촉구, 외국인노동자 차별 반대	시화호 생태 조사, 가야산 골프장 건설 반대, LG시프린스호 기름유출 대책활동, 온천법과 먹는 물 관리법 개정 운동, 대만 핵폐기물 북한반입 저지 운동, 교토회의 참가, 동강살 리기 운동, 인도네시아 열대림 화재 조사, 새만금 간척사업 백지화 운동, 그린벨트 살리기 운동, 일본 플루토늄 해상수송 반대 운동, 총선연대 낙천·낙선운동 참여
2001~2007	국가채무 축소 입법 청원, 수도권 공장총량제 완화 반대, 통일대축전 참여, 그린벨트 해제 철 회 요구, 지방선거 정책제언, 바른선거유권자 운동, 신용불량자 문제 해결 촉구, 대통령후보 정책 평가, 지방분권운동, 청계천 공사 반대, 이라크 파병 반대, 한나라당 비자금　수사 촉 구, 아파트값 거품빼기 운동, 학교급식 조례 제 정 촉구, 북한 돕기, 판교 분양중단 촉구, 아파 트 건설비 공개 촉구, 지방선거법 개정, 한미 FTA 검증단, 공직개혁운동, 의료사고 구제,	세계 녹색당대회 참석, 바스프 화학공장 독일 항의방문, 서울 300리 생태 도보탐사, 서울대 공원 동물 사육실태 조사, 생활협동조합 설치, 리우회의 참가, 남북 환경협력 합의, 지자체 녹색후보 당선, 핵폐기장 건설 백지화 운동, 인왕산 태양광발전소 건설, 천성산 터널 백지 화 운동, 계룡산 관통도로 백지화 운동, 공해 기업 포스코 반대 운동, 청주 두꺼비서식지 보존운동, 국제포경위원회 울산 개최, PVC없 는 병원 만들기 운동, 강화 갯벌센터 개관

자료: 이정규, 1999: 110, KINDS 기사, 홈페이지 자료 재구성

87년 체제가 강제한 측면이 있는 이러한 시민운동의 성격은 체제의 분화에 따라 그 모순성을 드러내고 있다. 무엇보다 많은 이들이 지적하듯이 이러한 운동은 전문성의 미비라는 한계를 지니며, 또한 중앙 권력에 대한 감시와 견제를 목표로 하는 시민운동은 항시적으로 중앙정치화 할 가능성을 내포하고 있다. 준정당적 대의기능은 절차적 민주주의의 한계를 그대로 답습할 우려 또한 있다. 즉 시민들의 요구를 충분히 반영하는데 실패할 때 그 자체로 권력화할 위험이 도사리고 있는 것이다.

4. 분산적 욕망들의 정치

한 논자는 2000년대 들어와 시민사회가 새로운 분화를 겪고 있다고 주장하는데, 그 분화의 핵심은 기존의 시민운동이 가졌던 민주화운동과의 연속성과 통일성이 해체되는 현상이다. 그리고 이러한 분화는 운동의 다

양화라는 측면에서 긍정적이지만 시민운동의 영향력 약화라는 측면에서 부정적이라 진단한다(김정훈, 2007: 109~110). 하지만 여기서 오히려 주목되어야 할 것은 단순한 분화가 아니라, 이 분화가 무엇에 의해 추동되는가 하는 점이다. 그것은 다양한 시민단체의 출현 및 분화 보다는, 새로운 정체성과 욕망의 출현으로 이해하는 것이 타당하리라 생각된다. 이를 상징적으로 보여준 사건이 효선·미순이 사건, 월드컵 응원 문화, 노무현 탄핵반대 촛불 등이다. 이것은 새로운 시민사회 정치로도 해석된다.

표출되었던 욕구와 욕망의 수준에서 효선·미순이 사건, 월드컵 응원 문화, 노무현 탄핵반대 촛불 등은 내용적 유사성을 갖는데, 그것은 정치적으로 직접적인 반대를 제도적 절차가 아닌 다른 통로를 통해 표현할 수 있는 능력에 기초하여, 그 정치적 의제로서 개인의 삶, 이해관계, 욕망 등을 표출하는 공통점을 갖고 있다. 또한 표현의 방식에 있어 이성적이기 보다는 감성적이며, 복잡한 것이 아니라 선/악, 정의/불의, 호/불호가 명백하게 구분되는 단순성에 기초하고 있다(박해광, 2008). 예컨대 노사모 활동의 경우 약간의 비하적 의미를 담아 '팬클럽 정치'로 명명되기도 했지만, 이것은 2000년대 이후 시민사회 정치의 분화를 가장 상징적으로 표현하는 것이라 할 수 있다. 문화적으로 팬덤(fandom) 현상은 자기 욕망과 정체성의 투사, 대리적 표출로 해석된다. 이것은 대상에 대해 복잡한 정치적 이해관계 보다는 감성적 선호와 인접·유사성을 표현하는 것이며, 또한 팬덤의 대상은 단일한 대상이 아니라 복수적이다.

이 새로운 현상은 기존의 시민운동과 어떤 연관성을 가지는가? 87년 체제 하에서 시민단체들이 실천해왔던 운동의 중요한 특징 중 하나가 바로 대의적 시민운동이다. 즉 정치적으로 대리되지 않는 의제들을 시민들을 대신하여 제기하고 획득하려는 운동이 바로 대의적 시민운동이라 할 수 있는데, 새로운 분산적 담론들은 이러한 대의 기능 속에 포괄되지 못했거나 혹은 포괄될 수 없는 다양한 정치적 의제들의 표현인 것이다. 즉 시민운동의 분화 및 영향력 약화는 바로 이 대의기능의 한계를 반영하는 것이라 할 수 있다.

지금까지의 시민운동의 성공은 일종의 과잉대표 현상이라 할 수 있다. 즉 종합적·전문적 시민운동은 이들 단체의 구조와 환경 그리고 대중적 기반은 취약한 데 반해 상대적으로 시민사회의 가치와 영향력은 과잉대표됨으로써 시민운동의 본류라 할 수 있는 환경운동, 여성운동, 평화운동, 대안 자치운동, 교육, 보건, 농업, 공공성 등 민중적 사회운동은 부차화되고 낙선운동이나 정치개혁운동만이 시민운동을 대표하는 것으로 비추어지는 기현상이 발생했던 것이다. 새로운 분산적 담론들은 이러한 과잉대표의 한계를 뚫고 흘러나오는 자연스런 시민사회적 욕구들의 표현인 것이다.

물론 인터넷이라는 기술적 통로가 이러한 분출을 매개하고 있지만, 조직화되지 않고 상호 충돌하는 다양한 담론들은 그 자체로 정치적 영향력을 행사하는 데는 한계가 있다. 또한 이러한 담론들은 지나치게 탈-대의정치적이어서 때로 모순적 정치 행위들이 동시적으로 발생하기도 한다.[18] 또한 아직 충분한 숙의(deliberation) 경험을 갖지 못한 이 담론들은 유희적 정치, 이미지 정치, 이분법적 사고 등의 한계를 보이기도 한다(박해광, 2008). 하지만 중요한 것은 이러한 새로운 욕망의 출현이 시민사회의 정치참여의 의미와 구조를 조금씩 바꾸고 있다는 사실이며, 이로부터 새로운 참여적 시민운동을 발전시켜야 할 과제가 제시되고 있다는 사실이다.

V. 결론: 87년 체제의 마감과 새로운 시민사회 정치참여

2008년 대통령 선거는 한국 현대사에서 획기적인 전환으로 기록될 것 같다. 하지만 그것은 부정적인 의미에서 그렇다. 87년 민주화운동의 성과

---

18) 그 극적인 예가 이명박 대통령에 대해 압도적으로 지지한 사람들이 동시에 이명박 반대 촛불집회를 100여일 주도했던 2008년의 경험이다. 이러한 모순성은 논리적으로 설명되기 힘들다.

는 다양한 민주적 개혁과 이를 위한 시민사회의 노력들이 있었음에도 불구하고 보수 정권을 탄생시킴으로써 그 한계를 드러냈다. 그리고 이러한 부재와 한계를 시민사회의 참여가 메우려 노력해 온 것이 87년 체제의 구조적 특성이라 살펴본 바 있다. 이명박 정부는 87년의 민주화운동의 성과, 그리고 민주화 세력을 근원적으로 부정하려는 정책들을 계속 내놓고 있다. 이로써 민주화 이후의 민주주의적 개혁 혹은 공고화로 특징지워지는 87년 체제는 그 한 순환을 종료한 것으로 보아야 할 듯하다. 또한 각종 선거 참여율에서 드러나듯 87년 체제 하에서 정치적 관심과 참여는 지속적으로 하락하여 대중의 탈정치화가 급속히 진행됨을 보여주었다. 이것은 87년 체제가 갖고 있는 한계와 문제점을 여실히 드러낸 것으로 해석될 것이다. 하지만 동시에 시민운동은 새로운 양상을 보여줌으로써 이후의 궤적을 관심 깊게 보아야 할 필요성을 제기하였다. 2008년의 촛불운동은 87년 민주화운동 이후 가장 많은 시민들의 참여를 통해 정부의 정책에 대한 반대를 표시했다. 민중운동도, 또 시민운동도 아닌 자유로운 이 형식의 운동의 출현은, 그렇지만 이 역시 87년 체제의 긍정적인 한 유산으로 해석하는 것이 억지는 아닐 것이다. 그리고 이러한 자유로운 분산적 욕망에 기초한 운동이 앞으로도 출현할 것이라는 기대를 걸어 볼 수도 있을 것이다.

하지만 이 연구가 87년 체제의 성격에 주목한 보다 중요한 이유는, 그것이 시민사회의 정치참여와 관련한 구조적 부재를 함축하고 있음을 드러내 보이기 위한 것이다. 앞서 살펴보았듯이 포괄적 운동으로서의 시민운동이 가진 첫번째 문제는 전문성의 부재다. 이 전문성의 부재는 전문적 지식이나 지식인의 부재의 문제 보다는 운동의 내용을 전문화함으로써 보다 앞선 철학과 전망을 제시할 수 있는 가능성과 능력의 문제라 할 수 있다. 정치 발전의 지체를 특징으로 하는 87년 체제 하에서 초기 시민운동이 가진 전문성의 가능성은 매우 높았다. 하지만 20여 년간의 시민운동의 결과는 시민운동의 전문성 제고의 지체라 평가해야 할 것이다. 두 번째는 정치적 역할의 약화라는 문제다. 민주화 이후의 민주적 개혁을 주요 목적으로 삼은 시민운동은 정치가 부재한 곳에서 준정당적 정책들을 수행해 왔다.

그리고 이런 형태의 운동은 2000년 낙천·낙선 운동을 통해 그 영향력을 인상 깊게 보여주었다. 하지만 문제는 2000년 이후 이러한 시민사회의 정치적 영향력은 급격히 감소하고, 시민운동이 제기했던 문제들이 정부의 정책 의제화하면서 그 활동성을 급격히 상실 당했다는 점이다. 이것은 시민운동이 국가 정책과 끊임없이 근접 조우함으로써 야기된 필연적 결과라고도 해석할 수 있다. 시민운동을 통한 정치참여의 형식이 근본적으로 반성되어야 할 이유가 여기에 있는 것이다. 세 번째 부재는 역설적이지만 대중성을 표방한 시민운동이 초래한 대중성의 부재다. 초기 시민운동 단체들의 회원 가입이 급격하게 이루어졌던 반면, 2000년대에 들어서는 심각한 참여 저하의 문제들이 발생했다. 여기에는 여러 이유가 있을 수 있지만, 시민운동을 암묵적·명시적으로 노동자운동 및 민중운동과 차별화시킨 것도 중요하게 작용한 것으로 생각된다. 대중성을 단지 많은 대중을 대상으로 한, 혹은 대중들을 회원으로 확보한 운동으로 간주하는 인식의 한계가 여기에 있다. 과연 시민운동은 대중의 필요, 욕망을 진지하게 고려하면서 이들과 함께 하는 운동을 고민해 왔을까?

새로움은 항상 부재를 딛고 만들어진다. 한때 우리사회는 가장 모범적인 민주화의 경로를 밟는 사회로 부러움을 사기도 했다. 87년 체제의 종언은 이 민주화의 유산을 어떻게 새롭게 할 것인가라는 과제를 우리에게 던진다. 이제 새로운 시민사회의 정치 참여가 고민되어야 할 때다.

| 참고 문헌 |

구도완. 1993. "한국 환경운동의 이데올로기 지형", 문화와 사회 연구회 편, 『현대와 탈현대』, 사회문화연구소

구도완. 1996. 『한국 환경운동의 사회학』, 문학과지성사.

김금수. 1988. "1987년 7월~9월의 노동항쟁", 동아일보사, 『현대 한국을 뒤흔든 60대 사건』(신동아 별책부록), 동아일보사.

김선미. 2003. "NGO의 정치적 영향력: 금융실명제 실시의 사례분석", 한국정치학회, 『한국정치학회보』, Vol.37. No.5.

김선미. 2007. "시민운동 위기 담론과 발전 방안", 『담론 201』 10권 3호.

김성기. 1991. 『포스트모더니즘과 비판사회과학』, 문학과지성사.

김정훈. 2004. "한국 시민운동의 역사와 쟁점", 민주화운동기념사업회, 『기억과 전망』 여름호.

김정훈. 2007. "민주화 20년의 시민사회: 시민운동은 여전히 민주화의 동력인가?", 민주화운동기념사업회, 「6월민주항쟁 20년 기념 학술대토론회 자료집」.

김종엽. 2005. "분단체제와 87년체제", 『창작과 비평』 통권 130호.

김종엽. 2008. "촛불항쟁과 87년체제", 『창작과 비평』 통권 141호.

박상필. 1999. 『NGO와 정부 그리고 정책』, 아르케.

박상필. 2003. "한국 시민사회 형성의 역사", 권혁태 외, 『아시아의 시민사회: 개념과 역사』, 아르케.

박지현. 2008. "87년 후 20년간의 사회통제 법제", 『민주법학』 제36호.

박진섭. 2004. "시민운동과 정치권력", 민주화운동기념사업회, 『기억과 전망』 여름호.

박해광. 2008. "대중운동으로서의 촛불운동", 「한국문화사회학회 추계학술대회 자료집」.

배한동. 2004. "한국 민주주의 공고화 과정의 시민단체의 역할", 『대한정치학회보』 12집 1호.

오현철. 2003. "시민참여 유형의 변화와 의미: 현대 민주주의의 한계와 가능성", 『시민사회와 NGO』 창간호.

이광일. 2007. "6월항쟁, '더 많은 민주주의' 의 좌절", 6월민주항쟁 20년 기념 학술대토론회, 「한국 민주주의운동의 의미, 평가, 전망」.

이신행. 1997. 『한국의 사회운동과 정치변동』, 민음사.

이영제. 2004. "한국 민주화와 사회운동: 민주화 과정의 특징과 사회운동의 재편", 한양대학교 제3섹터연구소, 『시민사회와 NGO』 Vol.3, No.1.

이정규. 1999. 「한국 시민단체의 역할에 관한 연구」, 동국대학교 정치학과 박사학위논문.

이태호. 2004. "'대의의 대행' 을 넘어서는 시민운동의 모색", 『노동사회』 6월호.

이태호. 2004. "정치적 전환기, 시민운동의 모색", 민주화운동기념사업회, 『기억과 전망』 여름호.

임혁백·고바야시 요시아키. 2006. 『시민사회의 정치과정』, 아연출판부.

임현진·공석기. 1997. "한국사회와 신사회운동—운동조직 분석", 『한국사회과학』 19권 2호.

정상호. 2007. "시민과 시민권의 관점에서 본 한국의 1987년 6월 민주항쟁", 6월민주항쟁 20년 기념 학술대토론회, 「한국 민주주의운동의 의미, 평가, 전망」.

정수복. 2005. "시민운동에서 대안문화운동으로", 조효제 편역. 『NGO의 시대』, 창비.

정수복. 1995. "한국 환경운동의 평가와 과제", 『환경과 생명』 통권 8호.

정수복. 1996. 『녹색대안을 찾는 생태학적 상상력』, 문학과지성사. (환경운동연합 관련)

정종권. 2000. "시민운동에 대한 비판적 평가", 『경제와 사회』 통권 45호.

정철희. 2003. 『한국 시민사회의 궤적: 1970년대 이후 시민사회의 동학』, 아르케.

정태석 외. 2009. "한국의 시민사회와 민주주의 전망", 유팔무·김호기 엮음. 『시민사회와 시민운동』, 한울.

정해구·김혜진·정상호. 2005. 『6월항쟁과 한국의 민주주의』, 민주화운동기념사업회.

정현석. 2003. "한국적 신사회운동의 위치정립에 관한 연구", 『한국정책과학학회보』 제7권 제3호.

조대엽. 2007. 『한국의 사회운동과 NGO: 새로운 운동주기의 도래』, 아르케.

조현연. 2004. "'정치'와의 새로운 관계 맺기", 민주화운동기념사업회, 『기억과 전망』 여름호.

조희연. 2001. "한국 시민·사회운동의 현황과 발전과제", 김동춘 편, 『2001 NGO 리포트』, 아르케.

조희연 편. 2001. 『한국 민주주의와 사회운동의 동학』, 나눔의 집.

조희연. 2004. 『비정상성에 대한 저항에서 정상성에 대한 저항으로』, 아르케.

지금종. 2004. "시민사회운동과 새로운 운동방식", 민주화운동기념사업회, 『기억과 전망』 여름호.

최장집. 2002. 『민주화 이후의 민주주의: 한국 민주주의의 보수적 기원과 위기』, 후마니타스.

하승창. 2004. "대중운동으로서의 시민운동, 그 가능성", 민주화운동기념사업회, 『기억과 전망』 여름호.

현재호. 2008. "87년체제에 대한 비판적 고찰: 제도변화의 논리를 중심으로", 『한국과 국제정치』 제24권 제4호.

홍일표. 2006. 「민주화 이후 한국 시민입법운동의 구조와 동학, 1988년~ 2005년」, 서울대학교 사회학과 박사학위논문.

경제정의실천시민연합. 각년도. 『기념자료집』.

참여연대. 2004. 『참여연대 10년의 기록: 세상을 바꾸는 시민의 힘』, 참여연대.

학술단체협의회. 1993. 『한국민주주의의 현재적 과제』, 창작과비평사.

Bowles, S. & H. Gintis. 1994. 『민주주의와 자본주의』, 백산서당. (차성수·권기돈 역)

Cohen, Jean & Arato. 1992. *Civil Society and Political Theory*, MIT

Press.

Huntington, S. 1993. *The Third Wave: Democratization in the Late Twentieth Century*, Univ. of Oklahoma Press.

Keane, J. 1988. *Civil Society and the State*, Verso.

Laclau, Ernesto & Chantal Mouffe. 1985. *Hegemony and Socialist Strategy*, Verso.

Pocock, J.G.A. 1973. Politics, *Language and Time*, Atheneum.

Wagner, Peter. ed. 2006. *The Language of Civil Society*, Berghahn Books.

일본 심의회의 참가 민주주의적 실현과 한계[*]
-문화심의회 부회 의사록을 중심으로

정정숙[**]

Ⅰ. 일본 심의회의 보편적 역할

민주주의 담론의 역사와 관련하여 벤자민 바버(Benjamin R. Barber)는 참여민주주의가 실천되는 공간인 시민사회가 서로 다른 두 가지 정치적 환경에서 자리를 잡아가고 있다고 보았다.

첫째, 동부유럽, 라틴아메리카, 아시아의 독재경험을 지닌 사회에서는 시민사회 개념이 저항을 표현하는 방식이다. 뿐만 아니라 독재체제의 결함을 지적하는 것이며, 급진적인 유토피아를 지향하는 경향이 있다.

둘째, 국가가 민주화되고, 경제가 자유화되어도 민주적 자유의 실질적인 영역이 필연적으로 형성되는 것은 아니라는 사실을 알고 있는 민주주의자를 위한 이정표가 시민사회이다. 제도의 민주화나 경제적 자유화와 더

---

* 이 논문은 2005년 정부(교육인적자원부)의 재원으로 한국학술진흥재단의 지원을 받아 수행된 연구임(KRF-2005-005-J11502). 『일본연구논총』 제29권(2009년)에 게재된 논문을 재록함.
** 한국문화관광연구원 연구위원.

불어 소비, 환경, 교육, 박애, 종교적 시민결사체 등 다양한 시민사회의 형태가 만들어짐으로써 사회는 더욱 문명화되고 다원화된다.

일본의 경우는 이 두 번째에 속하는 공간이다. 참여민주주의의 실현체로서의 시민사회는 민주적 정부의 대안이 아니라 오히려 민주적인 민주 정부를 보완하는 수준에서 민주적 행태가 육성되고 활성화되는 자유로운 공간이다. 즉 시민사회는 상업적 이기성과 시장의 야만성에 대한 해독제이다.(벤자민 R 바버, 2006, p13)

여기서의 시민사회란 정부와 민간기업의 활동영역 외의 제3섹터라고 부르는 영역이며, 시민들의 자발적인 정치참여활동이 일어나는 사회로 참여민주주의 형태를 보여주는 대표적 사회이다. 참여민주주의란 단적으로 대의민주주의라는 민주주의의 이념이 정치 현장에서 주체로서의 시민을 존중하지 못하고 시민의 의사를 반영하지 못하는 취약점을 시민들 스스로 보완하는 민주주의를 의미한다. 이 참여민주주의의 의미를 충분히 살린다면 대의민주주의보다 성숙된 이념이고 실질적으로 시민들의 이익이 잘 반영되는 결과를 가져온다. 대의민주주의도 시민을 정치의 주체라고 인식하지만 실질적 정치 과정에서는 정치엘리트들이 시민들의 위임에 의해 정치적 활동을 전개하는 데 있어서 시민의 이익과 견해들 중에서 자신의 입장이나 의견과 일치하는 대의를 반영하는 것이 현실적인 결과라고 하겠다.

이러한 대의민주제의 한계를 보완하기 위하여 등장한 참여민주주의는 공동체 현안에 대해서 구성원인 시민들이 직접 자신의 의견과 선호를 표명하고 합의를 도출한다는 점에서 대의제가 지니는 절차적 민주주의의 제한성을 실질적 민주주의로 전환하고 민주주의를 확장한다는 의미를 지닌다.

한편으로는 대의민주주의가 사회계약에 정당성의 근거를 두고 있으나 통치자나 정치엘리트와 시민간의 사이에 계약이라는 관계가 있을 뿐 다른 동료 시민과의 관계를 누락시킨 점도 지적된다. 시민들 간의 공동체적 유대가 자유주의에 의해 대치되면서 개인의 원자화가 진행되어 실천적이고 참여하는 시민간의 유대와 결속과 협력의 속성은 상실된 것이다.(박의경, 2005, 요약문 내용 요약)

따라서 참여민주주의는 입법부와 행정부가 국민들을 대표하여 국민들의 의견을 대변하고, 국민들의 이익을 지향하는 대의민주주의가 자칫 정치엘리트들이 청부적 정치를 자신들의 관점과 입장에서 실현하는 것의 한계를 직접 보완한다. 이러한 참여민주주의의 특징이 중앙과 지방정부에 의해 제도로서 수용된 것이 심의회 기구의 활동이다. 즉 정부의 관료도 아니고, 국회의 의원도 아니지만, 전문적인 식견을 가진 사람들로서 자신들이 일상적으로 소속된 기관이나 심의회위원으로 위촉된 기관의 관점이나 입장과 무관하게 일반 시민의 입장에서 다양한 의견을 제시하여 일본 행정부의 정책결정에 시민들의 견해를 반영한다.

일본의 행정기관이 정책자문기구로서 각종 심의회를 설치하고 정책입안과정에서 이를 적극적으로 활용하기 시작한 것은 1920~1930년대부터였다. 이 시기에 서구에서는 의회국가로 전환되기 시작했다. 의회국가단계에서는 사회의 다양한 이익의 조정이 의회를 통해 이루어졌지만, 사회적 이익이 다기화·복잡화되고 행정기관의 위임입법이 증가함에 따라 행정관료제에 의한 사회적 이익의 조정과 정치적 통합이 요구되었다. 이러한 상황에서 행정관료제가 정치적 통합기능을 수행하기 위해 사회적 이익의 조정의 장(場)으로서 심의회제도를 창설하기 시작했던 것이다. 사회집단들은 심의회에 참가하여 자신들의 이익을 정책입안과정에 반영시킬 뿐 아니라, 전문지식과 정보를 행정기관에 제공함으로써 관료제의 경직화를 막는 역할도 수행하게 되었다.

심의회가 본격적으로 설치된 것은 전후부터였다. 패전으로 인해 실추된 일본 관료제의 정치적 위신을 보완하기 위해 민의에 직접 대응하는 시스템으로서 심의회에 착안했던 것이다. 국가행정조직법이 시행된 1949년에 352개의 심의회가 설치되었으나, 중복된 것이 많았기 때문에, 같은 해 동안 다시 약 반수인 184개로 정리되었다. 그 후 증감을 거듭하여 1990년대 초 약 210여 개의 심의회가 운영되었으며, 2002년에 이르러서는 행정의 슬림화를 개혁조치로 지향하는 과정에서 100개 이하로 축소되었다. 그러나 축소된 숫자의 심의회는 형식적으로 축소되었을 뿐, 실질적으로는 한 개의 심의회 내부에 그동안 심의회라는 이름으로 활동하고 있던 조직을 부문별 부회로 심의회라는 우산 안에 모아 놓은 형태로 변모되었을 뿐이다. 즉 외양은 슬림화된 심의회이나 내용적으로는 부회라는 이름으로 기존의 심의회들이 계속 움직이고 있는 실정이다. 대부분의 심의회는 일본 관료제의 성청 종할주의를 반영하여 성청단위 혹은 국 단위로 설치, 운영되고 있기도 하며, 특수 시기에는 수상의 직속 기구로서 조사회 등의 형태로 구성되기도 한다.

심의회는 기능별로 크게 나누어 두 유형이 있다. 하나는 참여를 통한 심사, 검정기관으로서 법의 적용을 공정하게 하기 위해 이의(異義)의 재정(裁定), 자격·규격 등의 시험 검정과 평가, 보상의 감정 등을 주된 기능으로 하는 것이다. 국토청 산하의 토지감정위원회나 대장성 산하의 공인회계사 심사회, 후생성 산하의 중앙 약사심의회 등이 그것이다.

다른 하나는 자문을 하는 조사, 심의기관으로서 행정관청의 자문요청에 따라 중요한 정책이나 기본적인 시책 등에 대한 조사·심의를 주요 기능으로 하는 것이다. 여기에는 한정된 정책사항에 대해 심의하는 것을 목적으로 하는 심의회가 있는가 하면, 국가의 근간을 이루는 제도의 운용이나 개선을 심사대상으로 하는 심의회도 있다. 후자의 대표적인 것으로는 세제조사회, 제정제도심의회, 사회보장제도심의회, 지방제도심의회, 국토총합개발심의회 등을 들 수 있다. 나아가 고차원의 정치적 쟁점을 심사대상으로 하여 한시적으로 운영되는 심의회도 있다. 헌법개정문제를 검토한 헌법조사회(1957~1962), 행정개혁을 주도한 제 1·2차 임시행정조사회(1962~1964, 1981~1983), 1989년 리쿠르트 스캔들로 정치개혁이 쟁점화되자 정치개혁의 일환으로 선거제도 개정문제를 심의한 제 8차 선거제도심의회 등이 그것이다.

이러한 기능적 차이에 착안하여 심의회는 참여기관과 자문기관으로 분류된다. 참여기관은 법 적용의 공정성을 목적으로 행정기간의 의사결정에 참여하기 때문에 행정기관은 그 답신에 법적 구속을 받는다. 이는 심사, 검정 성격을 가지는 것이다. 이에 반해 자문기관은 중요정책과 기본적 시책 등에 관한 행정기관의 의사결정에 대해 의견을 개진하는 것으로, 답신에 법적 구속력은 없다.

일본에서 심의회는 기본적으로 ① 사회적 이익의 조정, ② 행정에의 전문지식 주입, ③ 행정에 대한 감시와 통제, ④ 관료들이 작성한 정책을 정당화(정책의 공정성에 대해 권위를 부여)하는 역할을 하고 있는 것으로 주장된다. 이 주장은 일본 뿐 아니라 위원회 제도를 운영하고 있는 한국에서도 인정되고 있다.

본 연구에서 사례로 다룰 문화심의회는 문화청 산하의 심의기구로서 자문기관으로서의 성격을 가진다. 즉, 평가나 감정 등 직접 행정 참여를 하지 않고, 문화청의 문화정책의 방향에 대해 심의하고, 권유한다. 문화 관련 전문성을 가진 전문가들이 문화정책에서 해당년도에 주요하게 다룰 사업이나 정책에 대해 전문적인 견해와 현장의 소리를 반영하는 것이다.

Ⅱ. 일본 심의회의 개념과 이론적 쟁점

심의회에 대한 사회과학대사전의 사전적 정의는 "국가의 행정기관에 부속된 합의제 자문기관"이며, 지방공공단체에 설치된 경우도 있고, 아동복지심의회, 국어심의회 등이 있다.

좀 더 포괄적인 위키디피아 사전의 정의에 의하면, "국가나 지방자치단체 등의 행정청과 민간조직 등에 임의로 설치된 합의제 자문기관"으로 위원 구성은 행정부에 설치된 경우에는 대체로 국민각층의 이익을 대표하는 이른바 공익위원으로 조직되는 경우가 많으며, 의회제민주주의를 보완하는 국민 참가 기관으로서 해당행정에 관한 중요한 정책방침을 책정하거나 특정 처분을 내릴 때 답신 하는 것을 목적으로 한다. 외부 유식자를 초대해 방침을 토의하는 법령상 근거가 없는 '간담회'나 '연구회' 등의 회합의 경우, '행정운영상의 회합'으로 정의하며 심의회와는 다른 것으로 구별된다. 따라서 심의회는 법적 기초를 근거로 한다.

참의원 법제국의 '법제집무 칼럼집'에 따르면, 심의회는 "국가의 행정기관에 부속하여, 해당 단체장의 자문에 대해 특별 사항을 조사, 심의하는 합의제 기관"을 의미한다. 국가행정조직법 8조의 "법률 또는 정령이 정하는 바에 따라 중요사항에 관한 조사심의, 불복심사 그 외에 학식경험을 가진 자 등의 합의로 처리하는 것이 적당한 사무를 담당케 하기 위한 합의제 기관을 둘 수 있다"에 해당하는 기관 중으로 심의회 외에 '협의회', '심사회', '조사회' 등의 명칭을 가진 것도 있다. 법제국에서 이해하는 심의회 제도의 목적은 행정에 대한 국민 참여, 전문지식의 도입, 공정성의 확보, 이해의 조정 등이다.

심의회에 임명되는 자의 자격 요건은 심의회의 목적·기능에 따라 다양하다. 정책에 의견을 개진하는 등의 목적으로 학식경험자로 임명하는 경우도 많지만, 관계당사자간의 이해조정을 목적으로 하는 심의회에 대해서는 대립하는 이익단체의 대표위원과 공익위원으로 이루어진 이른바 삼자 구성이 채택되기도 한다.

중앙의 행정부 이외에도 지역 정부에서도 심의회는 설치되고 있다. 특별히 지역심의회란 지역간 합병 후에도 지역주민의 목소리를 시책에 반영시키고, 세밀한 행정 서비스를 실현하기 위해 기간을 정해 합병 전 구역을 단위로 하여 설치하는 시의 부속기관이다. 설치기간은 2003년부터 2012년까지 10년간이다. 각 지구의 구역에 관한 사무에 관해 시장의 자문에 응하여 심의하고 시장에게 의견을 개진하는 조직으로, 자문사항은 새로운 시 건설계획의 변경, 진척상황, 새로운 시의 기본구상 작성 및 변경, 그 외에 시장이 필요하다고 인정하는 것이다.

참가민주주의가 정치전문가인 국회의원 등이 주체가 되는 것이 아니라 생활자나 일반 시민이 참여의 주체인 민주주의의 이념형이기 때문에, 심의회에 참여하는 심의위원들도 정치 전문가가 아니고, 각 영역의 기능적인 전문가이며, 각 부문에서의 전문적인 생활자라는 점에서 참가민주주의의 구현체로 인정되고 있다. 심의위원들의 참여를 통해 해당 정책에 대한 의견을 제시하고, 정책의 내용과 범위에 대해 개입을 하는 것이다. 따라서 심의회 제도는 참가민주주의의 제도화 수준을 나타내는 대표적인 상징으로 주목된다.

따라서 심의회의 본질적 기능을 중시한 오키모토(Okimoto)는 일본 국가를 강한 국가라고 하지 않고, 네트워크 국가라고 하였다. 즉, 국가의 힘이라는 것이 공적인 부문과 사적인 부문 중 어느 한편에 의해서 지배되거나 좌우되는 것이 아니라 이 두 부문을 연결시켜주는 광범한 네트워크로부터 발생한다고 보았다. 이런 의미에서 심의회는 공적인 제도적 기구로서 행정부의 입장이 반영됨과 동시에 자유로운 전문적 개인들이 모여서 자신들의 사적인 경험과 전문지식을 공유하고 소통하며 정책에 반영될 것을 원하는 협의체이다.

커티스도 심의회에 특정단체의 이익으로서 재계의 이익이 일방적으로 관철되고 있지 않으며, 장기적 추세를 고려하면 재계의 참여는 감소추세이고, 재계를 견제하는 노조를 비롯하여 다른 집단의 참여가 안정적으로 보장되어 왔다는 사실을 강조하며 심의회의 역할과 기능에 대해 긍정적 관점을 보여주었다.(Curtis 1975, 32~70)

더 나아가서 특정 심의회의 경우 수상으로부터 실질적 결정권한을 위임받아 성청이나 관료의 통제를 배제할 수 있었고, 족의원의 영향력이 큰 분야에서조차 독자적 결정권한을 행사할 수 있었다는 주장도 제시되었다.(김웅희 1998, 7~8)

그러나 이와 같은 심의회의 본질적인 설립 취지와는 다르게 정부가 결핍되어 있는 정당성을 제공받는 도구로 심의회를 활용했다는 도구적 시각의 실증적인 비판들이 1970년대 이전부터 등장했다.

도구적 시각은 국가중심적 관료지배론, 사회중심적 재계지배론, 수상의 브레인 정치론 등 심의회의 주류 혹은 지배자가 누구인지에 따라 세 가지로 유형화될 수 있다.(정상호 2003, 290~293)

첫째, 국가중심적 관료지배론은 사회적 여론의 투입보다는 관료기구의 이익추구, 책임회피, 정책결정의 지지유도 등이 목적으로 관료가 배후의 힘으로서 심의회를 작동시키고 있다는 견해이다. 이에 대해서는 무라카와

(村川一郎)가 관료가 여야당과 사전교섭과정에서 법률안을 수정 없이 통과하기 위하여 심의회를 교묘히 이용한다는 주장부터, 관료가 자신의 원안을 설득시키기 위해 심의회의 답신이란 객관성 있는 형태를 취하기도 하는데, 이때의 심의회 위원 인선은 행정기구와 밀접한 이해관계가 있는 이익집단의 대표나 학자로 구성된다고 하는 펨펠(T.J. Pempel)의 주장에 이르기까지 나타나고 있다. 결국, 심의회가 행정으로부터 정치를 배제하기 위한 조직, 행정에 대한 비판을 심의회 간판을 이용해 회피하고 책임을 불명확하게 하려는 의도를 가지고 심의회를 설치하고 운영해왔다는 비판이다.

둘째, 사회중심적 재계지배론은 경제정책이 본질적으로 기업의 이해와 요구를 강력하게 반영하고 있다는 의식이 전제되어, 경제정책을 입안하는 정부의 경제관련 부서들이 심의회를 통해 대기업 봉사노선을 충실히 이행하기 위한 견해들을 수렴해서 제시했다는 비판이다.

셋째, 심의회의 브레인 정치론은 수상 등이 하향조직방식으로 사적 자문기관을 활용하는 것으로 의회를 우회하기 위한 정략적 성격에 주목하는 입장이다. 예를 들어 나카소네가 행정, 군사, 외교, 교육 등 일대개혁으로 전후정치총결산을 시행할 때, 행정개혁 심의회, 임시교육개혁심의회, 간담회 등 정계, 재계, 관료 등 철의 3각 지배연합이 선호하는 정책과 대안을 답신에 반영한 것이 지적된다.(김웅희 1998, 7~8)

이러한 심의회에 대한 쟁점은 본질적 취지론과 도구적 수단론의 대결이라고 대별할 수 있겠는데, 이러한 쟁점의 근거들이 분명하기 때문에 특정 관점만을 전적으로 수용할 수는 없으며, 이러한 논쟁은 사례마다 다르게 적용될 수 있을 것이다. 또한 실증적 사례에 근거한 비판과 주장인 관계로 이념적, 이론적으로 타당성을 비교분석할 수 없으며, 오직 실증적 사례에 대한 비교분석을 통해서 전반적인 경향성만 논할 수 있을 뿐이다. 본 연구에서는 문화청의 심의회 운영과정을 분석하여 문화청의 심의회의 구성주체, 심의회의 원칙과 지향, 심의회의 운영 성과, 심의회의 위원장 성격과 심의회 회의 빈도 등의 변수를 검토하여 문화청 심의회의 성격을 파악하고, 이 성격을 통해 심의회가 참가민주주의적 특성을 어느 정도 발현하면서 제도화되어가고 있는지를 도출한다.

Ⅲ. 일본 심의회의 참가 민주주의적 특성: 문화심의회의 의사록을 중심으로

본 심의회 연구는 현재 100여개 존재하는 모든 심의회의 통계자료를 활용한 구조적 분석이 아니고 문화심의회 중 '예술경영인재 육성과 활용방안 모색'이라는 부회 회의의 의사록을 중심으로 하는 사례연구(case study)이다. 사례연구란 특정한 개인이나 집단체에 초점을 두고 검사, 관찰, 면접 따위의 방법으로 자료를 수집하여 종합적으로 그 사례의 문제를 이해하고 해결하려는 사회과학적 연구 방법 중 하나로서 100여 년 전부터 법학 분야에서 도입되고, 점차 사례연구가 체계화되어 교육과 심리학, 경영학, 법학 등에서 연구방법으로 활용되고 있다. 모든 개인은 독특한 성격을 가지고 있으며 서로 다른 능력을 가지고 있어서 그들이 가지고 있는 문제도 매우 상이하므로 각 개인이 가진 독특성 또는 개인차를 이해하기 위한 방법으로 사례연구가 이루어진다.

사례연구의 장점은 ① 원리와 원칙을 확인하고 응용하여 분석력, 판단력 획득 가능, ② 실제적이고 실질적인 현실경험과 같은 유사체험의 효과 발생, ③ 하나의 사례에 관해 전 과정을 통해 동태적인 분석을 함으로써 사실의 발견과 문제의 해결에 크게 기여, ④ 현상에 대해 겉핥기식 이해가 아니라 보다 면밀한 깊이까지 이해할 수 있어 다각적 시선으로서 통찰이 가능하다는 점이다. 반면 사례연구의 단점은 ①적절한 표본산출 과정이 생략되거나 조사 주체자의 주관성, 편견을 배제할 수 있는 장치가 없어, 비통계적 또는 직관적인 접근방법으로서의 한계 노출, ② 특정한 사례에만 국한되어, 신뢰도와 타당도가 약하므로 이론의 일반화를 시도하는 것은 불가능하다는 점이다.

'예술경영인재 육성과 활용방안'이라는 심의회의 의사록이 사례연구로 선택된 이유는 가장 최근의 의사록으로 심의회의 현재의 성격을 가장 분명하게 드러내 줄 수 있다는 장점 때문이며, 특정한 주관적 의도는 개입되지 않았다. 즉, 심의위원들의 명단을 미리 파악했다거나 이 심의회의 심의 주제에 특별한 의미가 있다거나 하는 판단과는 무관하다.

1. 일본의 참가형 민주주의의 개념과의 일치성

전후 고도경제성장을 목표로 한 일본사회의 혁신진영은 특정 전략이나 이념에 의해 사회시스템이나 민주주의 변혁 모델을 고민하기보다는 전쟁 직후에 미국으로부터 주어진 '평화와 민주주의' 라는 테마에 대한 정당 내부의 논쟁으로 에너지를 소진하였다. 그러한 논쟁 중의 하나가 일본의 사회운동이 목표로 해야 할 민주주의 사회모델이 유럽형의 시민사회인가 등이었다. 이러한 논쟁은 관념적일 수밖에 없었는데, 그 이유는 일본이 이 논쟁의 승패를 가늠하는 자기 자신의 척도를 가지고 있지 않았기 때문이다.(요코다 카스미. 2004. p266)

이런 과정에서 일본 사회의 참여민주주의는 시민이라는 주체, 직접 정책결정과정에 참여하는 방식이라는 두 가지의 요소를 내포한 대의 민주주의의 보완형, 혹은 이상적인 민주주의의 이념형으로서 지역에 근거를 두고 확산되어 나갔다. 중앙의 외교적 이슈 등 거시적인 문제보다는 자체의 생활의 이슈 등에 대해서 관심을 갖고 생활자로서 활동을 시작한 것이다.

특히, 일본의 행정부서에서 '남녀공동참획국' 이라는 부서명에서 알 수 있듯이 참여나 참가보다는 '참획' 이라는 용어를 선호한다. 또한 참가형 민주주의라는 개념 자체보다는 시민사회론, 시민운동론 등 참가형 민주주의의 실질적인 주체인 시민을 중심으로 한 실용적 차원의 담론들이 논의되고 있다. 일본의 시민운동가들은 자신들의 시민운동 혹은 활동의 논리가 이데올로기적·관념적으로 만들어지는 것이 아니라 객관적인 현실분석에 기초해서 수립되어야 한다고 생각한 때문이며, 이미 이론적으로 서구 사회에서 정립된 시민사회론에 의존하지 않는다는 것이 독립성을 강조하는 일본 시민단체의 입장이었다.

이러한 환경 속에서 일본의 참가민주주의 대부라고 할 수 있는 요코다 카즈미에 의해 창설된 '참가시스템연구소'에서는 일본의 참가형 민주주의 개념을 정리하고 있다. 일본의 시민단체들이 각계 각 분야에서 발전적으로 활동하고 있는 상황 속에서 일본의 참가형민주주의의 개념의 규정은 오직 참가형민주주의 활동을 한 주체들에 의해서 만들어질 수 있다고 판단한 때문이었다.

참가시스템 연구소의 수많은 개방적 논의와 의견 수렴을 통하여 규정된 참가민주주의 원칙과 목표, 개념들은 다음과 같다. 참가민주주의의 주체는 생활자와 시민이고, 참가민주주의 활동 원칙은 '자기 자신의 힘으로 생각하고, 생각한 자가 먼저 실천한다'이며, 목표는 '사회운동의 역할과 개인의 인생의 의의를 통일시킬 정열을 만들어 내는 사회적 조건과 장치를 창출하는 것'이며, 활동 방식으로 개인적 차원에서는 자기 혁신을 실천하고, 단체나 조직은 '참가, 분권, 자치, 공개의 민주주의적 수법'으로 활동하며, 결국 참가민주주의의 개념은 '생활자와 시민이 타자와의 관계성 변화를 촉구하고 자기 혁신하여 사회운동과 자기 생의 의의를 통일시킬 조건과 장치를 창출하는 정치'이다.

따라서 일본의 심의회가 참가민주주의를 제도화하였다면, 참가민주주의의 이념이나 원칙을 포함하고 있는 참가민주주의의 개념과 제도적인 심의회가 어느 정도 일관성이 있는가를 판단할 수 있을 것이다. 즉 심의회 참가자들인 심의위원들이 참가민주주의의 핵심 개념인 타자와의 관계성 변화를 촉구하고 있는가 하는 점과 자기 혁신을 성취하고 있는가, 마지막으로 특정 사회문제와 관련하여 사회운동과 자기의 삶의 의의를 통일시킬 수 있는 조건과 장치를 창출하고 있는가라는 세 가지가 된다. 이 사회운동의 조건과 장치는 타자를 위한 지향을 드러내는 것이 아니라 우선적으로 자기 생의 의의를 사회운동과 통일시킬 수 있는 조건과 장치를 의미한다.

이러한 참가형 민주주의 개념은 민주주의가 이상적이고 추상적인 수준에서 논의되는 것이 아니라 실질적으로 사람과 사람과의 관계 속에서, 미

완성의 관계성을 전제하고, 관계성의 변화를 촉구하고 있으며, 관계성의 변화를 가져올 수 있는 한 축인 자신의 혁신을 또한 강조하고 있다는 점에서 대단히 실천적이다. 게다가 마지막으로 자신들이 추진하고 참가하고 있는 사회운동과 자기의 삶의 가치를 통일시킬 수 있는 조건과 장치를 창출해야 하만 한다는 지상명령에 다다르고 있다. 따라서 일본의 참가민주주의가 요청하고 요구하는 민주주의는 대의 민주제에서는 생략되고 있는 개인 레벨의 혁신과 변화, 개인과 개인간의 관계에 있어서의 혁신과 변화, 한 단계 더 나아가서 끝없이 전개될 사회운동의 지속성을 담보할 수 있는 조건과 장치의 창출을 기대하되, 그 조건과 장치가 참여자의 개인적 삶의 의의와 연결될 수 있어야 한다.

  1) 단절과 방임을 넘어서 타자와의 관계성 변화 지향
  생활자와 시민이 타자와의 관계성 변화를 촉구한다고 하는 것의 의미는 대의 민주주의가 일반 시민과 정치인과의 관계에만 주목하고 일반 시민과 시민사이의 현재의 관계는 무관심하고 이기주의적인 개인의 속성에 의해 원자화되고 단절된 관계라는 것을 전제하고 있는 점에 대해 분명하게 저항하는 의미로서 시민과 시민의 관계가 결코 단절될 수 없다는 것, 즉 시민과 시민의 관계는 상호 긴밀하게 연관되어 있으며, 시민들이 서로 촉구하여 정치에 참여하도록 하는 격려와 공감의 관계로 자리매김하는 것을 의미한다.
  그리고 또 다른 측면에서는 생활자 혹은 시민과 전문 정치인 사이의 관계에서 생활자와 시민들이 사회를 위한 주요한 정책결정 사안들에 대해 전적으로 정치 전문가에게 의존하고 그들에게 모든 문제를 떠맡겨서 청부정치를 하도록 방임하면서 시민들 스스로 정치로부터 소외되는 그러한 관계를 청산하고, 전문 정치가에게 맡긴 정치적 책임과 권한을 되찾아서 시민들 스스로 정치에 참여함으로서 방임하는 자세를 탈피하고 책임감 있는 공공정신을 소지하는 시민으로 재생되는 것을 의미한다. 따라서 단절되고 방임하는 그러한 시민간의 관계와 시민과 정치인의 관계에 대한 새로운 변화를 적극적으로 추구하는 것이 참여민주의 개념이 된다.

심의회에 대한 규정을 보면, 중앙성청의 개혁의 일환으로 문화청 산하에 있던 심의회는 통합되었고, 2001년 문부과학성 산하에 '문화심의회'를 설치했다. 심의회는 최소한 정부가 정치전문가 외에도 일반 시민이나 전문가의 의사를 수렴하겠다고 하는 의지를 표명한 결과이며, 생활자나 일반시민을 정치적 방임상태에 머무르게 하지 않는 참여 민주적 제도이다.

심의회는 문부대신이나 문화청 장관에게 의견을 진술하는 방식으로 자문에 응하는 역할 담당 기구이며, 30인 이내로 구성되고 임기는 1년이며 재임은 가능하다. 1년이라는 짧은 임기는 다양한 시민들에게 접근 통로를 개방하려는 취지를 반영한 것이며, 특별한 사항에 대해서 조사할 필요가 있을 때는 임시 위원도 둘 수 있고, 전문적인 사항에 대해서는 전문위원도 임명할 수 있어서 심의위원들이 전문적인 부분에 대한 도움을 받으면서 정책적 의결을 할 수 있는 수준까지 제도적으로 지원되고 있다.

본 '예술경영인재'의 육성 및 활용을 위한 문화부회는 문화심의회에서 특정 주제를 다루기 위해 설치한 부회이며, 2007년 8월 이후 매월 1회씩 부회는 개최되었고, 1월 23일에는 기존의 5회의 부회에서 청취한 전문가의 발언 내용들을 정리하고, 그 내용들을 기반으로 좀 더 보완하기 위한 회의를 개최하고 그 결과물로서 의사록이 공개되고 있다. 문화심의회의 의사공개에 대해서는 2006년 2월에 문화심의회에서 결정된 사항으로 회의 공개를 원칙으로 하되, 회장 선임 및 인사에 관계된 안건과 공개함으로써 공평·중립적 심의에 지장을 초래할 우려가 있다고 인정하는 안건 및 정당한 이유가 있다고 인정되는 안건에 대해서는 제외하는 것으로 되어 있다.

회의 공개는 회의 개최일 1주일 전까지 문화청 홈페이지에 게재하고, 문부과학성 대신관방 총무과 광보실에 게시한다. 방청의 경우에는 개최일 전날 17시까지 사무국에 등록하고 소속사 당 1명 방청 인정하며, 방청 신청자가 많을 경우 원칙은 신청 순이다. 참여하는 심의위원들의 발언과 의사 진행을 방청할 수 있도록 심의회 안에 방청과 회의 공개의 제도가 확정되어 있다는 것은 일반 시민과 심의회에 직접 참여하는 위원들 사이의 거리감을 철폐한다.

게다가 그 동안의 회의결과를 정리한 답신에 따르면, 문화심의회가 매월 1회씩 꾸준히 열렸고, 1월 23일의 회의에도 참석률이 75%이기 때문에 위원들 상호간에도 단절감이 존재하지 않고 있다고 보여지며, 생활자나 시민으로서의 학자, 예술가의 입장에서도 부회의 주제인 예술경영인재 육성 방안이라는 정책에 대해 방임하고 있다고 보기는 어렵다.

특히 1월의 답신에서는 그 동안의 분과회의와 심의회를 통해 수렴된 의견의 종합으로서, 문화예술이 인간을 인간답게 살도록 하는 양식이고, 인간 상호간에 연대감을 창출하며, 공존사회의 기반을 형성할 뿐 아니라, 질 높은 경제활동을 실현할 수 있도록 해주고, 문화다양성을 유지하여 세계 평화를 확고히 해주는 것이라고 하는 문화예술의 정의를 담고 있어서, 시민과 시민의 관계를 돈독히 하는 활동이 문화예술 활동이라는 것을 상기시켜주고, 실질적으로 엘리트 문화예술 활동만이 전부가 아니라는 점을 강조하고 있다. 즉 지방의 공공단체 공무원들은 시대와 사회의 변화에 대해 별로 관심이 없고, 예술을 예술가만을 위한 것으로 인식하고 있는데 사회 전반에서 예술이 좀 더 활용되어야 한다고 밝힌 것이다. 심의회에서 규정한 문화예술은 그 자체만으로도 타인과 타인, 생활자와 전문 정치인 사이의 단절과 방임을 해소하는 것을 지향하고 있다. 이러한 심의회의 활동은 기존의 대의 민주주의를 보완하는 보완재의 역할을 충분히 실행하고 있다고 평가할 수 있다.

본 6회 의사록 중 심의회의 회의 개최 초기에 기존의 회의 내용을 정리한 답신과 조사 자료에 대한 설명을 하는 과정에서 '이해하기 쉽게' 작성했다는 표현이 1쪽의 면에 약 5회 이상 기술되고 있어, 경과보고안이 행정 과정상의 형식적인 것이 아니고, 일반 시민들도 읽으면서 충분히 이해가 가능할 수 있도록 고려하고 있음을 알 수 있다. 이는 그동안 중앙정부나 입법부나 사법부가 일반인이 읽을 필요도 없고, 읽을 수도 없는 전문적인 내용과 용어만 사용하던 관행을 개혁하고, 일반 시민들도 독해가 가능하도록 경과보고안을 구성하고 있어, 일반시민과 공무원 간의 단절적 상황에 대한 일종의 개선조치를 현실화하고 있는 것으로 판단할 수 있다.

2) 자기혁신의 실행 여부

일본의 문화시설과 단체들이 양적으로는 충분히 설립되어 있지만 질적으로 높은 문화예술 공연을 국내에서나 해외에서 하고 있지 못한 현실을 개선하고자 소집된 심의회에서는 기본적으로 문제의 원인을 '예술경영인재'의 부족으로 보고 있으며, 이 심의회 부회에서 회장은 제도교육권인 대학에서 이미 개설하고 있는 예술경영교육을 활성화시켜서 일본의 문화예술 공연과 전시 수준을 올려야 한다고 주장하였으나, 이에 대해 심의회 일반 위원들은 공감한다거나 동일한 반응을 보이기보다는 회의적인 의견을 제시하였다.

대학은 직업훈련학교가 아니라고 하는 대전제를 하고, 대학의 예술경영전공을 강화한다고 하는 것이 현장에서 활동하고 취업할 수 있는 예술경영인재를 양성하고 졸업시키는 것을 의미하는 것은 아니라고 반박한 것이다. 사례로서 뉴욕의 한 대학에서 학부 레벨의 예술경영 강의를 하고 있는 교수와 대화를 나누는 과정에서 자신의 대학에서 예술경영을 전공한 학생이 졸업과 동시에 취직을 했다는 자랑을 하는 말을 들었는데, 이를 통해 예술경영인재가 현장에 취업이 되는 것은 미국에서도 희귀하고, 예술경영으로 유명한 미국 뉴욕의 한 대학에서 육성된 대부분의 예술경영인재들이 졸업과 동시에 미취업 상태가 된다는 것을 의미한다고 해석하였다.

위와 같은 심의위원의 태도는 심의회 개최 목적이나 주제와 관련 없이 해외의 특정 사례를 들어 예술경영인재의 미취업 등에 대해 아무런 책임감을 느끼지 않고 있기 때문에 예술경영인재를 육성하고 있는 전문가로서 교육내용과 교육이후의 활용도 등에 대한 지도자의 역할에 있어서 자기혁신을 성취할 가능성이 약하다.

3) 사회운동 조건과 장치 창출-제도변화 창출 제안

한편 2007년 8월부터 개최되어 2008년 1월 23일 현재 6회째를 맞이한 심의회의 안건인 예술경영인재를 육성하고 활용하기 위해서 도입해야 할 정책적인 방안으로 첫째, 대학의 예술경영 커리큘럼을 발굴하고, 둘째, 문화기관과 시설의 예술경영인재에 대한 수요 데이터를 조사하며, 셋째, 예술경영인재가 현장을 잘 파악하고 취업 직후 곧장 현장에서 예술경영 능력을 발휘할 수 있도록 인턴십 기간을 3주로 강화하고 넷째, 예술경영학과가 전공으로 있는 대학의 경우 전임교수를 반드시 배치하도록 하는 안 등이 제시되었다.

그러나 위의 제도들이 기존의 대학교육을 강화한다는 취지에서 모색된 방안일 뿐, 현실적인 인센티브나 실질적인 강화교육이 이루어지기는 어렵다는 판단 하에 심의위원들은 두 가지 제안을 한다. 첫째, 국가의 문화적 시책이라는 것은 문화청의 보조금과 경제적 지원으로 연결되지 않으면 실제 활용이 되지 않으므로, 문화청이 명령을 내리거나 대학에 지침을 공문으로 내려 보내는 형식적 역할에 그칠 것이 아니라, 실질적으로 문화청의 보조금 예산을 투여하는 방식으로 예술경영인재 양성 방안을 수립해야 한다는 노골적이고 현실적인 방안을 제시한다. 중요한 제도적 변화가 요청될 때, 변화된 제도의 도입을 위해 필요한 예산 구축을 위한 행정조치가 병행되어야 하는 정책적 현실을 고려한 방안이라고 하겠다.

둘째, 예술경영인재를 육성하는 대학의 교원들이 갖는 사명감이나 동기에 비해 예술경영을 전공하는 학생들에게 동기부여가 되고 있지 않기 때문에 예술경영을 전공하고 졸업하는 학생 중 2명을 문화청에서 직원으로 채용하는 구체적인 방안을 제시한다면 예술경영의 커리큘럼의 발달 등은 자연히 파급효과로 따라올 것이라고 주장되었다. 이는 예술경영인재를 육성하고 활용한다는 차원의 구호에 그치는 정책은 형식적인 공문서만을 대학에 남발할 뿐 실질적으로 대학에서는 아무런 인센티브도 느끼지 못하고, 예술경영인재 육성이라는 기존의 추상적인 과제에만 매달리는 결과를 낳는다는 것이다. 따라서 '예술경영인재의 육성과 활용' 을 '예술경영인재의 육성과 채용 혹은 기용' 이라는 제목과 목적으로 안건 자체를 변경해야 한다고 보고 있다. 즉 심의회 위원들은 예술경영의 발전을 통해 일본이 문화입국으로서의 목표를 성취할 수 있도록 하는 사회운동의 조건과 장치로서 문화청의 직원 채용 시 예술경영전공자를 선발한다는 형태를 제시하고 있는 것이다. 그 결과 예술경영을 전공하고 있는 인재들이 예술경영을 전공하고 싶은 마음이 희석되지 않고, 예술경영을 전공하고자 하는 예비인재들의 수요를 지속시킬 수 있는 인센티브형(型) 장치를 제안하고 있다.

2. 참여 민주적 활동의 원칙의 준수 정도

일본 참가형민주주의가 목표로 삼는 것은 전통적 정치 이데올로기인 정치가에게 맡기는 '청부형 정치문화'를 혁신하여 자신의 존재가치를 상대화시킬 수 있는 네트워크 형성이고, 파편화된 정치가 변혁되도록 시민의 창의력과 행동력을 조직화하는 것이며, 궁극적인 목표는 사회운동의 역할과 개인의 인생의 의의를 통일시킬 수 있는 정열을 만들어내는 사회적 조건과 장치를 창출하는 것이다. 그리고 이런 목표를 달성하기 위한 참가형민주주의적 시민활동의 원칙은 '오직 참가'만이 참가에 필요한 자질을 발달시키고 길러낸다고 하는 것과 자기 자신의 힘으로 생각하고, 생각한 자가 먼저 실천한다는 것이다.

특히 참가형 민주주의는 그 속성상 이론적인 담론보다는 실제 정치에 참여하는 것을 궁극적인 목적으로 삼고 있어서 이론가들에 의해 이론적으로 그 개념의 정밀성 등에 대한 논의되는 기회는 적었다. 오히려 현장에서 참가형 민주주의를 이론이 아닌 현실로 실현시킨 시민운동가들이 주체가 되어 형성한 시민사회가 관심 대상이 되고, 이 시민사회와 국가와의 관계, 시민사회와 개인의 관계 등에 대한 논의가 진행되었다.

따라서 본 장에서는 심의회가 참여민주적 활동의 원칙을 어느 정도 준수하고 있는지 살펴보기 위하여, 참가만이 참가에 필요한 자질을 길러낸다는 원칙의 실증변수로서 참가의 빈도 조사를 통해 참가에 대한 적극성을 파악하고, 자기 자신의 힘으로 생각하고 생각한자가 먼저 실천한다고 하는 원칙의 준수를 파악하기 위해서는 자신의 힘으로 생각한 내용이 심의회에서 발언되고 있는지에 초점을 맞추었다.

1) 참가의 적극성: 참가 빈도 기준

앞에서도 심의위원 간의 관계 긴밀성을 설명하는 과정에서 출석율을 언급했었듯이 문화심의회가 매월 1회씩 꾸준히 열렸고, 최근의 1월 23일의 회의에도 참석률이 75%이기 때문에 참가의 적극성은 높은 편이다. 또한 문화심의회령(정령 281호)의 3조에 의해 임기는 1년이고, 재임이 가능한 위원들의 2002년부터 2008년까지의 매년 재임 비율은 약 75-80%선을 유지하고 있어서, 이런 높은 재임비율은 재임 위원들의 참가의 적극성과 성실성의 반영이라고 볼 수 있다. 이러한 참가의 적극성을 볼 때, 심의회는 참가민주주의의 원칙은 최소한 준수되고 있다고 하겠다.

2) 자기 경험과 생각 표현

예술경영의 필요성과 중요성에 대한 인식이 공무원들에게 기본적으로 부족하기 때문에 예술경영의 발전이 이루어지고 있지 않다는 의미에서 심의회 회장은 예술경영의 필요성을 미디어에서 다룰 것을 주장한다. 최근 미술계 잡지에서 예술 대학에서 예술경영을 다루어야 한다는 점을 언급하여 학생들이 오를 산이 있다는 것을 분명하게 알게 되었고, 따라서 학생들이 동요 없이 문화라는 산을 오르려는 인센티브를 확고히 할 수 있는 정보로 작용했다는 자기 경험을 표현했다.

정보의 중요성에 대한 회장의 발언에 대해서 정보라는 것이 미디어를 통해서 발신되기만 하면 수요자나 공급자에게 전달되는 것이 아니고, 정보를 원하는 사람이 확실하게 있을 때 정보가 움직인다는 반론이 제기되었다. 즉 반론을 제기한 심의위원은 자신이 예술단체의 운영가로부터 들은 내용을 인용하며 연말부터 연시까지 예술단체 운영가들의 의견수렴을 했을 때 문화예술 티켓 대금을 저렴하게 약간 내려도 실제로 관객의 움직임이 달라지지 않았다는 것을 강조하였고, 정보란 발신한다고 전달되는 것이 아니라 정보를 발신하는 사람과 정보를 원하는 사람이 있을 때 그들의 공급과 수요가 적절하게 맞아 떨어지는 지점에서 정보의 공유와 학습이 일어난다고 하였다.

그리고 동경부근의 무사시노 지역에 거주하는 한 심의위원의 경우, 해당 지역에 문화시설이 8개 정도 있는데 그 어디에서도 예술경영인재를 찾아볼 수 없다고 하면서, 문화시설이 잘 가동되지 않는다는 문제의식은 높지만 실제로 그 원인이 예술경영인재의 부재에 있다는 점을 인식하지는 못하고 있다는 지적을 하였다. 이 위원의 경우 자신의 거주지역의 문화시설에 대한 관심이 문제의식의 발견으로 이어지고 있으며 이러한 지적은 자신의 경험에 의거한 것이고 자기만의 생각을 표현한 것이어서 참가민주주의의 원칙이 준수되고 있는 전형적인 사례라고 하겠다.

그러나 한편 협소한 일본의 문화시장을 확대하여 문화국가를 만드는 고민을 하자고 제안한 위원은 일본의 문화시장의 협소성 때문에 실제로 문화인, 예술가들이 활용되고 있지 않은 현황을 다소 추상적으로 언급하면서 당시 후쿠다 총리가 시정방침연설에서 문화에 대해 10줄 정도를 할애해 발표했는데, 문화의 진흥을 통해 일본을 문화국가로 만들어야 한다고 발언했다고 인용함으로서 자신의 독창적이고 자율적인 생각을 표현하기 보다는 전문정치인의 의견을 인용하는 소극적이고 수동적인 자세를 보여주고 있다. 심의위원들은 자신의 경험을 적극적으로 발언하는 경우와 정치인의 발언을 인용하는 등 권위를 차용하여 마치 청부형 정치에 의존하는 행태를 보여주기도 하는 등 참가민주주의의 원칙이 일관되게 준수되고 있지 않다.

3. 주체로서의 특징

일본 참가형 민주주의의 개념에서 가장 중요한 핵심으로서의 주체는 생활자와 시민이다. 생활자는 수동적 소비자의 삶을 강요하는 사회경제적 권력방식에 대항하는 주체성을 소지한 존재이고, 시민은 정치권력에 문제해결을 백지위임하는 청부형(請負型) 문제해결 수법에 익숙한 국민을 대치하는 적극적 존재이다.

부연해서 설명하면, 첫째, 시민은 정치전문적 직업 이외의 직업을 가진 직업인이자 생활인으로서 정치에 대해 발언하고 행동하는 '비직업적인 정치 참가자'이다. 그런 의미에서 운동의 전위(前衛)집단으로서 '무당무파(無黨無派)'의 풀뿌리 집단이다. 둘째, 시민은 조직에 속박 당하지 않는 자각적인 개인이다. 셋째, 시민은 '저항권에 대해 자각'하고 연대를 통해 이를 실현해가는 존재이다. (한영혜 2004, 59~60)

1) 비직업적 정치참가자, 무당무파별

문화심의회를 구성하고 있는 심의위원의 직업은 학계가 57.1%로 단연 우세하고, 예술계는 30.2%로 학계의 절반 수준에 머무르고 있다. 언론과 재계는 합하여 12.7%로 예술계의 약 절반 수준이다. 문화정책은 예술현장의 문제뿐만 아니라, 국어 정책, 저작권 정책, 문화재 정책, 문화공로자 선고 정책, 예술행정인력양성 정책, 문화다양성 정책 등 인문학적이거나 문화재, 문화산업적 차원의 접근이 필요하기 때문에 공연이나 전시의 주체인 예술가들만으로는 심의회를 구성할 수 없다. 그러나 문화정책이 학자들의 견해에 전적으로 의존한다면 이론적이고 논리적인 편향성을 지닐 가능성이 농후하고, 비전문적인 시민이나 생활자들이 접근할 수 있는 정책을 입안하는 데 일정한 한계가 예상된다.

<표 1> 문화심의회 구성 비율 (단위 :명)

		'01	'02	'03	'04*	'05	'06	'07	총계 총인원	총계 비율
학 계		10	10	10	5	13	12	1	72	57.1
예술계	공연	3	3	2	–	3	2	3		
	문학	4	4	5	–	2	4	1	38	30.2
	전시	0	0	0	–	0	0	2		

		'01	'02	'03	'04*	'05	'06	'07	총계	
									총인원	비율
언론	신문	2	2	1	1	0	0	0	11	8.7
	방송	0	0	0	0	1	2	2		
재계		1	1	2	0	1	0	0	5	4.0
총 계		20	20	20	6	20	20	20	126	100

– 참고: *'04년의 자료는 문화심의회 명단이 공개되고 있지 않아서, 심의회 내부의 문화정책부회 '문화다양성에 관한 작업부회' 위원 리스트를 참조하였음.

문화심의회는 1999년 문부과학성 문회심의회 설치법과 2000년의 문화심의회령(정령 281호)의 1조에 의해 30인 이내로 구성되고, 3조에 의해 임기는 1년이고, 재임이 가능하다.

실제로 위원 구성과 재임 위원의 수를 살펴보면, 2001년과 2002년에는 위원으로 임용된 20명이 동일하여 모두 재임되었으나, 2003년에는 이 중 4명이 교체되었다. 재임에서 탈락된 위원들의 직업은 하이쿠작가, 신문사 문화부장, 교수 2인이었고, 교체된 신임위원들의 직업은 교수 2인, 출판사 사장, 소설가 등으로 거의 전문분야를 대응시키고 있다. 그리고 2005년과 2006년 사이에도 4명이 교체되었으며, 재임에서 탈락한 위원의 직업은 교수, 극작가, 문화재연구소 객원연구원, 기업 상임감사였고, 교체된 위원은 교수 2인, 지휘자, 방송해설위원으로 약간의 차이를 보여준다. 2006년과 2007년 사이에는 20명의 위원 중 5명이 교체되었다. 재임용에서 탈락한 위원은 교수 4인과 소설가 1인이고, 교체된 위원의 직업은 교수 2인, 만화가, 연구원부소장, 미술관장으로 좀 더 다양하게 분포되었다.

이렇듯 약 75~80%의 높은 재임용률을 통해, 심의회에서 수렴하고자 하는 견해의 다양성은 보장되지 못하고 있음을 알 수 있다. 최소한 2년 정도를 보장함으로서 심의회의 운영 원칙 등에 대해서는 익숙해질 수 있는 적응 기간이 주어지고 있지만, 심의위원들이 해당 분야의 전문가라는 특성을 고려한다면 적응 기간보다는 심의회의 본질적인 취지인 현장의 실질적인 의견을 수렴하는 데 초점을 맞추어야 할 것으로 보인다.

규정에 따르면 심의회의 위원은 기본적으로 학식과 경험이 있는 자로 제한되어 있다. 따라서 제3섹터인 시민사회 영역에서 주체적인 활동을 전개하고 있는 일반 생활자나 시민과는 다소간 거리가 있다. 생활자나 시민도 직업이 있고, 직업 이외의 시간에 시민사회 활동을 하지만, 특정 직업이나 경험을 강조하지는 않으며 제한을 두지 않기 때문이다. 따라서 심의회의 위원들은 일반 생활자나 시민이라기보다는 특정 안건에 대한 전문성으로서의 학식과 경험을 전제로 하고 있다는 점에서 참가형 민주주의의 주체의 자격에 제한을 가하고 있다고 평가할 수 있다.

실질적인 구성 및 심의위원의 직업별 분포를 보면, 규정대로 학계의 학식을 구비한 위원들이 다수 참가하고, 경험이 있는 자로서의 예술계와 언론계, 재계인사들이 상대적으로 소수의 비율로 참가하고 있기 때문에, 심의회는 참가형 민주주의 실현의 완성도가 높지 않으며, 참가형 민주주의를 제한적으로 구현하고 있는 것이다. 그렇지만 비정치적이고 비정당적이며, 비파벌적이라는 점에서 참가민주주의의 최소한의 요건을 충족시키고 있다.

2) 조직에 속박되지 않는 자각적 개인

참가민주주의를 구현하고 있는 전형적인 시민단체로서는 일본의 국가경계를 넘어가는 국제적 평화활동이나 지구 보존운동을 하는 시민단체인 일본의 NGO(non-governmental organization)와 일본 내부의 문제를 다루는 시민 섹터인 NPO(non-profit organization)가 있다. 이 단체들의 구성원들이 특정 조직에 속박되지 않는 생활자와 시민으로서의 특성을 보여주고, 일상생활에서의 직업과 직접적인 관련이 없는 분야에서도 자유롭게 시민활동을 전개하는 데 비해서 심의회 위원들은 기본적으로 전문직 소유자로 심의회 업무와 소속기관의 업무가 일치된다. 그러나 참가민주주의의 원칙을 살린다는 것은 참가라는 활동을 통하여 자신의 의사를 표현하고 반영하는 데 있어서 그 발언 내용이 조직에 속박되지 않아야 한다는 것을 의미하므로, 실제로 심의회 회의에서 심의위원들이 조직에 구속되거나 속박됨이 없이 자각적 개인으로서의 발언 내용이 있는지 여부를 파악함으로서 심의회라는 제도가 참가민주주의의 개념과 일치되는 주체로서의 활동을 가능하게 하는지의 여부를 판단할 수 있는데, 전반적으로 심의위원의 전문성과 소속기관 사이에는 긴밀한 대응관계를 지니지만, 심의회에서의 발언 자체가 소속기관이라는 조직에 직접적으로 속박을 받는 내용은 나타나지 않았다.

3) 저항권 자각과 연대의 창출

아오키 문화청 장관이 심의회에 출석하여 예산이 충분하지 않기 때문에 예술경영과 관련한 구체적인 작업들은 국가만이 할 수 있는 것은 아니고, 민간과 지방공공단체가 협력해서 국가와 같이 해나가야 한다는 발언을 하고 있다. 이는 일반 참가민주주의형 시민단체들이 일본 국가나 정부 섹터와 무관하게 자율적으로 정책에 저항하거나 정책을 보완하는 결과를 발생시키는 연대를 창출하고 있는 것과 같이 공무원의 수장이 스스로 협력과 협치를 주장하고 있다는 점에서 심의회 자체가 아니라 정부 스스로가 정부의 힘만으로는 한계를 느끼고 있음을 보여준다. 이는 참가형 민주주의의 연대개념이 거버넌스라는 협치 시스템의 형태로 국가와 민간의 영역에 포용되고 있다는 것을 의미한다.

심의위원 자신들이 참가형 민주주의의 주체로서 연대를 창출한다거나 저항적인 발언을 하는 경우는 희소했다. 저항력이 발휘될 필요성이 없는 이유는 예술경영인재 육성과 활용은 어느 누구라도 인정할 수 있는 문화입국을 향해 나가야 할 방향이기 때문일 것이다. 그러나 연대를 창출하려는 노력을 하지 않는다는 것은 심의위원 간에 연대의식이 결연된 원자화된 전문가일 뿐이라는 한계를 보여준다.

다만 초기에 심의회 회장이 2007년 말 교토에서 국공립 5개 예술대학 간 연합을 형성했다고 하면서 유학생 문제를 비롯하여 예술경영교육 등 학생교육에 공통대안을 수립하는 것이 목적이었다고 했는데, 이러한 자기고백적 발언은 연대를 통해 예술경영 인재 육성과 활용을 도모하는 의미있는 사례라고 하겠다.

4. 참여 민주적 개인과 조직의 활동 방식의 성취

활동방식에 있어서 개인은 자기혁신을 실천에 옮기는 주체성과 책임을 수반하는 존재이면서, 자신의 힘으로 생각하고 생각한 자가 먼저 실천한 다고 하는 행동규범에 입각해 타자와의 관계성 변화를 촉구한다. 조직은 청부형이 아닌 참가형 문제해결 수법과 독점이 아닌 분권, 타인에게 위임 하지 않는 자치, 불투명하게 처리하지 않는 공개 수법에 의해 활동한다. 특히 조직에 있어서는 지도자와 피지도자 사이에 수평적인 관계를 가장 기본적인 규범으로 여기며, 이 둘 사이의 관계는 영원한 지도자와 피지도자가 아니라 지도자가 피지도자를 가장 합리적이고 신속한 방법으로 잘 지도하여 피지도의 위치를 벗어나게 하는 것을 지향한다. 공육(共育)에 의해 뒷받침된 지도와 동의의 관계로 활동하면서, 수평적인 관계를 형성하는 것이 지향된다.

1) 조직의 수평적 규범-위원장, 위원

심의회 조직의 운영방식에 대한 내용은 문화심의회 정령 281호(2000년)의 7조·8조 및 10조에 규정되어 있다. 7조는 출석자 과반수로 의결하고 가부 동수이면 회장이 결정한다는 것이고, 8조는 필요하다고 인정되면 관계행정기관장에게 자료제출, 의견개진, 설명과 협력을 요구할 수 있는 조항이며, 10조는 의사수속, 운용에 필요한 사항은 회장이 심의회에 의견을 물어 정한다는 것이다.

8조의 규정에서는 심의회 위원들이 공무원들에게 자료제출과 의견개진을 요구할 수 있도록 함으로서 공무원보다 상위의 존재감을 갖도록 하고 있으며, 7조에서는 가부동수로 팽팽하게 의견이 맞설 때, 의결권을 회장에게 부여하고 있어서 위원과 위원장 사이가 수평적이기 보다는 정도가 약할 지라도 위계적임을 보여준다. 수평적인 관계라고 한다면, 가부동수일 경우 지속적인 토론의 결과로 위원들이 자율적인 의결을 할 수 있도록 하는 것이 참가민주주의의 특성이기 때문이다.

그러나 10조에서는 의사수속과 운용에 필요한 사항을 회장이 심의회에 묻도록 하여, 심의회 위원들과 회장이 회의운용을 동등하게 결정할 수 있도록 하고 있다.

실질적으로 심의회 부회가 마감될 즈음, 심의회 회장은 '장관은 이야기를 많이 했다. 차장 이하 참석공무원들은 어떻게 생각하시는지?' 라고 하면서 발언을 유도했다. 이는 심의회가 장관이나 최고 고위직 참석자에게만 발언권이 한정되는 비민주주의적 진행을 지양하겠다는 회장의 의지와 함께, 참석자 모두의 수평적 관계를 의식적으로 강조한 것으로 보여진다. 이 때, 문화청 차장은 제도개혁과 지방분권 등이 행정의 주류적 추세이기 때문에 중앙정부가 예술경영인재 육성에 관여하는 것은 시대흐름에 역행하는 것이라고 설파하였다. 즉 지방자치의 시대에 지방의 예술경영인재 육성과 활용을 중앙정부가 개입하는 것이 바람직하지 않다는 견해와 병행하여 중앙정부의 업무에 대한 정체성 혼란도 표명한 셈이다.

이에 대해 회장은 본인이 소속기관에서 학장이 되었을 때, '곤란한 일이 발생하면 반드시 검토한다 라는 단어를 넣으라' 고 했던 조언이 기억난다고 했다. 이 발언을 통해 일본의 의사결정자들이 '검토한다' 고 하면서 우선 곤란한 입장을 면피하고, 그 일에 대해서는 검토조차 하지 않는 관행적이고 대표적인 무책임한 행태를 상징적으로 드러내 주었다.

2) 자신의 힘으로 생각하고 먼저 실천하는 규범

문화심의회 부회의 안건인 '예술경영인재 육성과 활용' 이라는 주제는 2007년 8월부터 다루어져 왔으며, 예술경영인재의 육성과 활용 현황에 대한 문화청의 조사가 그 과정에서 진행되었다. 그 결과는 이 부회의 개최 시 참고자료로서 제시되었다.[1] 그동안의 부회의 회의 결과를 정리한 답신의 형태로 조사결과가 반영된 것이다.

여기서 예술경영인재를 공급해야 하는 예술경영육성 관련 대학의 문제는 예술경영 강좌를 주로 교육학, 사회학, 공공정책학적 측면에서 다루고 있어, 문화예술활동의 현장에서 필요한 실천적 자질과 능력의 육성이 안

된다는 것이다. 그리고 이 문화청의 조사결과, 예술경영강좌를 개설한 학교 48개 중에 체계적, 종합적 커리큘럼을 설치한 곳은 29개교이며, 전임교원을 배치한 학교는 27개이고, 극장 및 홀 등에서 실습이나 인턴십이 가능하도록 실습 프로그램을 구비하고 있는 학교는 28개이며, 이때 실습기간은 평균 20일로 단기적이라는 것이 밝혀졌다. 결국 예술경영을 전공하고 그와 연관된 업무에 취직하는 졸업생 비율은 24%이다.

수요자측인 문화예술기관에서도 대학에서 공동기획을 실시할 수 있을 정도로 현장을 아는 전임교원을 요구하면서도 전문인력의 양성과 활용에 대해서는 무관심하다는 것이 드러나면서, 예술경영인재 양성 대학과 활용할 문화예술기관의 상호이해와 교류의 추진이 과제로 도출되었다.

위와 같은 기본 자료와 답신을 참고로 심의회를 개최했는데, 위원들은 자신이 실천하겠다고 하는 견해를 거의 발언하지 않고 있다. 예컨대, 국가의 시책이라는 것은 문화청 보조금과 연계되지 않으면 실제 효과가 없다고 하면서, 예술경영인재의 중요성과 필요성은 모두가 인식하지만 어떻게 할 것인가에 대한 구체적인 방안이 없다고 비판만 제기하고 있다. 심의위원들 스스로 실천력을 보여주기 보다는 정부에 대해 요청만 하는 의존적 행태이다.

이러한 입장은 구체적인 예산 보조방안 등을 문화청 관계자들이 만들어야 예술경영인재 육성과 활용이 이루어진다는 것이다. 즉 예술경영 분야에서 나름대로 전문가이기 때문에 심의회에 참가를 했음에도 불구하고 자신의 영역에서 자신이 어떠한 실천을 할 생각이라든가 하는 실천 의지를 밝히는 일은 전혀 없고, 행정부에 대해 문제 해결의 책임이 있으니, 구체적인 예산정책을 내 놓으라고 요청하는 등 여전히 청부정치적 발상을 유지하

---

1) *자료1: 문화청의 예술경영인재 육성 및 활용의 상황 조사: 2007년 10월~11월(2개월) 참조.
   -2002~2007년에 형성된 시설 214개중 135개 회수율 63%
   -2007년 문화청 예술창조활동 중점지원사업채택 공연단체 168단체 중 73단체 회수율 44%
   -NPO법인 111개중 41개 45% 회수율
   -대학 등 학교- 165개 중 74개교 45% 회수율(일본 문화청 문화심의회. 2008)

고 있다. 즉 심의회 제도는 참가형 민주주의 시스템으로 해석할 여지가 있지만, 내부에서 실제로 심의회 제도를 활용하고 있는 심의회 위원들은 여전히 행정부가 솔선수범하고 구체적인 예산대책을 세워서 문제를 해결해야 한다고 책임을 미루고만 있는 것이다.

이에 대해 또 다른 위원도 예산신청의 시기가 이미 끝났기 때문에 구체적인 요구는 할 수 없지만 문화청으로서 어떠한 전략을 가지고 있는지 듣고 싶다고 하면서, 자신들의 생각에 앞서 정부에 요구만 하고 있다.

또한 일본을 통신료 등이 저렴한 정보화 사회로 진단하면서도 여전히 예술경영에 대한 정보는 충분히 활용되고 있지 않다고 하는 비판의식을 전제로, 종적 사회로서의 특성이 있는 일본의 또 다른 요소로 인해, 상층부는 정보가 많고 하층부는 정보 빈약에 시달리고 있다고 하였다. 마치 상사가 직원에게 '당신, 이것도 몰랐어?' 라고 하는 사회라는 것이다. 이런 사회는 결코 성공할 수 없으며 따라서 예술경영에 대한 정보가 대도회지 뿐 아니라 지방에 이르기까지 알 수 있도록 해야 한다고 제안하면서, 예산 뿐 아니라 문화청이 노력을 해야 한다고 했다. 예술경영정보 등의 비확산의 문제를 지적하면서 문제해결자로서는 오직 문화청만을 강조하고 있다. 자신들을 문제의 해결자와 혁신 담당자로서 역할은 아예 포기하거나 방안의 일부로라도 감안하고 있지 않다. 심의회에 참석한 해당분야의 학식과 경험이 많은 전문인들이 할 수 있는 개혁적 조치나 반성적 태도는 찾아보기 어렵다.

IV. 일본 심의회의 한계와 과제: 참가민주주의 개념과의 연관성을 기준으로

일본에서의 시민활동은 1960년 이후 3단계를 통해 발전해왔다.(참가형 시스템 연구소 2004, 6~12)

제1기는 1960년대를 원류로 1970년대에 발현한 새로운 자립형, 정책제안형, 정책실현형의 시민활동이다. '시민활동의 태동기' 라고 할 수 있다.

기존의 사회운동과 각지에서 대두한 시민운동이 기반조성에 기여했다.

제2기는 1980년대부터 1990년대 초반기로 시민활동이 사회와 정치영역에서 일정한 영향력을 가지기 시작한 '시민활동의 이륙기'이다. 국제협력에 활약하는 NGO가 대두하였고, 국제정치수준에서도 일정한 영향력을 가지게 되었다.

제3기는 특히 1990년대 후반이후 시민활동이 사회적으로 승인되어 시민활동이 다변화되고 기대가 고조되어 가던 시기, '시민활동의 전개기'이다. 이 시기는 복지·간호·환경·안전한 식품 등의 영역에서 시민사업이 활성화되었다.

시민활동이 확대되고 있는 이유는 전후 고도성장이 가져온 풍요로운 사회 속에서 서비스업과 정보화의 진전, 기술혁신에 의한 지식사회의 확대, 도시형사회가 전국적으로 성립되고 있으며, 이 도시형 사회에서는 개인화와 함께 가치관, 생활스타일, 가족형태 및 고용형태의 다변화가 진행되고 있기 때문이다. 이러한 사회변용에 의해 시민들은 다양하고 구체적인 문제에 직면하고, 그러한 문제를 야기하는 생활공간에서 시민활동이 필요해지고 있는 것이다. 이 시민활동은 종래의 비판형, 대항형 운동에서 정책제안형, 정책실현형의 시민활동으로 중점이 변화하고 있다. 시민의 움직임도 '행정의존형'에서 스스로 문제해결을 도모하는 '시민활동형'으로 전환되고 있다.

이러한 시민활동, 생활자 정치의 궁극적인 목적은 시민이 만드는 공공성이 공공영역에서 성립되게 하여, 정부가 통치의 주체가 아니라 시민자치의 도구로서의 성격을 지니게 되게 하는 것이다. 세금도 정부가 통치를 위한 자본이 아니라 시민이 자치를 위한 자본으로 활용할 수 있도록 변화되는 것이다. 이러한 궁극적인 비전이 달성되는 시점에서는 민주주의에 의해 통치를 받는 시민이 아니라 민주주의를 사용하고 행사하는 시민이 정치의 주체로 등장하게 될 것이다.(요코다 카쓰미 2004, 314)

궁극적인 단계가 아닌 현실태로서 심의회는 참가민주주의가 행정부서에 수용된 사례이다. 심의회를 행정부의 의사결정을 정당화하는 도구론적 시각이 아닌 실질적으로 시민의 다양한 의사를 수렴하는 본질론적 시각으로 볼 경우, 심의회는 참가민주주의가 중앙 행정부의 제도권으로 진입한 상징적 시스템이라고 할 수 있다. 본고에서 문화심의회 부회의 의사록을 검토하여 심의회의 참가 민주주의적 특성을 살펴본 결과, 심의회가 일정 정도 참가민주주의의 속성을 지니고 있으나, 참가 민주주의의 확산 모델이나 지향 모델 수준의 완성도를 구비하고 있지는 않은 것으로 나타났다.

아래의 표와 같이, 심의회의 위원들의 회의 결과를 담은 의사록과 그에 근거한 답신의 경우, 일반 시민들이 이해할 수 있도록 쉽게 작성하려고 노력하고 있다는 점에서 시민과 정부 사이의 단절의 해소가 이루어지고 있다고 평가할 수 있으며, 심의회 자체가 시민에게 공개됨으로서 정책결정 과정에 반영되는 견해들이 시민들과 공유될 수 있도록 방임구조가 아닌 개방구조로 통로가 열려있다. 또한 매달 1회의 정기적인 회의와 높은 회의 참석률로 인해, 위원 상호 간에도 관계의 단절이 예상되지 않는다.

또한 해당 안건을 해결하기 위한 방법으로 제도의 변화를 모색하는 움직임은 적극적이었으며, 참가율도 높았을 뿐 아니라, 1년의 임기에도 불구하고 2002년부터 2008년에 이르기까지 재임용률도 75~80%여서 그만큼 참가에 대한 높은 의욕을 알 수 있다. 또한 심의위원들이 전문직이어서 소속기관과 일체화되어 있으며, 그 전문직과 무관한 참가활동이 아니고 전문직 때문에 임용된 심의위원이지만, 실제 심의회의 중에는 조직에 속박되는 발언은 거의 없었으며, 심의회 내부의 조직은 위원장과 위원 간의 차별이 없는 수평적 구조이다.

<표 2> 일본 심의회의 참가 민주주의 수준

		참가민주주의 -개념 및 원칙-	심의회 -개념 및 원칙-
(1)개념	1)	단절·방임에서 관계성 변화 추구	고
	2)	자기혁신	저
	3)	제도변화·창출	고

		참가민주주의 -개념 및 원칙-	심의회 -개념 및 원칙-
(2)참가원칙	1)	참가적극성	고
	2)	자기경험·생각표현	중
(3)주체의 특성	1)	비직업정치·무당 무파별	중
	2)	조직의 속박없는 의견 표현	고
	3)	저항권 자각·연대실현	저
(4)개인·조직의 활동방식	1)	조직의 수평적 규범	고
	2)	스스로 생각하고, 아는 사람이 먼저 실천	저

* 출처: 참가시스템연구소의 참가민주주의 개념 등에 대응하여, 문화심의회 의사록 분석결과 구성.

그러나 심의위원들이 전적으로 자기의 경험과 생각에 바탕을 둔 의견을 자발적으로 발언하는 한편, 유명 정치인을 인용하며 자기 의견의 권위를 세우는 등의 관행적인 행태 또한 보여주고 있다. 또한 직업정치인이 아니거나 무당 무파별 시민이지만 한편으로는 학계 인사가 57.1%를 차지하는 등 일반 시민단체가 보여주는 시민성과는 거리가 있다. 전문직이라서가 아니라 다양한 직종의 시민들의 조직이 아니고, 학계에 편중된 조직이라는 것이다.

특히 자기혁신적인 시각과 발언은 거의 찾아보기 어렵다는 점, 연대를 창출하여 연대를 통해 문제를 해결하려는 시민활동적 차원의 움직임도 전무하고, 스스로 생각하고 아는 사람이 실천하려고 하기 보다는 여전히 정부나 행정관료들에게 의존하는 발언이 다수였다. 이는 일본의 심의회가 참가민주주의적 속성을 절반정도 만족시키고, 나머지 절반은 관행적이고 권위주의적인 청부정치적 속성에 발을 담그고 있다는 것을 의미한다. 결론적으로 행정부에 의해 제도화되고 도입된 참가민주주의제도로서의 심의회는 절반의 성공을 거두고 있다고 할 수 있다.

따라서 일본의 심의회는 위원과 위원 간에, 위원과 시민 간의 개방적이고 긴밀한 관계를 계속적으로 유지하고, 참가에 적극성을 보이면서 안건으로 상정되는 문제의 해결을 위한 제도적 변화를 추구하면서, 자신의 소속기관으로부터 독립된 자율적 의사를 개진하고, 심의회의 수평적 규범과 동등한 발언권을 계속 유지시켜 나가야 한다. 아울러 참가민주주의 수준을 저하시키고 있는 자기혁신적 발언의 미흡성, 자기경험과 자기생각의 표현 부족, 특정 직업에 편중되고 있는 심의회 구성, 연대를 통한 문제의 해결 방안 모색이 결여된 점, 스스로 생각하고 아는 사람이 먼저 실천하려고 하는 의지와 자세의 결핍을 보완할 수 있는 시각과 실천이 필요하다.

| 참고 문헌 |

김시윤. 2000. "정부, 기업 그리고 경제성장: 한국 정부-기업관계의 재조명." 「한국행정학보」 34권1호.

김용복. 1999. "심의회 정치 : 1960년대 일본 산업정책과정의 특징". 「한국정치학회보」. Vol.33, No.2.

김장권·김세걸 공저. 1999. 「현대일본정치의 이해」. 한국방송대학교출판부.

사공영호. 1998. "가부장적 행정문화 속에서의 규제기관 및 관료의 포획현상 연구." 「한국행정학보」 제32권 제 2호.

이지영. 2008. "일본의 여성운동과 여성정책결정과정- 남녀고용기회균등법을 중심으로".
「한국세계지역학회. 한국국제정치학회. 정치학회 공동하계학술대회」
'08년 8월 21~23일 발표 원고.

정상호. 2003. "한국과 일본의 정부 위원회 제도의 역할과 기능에 대한 비교연구". 「한국정치학회보」. Vol.37. No.5.

조석준. 1994. 「한국행정조직론」, 법문사.

차두삼. 2004. "日本と韓國における政府, 民間間の産業政策の調整システム". 「한일경상논집」. Vol.29.

阿部齋. "審議會制度の推移." 「地域開發」(1月). 通券160号 : 8~14

新川敏光. "政策ネットワーク論の射程" 「季刊行政管理研究」(9月). No.59 : 12~19

川原彰. 「市民社會の政治學」. 三嶺書房, 2001.

中村陽一·日本NPOセンター 編. 「日本のNPO-2000-」. 日本評論社. 2001.

――――――――――――――――――― , 「日本のNPO-2001-」. 日本評論社, 2001.

山內直人 編. 「NPO 白書 2002-」. 大阪大學NPO研究 プロジェクト. 2002.

中豊 編著. 「市民社會·利益集團」. 木鐸社. 2002.

谷本有美子. "ボランタリズムと行政官僚制," 中村陽一·日本NPOセンター編. 「日本のNPO-2001-」. 80~87. (日本評論社) 2001.

横田眞二. "日本 合併市町村의 地域自治組織과 自治活動", 「자치행정」. 통권
238호. 2008

長野秀幸. 川崎政司. 『行政法がわかった』. 法學書院, 2007.

村上武則 編. 『基本行政法』. 有信堂高文社. 2006

横浜市市民局婦人行政推進室. 『審議會等委員への女性の参加促進について提
言』. 横浜市婦人 問題協議會. 1986

行政管理研究センター. 『審議會總覽. 平成１６年版』. 2004.

厚生省. 『審議會等の見直し結果』. 1996.

安部齋. "新議會制度の推移". 『地域開發』. 通卷160 (1978. 1)

日本行政學會. "정책형성에 있어 심의회의 역할과 책임". "심의회의 실태" 「연보
행정연구 7」(1969년)

일본 문화청 문화심의회. 2008년. "예술경영인재등의 육성 및 활용에 대하여—
심의경과보고(안)."

T. Carver·S. Chiba·R. Matsumoto·J. Martin·B. Jessop·F. Lida·A. Sugit
"Civil society in Japanese politics: Implications for contemporary
political research," *European Journal of Political Research* Vol.
54 No.4, (Academic Publishers, 2000.7)

Okimoto, Daniel I, Between MITI and Market : Japanese Industrial
Policy for High Technology. Stanford, Calif. : Standford
University Press, 1989

－ 정부자료 －

1. 심의회 등 정리합리화에 관한 기본적 계획 (1999년 4월 27일 각의결정)
－ http://www.kantei.go.jp/jp/kakugikettei/990524singikai.html
2. 내각부 심의회 목록 : http://www.cao.go.jp/council.html
3. 지방제도조사심의회 : http://www.soumu.go.jp/singi.html

한국 민주화과정과 참여민주주의의 발전
-부안 핵폐기장 문제를 중심으로[*]

조정관[**]

Ⅰ. 들어가며

이 연구의 궁극적인 목적은 한국에서의 참여민주주의의 역사적/현재적 경험을 살펴보고 이를 통하여 아시아 다른 지역에서의 참여민주주의 경험의 고찰 및 발전의 방향(trajectory)에 관한 학문적 기여를 달성하고자 하는 데에 있다. 연구자는 참여민주주의의 경험이란 각 나라가 가지고 있는 구조적 조건들 및 역사적 경험에 따라서 기본적으로 제한된다고 주장한다. 따라서 본 연구는 먼저 한국에서의 참여민주주의가 발전하게 되는 역사-구조적 조건(historio-structural conditions)들에 주목한다.

대략적으로 보자면 한국의 민주화는 분단이라는 역사적 제한조건(confining conditions)과 급속한 근대화의 수행이라는 시대적 요구의 두

* 이 논문은 2005년 정부(교육인적자원부)의 재원으로 한국학술진흥재단의 지원을 받아 수행된 연구임(KRF-2005-005-J11502).
** 전남대학교 정치외교학과 교수.

가지를 바탕으로 생존해온 군사 권위주의 정치체제에 대항하는 강력한 반대세력이 시민 일반과 정치사회 양면에 걸쳐 형성됨으로써 가능했다. 1987년의 민주이행과정은 광범한 반(反)권위주의 시민사회세력의 조직화와 정치적 대안으로서 지역적 기반을 중심으로 구축된 카리스마적인 야당 리더십의 존재, 그리고 그 양자간의 전략적 합작이 그 계기를 제공하였다고 볼 수 있다. 이러한 강력한 도전에 직면한 권위주의세력이 그 자체의 응집력은 어느 정도 유지하면서도 1987년 6월 여타 여러 환경을 고려하면서 위기를 극복하는 길로써 전략적으로 협상과 양보를 선택함으로써 본격적인 민주이행과정이 시작되었다. 따라서 한국의 1987년 민주이행은 민주화세력과 구 권위주의 세력간의 힘의 균형이 어느 일방으로 치우치지 않는 상황 아래에서 진행되었고, 이른 바 "협상에 의한 민주이행 (Democratic Transition by Negotiation)"이라고 할 수 있다.(Share and Mainwaring, 1986; 임혁백, 1994)

이러한 민주이행 경로는 이 연구의 주제와 관련하여 두 가지 큰 함의를 배태한다. 첫째는 이러한 이행경로에서는 구 권위주의 세력의 온존으로 말미암아 정치변동의 폭과 깊이가 소폭에 그치는 보수성이 지배하기 쉽다. 둘째 민주이행 시점에서의 이와 같은 두 세력의 균형은 어떤 의미에서는 둘간의 본격적 대결이 시기적으로 연기되었을 뿐일 수도 있고, 이런 경우 양 세력의 대회전은 민주이행과정의 종료 이후, 민주주의 공고화과정 속에서 장기적이고 반복적으로 벌어질 수 있다.

따라서 한국적 민주화과정은 민주화이후의 민주주의에서 지속적이고 반복적인 정치사회와 시민사회의 대결을 초래하는 역사구조적 조건으로 작용한다. 이러한 조건은 한편으로는 국가와 시민사회의 협치라는 상호보조적인 거버넌스를 만들어가기위한 "신뢰"의 형성을 가로막는 역할을 한다.(조정관, 2006) 그러나 반면에 이런 조건은 민주화를 통하여 달성한 근대적 대의제 민주주의가 민주화이전부터 형성되어 온존한 보수적 정치사회를 통하여 부패함에 대하여 도전하는 항의를 조직해내고 인민의 직접참여를 기초로 하는 참여민주주의가 발전하는 것을 촉진한다고 본다.

1993년 김영삼 대통령의 취임이래 한국 정부는 시민사회와의 협력을 본격적으로 표방하고 NGO를 참여시키는 정책결정과정을 추진하였다. 그러나 이 시기 이후에도 국가와 시민사회는 수시로 갈등과 충돌을 거듭해왔고, 상호간에 협력과 참여를 통한 생산적인 관계를 만들어내는 데에는 난관을 겪어온 것이 사실이다. 그러나 이러한 전투적인 국가-시민사회관계가 갈등의 초기단계에서 역동적인 주민참여를 가져다주고, 그것이 나름의 시행착오를 겪어가면서 결국 참여민주주의의 제도화를 이끌어낸 사례들도 다소 발견되는 바, 대표적인 사례 중의 하나가 2003~2004년 부안에서의 핵폐기장 유치신청이라고 본다.

2003년 부안군수가 주도한 핵폐기장 유치신청은 시민사회의 엄청난 반발을 불러일으켰다. 공교롭게도 '참여정부'를 표방한 노무현정권 하에서 1987년 6월 민주화투쟁의 극장이 재연되었다. 시민사회의 열기가 복고되었고, 거리의 정치는 열띠게 전개되었다. 국가와 시장도 개입되었다. 그런데 이 대결은 정부정책에 대한 찬반을 중심으로 한 단순한 정치투쟁에 그친 것이 아니었다. 오히려 시민들은 이슈와 관련하여 "누가, 어떻게 이러한 문제의 중심이 되어야할 것인지", 그리고 "민주적 절차는 어떻게 되어야할 것인지" 등에 관한 문제의식을 확산시켰고 정부, 시민사회, 시민단체 및 지역주민 모두의 변화를 불러 일으켰다. 사회적 공론장이 확장되고, 지방정치의 감시와 견제가 확대되었으며, 결국에는 주민투표제라는 고전적인, 그러나 한국에는 아직 낯설었던 직접적 참여민주주의제도의 활성화와 제도화에 이르게 되었다.

제2절에서는 민주화과정이 민주화이후의 민주주의에 미치는 영향과 이것이 참여민주주의의 도입에 미치는 영향을 이론적으로 고찰한다. 제3절에서는 이 이론을 적용하여 한국에서의 경험을 정리한다. 제3절은 부안 핵폐기장 문제의 전개를 요약하고 그 내용과 파장을 민주주의 문제를 중심으로 정리·분석하는 제4절의 배경을 제공한다. 마지막 절에서는 이러한 한국적 경험이 아시아의 민주주의 현황과 전망에 던지는 함의를 고찰한다.

Ⅱ. 민주화와 민주주의, 그리고 참여민주주의: 이론적 검토

한 나라가 어떻게 민주주의를 시작하게 되었는지, 즉 민주화 이전에는 어떠한 성격의 통치를 경험하고 있었는지, 그리고 민주화 과정은 어떤 것이었는지는 민주화이후 그 나라의 민주주의의 내용을 형성하는 데에 결정적인 역사구조적 조건으로 작용한다.

린쯔와 스테판(Linz and Stepan, 1996: 38~83)이 구분하였듯이 전체주의(Totalitarianism) 혹은 후기전체주의(Post-totalitarianism)같은 곳에서 정권의 갑작스런 붕괴를 통하여 민주화가 된 경우에는 시민사회 및 민주적 정치문화의 미발달과 민주적 리더십 및 정당의 미발달 그리고 권위주의적 지배 엘리트의 잔존이라는 조건들이 역사적 환경을 구성한다. 따라서 이런 경우에는 오늘날 러시아나 중앙아시아 등에서 보듯이 다분히 권위주의적이고 위임적인 성격의 민주주의를 낳을 가능성이 높다. 즉 경쟁적 선거를 통한 선출직의 교체와 그에 의한 임기동안의 정치권력의 지배라는 최소한의 민주주의는 작동하지만, 유권자들이 무엇을 원하는가에 맞추어 그가 "인민의 완벽한 대리인으로 행동하도록 강제되어야"하는 민주적 책임성을 기대하는 것은 어렵다.(임혁백, 2000: 74) 이들 국가에서 지속가능한 민주주의의 발전을 위해서는 무엇보다도 다원주의의 도입, 시민사회의 흥기와 정치사회 경험의 축적이 필요하다(Przeworski, et.al., 1995)

한국과 같이 민주화이전에 적어도 형식적으로는 다당제 정당체제와 다소의 경쟁적 선거제도가 오랫동안 운영되어온 권위주의 정권이 존재한 경우에는, 민주화과정에서 이미 상당히 발현된 제 행위자들, 즉 사회운동, 정치사회 및 정치리더십의 역할이 상당할 것으로 예상할 수 있다. 아시아에서 1986년과 1987년 잇따라 민주이행에 성공한 필리핀과 한국은 폭발적인 운동과 탁월한 정치지도자의 결합이 "평화적인" 민주화를 강제한 전형적인 경우라고 할 수 있다. 이러한 민주화경로가 가능했던 구조적인 주요 원인중 하나는 이들 두 행위자들의 결합이 만들어낸 힘(power)이 압도적인 권위주의정권과 그 후견인인 미국을 압박했다는 것이다. 이러한 민주화 경로가 실현된 또 다른 하나는 이유는 이 결합이 독재로부터 절차적 민주주의로 정치체제가 전환했을 때 미국 및 기존의 사회적 지배세력이 어느 정도 의존할 수 있는 정치적 대안을 포함하고 있었다는 것이다. 그러므로 이런 경우의 민주화에서는 이미 강력한 사회운동과 민주화이전에 형성되어 권위주의시대의 특성을 일부 지니고 있는 (온건한)정치사회간의 관계가 이행이후 신생민주주의의 주요한 내용을 결정지을 가능성이 상당하다.

한편, 신생 민주주의 국가의 민주주의는 민주이행 자체의 경로적 특성에 의하여 또한 크게 제한된다. 1970년대이래 세계 각국에서 이어진 민주화 사례들을 연구한 비교정치학자들에 의하면 민주이행의 경로는 독재정권이 얼마나 협상력을 가졌으며 그것과 반대세력과의 힘의 관계 등을 기준으로 하여 '붕괴(collapse) 혹은 대체(replacement)'와 '협상(negotiation), 전환(transformation) 혹은 거래(transaction)'로 구분할 수 있다.[1](Linz, 1978; O'Donnell and Schmitter 1986; Share and Mainwaring, 1986; Huntington, 1991)

'붕괴'의 경우, 만일 사회운동이 주요한 역할을 했다면 신생민주주의는 "혁명적" 양상을 띠게 될 것이다. 그렇지 않고 구정권이 자체적으로 붕괴한 경우에는 상당한 혼란을 겪고 권위주의적 민주주의를 운영하거나 권위주의로 회귀할 가능성도 높다. '협상' 중에서 특히 '거래'의 경로를 밟은 신생민주주의하에서는 구정권의 영향력이 상당히 온존할 가능성이 높다. 칠레에서처럼 심지어는 민주적 권력이 지배할 수 없는 유보된 영역(reserved domains)이 존재할 수도 있다. 따라서 절차적 민주화를 달성한 이행 이후에도 지체된 민주화에 관한 투쟁이 거세게 일어나고 자유화된 사

---

1) 헌팅턴(Huntington, 1991)은 이 두 유형이외에 중간유형으로 '상치(transplacement)'를 두고 있다. 그런데 '상치(transplacement)' 유형은 기실 '거래' 유형과 거의 흡사한데 단지 거래를 위한 계기의 조성과정에서 민주화세력(정치세력 및 사회운동을 합하여)의 동원규모나 강도가 높은 경우를 지칭하고 있다. 그리고 이 글의 주제와 관련해서는 이 두 유형이 거의 흡사하다. 따라서 많은 학자들은 민주이행의 경로를 구분할 때, '상치'를 '거래'와 통합하여 '붕괴' 대 '협상(negotiation)' 이분법으로 제시하고 있으며 필자도 이를 따르고자 한다.

회운동의 동원과 이에 맞서는 구정권세력의 반동가능성이 상존하며, 보수적인 정치사회의 계속된 지배가 민주화의 의미를 퇴색시킬 수 있다. 그러나 사례에 따라서는 보수적 정치사회에 대한 환멸을 활용하여 저변 민중을 대변할 새로운 정치세력이 등장하여 민주주의의 내용을 바꾸어 갈 수도 있다. 브라질 노동당(PT)과 룰라(Lula)대통령의 집권성공이 전형적인 경우이다. 여기에서 주목할 점은 브라질노동당의 성공은 무책임하고 부패한 보수적 정치사회를 개혁해야한다는 명분을 강하게 세웠던 점, 그리고 포르투 알레그레에서처럼 지방수준에서의 '참여민주주의'의 확대를 통한 대중적 지지확보에 성공했다는 점에 크게 기인한다는 것이다.(그레와 생또메, 2005; 하승우, 2006) '협상' 방식의 민주이행 사례 중에서 이행 직전의 사회적 동원수준이 높았던 경우에는 민주화이전에 이미 민주화 운동이 정권을 위협할 정도로 상당히 활성화되었다는 조건이 중요하다. 이때 신생민주주의의 내용은 이 민주화운동세력이 정치사회에 의하여 어떻게 통제되거나 발전하는가에 크게 달려있다.

이상과 같이 구체제의 성격 측면에서나 민주이행의 경로측면에서나 한국과 같은 민주화과정의 경우에는 신생민주주의의 내용이 강력한 사회운동과 역시 강력한 정치사회간의 관계에 크게 좌우될 것으로 추론할 수 있다. 이때 사회운동가들은 통상적으로 민주주의의 공고화과정에서 요구되는 대화와 타협과 같은 민주주의의 운영원리 준수의 학습보다는, 그들이 민주화과정을 통하여 획득한 정당성을 토대로 강력한 "규범적" 요구 – 즉 개혁적이고 "실질적"인 민주주의, 그리고/혹은 "자주적"인 민주주의 – 를 전개하기 마련이다. 정치사회 지도자들은 역시 민주화과정에서 축적한 대중적 카리스마를 바탕으로 한편으로는 자기진영으로 사회운동을 동화시키거나(cooptation) 다른 한편으로는 그들만이 대의제 민주주의에 의한 "국민의 대표"라는 점을 강조하면서 "민주적 대표성"을 구비하고 있지 못한 사회운동가들을 배제(exclusion)하는 수순을 밟아가기 쉽다. 그러므로 이 두 세력간의 관계가 어떻게 전개되어 가는가에 따라서 그 정치체제의 민주주의의 수준과 특성이 결정되어갈 것이다. 만일 민주화이후 이들 운동가들의 제도정치권으로의 흡수 및 동화에 정치사회가 충분한 성과를 거두지 못한다면 운동은 기존의 직업정치인 중심의 대의제 민주주의에 불만을 갖게될 것이며, '참여민주주의'의 요구를 드높일 가능성이 높다.

물론 이 때 제기되는 참여민주주의란 무엇보다도 정치인에 의하여 독점되고 있는 "정치권력"에의 문제제기와 대의제 민주주의를 대신하는 혹은 보완하는 주민의 직접자치 측면에 방점이 찍힐 가능성이 높다.

현대의 대의제 정치 민주주의는 세가지의 버팀목 위에 서있다고 할 수 있다. 그것은 기본적으로 체제를 부인하지 않는 어떠한 정치정파도 정치권력을 향한 경쟁에 공평하게 참여할 수 있는 자유와 권리의 향유, 모든 인민이 참여할 수 있는 또 그 참여가 선거에서 유효한 영향을 끼칠 수 있다는 민주적 대표성 (democratic representation), 그리고 선거를 통해 선출된 권력 엘리트가 위임된 정치과정을 수행하고 그 결과가 다음 선거를 통해 유효하게 심판받는다는 민주적 책임성 (democratic accountability)의 세 가지이다. 만일 자유가 전제되지 않는다면, 또는 자유를 기본으로 한 선거에서의 일정한 경쟁성이 보장되지 않는다면 선거는 요식적인 것이 되고 이 민주주의는 사이비 민주주의가 될 것이다. 또 인민의 선거참여가 제한되거나 또는 개별 인민의 투표가 선거의 결과에 어느 정도 등가적으로 영향을 미칠 수 없다면 이 민주주의에서는 참여의 제한 또는 왜곡이 이루어진다고 볼 수 있고 체제정통성의 훼손이 야기될 수 있다. 한편 만일 선거를 통해 선출되어 권력을 장악하고 정치과정을 지배하는 정치엘리트가 다음 선거에 그 결과에 대한 책임을 추궁받지 않는다면 이 정치제도는 무책임한 제도가 될 수 있다(조정관, 2001).

민주이행이후의 정치체제에서는 이 세 가지 측면 중에서 첫 번째인 자유와 경쟁의 허용이라는 부분은 어느 정도 만족한다고 할 수 있다. 그러나 민주적 대표성과 민주적 책임성의 충분한 구현은 민주주의 운영의 내용과 수준에 따라 정치체제마다 달라질 수밖에 없다. 대표성의 구현은 무엇보다도 대의제 민주주의의 핵심인 공직선출과정에서 인민의 의사를 어느 정도 대변해낼 수 있는가의 문제이다. 따라서 이것은 선거제도의 문제이면서도 동시에 선거에서 공직후보들을 공급하는 정당의 문제가 핵심이다. 민주화 이전에 정치사회가 이미 어느 정도 성장한 국가에서는 정당이 권위주의체제 하에서 일정한 영향을 이미 받았을 것이다. 그러한 정당은 민주화로 인한 새로운 환경에서 해체와 변화를 맞이할 수도 있지만, 역으로 민주화 이후에도 구래의 모습을 유지하면서 민주적 대표성 측면에서 미흡한 역할을 해나갈 가능성이 상당하다. 이런 경우에는 정치개혁의 요구가 부상할 수밖에 없게 되어있고, 문제의 핵심은 정당으로 집중된다.(최장집, 2002)

민주적 책임성의 구현 측면에서도 정당의 발달과 제도화는 핵심적인 역할을 담당한다. 그 이유는 선거의 불완전성 때문이다. 대의제 민주주의 하에서 민주적으로 선출된 대표가 시민의 완벽한 대리인으로 행동하지 않고 자신의 사익을 추구할 가능성은 상존하지만, 선거는 주인인 시민과의 약속을 위반한 대표들을 처벌하기에는 미흡한 장치이다.(임혁백, 2000). 많은 경우 선거는 실적에 따라 정부를 처벌하고 보상하는데 무딘 도구이기 때문이다. 선거는 정책의 선택이 아니고 인물 또는 정당의 선택이며, 설사 인물, 또는 정당의 선택이 특정 정책의 선택으로 연결된다는 것을 인정한다 하더라도 다음 번 선거에서 시민들은 특정한 정책들을 개별적으로 평가해서 처벌과 보상을 내릴 수 없다. 또한 실적과 과실에 대한 책임의 소재지가 불분명할 때, 시민들은 선거를 통한 책임성을 확보하기가 어렵다. 특히 정당조직이 안정적으로 제도화되어 있지 않고 이합집산을 거듭할 때 시민들은 책임의 소재지를 확인하는 데 어려움을 겪을 수밖에 없다.

만일 대의제 민주주의의 한 부분으로써 정당을 개혁하려고 하는 시도가 여의치 못할 경우, - 사실 오랜 세월을 걸쳐 역사적 환경과 정치적 전통 및 전치문화의 조건 하에서 형성되어진 정당정치의 변화는 대단히 어려운 과업이다 - 정당을 매개로 한 대의적 민주정치에 대한 기대가 낮아지고 인민이 직접 참여하는 개혁 즉, 참여민주주의에의 요구가 드세질 것은 당연하다.

설사 정당이 어느 정도의 형식적 대표성을 달성하고 있다고 하더라도, 현대 대의제 민주주의 하에서는 강력하게 조직되고 발언권이 강한 특수이익 집단이 민주적 과정을 지배할 가능성이 크다. 그러므로 민주주의의 이상에 가치를 높이 부여하는 사회운동 및 시민사회 일반은 언제나 대의제의 한계에 대하여 개탄하기 마련이다. 혹자는 이러한 특수이익의 지배를 제어할 수 있는 장치로 언론 및 여론의 역할을 강조하지만, 20세기 후반에 민주화된 나라에서 잘 발달된 독립적인 여론수렴 장치를 발견하기는 쉽지 않다. 게다가 1990년 냉전의 붕괴 이후 급속히 확산되는 신자유주의 환경 속에서 자본의 위력을 제어할 만한 힘은 현저히 약화되었다. 이미 오랫동안 민주적 체제를 발달시켜 온 서구선진국과는 달리 신생 민주주의국가들은 따라서 일방적인 자본의 지배 속에 편입되어 가고 있는 것이 사실이다. 민주화가 민중의 생존권 보장을 가져올 것이라고 보았던 운동세력이 현재의 민주주의에 대하여 심한 좌절과 비판에 빠져들게 되는 이유가 바로 여기에 있다. 그러므로 대의제 민주주의의 일반적 문제는 20세기말-21세기초의 신생민주주의 하에서 굉장히 확대되고 참여민주주의에의 요구가 고양될 수밖에 없는 실정이다.

대의제 민주주의는 일반적으로 다수결주의에 의거하여 집단의 의사를 결정한다. 그런데 다수결주의는 소수파의 다수파에 대한 순응을 강제한다. 다수결주의는 기존의 여론조사, 국민투표와 같은 국민투표제적 민주주의(plebiscitarian democracy)에 의해 강화되며, 이는 '다수의 독재'를 심화시키고 소수파의 배제를 초래한다. 소수파의 의사가 공동체의 의사 형성에서 경청될 수 있는 공간이 존재하지 않을 때 민주적 공동체는 심각한 해체의 위기에 직면할 것이다. 이점은 민주화이후의 신생민주주의에서 더욱 심각할 수 있다. 갓 태어난 민주주의에서는, 특히 선출이라는 절차적 민주과정 만을 중심으로 민주이행이 이루어진 신생민주주의 하에서는 다수결의 원칙이 강조되는 경향이 나타나며, 소수자 보호라는 또 하나의 중대한 민주주의의 원칙이 경시될 가능성이 높다. 따라서 사회 각계의 소수파들 및 중앙으로부터 소외되고 있는 지역 수준에서의 민중들은 대의제 민주주의에 대한 신뢰를 서서히 잃어나갈 수 있다. 만일, 그 신생민주주의가 강력한 중앙집권적 성격을 띠고 있는 경우에는 문제가 더욱 심각하다. 이

때는 중앙에 반발하는 지방의 지역수준에서의 갈등과 참여민주주의에의
요구가 분출되어 격화될 가능성이 높을 것이다.

Ⅲ. 한국에서의 경험: 민주화와 민주주의의 전개

한국에서의 1987년 민주이행과정은 광범한 반(反)권위주의 시민사회세
력의 조직화와 정치적 대안으로서 지역적 기반을 중심으로 구축된 카리스
마적인 야당 리더십의 존재, 그리고 그 양자 간의 전략적 합작이 그 계기를
제공하였다고 볼 수 있다. 한국의 민주화는 분단 및 한국전쟁 그리고 냉전
이라고 하는 세계사적 제한조건 (confining conditions)을 바탕으로 한 우
익독재의 지배, 그리고 구래의 빈곤한 농경사회를 벗어나 산업화되기를 열
망하던 탈식민지국가라는 환경을 이용한 개발독재라는 권위주의 정치체제
에 대항하여 민주주의라는 가치와 제도를 실현하기 위한 강력하고 광범한
반대세력이 조직되고 그 투쟁에 국민 상당수를 동원함에 의하여 가능했다.
즉 비민주적 정권을 몰아내기위한 광범한 민주화운동이 한국 민주화의 기
본적인 동력이었던 것이다. 한국의 민주화운동은 아시아의 다른 어느 나라
의 경우보다 더 끈질기고 조직적이었으며 광범한 수준이었다고 할 수 있
다. 이러한 강력한 도전에 직면한 권위주의세력이 그 자체의 응집력은 어
느 정도 유지하면서도 1987년 6월 여타 여러 환경을 고려하면서 위기를 극
복하는 길로써 전략적으로 협상과 양보를 선택함으로써 본격적인 민주이
행과정이 시작되었다. 따라서 한국의 1987년 민주이행은 민주화세력과 구
권위주의 세력간의 힘의 균형이 어느 일방으로 치우치지 않는 상황 아래에
서 진행되었고, '협상' 에 의한 민주화였다고 할 수 있다.(임혁백, 1994)

협상에 의한 한국 민주이행의 중요한 두 행위자인 민주화운동과 정치
사회를 검토해 보면, 한국에서의 '민주화 이후의 민주주의' (최장집, 2002)
의 문제를 그대로 적시할 수 있다. 최장집(2002)이 주장한 것처럼 분단구
조라는 이념적으로 협애한 공간에서 보수이념과 인물중심의 내용으로 성

장한 한국정당 및 정치지도자들은 사회적 기반의 측면에서는 대단히 제한
적이었다. 그러나 이들은 권위주의, 반(半)권위주의 체제 하에서 반복되는
선거게임을 통하여 나름의 동원력과 카리스마를 발전시켰고 1987년 민주
이행과정에서 사회운동과 결합하여 엄청난 지배력을 보여주었다. 이들 보
수정당들은 민주이행이 진행되던 1987년 세 명의 지역적 카리스마인 김대
중과 김영삼 그리고 김종필를 중심으로 선거동원을 중심으로 한 지역정당
체계를 완성하였고, 이는 2002년 김대중의 정계은퇴까지 한국 민주주의
의 지배적 정당체제로 공고화 되었다. 이러한 지역주의 정당정치에서는
이미 민주화이전부터 반독재투쟁속에서 발달한 사(私)적인 독과점적 구조
가 확고하였고, 그 결과 민주적 대표성의 실패를 노정하였다. 소위 3김시
대(1987~2002)에서는 정당내부의 비민주적 운영, 특히 공천, 조직, 자금
의 측면에서 정당지도자 개인의 제왕적 지배가 구현되었다. 한국정당은
바탕(진성당원)이 없는 지도자 개인의 사조직으로 기능하게 되었다. 정당
체계의 측면에서 보면 지역주의 때문에 지역에 따른 독과점적 정당으로 인
해 정치적 경쟁의 제약을 받아왔으며 국고보조금이나 여러 가지 제도적인
해택이 기성의 주요정당에 집중되는 카르텔 정당의 특성을 나타내 왔고 새
로운 정치세력의 진입이 억제 되어왔다.

한편 민주이행을 성공시킨 한국의 민주화운동은 1987년의 이행과정 −
헌법개정 및 정치협약 수립과정 −에서, 곧바로 이어지는 대통령선거의 흡
인력에 의하여 주도권을 대중적인 김대중, 김영삼 중심의 정치사회에 양
도하였다. 헌법의 개정 및 정치적 협약의 대상자는 보수적 정치사회 내부
로 한정되었으며, 사회세력 간의 새로운 협약을 맺기보다는 "대통령직선
제"라는 공직의 선출에 관한 절차를 복고적으로 변경시키는 것에 주력하
였다. 이러한 편의적이고 급속한 민주이행은 향후 상당한 사회적 갈등의
여지를 제공하였다.(Cho, 2004) 6월항쟁을 중심으로한 민주이행까지의
공격적인 발전의 여세, 그리고 민주화 초기에 있어서 구정권의 부정과 민
주개혁의 실시라는 민주주의 공고화를 향한 프로젝트의 진전의 여파로 민
주화운동은 1987~90년경까지 당분간 폭발적인 확장과 심화, 그리고 부분

적으로는 신사회운동으로의 전환을 이루었다. 일부 운동세력은 선택적으로 양 김씨를 주축으로 한 지역정당체계로 편입·동화되어 갔지만 아직 상당한 부분은 보수적 정치체제를 바깥에서 도전하는 세력이 되었다.

남은 운동세력 중 일부는 민중당(1990~92)과 같은 진보적 정당을 새로이 만들어 제도정치내부로의 진입을 시도하였으나 보수정당들의 지역주의 선거전략과 1구1인제라는 단순다수대표제 선거제도의 벽을 넘지 못하였다. 한국에서 진보적 정당의 원내진입은 2004년 1인2표 비례대표제의 도입이후에야 가능해졌으며 민주노동당이 2004년 총선에서 10개의 의석을 확보함으로써 현실화되었다. 그러나 민주노동당은 사회운동 전반을 대표하기에는 미흡한 세력이었고 또 17대국회에서 그렇게 활동하기에는 세가 너무 미약하였다. 따라서 아직까지 사회운동세력을 중심으로 한 진보적 정당이 한국정치의 주요한 행위자로 나타날 수 있는 정치지형은 존재하지 않고 있다.

물론 보수정당들에 의한 사회운동가들의 흡수와 동화, 그리고 그것을 기초로 한 "개혁"담론은 각종 선거를 중심으로 주기적으로 되풀이 되어왔다. 2002년 3김시대의 종료이후 노무현대통령의 참여정부가 의지를 보였던 정치개혁 담론의 결과로 2003년 만들어진 '열린우리당'의 경우에는 과거 민주화운동세력이 당내의 주류를 차지하는 양상을 보이기도 했다. 그러나 본질적으로 보수정당들의 제도정치권에서의 이러한 인적 변화는 그들 정당의 이념적 지형을 변화시키거나 대중의 광범한 참여를 통하여 사회적 기반을 변화시켜 민주적 대표성을 고양하는 데에는 전혀 미치지 못하였다.

1990년 냉전해체와 남북화해기류, 그리고 세계적인 신자유주의의 득세 등은 사회운동에서 과거의 급진적 이념과 체제변혁의 도전가능성을 현저히 약화시켰으나 3김시대의 지역정당체계가 갖는 대표성의 한계와 책임성의 문제 때문에 여전히 구래의 사회운동세력 및 새로이 등장한 시민운동 등은 한국정치에서 의제제기, 의제확장 및 갈등심화의 주요한 역할을 담당할 수밖에 없었다. 즉 구래의 민주화운동에 그 뿌리를 갖고 "공적 정당성"을 주장하는 한국의 시민운동은 민주화이후 한국의 보수적이고 협애한 정치사회가 제대로 수행하지 못하는 대의제 민주주의의 문제를 폭로하고, 역동적인 "참여"민주주의의 전개를 요구하는 주요한 정치행위자로서 기능하여 온 것이다.

정치사회와 정부는 1993년 김영삼대통령의 집권이래 정부 및 정치사회와 시민사회와의 협력을 본격적으로 표방하고 점진적으로 엔지오(NGO)를 참여시키는 정책결정과정을 확대하여왔다. 1987년 민주이행이전 민주화운동과정을 통하여 진보적인 민주화운동세력과 상대적으로 가까웠던 김대중정부의 집권은 더욱 시민사회의 정책적 참여를 확대, 심화하였으며 이제는 정부의 요직에 시민운동가가 수시로 들어갈 수 있는 상황에 이르렀다. 그러나 이러한 변화는 한국 대의제 민주주의의 형식과 내용을 근본적으로 변화시키는 데에는 전혀 이르지 못하였고, 적극적인 참여민주주의를 제도화하는 데에도 성과를 내지 못하였다. 그리고 1995년부터 본격적으로 실시된 한국 초유의 지방자치의 실험에서도 더욱더 무책임한 민주주의, 주민자치를 무시한 중앙정부위주의 정책결정, 지역주의 정당의 싹쓸이에 따른 선출공직에 대한 견제의 붕괴라는 문제가 속출하고 해결의 기미는 보이지 않았다. 그러므로 인사정책에 의한 일부 시민사회세력의 흡수와 동화는 한편 진행되었지만, 시민운동 일반은 대의제의 중심제도인 한국 정당 및 정치사회에 대한 강한 도전을 거듭하였는데, 그 전형적인 사례는 2000년 총선에서의 "낙천/낙선운동"이라고 할 수 있다.

김대중정부와 정체감을 함께하는 노무현대통령의 정부가 탄생하게 된 2002년의 상황은 이러한 기존 대의제 민주주의에 대한 비판과 도전의 환경과 결코 떼어서 볼 수가 없다. 정치적으로 주변부였고 소수파중의 소수파였던 노무현이 한나라당 대세론을 누르고 대통령에 당선된 것은 기존의 정당공천과정을 본질적으로 뒤흔들어놓은 '국민경선' 제도의 도입에 힘입은 것이며 이는 국민적 '참여'를 불러들여 정당을 개방화한 것이었다. 대통령 당선자 노무현은 따라서 '제16대대통령직인수위원회'를 구성할 때, 사상초유의 "정치개혁연구실"을 두고 (대의제)정치제도개혁을 자신의 임기중 수행해야할 국민약정사업(mandate)으로 간주하였다. 또 노대통령은 자신의 정부의 명칭을 "참여정부"라고 짓고 국가와 시민사회간의 협치를 강조하며 "참여"적 민주주의, 그리고 "포용적 민주주의"를 이루어나갈 것임을 공표하였다. 노무현정부는 국정의 3대 목표중의 하나로 "국민과 함께하는 민주주의"를 설정하고 "동원되는 국민이 아닌 참여하는 국민, 국민으로서의 책임과 권리를 포기하는 것이 아니라 이를 적극적으로 행사하는 국민이 성숙한 민주주의, 참된 민주주의를 가능케" 한다고 하며 "과거에는 정치권과 정부가 특권세력화해 국민 위에 군림하는 국민을 각종 정치과정, 정책과정에서 배제해"왔으나 "이제는 자발적이고 창의적인 국민이 국정과정에 적극 참여할 수 있도록 의식과 제도를 바꾸어야"한다고 주장하였다.[2] 그래서 노대통령에 비판적인 보수언론에서는 노대통령이 대의제 민주주의를 무시하고 "민중주의(populism)"적이고 "좌파"적인 "참여민주주의"를 도입하려 한다는 의심을 퍼뜨리기도 하였다.

그러나 시민사회와 네트워킹하면서 보다 적극적으로 선거, 정당, 정치자금 등 대의제 정치제도를 개혁해보려고 시도했던 노무현정부는 출범 초기부터 다양한 정책적 이슈를 통하여 시민사회와 갈등과 충돌을 경험하였다. 인적교류측면에서는 김대중 정권에서보다 더 확대된 모습을 보였으나 사회적 갈등의 수용과 해결에 있어서는 자신이 딛고선 기반 – 대의제에 의하여 선출된 자신의 정통성의 기반은 대의제에 있음 – 을 넘어서지 못하였고 대의제를 뛰어넘는 "참여적" 해결이나 시민사회에의 양보, 그리고 지역의 "자치"에의 양보를 시도하지는 않았다. 즉 노무현정부는 그 수사(修辭)와는 달리 참여민주주의를 주도적으로 발전시키려는 의도가 없었다. 노무현정부가 출범한 이래 국가와 시민사회는 수시로 갈등과 충돌을 거듭해왔고, 상호간에 협력과 참여를 통한 생산적인 관계를 만들어내는 데에는 많은 난관을 겪게 되었다. 어떤 면에서는 노정부가 사용한 수사 때문에 시민사회나 지방민들의 좌절은 더욱 컸으며 분노도 강했다고 할 수 있다. 그러

2) 청와대 홈페이지에서 인용. www.president.go.kr (2007년 11월 20일 검색)

나 참여정부시대에 한국 민주주의의 긍정적 발전이 있었다면, 이는 갈등과 좌절을 겪어가면서 대의제 민주주의로 해결할 수 없는 문제에 대한 "참여민주주의"적 대안을 점진적으로 모색하고 제도화할 수 있게 된 점이다. 그 대표적인 제도는 주민투표제와 주민소환제인데 이 글은 바로 이런 맥락에서 이 주민투표제가 도입되는 계기가 된 부안 핵폐기장사태를 다루고 있는 것이다.

IV. 부안 핵폐기장 문제

1. 사건의 요약

1980년대 시작한 원자력 발전소 산업의 확대는 한국에서 방사선폐기물의 안전한 관리 및 최종 처분 문제를 발생시켰다. 1978년 고리원전이 상업운전을 시작한 이후 원전에서 발생하는 방사선폐기물은 일단 원전부지 내에서 보관하고 있었다. 그러나 원전의 숫자는 2003년에 무려 원자로 19기가 가동되는 등 급속하게 늘어나서 방사성폐기물의 양도 급속히 늘어남에 따라 원전부지 밖에 다른 장소에 안정적이고 장기적인 보관장을 구하는 것이 정책적으로 긴요하게 되었다. 이에 따라 한국 정부는 1986년 원자력법 개정을 통하여 방사선폐물 관리에 대한 법적 기반을 마련하였고, 한국원자력연구소를 주체로 폐기물처리장을 준비하게 되었다. 원자력연구소는 처음에는 주로 기술적인 고려와 경제성 등을 중심으로 1987년부터 1988년 사이에 부지환경조사를 시작하여 경북의 영덕군, 영일군 및 울진군의 3개 지역을 최초로 후보지로 도출하였다. 그러나 현지조사 중에 지역주민들에게 방사선폐기물장 (방폐장) 건설 계획이 알려짐에 따라 이들 지역에서는 주민의 강력한 반발이 전개되었고, 방폐장 선정을 위한 작업은 무산되었다.

동해안 지역이 주민들의 반대로 방폐장 선정이 어렵게 되자 1990년에는 한국원자력연구소가 서해안 지역을 대상으로 후보지를 물색하였는데 당시 충청남도가 구상 중이던 서해안 종합개발계획과 연관하여 안면도를 방폐장부지로 선정하였다. 그러나 이 역시 주민들에게 알려지면서 안면도 사태라고 불리우는 공권력과 지역주민 간의 대규모 충돌이 발생되었다. 이에 따라 정부는 안면도에 관한 계획을 철회하였고 관련 주무장관인 과학기술처장관이 해임되었다. 이와 같이 초기에 방폐장 부지선정은 중앙정부 및 한국원자력연구소의 일방적인 추진에 따라 지역을 선정하고 여기에 지역주민들이 반발하는 방식으로 전개되었다.

그런데 이러한 방식으로는 부지확보가 어렵다는 것이 자명해졌기 때문에 정부는 1991년 6월부터 공개적인 절차에 의해 지역주민과 협의하여 부지를 선정하기로 정책을 변경하였다. 그 후 정부는 고성, 양양, 울진, 영일, 장흥, 안면도 등 6개 지역을 협의대상지역으로 선정하기도 하였으나 역시 지역민들의 반발에 부딪히고 말았다. 1994년 12월에는 인천광역시 옹진군의 굴업도를 방폐장부지로 선정하였으나 부지의 자체 문제 때문에 안전성을 보장할 수 없다는 것을 나중에 발견하고 1995년 11월에 백지화하였다. 이렇게 방폐장문제가 어렵게 되자 사업주체가 1996년 한국전력(주)으로 이관되었고 다시 2001년 한국전력이 분할되면서 한국수력원자력(주)로 바뀌게 되었다.

한편, 김대중정권에 들어서서 1998년에는 방폐장 입지선정을 정부 주도에서 유치공모 혹은 사업자 주도의 방식으로 전환하고, 이 시설의 입지로 선정되면 해당 지방자치단체에 3000억원을 지원하기로 결정하였다. 그리고 2000년 6월과 2001년 8월 등 두 차례에 걸쳐 이 조건으로 방폐장 유치신청 공고를 하였고, 7개 지역 주민이 유치를 청원하였으나 해당 지방자치체가 이를 수용하지 않아 유치공모는 실패하고 말았다. 이런 실패 이후에 정부는 한국수력원자력(주)이 먼저 적합한 부지를 선정한 후 해당 지방자치단체와 주민 단체와 충분한 협의를 걸쳐 최종 부지를 선정한다는 방침을 세웠으며, 2001년 12월부터 용역을 실시하여 경북 영덕, 경북 울진, 전남 영광, 전북 고창의 네 곳을 후보지로 도출하였다고 2003년 2월 발표하였다. 그런데 이들 지역이 발표되자 해당 지역 주민들은 즉각적으로 반발하였고 해당 지방자치단체도 방폐장 입지를 거부하였다.

2003년 2월에 시작된 노무현정부는 방폐장문제를 조속히 해결해야할 현안으로 인식하고 "당근"을 키워서 주민들의 자발적인 신청을 유도하려고 하였다. 따라서 정부는 방폐장을 유치할 경우에는 그 지역에 양성자가 속기를 건설하며 한수원(주) 본사를 이전하고 지역발전사업을 발굴하여 중앙정부가 집중적으로 지원하도록 하는 내용을 발표하고 방폐장 유치 신청을 2003년 7월 15일까지 지방자치단체가 하도록 공고하였다. 만일 유치신청을 한 지역이 있을 경우에는 신청부지에 대한 적합성을 조사한 후 우선적으로 방폐장 부지로 확정하고, 그렇지 않은 경우에는 앞에서 한수원(주)이 조사한 4개 후보지역 중 최적부지를 선정하기로 하였다.

정부의 유치공모가 마감되기 며칠 전인 7월 11일 전북 부안군은 김종규 군수 명의로 부안군 위도에 방폐장을 유치한다고 선언하였다. 김군수의 선언은 애시 당초 그 해 5월 위도지역 주민들이 80% 이상의 서명을 받아 부안군 의회에 신청한 방폐장유치 문제를 부안군의회가 아직 논의를 마치지 않은 상태에서 갑작스레 나온 것이었다. 김군수는 당사자인 위도 주민들이 방폐장 유치를 청원했고 이를 계기로 지역발전을 촉진하기 위하여 방폐장을 유치하기로 결정하였음을 강조하였다. 김군수는 자신이 선출된 주민의 대표로써 할 수 있는 권한을 행사했다고 주장하였으며, 7월 14일 김군수와 부안군 의회 의장은 유치공모 담당부서인 산업자원부를 방문하여 유치신청서를 제출하였다. 그러나 실제로는 김군수가 선언하기 이전에 이미 7월 9일 '핵폐기장·핵폐기물 추방 범대책위원회'가 구성되어 이 대책위의 주도로 부안 주민 2000여명이 핵폐기장 유치 반대 시위를 열었으며, 부안군 의회는 김군수가 유치신청을 공표한 7월 11일 유치청원안을 7대5로 부결시켰다. 그러데 김군수는 청원안이 부결되는 것을 알면서 그 직전에 군수이름으로 유치신청선언을 한 것이었다.

앞절에서 본 바와 같은 참여정부의 국정목표였던 주민의 의사의 민주적 수렴과 같은 이슈에는 관심없고 오직 해묵은 현안의 해결에만 주목하던 정부는 김종규 부안군수의 유치신청을 민주적 정통성이 있는 적법한 것으로 기정사실화하고 이에 반대하는 모든 행위를 지역이기주의적인 갈등으로 치부하였다. 이에 대하여 부안군민들은 격렬하게 항의하는 시위를 계속하게 되었다. 7월 22일과 25일에는 대국민궐기대회가 열렸고, 7월 27일부터는 '반핵광장'이라고 명명한 부안수협 앞의 공간(public sphere)에서 매일 2천에서 1만명이 모이는 촛불시위를 시작했다. 촛불시위는 이후 주민투표가 가시화된 2004년 1월 25일까지 130일동안 지속되었다. 또 7월 31일에는 어선 200여척이 위도 앞 해상에서 반핵시위를 전개하였으며, 8월 5일에는 차량 1000여대를 동원하여 부안에서 전주에 이르는 도로 45킬로미터를 왕복하면서 저속시위를 하였다.

부안대책위원회의 본격적인 반대시위가 벌어진 7월 22일 이후에도 정부는 오로지 국책사업의 성사를 위한 밀어붙이기를 계속하였다. 7월 23일 노무현대통령은 부안군수에게 전화를 걸어 용기를 잃지 말고 국책사업에 최선을 다해달라고 격려하며 정부차원의 지원을 약속하였고, 이에 대한 보도는 부안의 반대주민들로 하여금 참여정부에 대한 깊은 불신을 야기하였다. 또 산업자원부는 7월 24일 원전수검물 관리시설 부지선정위원회를 열어 부안군 위도가 방폐장에 적합하다는 결정을 내림으로써 정부가 부안에 방폐장을 유치하고자 하는 수순에 정당성을 부여하였다. 이러한 정부의 태도는 부안의 주민들로부터 대대적인 반발을 야기하는데 오히려 촉발제가 되었다. 7월 25일, 부안에서는 약 1만여명이 참여하는 대규모 반대시위가 발생하였는데, 이들은 시위 중에 부안군수와 전북지사의 퇴진과 노무현대통령의 사과를 요구하였다. 이날 시위는 문자 그대로 부안군 전체의 행사였는데, 부안의 모든 상가가 문을 닫고 시위에 참여하였다. 여기에 더하여 전라북도 14개 시·군 농민회와 한총련대학생들도 동참하였고, 본격적으로 부안문제가 전국화되는 계기가 되었다. 시민사회는 두 가지 방식으로 반대진영에 합세하였는데, 하나는 농민회, 한총련, 반핵행동 등의 물리적 참여를 통한 반대시위의 세를 과시하고 전선을 형성하는 방향으로 참여하였고, 민주화 이후 활성화된 시민운동 측면에서는 전국적 수준의 시민운동대표들이 부안문제에 뛰어들어 박원순 아름다운재단 상임이사, 서주원 환경운동연합 사무국장 등으로 '부안군민폭력진압진상조사단' 과 같은 기획단을 발족하여 기자회견을 갖는 등 명분에 대한 싸움을 진행하는 양상도 보였다.

정부는 이미 부안군수의 청원행위를 대의제 민주주의에 따른 적법한 것으로 간주하고 있었기 때문에 이러한 반대시위에 대하여 각종 보상을 통한 회유와 정책홍보 그리고 물리적인 진압, 이 세 가지 방향으로 문제를 해결하려고 하였다. 노대통령은 7월 28일 주민들의 극단적 행동에 대해 엄정대응하고 동시에 관계장관들이 방송 등에 출연해 정부정책을 국민에게 설득해야 한다고 지적하였다. 노대통령과 참여정부는 부안주민들의 반대는 지역이기주의이고 대의제민주주의를 거부하는 것으로 보았던 것이다. 문제가 중앙정부가 적극적으로 주도하는 가운데 확대되기 시작하자 부안군민들은 지역수준을 넘어서 중앙정부에 직접적으로 항의하는 행위를 진행하였다. 7월 30일에는 부안군민 70여명이 상경하여 청와대 앞에서 집회를 연 뒤 항의서한을 전달하였고, 부안대책위원회에 공동의장을 맡고 있는 문규현신부는 노대통령에게 공개편지를 보내기도 했다. 주목할 점은 이 시기에도 시민운동의 주축은 참여정부와 완전한 결별을 하려고 하고 있지는 않았다는 것이다. 문규현신부는 대통령에게의 호소를 통하여 정부정책을 변화시켜보려고 하였다.

그러나 정부는 여전히 한수원(주)과 부안군을 통한 다양한 회유에 의존하면서 주류언론들을 동원하여 편파적으로 보도하고, 대책위와의 협의를 추진하지는 않았기 때문에 방폐장 반대운동은 더욱 격렬한 방식으로 발전해 갔다. 8월 13일에는 주민 4000여명이 서해안 고속도로 부안나들목 부근에서 점거시위를 벌여 2시간동안 고속도로를 마비시켰다. 8월 17일에는 차량을 동원하여 호남고속도로와 서해안고속도로에서 저속상경시위를 벌이다 80여명이 연행되어 즉심에 회부되기도 하였다. 8월 21일에는 또다시 어선 300여척이 참여하는 해상시위가 벌어졌으며, 8월 23일에는 전주시내 전라북도 도청 앞에서 대규모 시위와 충돌이 발생하여 경찰버스 두 대가 전소되고 시위 주민 53명이 연행되는 사태도 발생하였다. 이렇게 투쟁이 가열화되가자 정부는 8월 21일 청와대 회의에서 더욱 강경한 입장을 밝히고, "물리적인 폭력행사에 대해서는 법과 원칙에 대해 단호하고 강격하게 대응하라"하는 지시를 통하여 그 이후 경찰과 시위대 간의 강력한 격도를 방조하였다. 전국적인 수준의 뉴스미디어는 전북부안이 외부 시민단체에 의하여 조정됨에 따라서 사태가 해결되지 않고 있다는 점을 강조하고, 시위의 불법성과 폭력성을 강조하면서 지역민들의 외침을 무시하였다. 이러한 왜곡에 분격한 부안의 반대시위자들은 각종 항쟁을 계속하였고 부안은 이제 거의 항쟁과 계엄의 연속선에 놓이게 되었다.

9월 8일에는 부안군수가 내소사를 방문했다가 이를 알고 몰려든 주민들에게 집단폭행을 당한 사건이 발생하였고, 이에 따라 반대시위 주민에 대한 여론이 악화되고 정부는 주민시위에 강경하게 대처하도록 방침을 강화하였다. 부안읍내에는 무려 7000명의 경찰이 배치되었고, 거의 계엄령 하의 상황을 보는 듯 하였다. 그러나 주민들은 촛불집회를 계속 하였으며, 방학을 마치고 개학이 시작된 8월 25일부터 초중고 학생들의 등교거부가 시작되었으며 이 등교거부는 10월 6일까지 지속되었다. 흥미로운 점은 군수폭행사건과 부안주민의 거부투쟁 사이에서 마침내 정부가 일방적으로 정책을 추진해 왔다는 부분에 대한 문제점이 인정되게 되고 정부와 부안대책위가 대화기구를 구성하며 그 합의에 따라 등교거부가 철회되었다는 점이다.

결국 9월 30일에 이르러서 고건국무총리가 기자간담회를 통하여 방폐장문제와 관련해 부안주민과 조건없는 대화를 하겠다고 선언함으로써 타협이 개시될 수 있었다. 고건총리의 선언 이후에야 정부는 부안대책위와 대화기구를 구성하기 위한 실무회의를 시작하였고, 10월 16일에 이르러 '부안지역현안해결을위한공동협의회'를 구성할 수 있게 되었다. 공동협의회의 위원장은 시민사회단체의 대표인 이종훈(경실련대표)이 맡았으며, 정부측 5인은 총리실, 산자부, 전라북도, 한국전력사장 및 대학교수로 구성되었으며, 시민단체측 위원은 종교지도자, 부안대책위대변인, 시민단체인 아름다운재단 이사, 환경운동연합, 민주사회를위한변호사모임(민변) 등 5

명이었다. 주민과 정부측은 이 협의회에서 주민의 뜻에 근거한 사업결정에 합의하였는데 이것은 사실상 부안군수의 독단에 의하여 신청된 방폐장 유치신청의 적법성을 부정하는 것이라 할 수 있다. 즉 정부는 주민의 격렬한 반대와 거기에 함께 한 시민사회의 항의 등이 일정한 수위를 넘어선 이후에야 대의제 민주주의의 제도절차에 의하여 진행된 행정행위를 부정하고 참여적 해결을 모색하기 시작했던 것이다. 해결방안은 공동협의회에서 결국 주민투표문제로 귀결될 수밖에 없었는데 이는 대의제 민주주의에 의하여 선출된 군수와 군의회 등 일상적 대의제 대표기구를 통한 해결이 무망하기 때문에 주민의 직접적 참여에 의한 해결을 모색할 수밖에 없는 것을 보여준다.

부안대책위는 2003년 연내에 빨리 주민투표를 실시하자고 제안한 반면에 정부는 법적 근거를 마련해야 되기 때문에 국회에서 주민투표법을 제정한 이후에 주민투표를 실시해야 한다고 하며 시간을 벌고자 하였다. 결국 다른 대안이 없이 주민투표를 하는 수 밖에 없다고 보았음에도 정부는 격앙된 지역의 분위기, 법률의 미비, 안전성의 확인 등을 이유로 투표시기를 2004년 총선 이후로 제시하였다. 정부의 의도는 부안지역에서 2004년 총선에서의 승리를 통하여 방폐장 찬성을 위한 분위기를 조성하려고 했던 것이 아닌가한다. 반대로 방폐장 반대진영은 주민투표의 연말실시를 주장하였고, 투표시기를 늦추려는 정부의 의도가 찬성여론을 조성하기 위한 것이라고 비판하였다. 대책위는 11월 14일을 합의를 위한 최종시안으로 제시하였는데 결국 11월 17일 공동협의회는 결렬되었다. 17일에 부안주민 1천여명은 반핵광장이라고 일컬어지는 부안수협 앞에서 핵반대 촛불집회를 마친 뒤 시위행진을 시도하였고 경찰과 격렬히 충돌하였다. 또 18일에 대책위측은 서울에서 기자회견을 열고 투쟁의지를 천명하였으며, 19일에는 '민란'이라고 부를 정도의 격렬한 시위를 전개하였다. 오후 2시에 반핵광장에서 열린 부안군민 총궐기대회는 5000여명의 주민이 참여하였고 그중 2000여명은 서해안고속도로 부안 나들목에서 연좌농성을 벌였으며, 그날 밤에 또 격렬한 시위는 이어졌다. 이에 대하여 정부는 다시 강경책으로 대응하였다. 11월 20일에는 정부가 행정자치부 장관과 경찰청장의 기자회견을 열고 부안의 시위가 민주법치국가에서 묵과할 수 없는 폭력적 파괴행위라고 규정하고 엄정대처하겠다고 밝히면서 경찰 8000여명이 부안읍에 배치되고 사실상의 계엄상태에 들어갔다. 이 상황에서 일부 시민운동단체 대표들은 주민투표를 위한 중재단을 구성하여 다음 해에 1~2월에 주민투표를 실시하도록 정부쪽에 권고하였다. 또 이들은 서울에서도 시민단체들과 연대하여 '2000인 선언문'을 발표하여 2004년 1~2월 주민투표만이 유일한 사태해결 방안이라고 주장하고 부안에서 경찰력을 빨리 철수시킬 것을 요구하였다.

이제껏 적극적인 개입을 꺼리고 있던 정치사회에서도 사태의 심각성을 인식하고 조사단을 파견하였는데 22일에는 한나라당, 24일에는 민주당 의원들이 현지를 방문하여 상황을 파악하였다. 시민단체들도 보다 적극적인 활동을 감행하였는바, 민변만이 아니라 대한변호사협회도 22~23일 인권위원회를 부안에 파견하여 조사를 벌이고 24일 기자회견을 열어 방폐장 유치는 부안주민들의 자유로운 의사표현을 허용하고 이를 존중하여 투명하고 공정하게 결정되어야 한다고 강조하였다. 국제적인 연대도 시도되었는데 대책위와 반핵국민행동은 25~26일 부안성당에서 외국의 반핵운동가 및 과학자들이 참석하는 포럼을 열고 이들은 27일 서울에서 방폐장 반대입장을 천명하는 기자회견을 열기도 하였다. 또 12월 3일 전북시민운동연합과 민족문화작가회의 등 50여개 지역 시민사회단체가 전북 도청 앞 광장에서 '1000인 선언대회'를 갖고, 즉각적인 주민투표실시를 촉구했다. 전북대 총학생회 13명은 역시 전북도청을 찾아 주민투표 실시를 주장하였다. 대한예수교장로회도 총회 성명을 통해 조속한 주민투표의 실시를 요구하였다.

마침내 중앙정부의 총책임자인 노무현대통령이 11월 25~26일 부안방폐장사업 추진과정의 문제점을 처음으로 시인하고 주민들의 의견을 물어 반대하면 못할 수도 있고 폐기장 부지가 부안이 아닐 수도 있다는 발언을 하였다. 그리고 12월 10일 윤진식산업자원부장관은 기자회견을 갖고 주민투표가 부결될 것에 대비해 부안군 이외의 지역에서도 유치신청을 받겠다고 밝히며 부지선정 과정에서 주민의 의사를 충분히 반영하지 못했다는 점을 인정하고 공식 사과했다. 그리고 윤장관은 이틀 뒤엔 12일 사표를 제출하였다. 그리고 정부와 국회는 1995년 지방자치제의 본격 실시 이래 오랫동안 논의만 거듭해오면서도 제정하지 않고 있었던 "주민투표법"을 2004년 1월 29일 전격적으로 제정하여 "주민에게 과도한 부담을 주거나 중대한 영향을 미치는 지방자치단체의 주요결정사항"에 대하여 지방자치단체의 장이 해당 자치단체 주민들을 대상으로 한 주민투표를 실시할 수 있는 법적 근거를 마련하였다.

정부는 그럼에도 불구하고 부안대책위쪽에서 준비하고 있는 주민투표는 법적 근거가 없는 주민들 스스로에 의한 것으로서 적법하지 않음을 선언하며 인정할 수 없다고 주장하며 정부주도에 의한 총선이후의 주민투표를 성사하기 위하여 노력하였다. 부안군은 법적근거가 없는 단체들이 주민투표를 실시하면 민주국가의 법치주의를 훼손하고 주민 간 갈등과 대립을 증폭시키기 때문에 주민투표의 시행을 중단해 달라는 '주민투표시행금지 가처분신청서'를 법원에 제출하였으나 법원은 2월 12일 이 신청을 기각하였다. 재판부는 이 주민투표가 주민 스스로 실시하는 사적 투표이기 때문에 금지할 법적 규정도 없고 동시에 투표 결과가 법적 구속력도 없다고 판결하였다.

그러나 이미 주도권을 잡은 부안대책위측은 시민사회단체, 종교계와 학계인사들로 구성된 '부안군방폐장유치 찬반주민투표 관리위원회'를 구성하여 주민들에 의한 주민투표를 2004년 2월 14일 강행하였다. 투표에는 전체 주민의 72%가 참여하였고, 그 중 91.8%가 반대라는 결과가 나왔다. 따라서 정부는 사실상 부안에서의 방폐장 추진을 중단할 수밖에 없게 되었다. 그러나 정부는 공식적인 기존의 법률과 정부의 추진내용의 적법성을 주장하면서 방폐장 부지를 신규 공모하고 주민들이 예비신청을 한 후에 주민투표를 하고 심사를 한다는 새로운 일정을 2004년 2월 4일 발표하였다. 그러나 예비신청 마감일인 2004년 9월 15일까지 한 지역도 예비신청을 하지 않았고, 사업은 실패로 돌아갔다.

이에 대한 반성을 토대로 정부는 2005년 3월에 「중·저준위방사성폐기물처분시설의유치지역지원에관한특별법」을 제정하여 부지선정이 설명회와 공개토론회 등 투명한 절차를 걸쳐 지방의회의 동의를 얻어 2005년 8월 31일까지 사업자원부장관에게 부지선정 조사신청을 먼저 한 후 2005년 11월 31일까지 주민투표를 걸쳐 최종후보지를 선정하도록 하였다. 이제 핵폐기장이 가져올 부대효과—3000억원의 특별지원 및 한수원공사 이전, 양성자 가속기 사업 지원 등 경제적 지원—가 법에 명문화되고 부지선정절차가 투명하게 제시됨에 따라서 경북 경주시, 영덕군, 포항시 및 전북 군산시가 폐기장 유치 사업에 나서게 되었다. 각 지역에서는 유치찬성과 반대의 논란이 가중되었고, 홍보활동과 반대 측의 시위 등 마찰은 상당히 일어났으나 무난하게 법적 절차에 맞는 주민투표까지 갈 수 있었다. 주민투표권자 총수의 3분의1 이상 투표와 유효 투표 중 찬성률 최고지역으로 확정하기로 한 "경쟁적" 주민투표는 11월 2일에 실시되었다. 투표율은 영덕 80%, 경주 71%, 군산 70%, 포항 48%로 나타났으며, 찬성률은 영덕 79%, 경주 90%, 군산 84%, 포항 68%로 결국 찬성이 가장 높은 경주가 방폐장을 유치하게 되었고, 2007년 11월에 들어 마침내 방폐장의 기공식이 경주에서 열리게 됨에 따라 방폐장부지선정 사업은 완료되었다고 할 수 있다.

2. 분석

부안문제는 애당초 환경문제이기 보다는 민주주의의 문제라고 할 수 있다. 즉, 부안에서 방폐장 선정절차에 반대하는 핵심적인 이슈는 군수가 군민의 정당한 의사수렴 없이 방폐장 유치를 신청했다는 것이다. 특히, 부안군수는 군의회의 반대에도 불구하고 지역발전이라는 목표라는 군 대표로써의 자신의 책무로써 방폐장 유치에 대한 용단을 내린 것으로 주장해왔다. 지역주의 정당인 민주당의 텃밭인 부안에서 2002년 무소속으로 당선된 부안군수 김종규는 선거과정에서 "'자연이 사라지는 곳에는 사람도 살

수 없다' 며 '환경도시'"(고길섶, 2005:114)를 내세운 정치인으로서 방폐장을 유치한다고 선언하기 전날까지 일관되게 방폐장유치 반대를 천명하였는데 갑자기 입장을 전환하였다.[3] 이러한 행태는 부안군민들을 더욱 당황하게 하였고 깊은 배신감을 느끼고 적극적으로 반대운동에 나서게 한 배경이 되었다.

또 방폐장 반대측도 결국은 전체주민이 직접적으로 참여하는 주민투표라는 참여민주주의의 행위를 통하여 자신들의 행동에 대한 정당성을 강조할 수 있었던 것이다. 사업을 추진하던 측은 선출된 지 일년도 채 되지 않은 중앙정부 – 특히 행정자치부, 산업자원부, 총리실 및 청와대 –와 대체로 정부의 주도아래 하수인으로 움직였지만 동시에 나름의 시장세력 즉 경제주체로서 원자력발전소사업의 유지 및 성공에 회사의 운명이 걸려있던 한국수력원자력(주)이 있었다. 그들의 주장 역시 부안군수의 유치신청이 민주적으로 적법한 것이라는 것이고 결국 그들의 방폐장 사업문제도 유치예정지들에 대한 주민투표의 실시를 통하여 가능하였던 것이다.

앞 절의 초두에서 보듯이 사업추진측은 이미 수차의 경험을 통하여 극도의 위험 및 혐오시설이라고 할 수 있는 방폐장 추진을 위해서는 지역주민들의 동의가 없으면 안 된다는 것을 인식하고 있었다. 그러나 이에 대한 그들의 대응은 방폐장 유치 시 주어지는 특혜를 늘리고 "형식적인" 지방자치단체의 유치신청을 유도하는 것에 그쳤다. 그들의 인식으로는 방폐장

---

3) 이러한 입장변화에 대하여 부안군수 김종규는 다음과 같이 설명한다. "유치과정에서 주민들과 대화가 부족했다는 것은 인정합니다. 부안에서 방폐장 유치논쟁은 군산의 신시도에서 하는 것보다는 부안에서 하는 것이 좋겠다고 해서 시작했는데, 그 때는 이미 72%의 군산주민들이 찬성을 하고 국회의원, 시의회 의장과 의원들이 하나가 되어 유치노력을 하고 있어서 군산이 거의 결정되는 것으로 알고 있었기 때문에 저로서는 신청을 한들 부안으로 오지 않는다고 확신했습니다. 그래서 반대를 해 왔습니다. 9일날 방폐장에 대해 논의하기 위한 공청회가 계획되어 있었는데, 폭력으로 무산되었습니다. 절차적 민주주의에 의해 주민동의를 받는 절차를 밟지 않은 점은 인정하지만, 부안의 현실로는 그러한 대화를 나눌 수 있는 분위기가 형성되지 않았습니다. 그래서 지역발전과 새만금, 그리고 새만금단지의 친환경에너지단지를 유치하고, 양성자 가속기가 부안으로 오고, …… 이러한 복합적인 것들에 의해 지역발전의 계기를 삼기 위해 11일날 유치신청을 하였습니다"(7월 31일 MBC 100분 토론: 김길수. 2005 재인용)

이 직접 들어서는 섬인 위도 주민의 80%에 이르는 유치신청 동의와 1995
년부터 본격적으로 시작되어 이제 민선3기인 지방자치 대의제의 대표인
부안군수에 의한 유치선언은 충분한 민주적 정통성을 창출한 것이었다.
바로 이런 인식 속에서 그들은 방폐장 반대측 부안주민들에 대하여 대화보
다는 강경한 대응에 나섰던 것이다.

　노무현정부는 특히 "참여정부"를 표방하고 이제 막 시작한 이상 어떤
가시적인 성과를 빨리 내고 싶어 했다. 일종의 주민자치와 정부 국책사업
의 조화로운 과실같은 것을 기대했던 것이다. 부안 문제에 대하여 초기에
적극적으로 개입했던 행정자치부장관 김두관은 그 스스로가 남해군수출
신으로서 지방분권 및 주민자치에 호의적인 노대통령의 측근이었다. 김두
관은 따라서 사태의 초기부터 정부 내에서 "주민투표"를 활용해야 함을 주
장하기도 하였다. 또 총리실 및 청와대에 포진한 386출신 비서관 등은 국
책사업을 진행하면서도 주민의 의사를 수용할 수 있는 방안을 찾고자 진지
하게 노력하였다. 그러나 동시에 노대통령과 그의 측근들은 보수층을 의
식하여 참여정부가 "무리한" 시민운동 등에 휘둘리는 것이 아님을 보여주
고 싶어했다고 본다. 그리고 문제는 그들이 너무나 "형식적인" 주민동의에
집착했다는 점이다. 그러나 이러한 정권의 대응은 그동안 오래 지속된 중
앙정부 중심의, 그리고 관료주도의 정책결정의 관행에서는 전혀 이상한
것이 아니었다. 즉 국가 대 시민사회라는 오래된 도식은 '참여정부' 하에서
도 근본적인 변화를 가져올 수 없을만큼 강고하였던 것이다.

　그러나 사업반대측인 주민들과 시민운동의 관점은 처음부터 아주 달랐
다. 이들은 위도주민들 다수가 행한 최초의 유치신청부터가 오랫동안 울
진, 영덕, 장흥, 영광, 고창, 부안 등 잠정적 후보지역에서 진행된 한수원
(주)의 교묘한 유치작업에 말려들어 내려진 것이라고 보았다.(김철규·조성
익, 2004: 20) 논란의 초기에 불거졌던 위도주민에 대한 거액의 현금보상
스캔들은 바로 이러한 주장의 실증적 증거였다. 정부가 최종적으로 주민
들에 대한 개별적인 현금보상은 없을 것이라고 했을 때, 상당수 위도주민
들은 방폐장유치의 적극성을 잃게 된다. 게다가 사업반대측은 김종규군수

의 유치신청은 첫째 군의회의 결정에도 반하였고 둘째 이런 시설을 부안군에 들여오기 위해서는 꼭 필요한 전체 주민에 대한 토론과 동의의 절차를 거치지 않았다는 점에서 "비민주"적이라고 보았다.[4] 따라서 이런 비민주적인 유치신청을 민주적인 적법성이라고 주장하는 "참여정부"에 대하여 격렬한 반대를 표현했으며 깊은 불신이 쌓임에 따라 정부가 잘못을 시인한 사태의 후반부에서도 타협점을 찾기보다는 자신들만의 주민투표를 통하여 스스로가 만들어내는 "민주적" 정통성을 추진했던 것이다.

따라서 부안대책위측에서는 정부와 한수원(주)측이 정당성이 없이 밀어붙이기를 시도하고 있다고 주장하고 항의시위의 초기부터 일상적인 법규범과 공공질서를 넘어서는 극단적인 양태의 동원을 시도했다. 이러한 운동의 전투적 레파토리(Tilly, 1978: Tarrow, 1994: 48-61)는 한국의 시민사회가 1980년대동안 반권위주의정권투쟁의 도상에서 축적하고 1987년 6월을 정점으로 폭발시킨 항쟁적 이벤트들이었다. 고길섶(2005)이 주장하듯이 코뮌적 활동까지는 아니더라도, '반핵광장'을 중심으로 '촛불시위'를 시민단체들의 '연대'를 통하여 지속해나가고, 참여하는 부안시민들을 '의식화'하고 협상적 대안을 차단하는 그 모든 행태는 1980년대 민주화운동을 통하여 학습된 것들이었다.

한국의 시민사회 행동가들에게는 부안에서의 방폐장반대운동이 단순히 지역차원의 정책사안이라고 하기보다는 한국 대의제민주주의의 근본적인 문제였다. 그들에게 '부안'은 국가 소유의 대기업이 국가권력과 함께 대의제의 허점을 틈타서 지역의 주민의사를 무시하고 이에 항거하는 주민들을 탄압하며 관철하고자 하는 국가주의적 관료적 독재의 현장이었다. 그러므로 이 중앙집권국가의 수도 서울에 역시 집중되어있는 시민사회의 제반 활동가들은 광범하게 하방(下方)하여 연대하며 이 사태에 개입하였

---

4) 부안주민들이 방사성폐기물 처분장 건설에 반대하게 된 주요한 원인을 조사한 설문조사 자료에 의하면 – 비록 그 샘플링이 주로 적극적인 반대운동참여자에게 기울어진 것으로 보여서 대표성은 낮지만 –, 가장 중요한 동인이 비민주적 절차에 대한 분노였다고 볼 수 있다(김철규, 62~63).

다. 그들은 촛불시위 등 각종 집회에 연사로 초빙되어 부안대책위의 반대
운동에 힘을 북돋아 주었고, 전국적인 서명운동을 조직하고 기자회견을
하고 노대통령에게 공개편지를 하고 직간접으로 청와대 등 권력의 핵심부
에 로비하는 등 정부정책을 변화시키기 위하여 노력하였다. 그들은 또한
'부안지역현안해결을위한공동협의회'를 주도하여 부안에서의 이 대의제
민주주의의 문제를 해결하기 위해서는 주민투표가 유일한 방책임을 설득
하였으며, 정부의 반대를 무릅쓰고 2월 14일 독자적인 주민투표를 감행할
때에도, '부안방폐장유치찬반주민투표관리위원회'를 구성하여 객관성과
도덕성 그리고 실천력을 제공하였다. 이 위원회에는 시민사회 최대의 명
망가인 박원순변호사를 위원장으로 하고 참여연대, 전농, 민변, 민중연대,
민주노총, YMCA, 문화연대, 한국여연, 함께하는 시민행동 등 내노라하는
시민단체의 핵심지도자들이 모두 참여하여 이미 공표한대로 시민사회와
의 협치를 나름대로 내세운 노무현정부로 하여금 주민투표의 결과를 실질
적으로 인정할 수밖에 없도록 하는 데에 기여하였다.[5]

  결국 부안에서의 국가 대 시민사회의 갈등은 대의제 민주주의의 보완재
로 전통적으로 가장 보편화된 '주민투표'를 법제화하는 것으로 맺어졌고,
이는 한국에서 참여민주주의제도를 본격적으로 도입하기 시작하는 계기가
되었다. 부안사태의 여파로 만들어진 주민투표법은 2005년 11월 경주 방폐
장 유치선정에서 최초로 적용되었고, 이후 제주도 행정구역 개편, 청주와
청원군 통합 등에서 성공적으로 실시되었으며 이제 다른 많은 이슈에서도
폭넓게 적용되어가고 있는 등 제도화에 들어섰다. 이러한 발전은 한국 국
민들과 엘리트들이 2006년 지방자치 총선을 앞두고 '주민소환제'라는 또
다른 참여민주주의제도를 도입할 수 있었던 자신감의 배경이 되었다.

---

5) 명단 전체는 고길섶(2005: 348)을 참조하시오.

Ⅴ. 맺음: 아시아적 지평을 생각하며

부안에서의 핵폐기장문제를 둘러싼 일련의 과정은 주민들로 하여금, 그리고 한국민들 전체로 하여금 한차원 높은 수준의 민주주의에 대한 고민을 제공하였다. 이 사태를 통하여 한국민은 한편으로 "참여정부"라고 명명되었던 한국의 대의제 민주주의정부가 여전히 위임민주주의(O'Donnell, 1994)적 성격을 벗어나지 못하고 있음을 확인하고 정치개혁의 과제들을 파악할 수 있었다. 1980년대 민주화운동세력이 수뇌부에 대거 참여한 노무현정부는 정당, 정치자금 및 선거영역에서 개혁을 시도하기는 하였으나 대의제의 진전을 통한 양질의 민주주의 발전에 미치지 못하였고, 이는 이미 2003년 부안사태를 통하여 예견되었던 바였다.

부안에서의 경험은 다른 한편으로 국가에 대한 한국시민사회의 현 관계를 재점검해 볼 수 있는 기회가 되었다. 시민운동들은 먼저 한국사회에서 여전히 대의제민주주의로부터 소외된 주변부, 중앙으로부터 눌린 지방, 그리고 다수에 대한 소수파를 위한 전투적인 옹호자(advocate)임을 입증하였다. 이 점은 한국에서 참여민주주의와 "건강한" 양질의 대의제 민주주의를 만들어갈 중요한 동력을 여전히 시민사회가 보유하고 있음을 말한다. 그러나 비효율적이고 비민주적이며 부패한 대의제 민주주의에 대한 시민사회의 도전이 반드시 건강한 시민참여를 기반으로 한 양질의 참여민주주의를 만들어나간다는 보장은 없다.

인민의 지배라는 민주주의 개념에 대하여 역사적 시점과 공간에 따라서 대단히 다양한 해석들이 존재해왔지만, 현대 정치의 경험적 현실은 대의제 정치 민주주의가 그러한 개념 논란 속의 하나의 공약수임을 보여준다.(보비오, 1992) 직접민주주의의 이상은 여전히 유효하고, 실천가능한 제도혁신을 통하여 개별 국민들의 정치과정에의 폭넓은 참여를 권장하여야한다는 데에 민주주의 이론가들이 모두 동의하지만, 방대한 영토와 국민을 지니고 복잡다기한 정치이슈들을 시급한 현안으로 다루어야하는 현대 국가의 현실은 대의제가 민주주의 운영의 기간제도이고 앞으로도 상당

부분 그러할 것임을 부정할 수 없도록 한다. (임혁백, 2000: 73) 그러한 전망 하에서 주민의 정책결정에 대한 직접참여를 바탕으로 대의제를 보완하는 역할을 담당할 참여민주주의제도가 제대로 효율적으로 기능하려면 국가와 시민사회간의 일정한 신뢰가 필요하다. 신뢰는 상호보조적인 거버넌스를 만들어가기 위한 기본조건이다. 시민사회에 의한 정치 및 정치인에 대한 불신과 비판이 지나치게 높아서 최소한의 권위와 정통성이 유지되기 어려운 상태라면 거버넌스의 구축은 어렵다. 또 시민사회가 갖는 전투성은 일정한 수준이상의 대의제 정치리더십 하에서는 어느 정도 통제될 필요가 있다. 비판적 참여가 긴요한 시민사회가 정치사회 및 시장에 대하여 지나치게 전투적이고 도덕주의적인 경우에는 국가-시장-시민사회의 협치를 이루기가 어렵다. 참여민주주의에서는 공적인 토론을 통하여 종국적으로 결정된 것에 대한 복종의 태도와 공동체 전체의 순응을 가져올 수 있는 능력이 필요하다. 참여민주주의는 반대를 위한 반대를 일삼는 비판세력과는 함께 구축해 나가기 어렵다. 한편 만일 그 사회에 공동체의 공공이익을 희생시켜서 특수이익과 가치를 충족시키려하는 '지대추구'적인 시민결사체가 번성하면 신유목적 민주주의의 건립은 난관에 처할 수밖에 없다.(임혁백 2000: 332)

그러나 오늘날 신자유주의 세계화의 파고아래, 탈식민사회의 토대위에서 민주화와 민주주의 공고화를 진행하고 있는 아시아의 현실을 살펴보면 건강한 대의제 민주주의를 만들어가기 위한 참여민주주의의 활용이 대체로 필요하고, 이를 위해서는 무엇보다도 일정한 수준이상의 자율적 사회결사체, 즉 시민사회가 존재하고 정치적으로 깨어 움직이는 상황이 필요하다고 보인다. 시장에 의하여 지배되고 퇴락해가는 국가를 살리고 정치를 통한 사회적 재조정을 달성하기 위해서는 참여민주주의가 활성화되어 국가 – 특히 선출된 정치인들과 기술관료들 – 나 시장에 대하여 날카로운 비판과 감시를 수행해야 한다. 이러한 과업의 담당자는 무엇보다도 살아 있는 시민사회일 것이다.

| 참고 문헌 |

고길섶. 2005.『부안, 끝나지않은 노래』도서출판 앨피.

그레와 생또메. 김택현(역). 2005.『뽀르뚜 알레그리, 새로운 민주주의의 희망』.
박종철출판사.

김길수. 2007. "위험시설 입지선정과정에서 정책갈등에 관한 연구."『정치·정보
연구』제10권1호, 279~303.

_____. 2005. "정책집행과정에서 주민저항 사례연구."『한국정책학회보』제13권
5호, 159~184.

김철규. 2005. "반핵운동과 지역주민정치."『한국사회』제6집2호, 41~69.

김철규·조성익. 2004. "핵폐기장 갈등의 구조와 동학: 부안사례를 중심으로."
『경제와 사회』통권제63호, 12~38.

보비오. 1992, "대의제 민주주의와 민주주의의 확장," 한국정치연구회 (편),『한
국민주주의론 II』, 창작과 비평.

조정관. 2001. "한국 대의제 민주주의의 질적 고양을 위하여."『의정연구』제7권
1호(통권 제11호), 6~33.

_____. 2006. "국가경쟁력과 정치사회의 개혁."『대한정치학회보』제14집1호,
179~206.

임혁백. 2000. "민주주의의 새로운 패러다임."『의정연구』제6권2호. 72~91.

최장집. 2002.『민주화이후의 민주주의』. 후마니타스.

페이트만. 1992, "참여민주주의," 한국정치연구회 (편),『한국민주주의론 II』, 창
작과 비평.

하승우. 2006. "참여예산제와 민주주의 :브라질 포르투 알레그레 사례의 한국에
대한 경험적 함의."『비교민주주의 연구』. 제2집 2호. 113~134.

Cho, Jung-Kwan. 2004. "The Politics of Constitution-Making During
the 1987 Democratic Transition in South Korea." *Korea
Observer*. 35:2, 171~206.

Huntington, Samuel P. 1991. *The Third Wave of Democratization in the Late Twentieth Century*. Norman, OK: University of Oklahoma Press.

Im, Hyug-Baeg. 1989. "Politics of Transition: Democratic Transition from Authoritarian Rule in South Korea." Ph.D. diss., University of Chicago.

Kirchheimer, Otto. 1965. "Confining Conditions and Revolutionary Breakthroughs." *American Political Science Review* 59.

Linz, Juan J. 1978. *Crisis, Breakdown, and Reequilibration*. Baltimore: Johns Hopkins University Press.

Linz, Juan J. 1978. *The Breakdown of Democratic Regimes: Crisis, Breakdown, and Reequilibration*. Baltimore: Johns Hopkins University.

Linz, Juan J. and Alfred Stepan. 1996. *Problems of Democratic Transition and Consolidation*. Baltimore: Johns Hopkins University.

McAdam, Doug, John D. McCarthy, and Mayer N. Zald, eds. 1996. *Comparative Perspectives on Social Movements: Political Opportunities, Mobilizing Structures, and Cultural Framings*. Cambridge: Cambridge University Press.

O'Donnell, Guillermo. 1994, "Delegative Democracy," *Journal of Democracy*, Vol. 5, No. 1.

O'Donnell, Guillermo, Philippe C. Schmitter, and Laurence Whitehead, eds. 1986. *Transitions from Authoritarian Rule*, 5 vols. Baltimore: Johns Hopkins University.

Przeworski, Adam, et.al. 1995. *Sustainable Democracy*. Cambridge: Cambridge University Press.

Share, Donald and Scott Mainwaring. 1986, "Transitions Through

Transaction: Democratization in Brazil and Spain," Wayne A. Selcher, ed. *Political Liberalization in Brazil*, Boulder: Westview.

Tarrow, Sidney. 1994. *Power in Movement: Social Movements, Collective Action, and Politics*. Cambridge: Cambridge University Press.

Tilly, Charles. 1978. *From Mobilization to Revolution*. Reading, MA: Addison-Wessley.

한국과 필리핀 시민사회의 경제 환경 비교[*]

신종화·고영희[**]

I. 연구목적

시민사회에 관한 많은 기존의 연구논문들은 해당 국가의 정치적 환경에 대해서 집중적으로 설명과 분석을 시도해왔다. 이러한 기존 연구들을 살펴보면 첫째로 국가권력을 둘러싼 다양한 정치세력들에 대한 연구와 이들의 갈등적 관계에 대한 역사적 설명 또는 특정 시기의 쟁점적 사안에 대한 연구가 양적으로 두드러진다(Encarnacion Tadem, 2009). 둘째로는 특정 국면, 예를 들어 정치적 충돌과 선거 등의 결과가 미치는 단기·중기적 영향력에 대한 연구들이 많이 생산된다(김동엽, 2006). 셋째는 어느 한 시민사회의 역사적 특징과 문화적 성격이 갖는 심층적 요인들에 대한 분석들이다(신종화, 2008). 이러한 시민사회 연구 동향은 각각 정치주체, 사건

---

* 이 논문은 2005년 정부(교육인적자원부)의 재원으로 한국학술진흥재단의 지원을 받아 수행된 연구임(KRF-2005-005-J11502). 『민주주의와 인권』 제10권 2호(2010년)에 게재된 논문을 재록함.
** 서울과학종합대학원대학교 레저경영 교수·서울과학종합대학원대학교 국제경영 교수.

그리고 쟁점들에 대한 학문적 관심으로 파악될 수 있을 것이다.

한편 한국의 시민사회 연구자들은 암묵적으로 한국과 다른 국가들의 시민사회 비교에 큰 관심을 갖고 있다. 시민사회 및 사회운동의 미래 방향성을 설정하는 데 있어서, 세계화의 환경 속에서 국제적 사안에 대한 각 시민사회의 다양한 접근 방식들과 독특한 해법을 찾는 데 있어서 많은 연구자들이 비교연구방법을 활용해 보고자 하는 것이다. 그 결과 2010년 현재 개별 시민사회들을 비교 연구하는 데 필요한 '비교의 기준과 근거'에 대한 연구자들의 다양한 시도가 진행되고 있다(정성호, 2008; 조영재, 2004; 주성수, 2006). 시민사회간의 비교는 다양한 입장에서 가능할 것이다. 정치적 주체들, 특히 시민사회의 사회운동세력 및 NGO의 현황에 대한 비교가 우선 가능하다.[1] 활동가 및 활동가조직의 이념 및 가치, 재정적 수준, 그들의 국제역량 및 사회구성원들로부터의 신뢰도, 등에 대한 분석도 가능하다(Heinrich & Fioramonti, 2008).

또한 많은 논의에서 시민사회의 주도적 세력과 주체들에 대한 암묵적 가정이 발견된다. 이른바 시민계급에 대한 개념적 파악이 그것이다. 18~19세기까지는 새로운 경제계급 및 지식인 계층에 대해서 주된 관심을 보였다면, 20세기에서는 조직화된 '운동세력'과 그들의 단체와 조직을 시민사회의 주체로서 이해해왔다. 하지만 특정 집단과 세력 또는 나아가 사회의 큰 축인 '진보진영'이 시민사회의 유일한 주체는 아니다. 시민사회는 이념적 가치지향의 부여 이전의 사회구성원들의 공동체로서 활발한 정치적 실천들이 등장하는 사회적 공간이다. 따라서 특정 시민사회의 특징들은 일부의 정치주체들에 의해서 결정되기 보다는 다양한 정치세력들이 맺는 관계방식과 그 활동의 결과로서 등장하는 것이다.

이러한 관점에서 보면, 특정 시민사회의 고유한 특징들에 대한 포착이 일반이론화의 수준으로 확대되어 시민사회 보편의 특징으로 해석되는 것

---

1) 필리핀 사회단체 특히 NPO의 활동 상황에 대해서는 CODE-NGO(2008, 2009)을 참고할 수 있다.

은 유의할 필요가 있다. 19세기 유럽의 시민사회의 특징을 일반화하는 하
는 것, 또는 20세기 후반의 민주주의 운동에서 등장하는 실천지향적 사회
운동 세력을 시민사회의 특징으로 일반화하는 것은 21세기 시민사회 발전
의 다양한 가능성을 모색하는데 있어서 개방적 관점을 제공하지 못한다.
아울러 한국의 정치운동 지향적 시민사회의 역사를 기준으로 비서구 사회
의 다른 국가들을 평가하는 것도 조심해야할 지점이다. 다시 말하면 한국
과 필리핀의 시민사회를 비교하는 데 있어서 한국 중심적 기준이거나, 필
리핀 중심적 기준이어서는 안된다는 것이다.

본 논문의 목적은 이러한 시민사회에 대한 기존 연구의 관점들을 결합
하고 보다 통합적인 접근을 위해 한국과 필리핀 시민사회의 경제적 환경을
비교하여 다양한 지표를 도출하고 시민사회에 영향을 미치는 요인을 중심
으로 시민사회 국제비교의 활성화를 꾀하고자 한다. 경제환경은 한 시민
사회가 특정 국면에서 쟁점적 사안으로 부각시킬 다양한 경제적 소재들을
포함한다. 예를 들어, 노동시간, 교육여건, 부정부패, 인구증가율 등을 살
펴본다. 이 글에서 경제환경을 분석수준에서 파악하는 이유는 경제환경을
장기적으로 시민사회의 구조적인 틀을 유지시키는 요소로서 이해하기 때
문이다. 물론 단순히 물리적인 요인들, 경제지표들만을 대상으로 하는 것
은 아니다. 환경에는 시민사회의 주체들이 자신들의 이해관계와 신념을
위해서 정치적 실천을 진행할 경우, 결합적 대상이 되는 다양한 사회세력
들도 포함될 수 있다.

이를 위해 본 논문에서는 우선 한국과 필리핀의 국가비교 방법에 대한
논의를 진행하고자 한다. 이어 계량화된 작업을 통하여 한국과 필리핀의 시
민사회 경제환경을 비교하여 각각 글로벌 차원에서 어떤 수준인지를 살펴
보고 마지막 결론을 통해 한국과 필리핀의 경제환경 차이가 야기하는 시민
사회의 쟁점들을 선별하고자 한다. 이러한 시민사회를 통계적 지표들을 통
하여 설명하는 시도는 의의와 함께 한계를 동시에 고려해야하는 작업이다.

의의라는 측면에서 먼저 살펴보자. 시민사회의 내용을 구성하는 많은
사회현상들은 개별적인 수준에서는 수리적으로 파악가능하다. 첫째, 통계

적으로 파악된 시민사회의 내용들은 정책구현의 목적을 위해서 점진적인 증가와 감소, 또는 특정 수준까지 과학적인 통제(control)를 시도할 수 있다. 한편으로는 단기적인 목표 수립을 위해, 다른 한편으로는 장기적인 시민사회의 발전을 체계적으로 집행하는 목적으로 정책결정권자 또는 주요한 정치적 행위자들에게 시민사회의 계량적 측정은 대단히 매력적인 시도가 될 것이다.[2] 둘째, 이 논문의 관심사인 시민사회의 경제환경적 요소에 대한 측정은 시민사회조직 역량 평가에 비해서 관심이 부족한 연구영역이었다. 사실 경제체제 차원에서 상부구조의 한 부분으로 해석되었던 시민사회와 토대의 성격인 생산시스템의 상호의존성은 맑스주의적 학문전통에서 포괄적으로 언급되어졌다. 하지만 특정 국가의 경제환경적 요소들이 국가차원에서 시민사회의 쟁점과 사건들, 그리고 행위자들의 실천적 방향성과 맺는 관계성에 대한 연구는 새로운 시도라고 할 수 있다.

한계라는 측면에서 살펴보자. 수리적인 자료의 취급은 곧 일부요소에 대한 선택적 부각과 함께 다른 요소에 대한 무시를 수반하게 된다. 첫째, 이 상황은 곧 시민사회의 개별 요소들에 대한 측정과 해석이 종합적인 수준에서 특정 국가의 시민사회에 대한 평가로 진행될 때 그 방향성의 설정에 따라 다양한 해석이 가능하다는 제약을 낳는다. 둘째, 일반적으로 지수분석을 통한 연구는 자연스럽게 비교단위들(이 논문에서는 국가수준)에 대한 상대비교, 다른 말로 하면 우열관계로 진행될 수 있다는 점이다. 이 문제는 '시민사회의 발전은 역사와 문화, 상황적 요인들에 의해서 다양하게

---

2) "… the social sciences need to develop a measurement and reporting system for civil society – a system that can put in place, at least initially, a systematic and potentially comprehensive mechanism for data collection, analysis and dissemination. Such a system could assist the dialogue among civil society organizations and policy-makers, and help stakeholders to locate and position themselves in the policy process. 사회과학은 시민사회를 위한 측정과 보고체계의 발전을 필요로 한다 – 자료수집, 분석과 파급을 위한 체계적이고 잠재적으로 포용범위가 큰 메카니즘이, 적어도 초기적으로, 배치될 수 있는 체계. 그러한 체계는 시민사회조직과 정책결정자들 사이의 대화를 지원할 수 있으며, 이해관계자들이 정책과정에 자신들을 위치시키는데 도움을 준다."(Anheier, 2004: 9)

전개된다' 는 이론적 태도에 대한 역사적 사례들을 확인하고 있는 본 연구자들이 수용하기 어려운 것이다. 이 글의 비교 대상인 한국과 필리핀은 어느 하나가 다른 국가보다 '전체적으로' 우월하거나 열등하지 않다. 단지 각 시민사회를 구성하는 요소들에 있어서 그 비율이 다를 뿐이다. 따라서 방법론적으로 이 논문은 '종합점수' 를 생산할 필요를 느끼지 않는다. 시계열적 자료들의 검토를 통해서 향후 그 항목의 수치가 증가하거나 감소하는 데 있어서 우려와 격려를 표시할 뿐이다.

Ⅱ. 시민사회의 경제 환경 비교분석 방법

1. 분석 항목의 선정기준과 자료선정

많은 사람들은 이른바 '근대적 시민사회' 연구의 기원적인 초기저작으로 퍼거슨(Adam Ferguson)의 『시민사회의 역사에 관한 에세이(An Essay on the History of Civil Society, 1767)』를 꼽는다. 이 책은 인간의 본성(Human Nature, 1부), 초기국가(Rude Nations, 2부), 정책과 예술(Policy and arts, 3부)의 역사, 시민적·상업적 예술의 발전의 결과들(Conse- quences that result from the Advancement of Civil and Commercial arts, 4부), 국가의 쇠퇴(Decline of Nations, 5부), 그리고 부패와 정치적 노예제(Corruption and Political Slavery, 6부) 등의 순서로 시민사회 출현의 과정과 의미에 대해서 설명하고 있다. 퍼거슨은 재산권의 출현이후 국가의 변화와 발전에 대한 언급(2부) 후에, 3부에서 예술의 발전을 통해서 시민사회가 점차 성숙되어가는 과정(3부)을 묘사한다. 기후를 포함한 자연환경, 환경과 산업(주로 농업, 해양업)의 발전에 대해서 언급하면서 인간공동체의 활동의 역사적 진화를 설명한다. 나아가 예절의 발전이 갖는 공동체적 활동에서의 기능, 인구의 증가에 관한 정책의 중요함, 국가적 부의 자원들과 삶의 조건들에 대해서 요약한다. 뒤이어 국방과

정복, 시민성의 발전에서 문학(책)이 갖는 중요함을 설명한다.[3] 4부에서 6부는 이러한 발전이 갖는 결과들과 영향력에 대해서 세부적인 관찰과 평가가 진행된다.

이 논문에서는 경제환경의 분석을 위한 지표를 개념적으로 구성하는데 있어서 퍼거슨의 저서에서 등장하는 시민사회 발전의 요소들을 활용하고자 한다. 기후를 포함한 자연환경을 지리적 요소로, 국가의 부를 구성하는 자연자원을 생산의 물적 자원으로, 인구를 인구수와 인구의 생활환경요소로, 매너와 예술, 문학을 교육환경과 사회발전의 인적자원 요소로 재해석한다. 이러한 변수의 재해석은 국제적인 수준에서 파악하고자 하는 개별 국가들의 경제환경 요소와 개념적으로 조응시키는 작업이다. 수치화된 데이터에 대한 분석의 근거를 시민사회 연구의 고전적 저작의 분석요소로부터 도출하고자 하는 '조작화의 근거' 확보인 것이다.

이 글에서는 산업정책연구원(IPS)의 국가경쟁력 보고서(National Com- petitiveness Report, 이하 NCR)를 국가비교의 자료로 활용하고자 한다. IPS의 NCR은 다음과 같은 선택적 장점을 제공한다:

첫째, 전 세계 주요국 60개국 이상을 대상으로 하는 국제적인 연구조사의 결과이다.[4]

둘째, 2001년 이후 지속적인 연차보고서를 발간하고 있다.

셋째, 9-factors 모델을 근간으로 물리적 환경과 인적 환경을 함께 조사한다.

---

3) 3부(Of the History of Policy and Arts)의 세부목차는 다음과 같다:
   Section Ⅰ. Of the Influences of Climate and Situation
   Section Ⅱ. The History of Subordination
   Section Ⅲ. Of National Objects in general, and of Establishments and Manners relating to them
   Section Ⅳ. Of Population and Wealth
   Section Ⅴ. Of National Defence and Conquest
   Section Ⅵ. Of Civil Liberty
   Section Ⅶ. Of the History of Arts
   Section Ⅷ. Of the History of Literature

넷째, 국제적 기관들이 수집한 경제지표 자료를 2차 수집하여 제공한다.

다섯째, 경제환경에 대한 다차원적 접근과 비교분석을 시도한다.

우선, 시민사회의 물적 토대 또는 경제적 기반과 다양한 환경적 요소들을 비교분석하기 위해서는 많은 국가들에 대한 자료를 확보해야 한다. 설령 이 논문에서의 주된 비교가 한국과 필리핀, 양국비교로 국한되지만, 한국과 필리핀 양자의 상대적 비교 뿐만 아니라 제 3국과의 확대비교 내용을

---

4) 현재 전세계에서 국가경쟁력, 경제환경, 사회환경에 대한 전반적인 국가평가기관은 매우 다양하다
   1. IMD, WEF, IPS 와 같은 종합적인 국가경쟁력 평가기관
   2. S&P, Moody' s와 같은 신용평가기관
   3. World Bank, OECD, UNDP 등과 같은 국제기구
   4. CATO, Heritage 재단, 일본경제연구센터와 같은 비영리(연구)기관
   5 TI (Transparency International)와 같은 국제 NGO
   6. A.T Kearney, PWC와 같은 컨설팅회사
   이들 기관의 평가항목의 기준, 데이터 시점과 평가방법에 따른 평가결과의 가변성, 평가결과에 대한 신뢰성 등이 다르지만 이들 기관에서 발표하고 있는 평가는 경제적 사회적 지표를 주로 다루고 있다. 각각의 평가특성에 따라 기관을 분류하면 다음과 같다:
   1) 종합평가: IMD, WEF, IPS 는 국가경쟁력을 중요시하는 기관으로서 경제적 성과뿐만 아니라 사회구조나 제도, 정책 등을 중요시 함.
   2) 신용평가(금융분야): Moody' s나 S&P는 주로 금융분야의 데이터 중심으로 국가의 신용상태 및 능력을 중점적으로 평가하고 있음.
   3) 국가 리스크 평가: EIU는 정치적, 경제적 위험도를 평가하고, A.T Kearney는 각 나라별 투자의 안정성과 Risk를 평가하고 있음.
   4) 부문별 평가:
   A. 경제자유도: 헤리티지 재단이나 CATO의 경제자유도 만을 평가하는 기관으로서 정부개입 정책보다 시장경제에 자율성을 보장하는 것을 중요시 함.
   B. 부패와 투명성: PWC와 TI 등은 제도나 정책의 불투명성이나 부패를 중요시 함.
   C. 경제·사회 개발지수: World Bank는 World Development Indicator(WDI)를 발표하여 경제, 사회의 발전정도지수를 평가하고, UNDP는 Human Development Index(HDI)를 발표하여 각 나라별 인간개발의 정도를 평가하고 있음.
   이들 평가내용은 평가기관의 평가항목의 수와 평가항목의 특성에 있어서도 크게 차이를 보이고 있는데 평가항목의 수와 특성은 평가기관이 전문화된 영역을 평가하는데 있어 중점적으로 평가하고자 하는 분야에 따라 다르게 구성되고 있다. 예를 들면 2003년 기준으로 IMD, WEF, IPS의 국가경쟁력 평가는 각각 321개의 변수와 188개 변수, 272개를 평가하는데 비해, 헤리티지는 경제자유도만 평가하기 때문에 50여개, 투명성이나 부패정도를 평가하는 PWC나 TI는 10여개의 변수만으로 국가를 평가하고 있다. 자료의 구성은 기관별로 차이를 보이고 있지만 대부분 경성데이터(hard data)와 설문데이터(soft data)를 포함하여 평가를 하고 있고 경우에 따라 설문데이터만으로 평가하는 기관도 있다. 조동성 외(2004)를 참조할 것.

확보하는 것은 이 두 국가의 발전가능성을 모색하는데 필수적이다. 물론 이러한 다국적 비교 가능성이 세계적 수준에서 수많은 시민사회의 수렴적 발전에 대한 기대나 목적론적 추구를 합리화시키지는 못한다. 오히려 세계적 수준에서 시민사회 발전에 대한 다양한 가능성을 확보하고 현재적 수준에서 물리적 토대의 차이를 확인하는 밑거름이 되리라 생각한다.

둘째, IPS의 NCR은 2001년부터 매년 연례보고서의 형식으로 지속적으로 발간되고 있다. 사실, 필리핀을 포함한 한국의 해외 지역연구자들은 해당 국가의 최근 동향을 통계적 지표 수준으로 정리하는데 필요한 자료를 수집하는데 많은 시간을 할애하고 있다. 일반적으로 이러한 노력은 해당 국가의 기초통계 자료수집과 더불어 국제적 기관에서 제공하는 국가간 자료들을 종합적으로 분석하는 방식을 취하게 된다. 이 논문에서는 IPS의 NCR 자료중 2006년, 2007년, 2008~9년 조사결과를 확보하여 비교연구의 자료로 활용한다.

셋째, 앞서 제시한 국가경쟁력 비교분석의 통합적 요인을 제시한 9-factors 모델을 근간으로 하여 경제환경의 물리적 토대인 자원, 산업기반, 사회적 기반에 대한 포괄적인 자료제시와 함께 경제주체들에 대한 평가조사 내용도 함께 제공한다. 시민사회의 발전에 있어서 경제적 토대와 더불어 정치·경제적 주체들의 환경과 역량 등의 인적 요인들이 끼치는 영향은 절대적이다. IPS NCR은 기업인, 노동자, 행정관료 및 전문직 종사자 등에 대한 평가자료를 제공한다.

넷째, 다음과 같은 총 8개의 상위범주(물리적 요소 4종, 인적 요소 4종) 및 24개의 하위범주, 그리고 200개 이상의 조사항목을 제공하는 IPS NCR 보고서는 23개 이상의 국제기구, 연구기관 등이 발간하는 자료들을 기초 데이터로 활용하고 있다.[5] 이러한 방식은 방대한 자료에 대한 직접수집의 어려움을 극복하는 노력으로서 연구자료의 신뢰성 확보와 유지에 필요한 작업으로 이해될 수 있다.

1. Factor Conditions(요소 조건)

1.1. Energy Resources   1.2. Other Resources

2. Demand Conditions(수요 여건)

2.1. Demand Size   2.2. Demand Quality

3. Related Industries(관련 산업)

3.1. Transportation   3.2. Communication

3.3. Finance   3.4. Education

3.5. Science & Technology   3.6. Cluster Development

3.7. Overall Living Environment

4. Business Context(기업 환경)

4.1. Strategy & Structure   4.2. Global Mindset

4.3. Business Culture   4.4. Foreign Investment

5. Workers(노동자)

5.1. Quantity of Labor Force   5.2. Quality of Labor Force

6. Politicians & Bureaucrats(정치인 및 행정관료)

6.1. Politicians   6.2. Bureaucrats

---

5) 자료출처들: Statistical Review of World Energy(BP Amoco), International Financial Statistics(International Monetary Fund, IMF), World Economic Outlook Database (IMF), FAOSTAT database(Food and Agriculture Organization of the United Nations, FAO), Taiwan Statistical Data Book(Council for Economic Planning and Development, Republic of China), United Nations Common Database, World Development Indicators(The World Bank Group), International Statistics Yearbook (National Statistical Office, Republic of Korea), Korean Statistical Information Service, World Telecommunication Indicators(ITU), e-readiness rankings(Global Technology Forum, Economist Intelligence Unit), The Country data(The PRS Group), Country Credit Ratings(Institutional Investor), Statistics of Education(Institute for Statistics, UNESCO), Statistics of Science & Technology(Institute for Statistics, UNESCO), Human Development Report(UNDP), Facts & Figures(World Tourism Organization), Corruption Perception Index(Transparency International), UNCTAD Foreign Direct Investment Database, LABORSTA Internet(International Labor Organization, ILO), Key Indicators of the Labour Market(International Labour Office), UNDP-Human Resource Report, The World Factbook(Central Intelligence Agency, CIA USA)

7. Entrepreneurs(기업인)
　　7.1. Personal Competence　　　　7.2. Social Context
8. Professionals(전문직)
　　8.1. Personal Competence　　　　8.2. Social Context
(추가자료 9. Chance Events(주요 사건))

다섯째, IPS NCR는 국가경쟁력 연구분야의 다른 연구 보고서들[6]과 달리 다차원적인 분석 접근을 시도한다. 각 국가들을 9개의 집단으로 분류하여 유사 국가들 사이의 비교분석을 시도하는 장점이 있다. 예를 들어 한국은 칠레, 이탈리아, 말레이시아, 오만, 폴란드, 대만, 루마니아, 스페인 등과 함께 집단을 구성하며, 필리핀은 중국, 인도네시아, 인디아, 베트남, 멕시코, 브라질, 콜롬비아 등과 같은 집단에 소속된다. NCR은 이러한 집단구성은 경제여건의 변화 속에서 서로 이동가능하다는 전제를 제시한다.

또한 본 연구의 2개국 상대평가를 위한 지표선정에는 다음과 같은 몇 가지 기준에 따르도록 한다. 첫째, 수집 가능한 최근의 자료를 활용할 수 있도록 한다. 둘째, 경제 사회의 속성을 반영할 수 있는 변수를 선정하도록 한다. 셋째, 선정된 변수를 대상으로 지표특성점검표(check list)에서 제시하고 있는 대리변수 선정의 4가지 기준에 의거하여 변수 채택의 적합성여부를 판단하여 변수를 선정한다. 지표특성점검표에서 측정하고자 하는 변수 선정의 기준과 지수 산출 방법은 다음의 표와 같이 제시되며 IPS 국가경쟁력보고서의 지표들 중 이들 기준 조건에 의해 지표를 선정하였다(조동성 외, 2004).

---

6) The International Institute for Management Development(IMD)와 the World Economic Forum(WEF)에서 역시 국가경쟁력 관련 조사를 실시하여 매년 보고서를 발간한다.

〈표 1〉 지표특성점검의 기준

선정기준	선정기준내용
대표성	동일 유형 중 시민사회를 대표할 수 있는 지표
비교객관성	계량화가 가능하여 객관성이 확보된 지표
지속성/신뢰성	시간적 변호와 국가별 편중에 무관한 지표
명확성	가급적 간단하고 명확하게 사용가능한 지표

　　한편 IPS NCR 보고서를 통하여 시도하는 분석작업은 시민사회들의 국제비교 연구의 활성화를 위한 다양한 시도의 하나이지만 또한 한계점을 갖는다. IPS의 NCR 보고서의 근본취지는 각 국가들이 가지는 경제활동의 경쟁력을 측정하기 위한 지표와 지수제공에 있다. 각 측정항목마다 절대적 점수와 최고 국가와의 상대적 점수를 제공하고, 시뮬레이션을 통한 전략적 접근과 순위 변경 가능성을 시사하고 있다. 이러한 국가경쟁력 측정을 위한 지표와 지수를 여과없이 시민사회의 경제환경 조사로 활용하는데는 큰 문제점이 발생할 수 있음을 미리 밝혀둔다. 첫째, 200개 이상의 조사항목 모두가 시민사회의 경제환경을 포괄적으로 설명하는데 필요하지는 않을 수 있다. 아울러, 둘째로 각 항목들의 결과 지수에 가중치를 부여하여 시뮬레이션의 결과를 추정하는 작업은 경제환경 비교를 통한 한 시민사회의 사회적 토대를 파악하고자 하는 이 논문의 취지와 부합하지 않는다. 시민사회의 현재 수준과 미래의 발전 가능성에 대한 순위작성은 그 자체로 위험한 발상일 수 있다. 이른바 정치적 현대성의 발현으로서 시민사회의 단일한 발전 모델과 경로를 암묵적으로 가정하고, 또 이것의 전개를 옹호하는 문제점을 내포하기 때문이다. 따라서 IPS NCR의 기초자료를 분석자료로 활용하는 것과 함께, NCR 보고서에서 추구하는 2차 분석 작업 방향과는 일정한 거리를 유지하는 것이 이 논문의 취지에 부합한다.

　　IPS NCR보고서는 국가별 통계를 제공하기 때문에 특정요소의 특이성을 확인하는 일차적인 기능을 담당할 뿐이다. 본 연구에서는 IPS NCR 자료와 함께 필리핀 통계연보(Philippine Statistical Yearbook, PSY) 를 활용한다.[7] PSY는 필리핀 국내지역별, 세대별, 항목별 세부사항에 대한 추가적인 자료를 제공한다. 19장(총 645쪽)으로 구성된 항목들은 다음과 같다.

1. 인구와 주택(Population and Housing)

2. 가계수입과 물가(Income and Prices)

3. 경제 지출(Economic Accounts)

4. 천연자원(Environment and Natural Resources)

5. 농업, 농경 개혁(Agriculture and Agrarian Reform)

6. 산업(Industry)

7. 무역(Trade)

8. 관광(Tourism)

9. 건강, 영양통계(Vital, Health and Nutrition Statistics)

10. 교육 및 인적자원발달(Education and Manpower Development)

11. 노동과 고용(Labor and Employment)

12. 사회서비스(Social Services)

13. 운송과 정보통신(Transportation and Communication)

14. 에너지, 물 자원(Energy and Water Resources)

15. 공공 행정(Public Administration)

16. 은행 및 금융(Banking and Finance)

17. 공공질서, 안전, 정의(Public Order, Safety and Justice)

18. 과학과 기술(Science and Technology)

19. 국제통계(International Statistics)

---

7) PSY자료는 필리핀 통계관리 위원회(National Statistical Coordination Board, NSCB)에서 매년 책자 및 CD형태로 발간한다. 2010년 7월의 현지조사(Makati City)를 통해서 자료를 확보했다.

2. 비교분석의 방법적 기준

한국과 필리핀 시민사회의 경제환경에 대한 국가비교를 시도하면서 몇
가지의 제한점을 미리 설정한다. 이 제한점들은 계량화된 측정기법을 발
굴하고 관련된 자료를 분석하는데 발생하는 현실적인 요소들이다.

첫째, 분석대상인 시민사회를 국가수준으로 한정한다.
둘째, 수집된 자료의 시기를 2006~2009년으로 한정한다.
셋째, 객관적 자료와 주관적-인지적 조사를 종합적으로 취급한다.
넷째, 물리적 환경과 인적 환경에 대해서 병렬적으로 취급한다.

첫째, 시민사회의 분석대상을 국가수준으로 한정한다는 것은 시민사회
의 정치적 행보에 중요한 두 가지 단위를 배제하는 제한점이 된다. 우선 국
가단위는 그 형성에 있어서 일부 정치적 주체들의 강력한 힘으로 진행된
경우, 잠재적으로 또는 노골적으로 정치적 긴장으로 작동한다. 예를 들어
한국은 식민지와 분단의 경험으로 인하여 북한과의 통일 문제가 주요한 정
치 사안으로 시민사회 내부에서 영향력을 발휘한다. 이 경우 시민사회의
단위를 한국으로 제한하는 것은 한국전쟁이후 남북한의 경쟁적 근대화 과
정 속에서 자연스럽게 발전한 결과가 된다. 하지만 분단 초기 또는 한국전
쟁 상황에서 국가단위를 시민사회의 단위와 중첩시켜 사고하는 것은 국가
주의적 발상일 수 있다. 한국에서는 과거의 문제이겠지만 필리핀의 상황
은 다소 복잡하다. 왜냐하면 현재 남부의 민다나오에서는 분리독립주의
옹호자들과 필리핀 정부 사이의 무력갈등이 진행 중이기 때문이다. 다시
말하면 시민사회 내부의 정치 갈등이 반드시 전국적 단위로 진행되지 않는
경우가 있는 것이다. 한편 필리핀의 경우는 경제활동을 위한 많은 해외 이
주민들이 전 세계적으로 퍼져있고 해외노동자들(Overseas Filipino
Workers, OFWs)의 외화 반입 및 무역외 수지 개선 등의 경제적 기여가
큼에도 불구하고, 정치적 단위로서 필리핀 내부의 시민사회에 주목할 만

한 영향을 끼치지는 못한다. 하지만 한국의 경우 일본, 중국, 중앙아시아, 미국, 유럽(독일, 프랑스, 영국 등)에 있는 한국인들의 정치활동이 한국 시민사회의 행보와 함께 진행되는 경우가 있으며, 한국 시민사회의 주요 정치사안들과 – 예를 들어 선거권, 남북관계 등 – 이러한 해외 한국인시민사회의 이해관계가 긴밀하게 연결되어 있다. 따라서 국가단위의 시민사회비교는 국내 지역 일부의 그리고 해외소재의 시민사회의 역량과 활동을 비교대상에서 제외하는 한계점을 노출한다.

둘째, 비교의 시기를 2006~2009년으로 한정하는 것은 경제환경에 대한 자료를 산업정책연구원(Institute for Industrial Policy Studies, 이하 IPS) 의 국가경쟁력 연간 보고서로 선정하는 과정에서 발생하였다. 이 제한점은 한국과 필리핀의 장기적 경제환경 변화를 추적하지 못하는 한계로 인해 역사적 추세연구를 하지 못하는 문제를 발생시킨다. 따라서 통시적 연구작업 대신에 1990년대의 민주화 시기 이후에 변화하고 있는 두 국가의 현재적 상황에 대한 최근의 공시적 비교 연구에 집중하고자 한다. 2006년, 2007년, 2008~9년 등 3년의 조사연구는 어떤 경향성의 현재적 진행을 파악하는 수준에서 시계열적 설명 근거를 제공하게 된다.

셋째, 각종 세계기구 또는 국제적 연구기관에서 조사하는 객관적 지표들을 분석하는 것은 기초경제여건에 대한 파악과 평가가 된다. 하지만 인지적 수준에서 답변되는 응답자들의 의견을 확보하는 것은 경제여건에 대한 심층의 만족도 범위를 파악하고 정치 쟁점화 과정에서 우발적으로 등장하게 되는 다른 정치주체들에 대한 반응방식을 이해하는데 필수적이다. 예를 들어서 한국에서 행정관료에 대한 시민들의 부정적 평가는 향후 공공기관의 인적쇄신 목적의 구조조정 정책 도입의 포괄적 차원에서의 긍정적 수용과 연관을 맺는다. 필리핀에서 정치–경제활동 과정의 부정부패를 바라보는 시선은 부정부패의 실제적 수준과 인지적 수용 여부와의 간극을 설명해 줄 수 있다. 다른 말로 하면 경제활동 지표의 낮은 수준이 곧 경제주체들의 정치적 불만과 정치적 실천으로 바로 연결되는 것은 아닐 수 있다는 것이다.

　넷째, 물리적 환경과 인적 환경을 함께 고려하는 것은 시민사회의 비교 연구에서 필수적이다. 물리적 경제환경은 각 시민사회의 경제적 토대에 대한 정보를 제공한다. 다양한 산업여건에 대한 자료조사를 통하여 각 시민사회의 주요한 기간산업들과 관련 자원들을 파악하는 것은 이러한 산업을 중심으로 한 경제주체들의 정치적 영향력을 추정할 수 있는 기초적 작업이 된다. 예를 들어 한국 경제에서 정보통신, 전자 산업이 차지하는 지위는 이러한 산업기반에 대한 다양한 논의와 정책 담론의 지속적 생산과 더불어, 이 산업분야의 경제주체들이 갖는 정치적 이해관계가 주요한 쟁점 사안으로 시민사회 내부에서 기능하기 때문이다. 마찬가지로 필리핀의 산업기반에 대한 자료확보는 향후 필리핀 시민사회 내부의 정치적 이해관계를 파악하는데 필수적이라 할 수 있다. 노동자계급, 관료, 전문직, 기업인들을 중심으로 한 인적 환경의 분석은 이러한 경제주체들이 안고 있는 갈등적 요소들, 이들의 사회적 역량, 신뢰도 등의 정보를 제공한다. 예를 들어 필리핀 시민사회의 엘리트들이 받은 국제화된 교육수준과 이들의 세계화된 활동 수준은 국내 중심의 활동기반에 집중한 한국의 시민사회 주체들과 비교하여 NGO의 국제연대활동에 상대적 우수성을 보이기도 한다. 다만 각 시민사회의 정치적 주체들 중에서 특수한 세력들, 예를 들어 과거 한국의 군사엘리트 집단은 더 이상 국내 정치 사안에 주요 정치적 행위자로서 분석의 필요성을 갖지 않는다. 하지만 필리핀의 경우는 아직도 군사엘리트의 영향력이 지속되고 있다. 한편 다양한 민족 구성의 필리핀에서는 복합적 인종 구성에 의한 잠재적 갈등 위험, 또는 이러한 갈등적 요인의 표출에 대한 사회적 금기가 정치적 주체들의 실천 방식에 영향을 끼칠 가능성이 크다. 하지만 한국의 경우는 인종 갈등 또는 복합적 민족 갈등의 가능성이 적은 반면에 지역 갈등의 문제가 정치영역에서 큰 영향을 끼쳐왔다. 물론 이러한 지역갈등 관련 사안들이 점차 정치적 금기화되는 경향성이 증가하고 있다. 이처럼 개별 시민사회의 역사적 형성 과정에서 등장한 특징적인 인적 요인들에 대한 분석은 이 글에서의 비교연구에서는 배제되는 한계점이 발생한다.

위에서 밝힌 4개의 한계점을 통하여 다음과 같은 근본적인 질문을 도출할 수 있다: "각 시민사회에 내재한 배타적인 특징들은 비교에서 제외하면, 해당 시민사회의 발전 방향에 대한 장기적 예측 또는 설명방식이 어느 정도 설득력을 가질 수 있을까?" 다소간의 부정적인 입장 속에서 제기된 이 질문은 곧, 정치적 주체들의 역사문화적 특징들과 그 시민사회에 깊게 내재한 정치쟁점들이 특정 국면에서 결합하면서 전개되는 우발적 진행과정을 구조적으로 예측하기 어렵다는 판단에 기초한다. 하지만 경제적 기반은 그 내적인 긴장의 균열에 의해서 정치적 분출을 하는 경우가 일반적이기 때문에 경제환경에 대한 비교는 곧 정치적 모순으로 발전할 수 있는 장기적 요인들에 대한 분석이 되기도 한다. 다시 말하면 시민사회의 경제환경 비교연구는 중·장기적 추세와 우발적 단기요인에 대한 소개와 예측인 것이다. 따라서 서로 다른 전통과 맥락 속에서 진행 중인 한국과 필리핀 시민사회의 발전과정에 대한 비교는 각 시민사회의 고유한 작동 요인들을 조작화 수준에서 배제시킬 때, 다른 말로 하면 통제할 수 없는 우발적 전개의 요인들로 이해할 때 가능한 것이다. 물론 이러한 조작적 배제는 곧 단기적 분석력의 한계로 작용한다.

Ⅲ. 한국과 필리핀의 경제환경 비교 분석

1. 인적 요소들에 대한 상대비교 결과

인적 요소(Human Factors)는 국가 경제의 주요 주체들, 그리고 시민사회의 경제주체들에 관한 평가요소가 된다. IPS의 NCR에서는 노동자, 정치인 및 행정관료, 기업인, 전문직 등으로 인적 요소의 4가지 범주를 구성하고 있다. 발견되는 주요한 문제는 노동자계급에 관한 조사를 노동력의 양과 품질에 대한 연구에 집중하고 있는 점이다. 따라서 노동자계급에 대한 조사를 사회구성원 전반의 생활환경 조사와 함께 구성하는 것이 시민

사회 구성원에서 주된 비율을 차지하는 노동자계급의 전반적 환경을 이해
하는데 바람직하다고 할 수 있다.

<표 2> 노동자계급의 상황과 시민사회 구성원의 생활 여건

〈노동자 계급〉	한국			필리핀		
	2006년	2007년	2008~9년	2006년	2007년	2008~9년
전체인구수	4,770만	4,782만	4,842만	8,000만	8,305만	8,459만
노동인구수	2,287만	2,342만	2,342만	3,586만	3,646만	3,579만
기대수명	74.15세	77.14세	77.57세	69.92세	70.75세	71.04세
고용율[8]	96.4%	96.4%	96.53%	88.3%	88.3%	92.13%
노동시간(hrs/한주)	47.6hrs	46.9hrs	46.9hrs	43.6hrs	44.8hrs	44.8hrs
제조업노동자 연봉	$19,456	$28,801	$28,801	$1,656	$2,432	$2,566
비숙련노동 급여수준[9]	4.43	4.71	5.33	5.20	6.91	5.88
산출-투입 지수1[10], 2[11]	0.76/1.50	18.54/8.06	18.54/8.06	0.74/-27.05	/-6.84	/7.00
생산성[12]	4.49	4.86	5.19	5.56	5.98	5.53
문자해독율	98%	98%	98%	95%	92.6%	92.6%
노동쟁의(일)[13]	27.23	17.73	24.80	1.88	1.48	0.50
태도와 동기[14]	3.48	4.24	5.04	5.56	6.26	5.50
교육학습 수준	6.04	5.07	5.19	5.40	5.51	5.09
노동시장 개방성[15]	4.64	4.41	5.00	5.70	4.67	5.57
노동조합 수준[16]	3.85	2.90	3.96	6.00	4.85	5.84

---

8) 고용율(실업률)의 기초자료는 국제통화기금(International Monetary Fund, IMF)의
   International Financial Statistics에서 추출된다.
9) 비숙련노동자의 임금이 국제적 수준에 비해서 낮은가에 대한 주관적 답변(그렇다, 최대 10 – 그
   렇지않다, 최소1 까지)
10) Manufacturing GDP/manufacturing wages (제조업 국내총생산/제조업 임금)
11) GDP growth rate – wage growth rate(국내총생산 성장률 – 임금상승율)(%)
12) 비숙련 노동자들이 국제적 수준에 도달할 정도로 대단히 생산적인가에 대한 주관적 응답율
13) 연간 1000명 기준 손실 노동일
14) 비숙련노동자들이 좋은 업무 태도와 동기부여가 잘 되는가에 대한 주관적 응답율
15) 해외노동자들에 노동시장이 개방되어 있는 정도에 대한 주관적 응답율
16) 노동조합의 조직화 정도와 영향력에 대한 주관적 응답율

〈생활환경〉	한국			필리핀		
	2006년	2007년	2008~9년	2006년	2007년	2008~9년
인적자원발달지수	0.90	0.91	0.91	0.76	0.76	0.76
관광수입1, 2[17]	$5,697만 /0.84%	$5,660만 /0.72%	$5,660만 /0.72%	$2,012만 /2.33%	$2,130만 /2.17%	$2,130만 /2.17%
신변안정성[18](예, 범죄)	6.88	5.16	5.36	5.33	5.89	6.17
사회안정망의 확보[19]	5.56	5.51	5.42	4.60	5.14	5.92
의료서비스의 품질	5.84	5.11	5.92	5.50	5.71	6.64
정치적 위험성[20]	4.40	4.93	4.65	5.44	4.03	4.61
높은 삶의 질	5.83	5.25	5.96	5.20	4.94	5.52
세계화의 순기능[21]	7.41	8.04	7.27	5.40	6.90	6.43
민족문화의 해외영향 수용수준	5.88	5.44	5.85	6.70	7.51	6.93
국민의 질서의식	5.92	6.18	5.92	5.30	4.84	5.36
혁신과 창조에 대한 높은 평가	6.62	6.28	6.15	6.50	7.06	6.36
직무역할의 분명함	5.24	5.39	5.72	6.00	6.14	5.88
서열보다 성과에 대한 보상 수준	5.08	5.69	5.69	5.90	6.15	5.71

위의 내용을 바탕으로 시민사회의 주요 구성원인 노동자 계급에 대한 한국과 필리핀의 주요 지표들을 비교분석해 보면 다음과 같다:

우선 전체 인구수는 2008~9년 기준 한국은 4,842만명인데 비해 필리핀은 8,459만명으로 그 규모면에서는 상대적으로 큰 시민사회를 구성하고 있으나 전체인구수 대비 노동인구수의 비율은 한국이 약 48.3%, 필리핀이 약 42.2%로 경제적 사회구성의 규모는 낮은 것으로 분석된다. 이는 한국의 경제, 산업 발전이 필리핀에 비해 그 규모가 크고 성장속도가 빨라 시민사회가 보다 경제적 활동에 기반하고 있음을 보여준다. 또한 기대수명 측면

---

17) 관광수입1: US$million, 관광수입2: GDP의 비율(%)
18) 개인들의 신변 안전에 대한 심리적 수준
19) 사회안정망의 발달정도에 대한 주관적 응답율
20) 정치적 위험(political risk)가 대단히 낮은가에 대한 주관적 응답율: 답변수준이 높을 수준 낮은 위험성임.
21) 세계화가 위협보다는 보다 많은 기회를 제공한다는 질문에 대한 주관적 응답율

에서도 한국의 2008~9년 기준 77.57세에 비해 필리핀은 71.04세로 약 6년 이상의 기대수명 차이를 보여주고 있어 한국 사회가 상대적으로 고령화 사회의 특성을 가지고 있다고 볼 수 있다. 이는 경제성장과 의료수준의 상관관계에 의한 두 국가의 차이에 의한 특성과도 연계되어 있을 것이다.

고용율 면에서는 2008~9년 한국 96.53%, 필리핀 92.13%로 상대적으로 한국의 고용율이 안정되고 있으나 한국은 최근 3년간 거의 변동이 없는 고용율을 보여주고 있고 필리핀의 경우 2007년 88.3%에서 최근 경제성장을 통해 점차 증가하는 모습을 보여준다. 한편 주당 노동시간은 한국이 2008~9년 46.9시간인데 비해 필리핀은 44.8시간이며 필리핀 노동 제조업노동자 연봉 수준은 한국 $28,801, 필리핀 $2,566으로 약 10배 이상의 격차를 보여준다. 반면 비숙련노동 임금의 국제수준과의 비교에 대해서는 한국 5.33, 필리핀 5.88로 큰 차이가 없는 것으로 나타났다. 제조업 생산성에서는 한국 5.19, 필리핀 5.53으로 임금의 상대적 차이에 의한 생산성 측면에서 필리핀의 경쟁력이 보다 높은 것을 알 수 있다.

시민사회의 질적인 발전가능성을 예측할 수 있는 문자해독율은 한국 98%, 필리핀 92.6%로 격차를 보여주지만 교육학습 수준에서는 한국 5.19, 필리핀 5.09, 태도와 동기 한국 5.04, 필리핀 5.50으로 큰 차이가 없는 것으로 분석되었다. 특히 태도와 동기 측면에서는 한국은 최근 3년간 3.48에서 지속적으로 발전해 온 상황이고 필리핀의 경우 지속적으로 한국에 비해 높은 비숙련노동자들의 좋은 업무태도와 동기부여를 보여주고 있다. 또한 노동쟁의 비교에 있어서 한국은 24.8, 필리핀 0.50으로 큰 격차의 손실 노동이 한국사회에 존재함을 알 수 있다. 노동시장 개방성 또한 필리핀이 5.57로 한국(5.00)에 비해 높은 수준의 개방성을 보여주고 있다.

위의 내용을 종합해 볼 때 한국의 시민사회는 필리핀에 비해 경제 규모나 성장속도 면에서 큰 격차의 발전 모습을 보여주지만 그 과정에서의 양극화, 노령화가 두드러져 문제점을 내포하고 있다. 또한 필리핀은 노동시장의 개방성과 생산성 측면에서 보다 경제적 발전의 가능성을 크게 보여주고 있다.

　한편 생활환경의 지표들은 국가의 부와 여러 시민사회의 내용을 가늠할 수 있는 질적인 지표들로 분석이 가능하다.

　우선 인적자원발달지수에 있어서는 2008~9년 기준 한국 0.91, 필리핀 0.76으로 큰 격차를 보여준다. 그러나 신변안정성 한국 5.36, 필리핀 6.17, 사회안전망 확보 한국 5.42, 필리핀 5.92, 의료서비스의 품질 한국 5.92, 필리핀 6.64, 정치적 위험성 한국 4.65, 필리핀 4.61, 높은 삶의 질 한국 5.96, 필리핀 5.52으로 그 안정성에 대한 체감도는 두 사회가 큰 차이가 없으며 상대적으로 필리핀 사회의 구성원들이 보다 사회에 대한 안정감을 느끼고 있는 것으로 분석된다.

　또한 개방적이고 긍정적인 태도면에서도 세계화의 순기능에 대한 주관적 응답에서 한국 7.27, 필리핀 6.43으로 한국의 세계화에 대한 긍정적인 인식이 다소 높지만 민족문화의 해외영향 수용수준은 한국 5.85, 필리핀 6.93, 국민의 질서의식 한국 5.92, 필리핀 5.36, 혁신과 창조에 대한 높은 평가 한국 6.15, 필리핀 6.36, 직무역할의 분명함 한국 5.72, 필리핀 5.88, 서열보다 성과에 대한 보상수준 한국 5.69, 필리핀 5.71로 실질적 세계화 인식과 변화에 대한 긍정적 태도는 큰 차이가 없거나 필리핀 사회구성원들의 인식도가 높은 것으로 보여진다.

　한편 시민사회의 또 다른 주체들인 정치가와 행정관료, 전문직 및 기업인들에 대한 비교 자료는 다음과 같다.

〈표 3〉 정치가 및 행정관료, 기업인, 전문가 집단의 경제활동 여건비교

〈정치가 집단〉	한국			필리핀		
	2006년	2007년	2008~9년	2006년	2007년	2008~9년
법률체계의 공정성	5.00	5.00(39)	4.89	5.30	5.07(37)	6.11
국회 의정활동의 효율성	4.29	3.60(57)	4.19	4.78	5.12(35)	5.46
정치시스템의 안정성과 효율성	4.45	3.89(56)	4.11	4.70	5.12(33)	4.95
사회지도층으로서 정치가의 최고중요성	4.77	5.28(42)	5.37	5.10	4.74(52)	5.90
정치가의 교육수준	5.04	6.25(20)	6.28	5.30	4.71(44)	5.26

	한국			필리핀		
정치가의 국제경험	4.09	3.89(51)	4.42	4.20	4.84(37)	5.74
뇌물과 부패수준[22]	3.28	3.05(50)	3.58	3.13	3.67(46)	4.19
〈관료집단〉	2006년	2007년	2008~9년	2006년	2007년	2008~9년
Gini 지수	31.59	31.59(15)	31.60	48.10	48.10(48)	44.50
해외투자 증진정책의 효과	5.04	5.30(45)	4.93	5.78	5.81(28)	5.74
정부정책 결정과 시행의 효율성	5.00	4.33(51)	4.63	4.90	4.58(40)	5.94
기업활동에 대한 호응	4.59	3.84(50)	4.11	4.40	4.55(35)	5.90
사회지도층으로 행정관료의 최고중요성	5.41	5.12(39)	5.70	5.00	4.83(43)	5.75
관료의 교육수준	6.12	6.79(9)	6.81	6.00	6.08(24)	5.81
관료의 국제경험	5.15	4.69(44)	5.44	5.00	5.76(18)	5.43
뇌물과 부패수준	4.59	4.27(34)	4.15	3.30	3.31(47)	3.91
〈기업가 집단〉	2006년	2007년	2008~9년	2006년	2007년	2008~9년
기업인 결정의 신속성, 정확성	6.43	7.12(13)	6.58	6.10	6.64(19)	5.84
기업인의 기회 획득성	6.81	7.39(7)	6.92	5.90	7.29(12)	5.98
차별화된 역량 보유	6.95	7.38(6)	7.15	6.00	7.02(13)	6.06
기업인의 교육수준	6.88	7.58(4)	7.86	6.50	7.49(5)	6.36
기업인의 국제경험	6.69	7.72(4)	6.96	5.80	6.63(17)	6.18
기업인의 국제 경쟁력	6.73	7.33(9)	6.77	6.00	6.53(21)	6.09

이러한 국가경쟁력 분석의 인적 요소들에 대한 분석은 시민사회를 구성하고 변화를 주도하는 정치가, 행정관료, 기업가, 전문가 집단에 대한 성향과 사회 구성원들의 인식을 가늠함으로써 시민사회의 변화방향과 속도를 예상할 수 있을 것이다.

우선 정치가 집단에 대한 경쟁력을 비교분석해 보면, 2008~9년 기준으로 법률체계의 공정성 한국 4.89, 필리핀 6.11, 국회 의정활동의 효율성

---

22) '정치가들 사이의 뇌물과 부패가 심각한 수준이 아니다' 라는 질문에 대한 주관적 응답율: 높은 점수일수록 정치가들이 청렴하다고 평가함.

한국 4.19, 필리핀 5.46, 정치시스템의 안정성과 효율성 한국 4.11, 필리핀 4.95, 사회지도층으로서의 정치가의 중요성 한국 5.37, 필리핀 5.90, 정치가의 교육수준 한국 6.28, 필리핀 5.26, 정치가의 국제경험 한국 4.42, 필리핀 5.74, 뇌물과 부패수준 한국 3.58, 필리핀 4.19의 점수를 보여준다. 이러한 정치가집단과 정치시스템에 대한 주관적인 평가를 살펴볼 때 필리핀의 사회구성원들이 자국 정치에 대해 한국에 비해 상대적으로 긍정적으로 평가하고 있으며 그 중요성 또한 높게 인식하고 있는 것을 알 수 있다. 이는 필리핀이 후진국에서 개도국으로 발전해 나가는 국가경쟁력 발전 프로세스에서 보여줄 수 있는 정치 및 행정관료에 대한 중요성 인식으로 볼 수 있을 것이며 이에 대한 긍정적 인식은 필리핀 시민사회의 발전에도 기여할 수 있을 것이다.

한편 행정관료집단에 대한 평가는 2008~9년 기준 Gini 지수 한국 31.60, 필리핀 44.50로 소득분배에 있어 필리핀사회가 좀더 불균형한 상태임을 보여준다. 또한 해외투자 증진정책의 효과 한국 4.93, 필리핀 5.74, 정부 정책의 결정과 시행의 효율성 한국 4.63, 필리핀 5.94, 기업활동에 대한 호응 한국 4.11, 필리핀 5.90, 사회지도층으로서 행정관료의 최고중요성 한국 5.70, 필리핀 5.75, 관료의 교육수준 한국 6.81, 필리핀 5.81, 관료의 국제경험 한국 5.44, 필리핀 5.43, 뇌물과 부패수준 한국 4.15, 필리핀 3.91로 비교되고 있다. 이러한 행정관료집단에 대한 평가도 정치가집단에 대한 평가와 마찬가지로 필리핀 사회의 인식이 한국에 비해 상대적으로 긍정적인 것으로 나타나고 있으며 뇌물과 부패수준에 대해서는 정치가집단에 비해 행정관료집단을 더 부패한 것으로 평가하고 있는 것을 알 수 있다.

현대 시민사회의 모습은 경제적인 발전 및 기업의 활동과 밀접한 관계를 갖고 있으며 이러한 부분의 상대 비교를 위해서는 기업가 및 전문가 집단의 경쟁력 비교 또한 필수적이다.

기업가 집단에 대한 비교분석 내용을 보면 우선 2008-9년 기준 기업인 결정의 신속성 및 정확성은 한국 6.58, 필리핀 5.84, 기업인의 기회 획득성 한국 6.92, 필리핀 5.98, 차별화된 역량 보유 한국 7.15, 필리핀 6.06, 기업인의 교육수준 한국 7.86, 필리핀 6.36, 기업인의 국제경험 한국 6.96, 필리핀 6.18, 기업인의 국제경쟁력 한국 6.77, 필리핀 6.09, 기업인의 수 한국 5.81, 필리핀 6.19, 신규창업의 수월성 한국 5.26, 필리핀 4.91, 사회의 새로운 아이디어 수용수준 한국 5.69, 필리핀 5.67, 해외 기업인의 창업 한국 4.00, 필리핀 6.16, 사회지도층으로서 기업인의 최우선성은 한국 7.15, 필리핀 6.33 으로 나타났다.

이러한 기업가 집단의 분석은 한국 사회가 필리핀에 비해 기업가집단에 대한 중요성 및 활동의 질적인 측면에서 높은 평가와 인식을 하고 있으며 경제 및 산업발전에 보다 큰 가치를 부여하고 있는 것으로 평가할 수 있다. 그러나 필리핀 사회는 새로운 아이디어 수용이나 해외 기업인 창업에 대한 개방성을 바탕으로 글로벌화를 통한 기업발전의 가능성을 보여주고 있다.

사회의 선진적 발전가능성을 보여주는 전문가 집단에 대한 평가측면에서는 2008~9년 기준으로 전문가의 교육수준 한국 7.89, 필리핀 7.54, 전문관리자의 국제경험 한국 7.44, 필리핀 6.74, 전문가집단 국제경험 한국 7.23, 필리핀 6.71, 전문관리자 결정의 신속성과 정확성 한국 7.00, 필리핀 6.89, 전문관리자의 기회관리 한국 6.96, 필리핀 6.68, 전문관리자의 차별화된 핵심역량 보유 한국 6.96, 필리핀 6.64, 전문가들의 국제경쟁력 한국 7.11, 필리핀 6.43으로 나타났다.

또한 사회의 다양한 전문가집단 보유는 한국 6.30, 필리핀 6.92, 전문관리자에 대한 적절한 보상 한국 6.59, 필리핀 6.09, 전문가에 대한 보상 한국 6.52, 필리핀 6.05, 전문가의 직업 긍지 한국 6.89, 필리핀 6.36, 외국인을 위한 전문가 직업개방 한국 5.15, 필리핀 6.09, 사회지도층으로서 전문가집단의 최우선성 한국 6.81, 필리핀 6.26으로 분석되었다.

이러한 전문가 집단에 대한 한국과 필리핀의 경쟁력 비교는 기업가 집단에 대한 분석과 유사하게 한국의 전문가 집단에 대한 경쟁력 평가 및 중요성 인식이 다소 높게 나타났으나 필리핀과 그다지 큰 점수 차이를 보이

지 않아 필리핀의 경우에도 자국내 전문가 집단의 필요성과 긍정적인 인식
은 시민사회의 향후 발전에 기여할 수 있다고 보여진다. 또한 모든 지표에
서 필리핀 사회의 개방성과 글로벌화 인식과 평가가 높게 나타나 보다 개
방화된 시민사회의 발전가능성을 나타내고 있다.

위의 내용을 바탕으로 볼때 필리핀의 시민사회는 사회구성원들의 긍정
적인 인식을 통해 보다 안정된 변화의 가능성을 보여주고 있다. 그러나 상
대적으로 이러한 객관적 상황에 비해 긍정적 인식으로 인해 필요한 경제와
사회적 변화의 속도가 늦어질 수 있다는 점을 고려해야 할 것이다.

2. 경제환경과 시민사회의 쟁점들

〈표 2〉에서 제시되는 노동자계급의 상황 및 시민사회 구성원의 생활여
건 비교에서 몇 가지 중요한 시사점을 찾을 수 있다. 우선, 필리핀의 인구
증가 속도가 대단히 빠르며, 이는 전체 노동인구의 증가로서 시민사회의
경제활동 여건에 편입되는 점이다. 빠른 인구 증가, 노동력 증가, 그리고
기대수명의 증가에 비해서 고용율은 90% 전후(약 10%의 실업율)에 미치
고 있다. 마닐라, 퀘존 시티, 마카티 등의 대도시의 도시빈민층의 증가와
이들의 비숙련노동자화는 제조업 노동자의 임금 상승을 억제하는 요인으
로 작용하고 있다.[23] 이러한 광범위한 비숙련노동자계급의 증가는 상대적
으로 '숙련된' 비숙련 노동자층을 노동시장에 제공하는 기능을 하고 있다.
2000년 이후 실업률이 감소(국가차원: 11.2%에서 7.4%로, 수도권(NCR)
지역: 17.4%에서 13.0%로)하고 있음에도 불구하고, 2008년 현재, 마닐라

---

23) 필리핀 통계연보(PSY) 2009에 의하면, 1980년의 경우는 전체 인구 48,098,460명 중에서 수도
권(National Capital Region, NCR) 거주자는 5,925,884명으로 12.3%였다. 2007년에는 전체
인구 88,545, 270명에서 NCR 인구가 11,553,427명으로 13.0%로 미비하게 증가한다. 하지만,
필리핀 전체면적 343,448.3(km2)에서 619.5(km2)로서 0.2%에 불과한 수도권이 80년 9,565
명(인구수/1km2)에서 18,648명으로 크게 증가한다. 이 자료를 통하여 수도권지역의 급격한 생
활여건 악화를 유추할 수 있다.

를 중심으로 한 수도권의 실업률은 13.0%로서 필리핀 평균 7.4%의 두배에 가깝다. 한국의 비숙련노동자계층의 교육학습수준에 비해서 필리핀 노동자계층은 상대적으로 교육학습 수준이 낮다. 이 점은 국가의 초-중등교육의 무상제공에도 불구하고, 교육혜택이 전국적으로 확대되고 있지 못함을 반증한다.

한편 한국의 경우, 필리핀에 비해서 높은 노동인구 비율을 보임에도 불구하고, 고용율이 96%부근에서 정체되어 있다. 고용율의 정체를 2010년 현재 한국의 사회문제인 '청년실업'과 연결시켜 해석해 보면, 경제성장이 자연발생적으로 고용율의 상승을 촉발시키지 못하는 상황이 지속되고 있는 것이다. 흔히들 말하는 '성장이냐, 고용이냐'는 경제정책의 순위선정 갈등에서 실업율 감소에 대한 정책 경쟁이 정치주체들 사이에서 등장하는 원인이 되겠다.

총기류를 소지한 무장경호원을 흔히 발견하고 정치적 테러가 발생하는 필리핀에서 범죄에 대한 신변 안정성의 주관적 판단이 한국보다 높게 나오는 것은 주목할 만하다. 전문가집단을 대상으로 한 IPS NCR설문조사의 특성에 기초해서 판단하면, 사회의 지도층 및 경영관리자 층의 필리핀인들은 신변안전 및 범죄에 대한 불안감이 한국의 비교집단보다 적다는 해석이 가능하다.[24] 한편 한국인들의 정치적 위험성에 대한 주관적 인지 수준이 필리핀 시민의 답변에 비해 상대적으로 부정적인 것은 정치적 격변 과정에서 발생하는 불안감에 대한 수용이 한국에서 보다 강하게 등장함을 알수 있다.

한국시민사회와 사회운동 세력의 신자유주의적 세계화에 대한 적극적 대립에도 불구하고 필리핀 시민보다 한국인들이 세계화가 조성하는 다양

---

24) 무장경비원을 고용하여 경비를 하고, 출입을 통제하는 고급 주택단지 및 아파트에서 생활하는 중상류층 집단의 주관적 답변들로 해석할 수 있다. 아울러 전국민 의료보호 체계가 구축된 한국에 비해서 상대적으로 낙후된 의료체계를 갖고 있는 필리핀 시민들이 의료서비스의 품질에 상대적으로 높은 만족도를 보이는 것도 주목할 만하다. 이 현상은 경제적 양극화와 계층 안정화의 심화가 사회적 만족도의 차등화(상류층의 높은 만족도)를 낳았다는 가설을 제안하게 한다.

한 기회의 가능성을 높게 평가하고 있다. 그럼에도 불구하고, 해외문화에 대한 수용의 수준은 한국에 비해서 필리핀에서 훨씬 높게 나타난다. 이 점은 스페인, 미국으로 이어지는 제국주의 시대의 서구 식민지 경험이 미국과 유럽 문화 수용에 보다 개방적으로 작용하고 있음을 알 수 있다.[25] 혁신과 창조적 기여에 대한 평가에 있어서 한국인들은 필리핀인들에 비해서 보수적인 입장을 견지하고 있다. 전통적인 가족주의와 바랑가이(Barangay, 소규모 지역행정 단위) 내부의 공동체주의를 유지하는 필리핀 시민사회는 경제활동에 있어서 연공서열보다는 성과에 대한 보상이 한국보다 상대적으로 정착되었음이 발견된다.

한국과 필리핀 시민사회의 큰 차이는 정치가 및 관료와 '기업인 집단'에 대한 사회적 태도에서 드러난다. 한국의 시민사회는 정치가집단에 대해서 대단히 부정적이다. 이러한 부정적인 태도는 정치가들의 교육수준에서만 필리핀에 우위를 보이며, 법률적 공정성, 의정활동, 부정부패 및 뇌물수수에 대해서 날카로운 비판적 입장으로 전개되고 있다. 사회지도층에 대한 우선순위에서 한국은 기업인〉전문가집단〉관료〉정치가 순이며, 필리핀은 각 집단이 큰 차이를 보이고 있지 않다. 경제주체들 중에서 기업가 집단의 국제경험, 국제사회에서의 경쟁력, 결정력과 실천력을 한국 시민사회에서는 높게 평가하고 있다. 1940년대 이후의 한국 시민사회의 강력한 정치적 실천과 역동적인 사회운동에도 불구하고 2000년 이후 한국사회의 지도세력으로 기업가집단을 선택하는 점은 시사점이 크다. 이는 민주주의의 쟁취와 민주화 과정의 지속되어 왔지만 경제근대화를 바탕으로 한 경제발전의 결과에 대한 평가임과 동시에 국가간 경쟁에서 한국의 기업가집단에 높은 신뢰를 보이는 것으로 이해할 수 있다. 물론 이러한 기업가집단에 보내는 높은 신뢰와 기대는 상대적으로 한국의 정치주체들, 특히 의회정

---

25) 하지만 남부지역의 분리독립운동의 진행, 국가단위로서 필리핀의 국민적 정체성을 확보하려는 민족주의의 확산, 공산주의 운동의 존속 등은 해외 문화에 대한 개방성과 함께 세계화에 대항하여 진행되는 지역주의의 흐름을 보여준다.

치가들에 대한 실망의 반대급부로서 이해하는 것 또한 가능하다. 하지만 2008~9년 자료에 의하면, 조사대상 60개 중에서 한국은 아랍에미레이트, 홍콩 등과 함께 최상위의 순위를 보이고 있는데 다른 경제 선진국들보다도 높은 기업인 중심의 지도력을 바라는 것은 향후 보다 심층적인 연구가 필요한 지점이 되겠다.

행정관료집단에 대한 평가에 있어서, 높은 교육수준에도 불구하고 관료의 국제경험이 낮은 수준으로 평가하고 있다. 특징적인 것은 필리핀 시민사회의 관료집단에 대한 평가에서 뇌물과 부패 수준이 한국보다 더욱 심하다는 것이다. 소득 불평등을 측정하는 Gini지수에서 필리핀관료 집단은 상대적으로 높은 불평등 수준을 보이고 있다. 한편 한국은 1970년대 이후 지속적으로 이른바 '테크노크라트' 라는 행정관료집단이 경제성장을 주도해 온 경험이 있는 반면에, 필리핀은 이러한 관료집단의 순기능적 역할기여가 부족했기 때문으로 유추할 수 있다. 하지만 해외투자 유치와 기업활동에 대한 호응도에 있어서 필리핀 관료들이 보다 높은 평가를 받고 있다.

한편 시민사회 여론 주도층의 하나인 전문가 집단에 대한 평가에 있어서 한국과 필리핀의 응답자들은 유사한 답변을 제공하고 있는데, 한국의 전문가 집단에 대한 평가가 보다 긍정적이다. 한국의 경우 엔지니어, 변호사, 의사 등의 전문직 종사자들의 국제경쟁력을 상대적으로 높게 평가한다.

Ⅳ. 결론 및 시사점

본 논문은 한국과 필리핀의 시민사회 경제환경에 대한 비교분석을 실험적으로 시도하였다. 수량화된 측정들이 갖는 한계들은 명확하다. 왜냐하면, 앞서 서론에서 밝힌 것처럼 역동적으로 전개되는 정치상황과 이것의 우발적 폭발이 야기하는 국면 전환을 설명할 수 없기 때문이다. 그럼에도 불구하고, 필리핀 시민사회에 대한 계량적 접근의 결과는 한국과의 비교 속에서 큰 특징을 갖는다. 한국보다 상대적으로 뒤진 경제발전에도 불구하고, 필리핀 시민사회는 시민사회 내부의 경제주체들 사이의 갈등적 긴장관계가 상대적으로 낮게 표출되고 있다는 점이다. 정치가 및 행정관료, 기업인, 전문가집단을 평가하는 필리핀 시민사회의 관점은 한국의 평가에 비해서 그리 심하게 부정적이지 않다. 아울러 노동자 계급과 시민사회 구성원이 평가하는 신변의 안전과 사회적 안정망은 오히려 한국의 응답들 보다 긍정적이다. 십분의 일 수준의 낮은 비숙련노동자들의 임금에도 필리핀 노동자들의 생산성은 뛰어나다. 필리핀 노동조합의 조직화와 영향력에 대한 평가는 주관적인 수준에서 한국보다 높다. 그럼에도 불구하고 필리핀 노동조합은 한국에 비해서 전투적이지 않다. 한해동안 약 20일 정도의 노동쟁의 기간을 갖는 한국에 비해서 필리핀 기업의 노동조합은 연 2일 미만의 노동갈등이 표출되고 있다.

시민사회에 대한 연구는 정치사회학적 지표나 시민사회 주체에 대한 연구로 진행되어왔지만 그 정확한 국가적 비교연구를 위해서는 시민사회에 영향을 미칠 수 있는 정치, 경제, 사회의 통합적 시각으로 접근되어야 할 것이다. 특히 21세기에 많은 국가들은 경제발전을 통한 정치, 사회적 발전을 이끌어가고 있으며, 이 국가환경들은 서로 긴밀히 연결되어 있다. 따라서 본 연구를 통해 시민사회 연구에 대한 통합적이고 새로운 분석시각을 시도한 것이 부족하나마 의의라 할 수 있을 것이다.

본 연구가 관련분야 연구자들로 하여금 향후 각국의 시민사회의 비교분석과 과거, 현재, 미래의 시민사회 변화 프로세스를 체계적으로 연구할 수 있는 추가적 계량적 지수를 개발하고 지금까지의 정치적, 사회적 시각의 시민사회 연구와 통합, 발전해 나가는 연구방향성을 선정하는 계기를 제공하기를 기대한다.

| 참고 문헌 |

김동엽. 2006. "필리핀의 선거와 권력구조의 변화." 『한국정치학회보』 40(5). 301~322쪽.

신종화. 2008. "필리핀의 정치적 현대성 – 시민사회 주체의 역사적 경험을 중심으로." 『민주주의와 인권』 8(2). 227~265쪽.

정성호. 2008. "한국 시민사회(NGO)의 재정 위기의 현황과 해소 방안." 『동서연구』 20(2). 249~276쪽.

조영재. 2004. "한국 시민사회의 지표: 한국 시민사회 지표 연구: 이해관계자의 인식을 중심으로." 『시민사회와 NGO』 2(1). 9~43쪽.

조동성 외. 2004. 『한중일 문화콘텐트산업 경쟁력 비교분석』. 한국문화콘텐츠진흥원.

조동성·문휘창. 2006. 『국가경쟁력: 이론과 실제』. 한국경제신문.

주성수(편저). 2006. 『한국시민사회지표: CIVICUS 국제공동연구 한국보고서』. 아르케.

Anheier, Helmut K. 2004. *Civil Society: Measurement, Evaluation, Policy*. Earthscan: London.

Encarnacion Tadem, Teresa S. 2009. "Philippine Social Movements and the Continuing Struggle to Confront the Challenges of the Martial Law Period." 『민주주의와 인권』 9(1). 271~305쪽.

Ferguson, Adam. 1767/1995. *An Essay on the History of Civil Society*. Cambridge: Cambridge University Press.

Heinrich, V. Finn.(ed) 2007. *CIVICUS: Global Survey of the State of Civil Society. Vol. 1. Country Profiles*. Bloomfield, CT: Kumarian Press.

Heinrich, V. Finn & Fioramonti, Lorenzo.(eds) 2008. *CIVICUS: Global Survey of the State of Civil Society. Vol. 2. Comparative Perspectives*. Bloomfield, CT: Kumarian Press.

Caucus of Development NGO Networks. 2009. *Development and Reform Agenda for 2010-2013.* Quezon City: Philippines.

Caucus of Development NGO Networks. 2008. *The NPO Sector Assessment: Philippine Report: Report prepared for the NPO Sector Review Project.* Charity Commission for England and Wales.

IPS *National Competitiveness Report.* 2006, 2007, 2008~9. Seoul: Institute for Industrial Policy Studies.

IBON *Facts & Figures.* 2005, 2006, 2007, 2008. Quezon City: IBON Foundation.

베트남의 시민사회와 NGO[*]
-현황과 평가

최호림[**]

I. 서론

"베트남에 민주주의가 있다고요? 민주주의가 무엇인데?"(Phan An, 인류학자, 2008년 6월 16일)

"서구학자들이 말하는 시민사회와 다를 수도 있겠지만, 베트남에는 시민사회가 성장하고 있다."(Truong Duy Kien, 베트남인권연구원, 2008년 5월 8일)

"분명한 것은 하노이에서 더 이상 원격조종으로 통제할 수 없다는 것이다."(*Far Eastern Economic Review*, 7 Dec. 2000)

* 이 논문은 2005년 정부(교육인적자원부)의 재원으로 한국학술진흥재단의 지원을 받아 수행된 연구임(KRF-2005-005-J11502). 『민주주의와 인권』 제8권 2호(2008년)에 게재된 논문을 일부 수정 재록함.
** 서강대학교 동아연구소 HK조교수.

1. 연구목적

1986년 베트남에서 '도이머이'(*doi moi*, 쇄신) 정책을 채택하면서, 대중정치가 더욱 중요해지고 있다. 시장경제체제의 도입을 비롯한 새로운 경제·사회적 환경에서 당-국가의 권위를 유지하기 위해서 대중과의 긴밀한 관계회복이 무엇보다도 중요해졌기 때문이다. 지난 20년간의 개혁을 통해 베트남은 분권화와 지방의 민주주의를 위한 정치적 실험을 계속해왔다. 사실 이러한 추세는 세계적으로 보편적이며 전지구화의 영향을 받은 것으로서, 국가, 시장, 시민사회 간의 힘의 무제한적인 재협상으로 나타나고 있다(Jørgensen 2005, 316).

한편, 시장경제가 도입된 이후 빈부격차가 심해지고, 부패, 퇴폐, 매춘, 마약 등의 부정적인 결과가 초래되면서 새로운 사회문제가 지속적으로 대두되고 정권의 정당성을 위협하고 있다. 자유화 조치가 가져다주는 이익에 소외되는 사람들이 많아짐에 따라 일부 민초 수준에서 소요도 발생하기 시작하였다. 1990년대 말부터는 베트남의 개방과 시장경제의 발전을 지원하는 외부의 주요 기여국가들로부터 정치개혁의 압력이 더해지고 있다. 1998년 베트남 정부가 "지방의 민주주의를 위한 제29호 법규"(Government of Viet Nam 1998)를 공포한 이후에는 언론과 대중들이 '기초민주주의'(*dan chu o co so*)에 대해 말하기 시작하였다. '기초민주주의'는 곧 '베트남식 풀뿌리민주주의'(grassroots democracy)라고 할 수 있다.

이러한 변화에 비해, 베트남에서 "시민사회"에 대한 이해나 연구는 아직까지 매우 미미한 실정이다. 최근에 소수의 학자와 일부 관료들, 그리고 국내외의 자선기부자들이 이 용어를 사용하기 시작하였으나, 이에 대한 공적인 논의는 거의 진행되지 못하고 있다. 미디어나 공공 담론에서 이 용어가 흔하게 언급되지 않고 있어서 시민사회가 뜻하는 바를 아는 사람도 거의 없을 것이다. 그러나 이러한 사실에도 불구하고 조직의 결성이나 단체 활동과 같은 현상에 관한 논의는 무성하다. 현재 베트남 사회의 거의 모든 영역에서 조직, 결사, 협회, 그룹, 센터 등 다양한 이름의 단체가 증가하고 있으며, 이에 대한 관심도 커가고 있음을 쉽게 관찰할 수 있다.

국가에서도 조직에 대해 관심을 증대시켜 왔고, 이것이 사회발전을 위해 어떤 역할을 할 수 있을지에 대한 고민도 지속해 왔다. 베트남에서 소위 "군중조직"(*to chuc quan chung*, mass organizations)이 가장 중요한 대중적 조직이라고 생각해 왔지만,[1] 2006년 4월 제10차 공산당전국대표회의에서 채택된 "2006~10년 사회경제개발계획"(SEDP 2006~10)에서는 이와 다른 종류의 조직들이 존재하며, 이러한 조직이 공헌할 수 있다는 점에 대해 언급하고 있다. 예를 들면, 사회적 조직, 대중조직, 비정부조직 등이 경제개발과 관리에 참여하여야 한다고 격려하고 있다. 기업이나 합작사, 생산자협회나 소비자집단 또한 경제의 관리 방식을 다양화하는데 역할을 하는 것으로 표현되고 있다(MPI 2006, 140).

현재 베트남에는 일반적으로 인식되는 것보다 훨씬 다양하고 광범위한 시민의 모임과 단체 생활이 존재하고 있다. 학자에 따라서는, "의심할 바 없이 지난 10여 년간 시민사회가 출현해왔으며, 최근 수년간 더욱 강화되고 있다"고 주장하기도 한다(Norlund 2007, 4). 실제 도이머이 정책의 효과가 가시화되기 시작하면서 이러한 주장을 뒷받침할 만한 현상들을 어렵지 않게 관찰할 수 있게 되었다. 즉, 공공행정 개혁이 진전되고, 정치적 유연성이 증대하고, 사회 부문에 대한 국가의 영향력이 부분적으로 후퇴하는 등의 결과가 나타나고 있다. 이에 따라 지역개발과 같은 사회적 이슈들에서 인민의 활동과 역할이 확대되고 여러 지방에서 환경주의가 확산되는 등의 변화가 발생하고 있다.

이 연구는 여전히 강한 중앙집권적 공산당 일당지배 국가라고 할 수 있

---

1) 베트남의 공식 문서나 언론에서 "mass organizations"이라는 영어가 가리키는 조직은 대부분 베트남조국전선(Mat tran to quoc, The Fatherland Front) 산하의 대중조직으로서, 당 산하의 조직 혹은 당에 등록된 조직을 의미하거나 정부와 긴밀히 연계되어 있는 인민대중의 조직이다. 이 글에서 이와 관련된 조직을 가리킬 때 여타의 시민사회조직과 구분하기 위해 문맥에 따라 "인민대중조직" 혹은 "군중조직"이라는 용어를 사용하고자 한다.

는 베트남에서 지난 20여 년간 형성되어 온 시민사회의 성격을 이해하는
데에 목적이 있다. 특히 이 연구는 베트남 내부에서 발견되는 다양한 관점
에 귀를 기울이면서, 도이머이 정책 시행 이후 대중조직과 시민단체의 성
장과 한계에 대해 주목하고자 한다. 이 연구의 주요 질문은 다음과 같다.
첫째, 베트남 시민사회의 현황과 한계에 대한 기존의 연구와 인식은 어떻
게 전개되어 왔는가? 둘째, 베트남에서 시민사회의 구조적 특성은 무엇인
가? 즉, 흔히 시민단체 또는 시민사회 조직(Civil society organisations,
CSO)으로 인식되고 있는 조직은 얼마나 많으며 어떻게 구성되고 있는가?
셋째, 베트남 국가와 이러한 시민사회와의 관계는 무엇이며, 그러한 관계
의 특징이 베트남 민주주의에 대해 갖는 함의는 무엇인가?

2. 연구방법과 자료의 성격

이 연구를 위해 연구자는 2008년 1월부터 6월까지 베트남에 세 차례
방문하여 현지조사를 실시하고 분석에 필요한 자료를 구하였다. 첫째, 정
부기관, 언론사, 시민단체, 연구소 등 모두 8개 기관을 방문하여 16명의 관
계자와 전문가 면접을 실시하였다.[2] 둘째, 여러 기관으로부터 시민단체 조
직 및 활동에 관한 현지자료를 수집·분석하고 문헌연구를 하였다. 셋째,
이 연구는 특히 베트남 시민사회의 현황과 문제점에 대한 최초의 종합적인
연구라고 할 수 있는 시민사회지표(Civil Society Index, CSI) 조사에서 많
은 지혜를 얻었다.[3] 2005~6년 2년간 수행된 이 연구를 위해 하노이의 베
트남발전연구소(Vietnam Institute of Development Studies)가 코디네
이터 역할을 하였고, 국제적인 시민사회 전문가와 베트남 연구자 및 일부
관료가 참여하였다. 이 조사에 참여하였던 이해당사자평가그룹(SAG)의

---

2) 법률가협회(2명), 베트남인권연구원(1명), 국제NGO(2개 기관, 3명), 언론사(2개 사, 2명), 인류학
  자(1명), 정부기관(노동부 2명), 호치민시 노동국(2명), 사기업(인력송출 및 무역회사 2명) 등.

토론 내용은 이 연구의 주요항목과 분석방법에 관한 중요한 지침을 제공해 주었다. 베트남의 CSI 연구에 참여한 SAG는 12개 기관·단체 소속의 13명으로 구성되었는데, 2명의 정부기관 대표 외에 11명의 다양한 시민사회 대표 및 연구자가 참여하였다.

<표 1> 베트남 CSI 연구를 위한 SAG 구성원[4]

	이름(성별)	소속 기관	직위	비고(분류)
1	Nguyen Huu Tang (M)	베트남과학기술연합회(VUSTA)	부회장	시민사회조직
2	Phan Chi Lan (F)	수상실 연구위원회	선임전문위원	정부 산하기관
3	Cao Thi Hong Van (F)	베트남 여성연맹	국장	인민대중조직
4	Nguyen Manh Huan (M)	베트남 조국전선	직위 미상	당의 대중조직
5	Nguyen QuangVinh(M)	호치민남부사회과학원 사회학연구소	연구원	연구기관
6	Pham Dang Quyet (M)	노동부 (MOLISA)	선임전문위	정부기관
7	Bui Duc Hai (M)	호치민남부사회과학원 경제학연구소	국장	연구기관
8	Hoang Ngoc Giao (M)	하노이국립대학교 법연구서비스센터	부원장	국립대부설기관
9	Thanh Thi Thu Ha (F)	후에(Hue)대학교 중부베트남농촌개발센터 (CRD),	선임전문위원	대학부설센터
10	Tran Thi Chung (F)	CIDSE (현재는 Friends로 변경) *한국어 조직명 미상	관리자	지방 NGO
11	Nguyen The Chien (M)	젠더·가족·환경개발센터 (CGFED)	직위 미상	시민사회조직
12	Nguyen Thi Le Hoa (F)	영국 옥스팜(Oxfam GB) 하노이 지부	코디네이터	국제 NGO
	Truong Thi Huyen (F)		관리자	

---

3) CSI연구는 남아프리카에 본부를 둔 NGO인 CIVICUS가 착안하여, 2004-06년에 전 세계 약 50 개국에서 시민사회를 평가하는 글로벌 프로젝트로 기획된 것이다(CIVICUS 2005). 이 연구의 목적은 시민사회 이해당사자를 통해 시민사회의 현황을 조사하고, 이해당사자와 정부 간의 실천지향적인 과제개발을 통해 시민사회의 강화 및 개선 방향에 관한 논의를 촉발하기 위한 것이다. 베트남에서 이러한 연구가 가능해진 것 자체가 최근에 베트남 시민사회의 지형이 빠르게 변화하고 있으며, 이에 관한 관심도 증폭되어 왔음을 보여준다. CSI의 시민사회 평가 지표들은 시민사회의 구조, 사회 경제적 환경, 시민사회의 가치, 시민사회의 영향 등 모두 4차원으로 구분된다. 각 국가별로 이해당사자 평가그룹(Stakeholder Assessment Group, SAG)이 구성되어 국가별 연구팀의 핵심적인 피드백 기제가 되었다(Norlund and Dang Ngoc Dinh et al., 2006).
4) Norlund(2007, 29)를 참조하여 재구성함.

Ⅱ. 이론적 쟁점

1. 베트남 시민사회의 자율성

커크블리엣은 베트남의 국가 사회관계에 관해 서술하면서 어떤 수준에서 국가와 사회는 구별되는 별개의 실체로서 서로 관계한다고 보았고, 또 다른 수준에서는 "국가와 사회가 종종 서로 얽혀 있다"고 보았다 (Kerkvliet 1995a, 40~41). 베트남 국가는 혁명 이후 노동 현장이나 촌락 사회에서 공산당 지부를 설치하는 등 사회의 모든 가능한 부문과 수준에 확실히 침투해 들어가기 위해 광범위한 조직들의 연결망을 발전시켜 왔다. 이러한 환경에서 시민사회의 성장은 억제되어 있었다. 그러나 최근에 시민사회의 활동에 해당한다고 볼 수 있는 대중적인 조직의 활동이 나타나기 시작하였다. 아직 소수의 사례에 불과하지만, 미디어가 국가에 비판을 하고, 종교집단이 국가의 간섭에 저항하고, 소수민족이 평등을 요구하고, 반정부인사들이 지적 자유의 확대를 선동하는 등의 현상이 나타나고 있다. 비정부조직(NGO)도 증가하고 있는데, 이러한 조직들은 불충분한 국가의 프로그램을 보충해주기 때문에 국가가 참고 눈감아 주거나 심지어 감사를 표하기도 한다(Heng 2004, 144~145).

대체로 1980년대 동유럽 사회주의권과 중국에서 반체제 활동의 물결이 일어난 것에 대한 연구에서 촉발된 시민사회에 관한 방대한 연구에서 사회적 행위자의 국가에 대한 자율성의 문제를 다루어 왔다. 많은 연구들이 여전히 "시민사회 대 국가"라는 이분법적 분석틀에 근거하고 있으나, 국가로부터의 자율성이 곧 시민사회의 속성 중 하나라고 보았다(Miller 1992 ; Rigby 1992 ; Diamond 1994 등).

베트남 시민사회의 자율성의 문제를 따져보기 위해서는 베트남 국가의 성격에 관해 논의해야 한다. 커크블리엣은 관련된 이견들을 각각 "지배적인 국가"(dominating state)론, "동원조합주의"(mobilizational corporatism), "대화적인 국가"(dialogical state)론 등 크게 세 범주로 구분하여 고찰하였다(Kerkvliet 2001, 242~245).[5] 이 중에 앞의 두 가지 논지는 기본적으로 국가 수준의 정치를 강조하고 지방의 정치적 역동성은 무시하고 있으며, 국가의 정책과 실제 인민들이 행하고 있는 것과의 차이에 대해 거의 주의를 기울이지 않는다. 따라서 이 두 가지 입장은 사회의 힘에 대해서는 지나치게 간과한다.

한편 세 번째 입장에는, "침투하는 시민사회"(penetrating civil society)론이나(Thrift and Forbes 1986, 81~83), "공산당 외부에 정치권력의 독립적인 원천이 존재한다는 인식"(Beresford 1989, 116~118) 등이 해당한다. 관련하여, 당 국가가 제재하는 조직 외부의 다양한 사회적 압력이 중요한 국가 정책의 변화에 어떠한 영향을 미쳐왔는지에 관하여 고찰한 연구들이 발표되었다(Fforde 1989, 203-5; Chu Van Lam et al. 1992, 78-79 ; Kerkvliet 1995b 등). 이러한 연구들은 모두 국가의 구성 성분들과 사회의 이해 사이의 협상가능성에 대해 지적하고 있다. 커크블리엣은 이것을 "대화(dialogue)"라고 요약하였다(2001, 244~245).

"대화적인 국가"의 입장에서는 국가의 규범과 다르게 책략을 발휘하는 사회적 공간이 존재하며, 이것이 결국 상위의 기관에 영향을 미쳐서 정책이나 지시를 지방사회의 관행에 부합하도록 변화시킨다고 본다. 국가의 대리인들은 대중의 지지를 지속적으로 원하고 있기 때문에 상황에 따라서는 인민들과 타협할 수도 있다는 점을 강조하는 것이다. 지방의 공식 행정 단위 말단의 생활현장에서 국가 인민 간의 대화 및 타협에 주목하기 위해

---

5) '지배적인 국가' 개념은 원래 토마스 H. 릭비(Rigby 1990)가 소련을 묘사하기 위해 개발한 것인데, 베트남 국가에 대해 적용한 연구들이 발표되었다. 가령, 워맥은 이러한 국가는 "중앙정부에서부터 지방촌락의 민초들과 작업장에 이르기까지 대안적이고 자율적인 사회 조직들을 사전에 제거할 만큼 충분히 광범위하고 잘 조정되어 있다"고 본다(Womack 1992, 180). 타이어는 비록 도이머이를 통해 당이 권력을 완화했지만, 1988년 이후 "단일조직적 사회주의(mono-organizational socialism)를 통해 통제가 다시 확립되었고, 시민사회가 성장하기 위해서는 단일조직적 사회주의의 소멸을 기다려야 한다"고 보았다(Thayer 1992, 111~12). '동원조합주의'는 터얼리가 제안한 "동원권위주의"(Turley 1993, 269~270)에 커크블리엣이 "국가조합주의(state corporatism)"라는 개념을 조합하여 붙인 이름이다(Kerkvliet 2001).

서 "조정지대"(mediation space)라는 개념에 유념할 필요가 있다(Koh 2006). 국가 사회관계의 조정지대를 설명하기 위해서는 특히 행위 수준에서의 '타협'의 과정을 해석하여야 한다. 촌락에서 국가의 권위를 위임받은 지도자와 주민들의 일상적인 관계에 대해 관찰하면, 간부들이 자신을 고용한 국가보다도 지방 공동체와 동일시하고, 서로의 이익을 위해 정책을 예외적으로 혹은 선택적으로 적용한다(최호림 2003a ; 2004).

커크블리엣은 통치제도와 과정의 여러 영역, 미디어, 농업합작사, 그리고 부패 등의 사회문제에 관한 논의를 통해 이러한 세 가지 해석의 근거들에 대해 고찰하였다(Kerkvliet 2001, 245-268). 그는 세 가지 입장이 모든 영역에서 나타나고 있다고 결론지었다. 따라서 베트남에서는 한편으로는 국가 기관이나 국가의 대리자와의 직접적인 상호작용이 필요하지 않은 공간이 점차 늘어나고 있는 반면에, 다른 한편으로는 중요한 이슈들에 관해 조직을 통해 공식적으로 활동하고자 하는 시민들의 특권에 대한 핵심적인 통제권을 국가가 여전히 장악하고 있는 등 역동적이고 복합적인 상황이 벌어지고 있다. 이러한 점이 왜 NGO나 여타 시민사회의 징표들이 베트남에서 단지 "출현하고 있는 상태인지"를 설명해준다(Heng 2004, 148).

"단일조직적 사회주의" 모델을 베트남에 적용한 타이어는 당 주도의 명령 구조에서 자율적인 활동의 기회가 거의 주어지지 않도록 엄격한 통제가 실현되고 있다고 기술하였다. 시민사회가 단일조직의 사회주의가 더 소멸되기까지 "맹아적 단계(a nascent stage)"에 머물러야 할 것이라는 것이다(Thayer 1995). 시민사회의 분명한 징표인 미디어에 관한 한 연구에서 베트남 국가가 "[사회로부터] 모든 자율적인 조직의 수단을 제거하였기 때문에 시민사회가 좌절되거나 방해받아 왔다"고 하였다(Nguyen Ngoc Giao 1995, 16). 또 다른 연구에서는 새로운 유형의 NGO가 자신의 프로그램을 운영하는 자율성을 가지고 있지만, 대개는 최소한 국가의 공식적인 후원을 받거나 국가와 얽혀 있다고 보았다(Beaulieu 1994).

최근 베트남의 일부 학자도 이러한 문제에 대해 유사하게 애매한 논지를 전달하고 있는데, 사실 영어권 학자보다 더 산만하다. 가령, 응웬응옥쯔

엉(Nguyen Ngoc Truong)은 사적 경제부문의 재생이라는 차원에서 도이 머이가 시민사회의 성장에 영향을 미치게 되었고, 공식적 조직과 비공식적 사회집단이 서로 협력하여 사회문제 해결에 도움이 된다고 보았다. 그러나 그는 자율적인 사회단체가 있다는 입장과 그것이 없다는 입장 사이를 오락가락 한다. 어쨌든 그는 "만일 우리가 그것의 절대적인 자율성이나 혹은 사적인 성격만을 강조하고 사회가 지배적인 당과 국가와 맞서고 있다고 본다면 오류"라고 보았다(Nguyen Ngoc Truong 1994, 17~18). 쩐티라인은 "만일 NGO가 당이나 국가와 연계되지 않은 독립적인 조직이라고 정의된다면, 베트남에서는 이러한 정의를 받아들이기에 어려움이 있다는 것이 분명하다"(Tran Thi Lanh 1994, 1)고 하였다. 그녀의 주장이 보다 선명하고 직설적이다. 데이비드 마는 베트남 시민사회가 명증적으로 충분한 자율성을 가지건 아니건 간에, 베트남의 관계(官界)는 국가의 영역 외부에서 비공식적으로 조직되는 사회적 집단의 번식이 가져올 정치적 위험을 인식하고 있다는 점을 상기시켰다(Marr 1994, 11). 그는 대부분의 당 이론가들은 베트남조국전선이 반드시 재조정되어 비공식 조직들을 흡수해야 한다는 견해를 갖고 있다고 덧붙였다.

이와 같이 비록 정책이 명시적으로 금지하지도 장려하지도 않지만, 사회 집단의 "자율성"은 국가의 주의를 끌고 있다. 이상의 연구들이 모두 시민사회가 국가로부터의 자율성을 갖는 수단이 필요하다는 점에 관한 논쟁이 지속되고 있음을 보여준다.

2. 베트남에서 NGO의 존재 양상

북부에는 1975년까지, 그리고 남부에는 1980년대까지 베트남에서 자발적인 조직과 협회를 구성할 여지나 기회가 거의 없었다.[6] 1980년대에는 개혁이 실시되면서 베트남의 정치경제와 사회에 중대한 변화가 초래되었다. 사영기업이 시작되고 독립농장이 만들어지고 자유시장이 운영되기 시작하면서, 스스로의 결정에 따라 활동하는 조직들을 만들 기회가 점차 늘어나게 되었다. 1990년대 초 베트남에서 집단과 협회의 다양성이 증대하고 있다는 점이 조용히 언급되기 시작하였다. 1990년대 중반 이후 소수의 베트남 학자들이 "인민의 조직"에 관해 연구하기 시작하였고, 2000년대 초에 "시민 조직"에 관한 연구가 시작되었다(Bui The Cuong 2005).

1994년 역사학자 판다이도안은 농업 집단화가 끝난 후 촌락마다 "풍부하고 복합적인 형태의 조직들이 출현하고 있다"고 하였다. 그는 집단화 시기와 달리 주민들이 상호부조, 축산, 자선, 종교, 교육 및 여타의 목적을 위해 모임을 만든다고 하였다(Phan Dai Doan 1994, 45~49). 한편, 무엇이 도대체 NGO 같은 것인지에 관한 질문도 제기되었다. 이에 대한 대답의 예로서, 많은 지역에서 "그들이 독립적이라고 믿고, 자신들 스스로의 아젠다에 따라 자유롭게 활동하는 데에 필요한 자금을 모으는 조직을 만들고 있다"는 관찰 결과도 보고되었다(Beaulieu 1994, 3). 이러한 협회와 집단들의 수나 범위가 확대되고 있는 것은 사실이다.

그러나 국가가 규제를 완화한 이후에 비로소 새로운 조직들이 만들어졌다고 결론지으면 오류이다. 이전에도 사람들은 법적으로 허용되지 않은 조직을 만들기도 하였다(Wischermann and Nguyen Quang Vinh 2003). 일부의 학자들이 주목하였듯이, 이미 아래로부터 벌어지고 있는 변화를 따라잡기 위해 규칙과 법규를 만들어 적용하였다고 볼 수 있다(최호림 2003a ; 2003b ; Koh 2006). 1990년의 한 보고를 통해 정부 관료들은 인민들이 마치 승인받은 것처럼 "협회"(*hoi*)나 "클럽"(*cau lac bo*)을 만들어 활동하지만, 실제로는 아무런 공식 문서 없이 이러한 조직을 만드는 것에 대해 우려하였다. 일부 승인된 협회의 경우에도, 국가기관의 동의도

---

6) 일부 예외가 있기는 하였다. 가톨릭교회와 교구민 조직도 공산당 정부가 만든 조직이었다. 공산당과 정부는 모든 불자들이 포함된 베트남불교회(Giao Hoi Phat Giao Viet Nam)도 만들었다. 이 조직의 지배를 받지 않는 한 가지 예외적인 조직이 베트남통일불교연합(Giao Hoi Phat Giao Viet Nam Thong Nhat)이었다. 이것은 1951년에 시작된 것인데, 정부가 많은 지도자들을 체포하여 처벌하는 등 박해를 했음에도 불구하고 많은 승려들이 국가가 선동하는 불교조직에 합류하기를 거부하였다(Kerkvliet 2003, 2).

없이 하부조직을 만들어 가맹시키기도 하였다(Kerkvliet 2003, 3). 1998년에도 여전히 아무런 합법적인 절차도 없이 협회가 만들어지고, 규정을 넘어서서 활동을 하는 "혼란된 상황"에 대해 우려하는 당의 보고가 있었다(Vasavakul 2003).

현재까지 등록된 것과 등록되지 않은 것을 막론하고 베트남에서 활동 중인 광범위한 조직의 리스트를 사실대로 파악한 연구는 없다고 할 수 있다. 최근에 조직의 확대와 활동에 대한 두 가지 조사결과가 알려졌다. 그중 하나는 세 지방성을 샘플로 조사한 것으로, 생계 및 여타의 경제활동을 위해 만들어진 합작사에 관해 논의하였다. 이러한 합작사는 대부분 지방 관료들이 1996~97년에 발효된 중앙정부의 지시에 따라 만들어 낸 것이었다. 연구자들은 대부분의 정보제공자들이 이런 조직들에서 적극적으로 활동하지 않고 자발적이지 않다고 하였다(Fforde and Nguyen Dinh Huan 2001). 또 다른 조사를 통해 베트남의 두 중심 도시인 호치민과 하노이에서 700개 이상의 조직이 발견되었다(Wischermann and Nguyen Quang Vinh 2003). 연구자들은 이 수치가 결코 모든 것을 포함한 것이 아니라고 강조한다. 이 조사의 사례들은 대부분 1986년 이후 시작되어, 호치민시에서는 1987~89년 사이에 급증하였고, 하노이에서는 점차 늘어나다가 1990년대 중반에 최고조에 달한다.

소위 인민의 조직을 분류하여 범주화한 첫 시도로는 베트남에서 활동 중인 조직들을 9개로 분류한 사이델의 연구가 있다(Sidel 1995). 그 아홉 개의 범주는 인민대중조직, 국가가 지원하는 연구 및 교육 프로젝트, 보다 독립적인 정책연구 및 교육 기관, 반(半)국영 반(半)민영 교육기관, 농민협회 및 합작사(국가가 만든 것, 자발적인 것, 그리고 소수민족이나 씨족집단이 만든 것을 망라), 사회사업 또는 사회봉사 네트워크, 전문직과 사업가협회, 종교집단, 그리고 국가와 공산당에 도전하는 "정치활동가 집단" 등이다. 사이델은 마지막 범주의 경우는 억압을 받거나 정부기관에게 재빨리 포섭되어 다른 종류의 것으로 변화하게 된다고 강조하였다.

이후 많은 분석가들이 이러한 모든 유형의 조직을 포괄할 수 있는 적절한 용어를 찾고자 하였다. "시민조직(civic organizations)"이라는 학자도 있고(Wischermann and Nguyen Quang Vinh 2003), "대중적 조직 (popular organization)"이라고 부르는 학자도 있다(Vasavakul 2003). 이 중에 바사바쿨의 개념에는 인민대중조직을 제외하고 비국영 연구기관이나 센터, 정치·사회·전문가(political-social-professional) 조직을 포함하고 있다. 이중에 정치·사회·전문가 조직이 보통 "대중적 조직"으로 묶일 수 있는 것으로서, 바로 "비정부조직"(NGO)이라고 할 수도 있다. 그러나 학자들은 베트남의 조직들이 자신이 알고 있는 바의 비정부조직이 아니기 때문에, 의도적으로 NGO라는 말을 사용하지 않는다(Sidel 1995). 즉, 그 용어가 가리키는 것이 진정으로 비정부적인 지가 명확하지 않기 때문에, 그 용어가 적절한지가 불확실하다는 것이다(Beaulieu 1994).

그러나 베트남의 많은 개인과 집단들이 이 용어를 사용하기 때문에 이후의 분석에서는 주로 NGO에 대해 이야기해 왔다. 예를 들면 그레이는 "스스로를 묘사하는 데 NGO라는 용어를 사용하는 베트남 조직의 범위"에 대한 개관하였다(Gray 1999). 바사바쿨은 그것이 곧 "베트남의 활동가들이 다양한 목적을 위해 스스로를 묘사하는 방식"이기 때문에 NGO라는 용어를 사용하고 있다(Vasavakul 2003). 이들의 분석으로 인해 2000년대 들어 NGO라는 용어는 정부나 공산당과 연계된 집단들까지도 사용하기를 선호하는 용어가 되었다. 그러나 베트남 지도자 내에서도 실제로는 그렇지 않으면서 비정부 조직인 척 활동을 위장하는 조직이 많다고 보는 입장도 여전하고, 활동가들의 노력으로 점차 국가와 거리를 두고 정부가 직접 통제하고 지시하는 것을 포기하게 하여 NGO가 된다는 주장도 있다(Kerkvliet 2003, 5~6).

이러한 쟁점을 해결하기 위해서는 첫째, 어떻게 조직이 시작하였으며, 둘째, 어떻게 가맹하였고, 셋째 어떻게 재원을 마련하는가 등의 문제들을 고찰해야 한다. 이 세 가지 모든 측면에서 대중조직은 분명히 국가와 연계되어 있다(Kerkvliet 2003, 6). 예를 들어, 베트남노동총연맹(VGCL)은 조국전선과 공산당에 의해 결성되고, 그것에 소속되어 있으며, 자금의 지원

을 받는다(Hansson 2003). 여타의 조직들 중에는 아주 미약한 방식으로
만 국가와 연계된 것으로서, 당과 정부 및 기타 국가기관 외부에서 설립된
것이 있다. 특정의 국가기관을 위해 프로젝트를 수행하기 위해 계약하거
나 자문을 제공할 경우를 제외하고 자금도 공식적인 써클 외부에서 마련한
다.[7] 자조, 자립적 조직과 여타의 사회적이고 공동체 지향적인 협회나 사
업체들 간의 경계는 매우 애매하고 혼란스럽다(Vasiljev 2003).

대부분의 공식 조직들은 국가가 지원하는 대중조직과 미약하게 국가에
연결된 조직 사이의 어디엔가 위치하고 있다. 따라서 어떤 조직이 국가로
부터 독립적인지, 즉 "비정부조직"인지를 결정하기가 어렵다. 1990년대
중반 들어 스스로를 NGO라고 부르는 많은 조직들이 국가의 제도 내의 조
직으로 시작하였다(Gray 1999, 694). 이 대부분은 공식적으로는 여전히
국가와 연결되어 있다. 농촌의 "지방개발집단"은 보통의 마을주민들의 대
표뿐 아니라 일부 관료들도 참여하며, 대체로 외국NGO, UN 산하 기구,
그리고 여러 나라의 정부에서 지원하는 개발프로젝트에서 자금이 마련되
고 있다(Fritzen 2003). 베트남과학기술협회연합(VUSTA)을 비롯하여 소
위 "정치·사회·전문가 조직"(Vasavakul 2003)에 해당하는 조직들은 정부
의 보조금을 받는다. 그러나 그들도 역시 스스로의 활동과 기부금 및 회원
들의 회비로 재원을 마련한다. VUSTA에 소속된 대부분의 협회들은 국가
의 재정지원을 받지 않으며 심지어 그들의 '우산조직'(umbrella

---

7) 이러한 조직들로 처음 결성된 것 중의 하나가 하노이에서 부랑 아동을 돕기 위해 1990년대 초에
   시작한 "Xa Me"인데, "전적으로 사적으로 시작된 것"이다(Nguyen Ngoc Truong 1994, 10). 이
   러한 초기 조직에 해당하는 다른 예로는, 소수민족을 위한 활동가 집단인 "Toward Ethnic
   Women(TEW)"과 보다 최근의 사례인 장애인 집단들이 있다. 이러한 조직들이 국가와 미약하게
   나마 연결되는 것은 주로 공식기관의 산하에 등록된다는 점 때문이며, 그 점이 곧 이러한 조직이
   법적인 지위를 얻는 방식이다. 그것은 소위 '자유민주주의' 정부에서도 모든 종류의 조직들이 권
   위적인 기관에 등록하기를 요구하는 것과 유사한 현상일 수 있다. TEW의 경우 베트남인문사회
   과학원의 민족학연구소에 가맹되어 있으나 인문사회과학원이 하는 역할은 거의 없다(Gray
   2003). 장애인 협회들은 여타의 공인된 조직의 지부가 되어 법적 지위를 획득한다. "호이안장애
   인진보"(the Progress of Disabled People of Hoi An)라는 조직은 정부나 여타의 국가기관에
   연결되지 않은 조직의 사례이다(Vasiljev 2003).

organization)인 VUSTA로부터도 받지 않는다. 그러나 일부의 협회는 재정지원을 받고 있다. 이렇게 반(半) 국가의 지원을 받는 우산조직 안에도 모호성이 있다(Kerkvliet 2003, 7). 가령, 농촌공동체연구개발센터(CCRD)는 스스로를 NGO라고 부르지만, VUSTA의 회원단체인 베트남화원협회에 가맹되어 있다. 이러한 경우 CCRD는 진정한 비정부조직으로 볼 수 있는가?

현재까지의 베트남 시민사회의 지형과 이에 관한 논의에서는 베트남 시민사회조직, 즉 비정부조직의 존재양태가 서구의 개념으로는 파악하기 어려울 정도로 혼란스럽다는 점을 보여준다.

Ⅲ. 시민사회 조직에 대한 국가 정책과 인식의 변화

1. 참여 거버넌스의 강화

1990년대 동안 사회주의적 이념과 법치에 기초한 시장경제의 발전이라는 정책기조에 따라 베트남의 거의 모든 분야에서 개혁이 가속적으로 진행되어 왔다. 1992년에 개정된 헌법 제4조에서 "정치체제의 핵심이자 국가 사회관계의 결정자는 공산당"이라고 규정하고 있으나, 이 헌법을 통해 개혁을 지속적으로 추진할 것을 확인하였고, 시민의 기본적인 권리와 의무 및 인권의 보장을 약속하였다. 1990년대 후반 이후 당과 행정부의 역할이 보다 분명하게 구분되기 시작하면서 공산당의 행정 역할이 이전보다 훨씬 축소되었지만, 여전히 전반적인 지도력을 유지하고 있다. 공식문서를 통해 당의 역할은 정치프로그램, 전략, 지침을 통해 국가와 인민대중조직 모두를 조종하는 것이라는 점이 지속적으로 강조되고 있다. 가령, 인민들이 국가의 관리 및 군중조직에 대한 참여에 대한 인센티브가 개발되어야 한다는 지적이 있었다(Party Civil Affairs Committee 2004). 그러나 여러 유형의 모임이나 단체(hoi, 會), 특히 비정부조직(VNGO)과 촌락공동체 단위의 "기초조직"(*to chuc o co so*, CBO)이 당의 직접적인 안내나 지도 없이 무작위로 확대되고 성장하는 것은 당의 권위에 대한 심각한 도전이 될 수 있다는 점도 지적되고 있다(Norlund 2007, 5).

베트남은 당을 중핵으로 하고, 공적인 행정체계를 국가 관리의 핵심 요소로 간주해 옴에 따라 공공행정개혁(Public Administration Reforms, PAR)은 거버넌스에 직접적인 영향을 미치는 핵심 정책 중 하나이다(Government of VN 2001, 6). 지난 10년간 행정개혁이 추진되었으나, 그 과정이 복잡하고 당과 행정기관 간의 권력관계의 변화와 관련되어 있어서 그 결과는 매우 더디게 나타나고 있다. 시민사회가 계획과 예산에 대해서 영향력을 미칠 여지는 여전히 미약하지만 분권화 과정이 일정한 긍정적인 결과를 나타내고 있다. 가령, 지방 성을 통한 재정지출이 1992년 26%에서 2004년에 44%로 증가하였다(Viet Nam Development Report 2004, 79). 그러나 성 이하의 현이나 촌락 등 하위 행정단위에서 분권화의 진행 정도는 여전히 낮다고 볼 수 있다.

PAR에서 인민의 영향력 증대를 위한 또 다른 중요한 진전은 1998년 "기초민주주의 규정"(Grassroots Democracy Decree, GDD)을 도입한 것이다. 기초민주주의(dan chu o co so)는 정보를 제공받고, 발언하고, 집행에 참여하고, 감시하는 인민의 권리를 강조한 것이었다. 그럼에도 불구하고, 2000년대 중반까지 GDD는 베트남 어디에서도 제대로 집행되지 않고 있다(Ethnic Minority Working Group 2006). 그러나 최근 몇 년 동안 지방의 개발계획을 시행하는 데 대한 관심이 증대하고 있고, 특히 말단의 행정단위나 마을 수준에서 인민의 참여를 증대시키고자 노력하고 있다. 더구나 요즘 인민대중의 참여는, 도로건설 등의 인프라 프로젝트와 같이, 재정뿐만 아니라 기업이나 해외투자자를 비롯한 다면적인 지원을 받는 많은 정부프로젝트의 효과를 증대시키는 수단으로 간주되고 있다(McElwee et al. 2005).

정부는 전체적인 사회적 영역의 역량을 향상시킬 수 있도록 사회가 적절한 재원과 능력을 갖추도록 하는 정책을 추진하고 있다. 이러한 정책을

"사회화"(*xa hoi hoa*)라고 일컫는데, 특히 기본적인 사회적 서비스와 관련된 국가의 역할을 지금보다 축소할 것을 희망하고 있다. 판반카이 수상은 2005년 7월 26일, 교육·보건, 문화적·신체적 훈련 및 스포츠 활동의 사회화를 촉진하기 위한 한 컨퍼런스에서, "당은 국가와 당을 보다 분명하게 분리하고자 하는 한편, 개인과 사적인 영역이 보다 중요한 역할을 할 수 있도록 많은 영역에서 국가의 영향력을 철회하고 있다"고 연설하였다(Phan Van Khai 2005 ; MPI 2006). 여기에서 "사회"라는 것은 "국가"의 반대에 해당하며, "사회화"는 다른 나라에서 흔히 "민영화" 혹은 "사영화"라고 하는 것에 해당한다.

"2006~10년 사회경제발전계획"은 베트남의 5개년 계획 중 처음으로 분명하게 빈민과 약자 집단에 대해 초점을 두고 있다. 이 계획은 교육, 훈련, 과학과 기술, 그리고 문화 및 체육활동뿐만 아니라 보건 영역에서 "사회화"와 함께 민간 조직과 사적인 부문이 참여가 필요하다는 점을 강조하였다. 특히 정부는 사회보장의 영역에서 장애인을 비롯한 약자를 위한 사회적 기금 설립의 필요성과 자발적인 사회보장 네트워크의 참여를 호소하고 있다(MPI 2006, 82~95). 비록 국가는 여전히 조국전선에게 전국의 기관, 협회와 모든 수준의 대중조직들에 대한 지도적인 지위를 부여하고 있지만, 이 계획을 통해 "모든 비정부 조직, 사회단체와 연맹이 사회보장 네트워크(social security networks)를 개발하고 약자들에 대한 효과적인 지원을 제공하도록 하는" 인도주의적 활동을 격려하고 있다(MPI 2006, 91, 140).

이와 같이 베트남에서 새로운 거버넌스 이슈에 관한 논의가 늘어나고 있고, 이에 대한 당 국가의 입장이 점진적으로 변화하고 있다. 특히 보다 하위의 행정단위에서 인민이 계획의 집행과정에 보다 직접적으로 참여하도록 하는 데에 대한 관심을 보여준다. 그러나 이러한 "참여 거버넌스"가 국가가 의도하는 새로운 이슈에 대한 보다 광범위한 시민사회의 참여를 이끌어내지는 못하고 있지만, 분권화를 유발하고 행정과 선거에 대한 참여가 증가하는 결과가 나타나고 있다. 인민대중조직은 점차 시민과 정부의

매개자로서 새로운 역할을 획득하고 있다(Norlund 2007, 6). 그러나 정부
의 주요 초점은 거버넌스의 질적인 개선에 있으므로, 여전히 행정기관을
당 국가의 핵심적인 관리자로 보고 있다. 베트남이 2006년 국제무역기구
(WTO)에 가입하고 외부 요소의 영향을 더 받아들일 준비를 하면서, 시민
사회는 보다 적극적으로 활동하라는 압력이 존재하고 있으며 현재 그것을
위한 조건이 개선되고 있다.

2. 사회단체 및 조직에 관한 법적 근거

　베트남에서 시민사회 조직이나 단체의 결성이 확대되고, 이들의 역할
이 점차 활성화되면서 이에 대한 법률이나 규칙도 변화하여 왔다. 다양한
조직과 단체의 유형에 따라 관련된 법적 근거도 다양하게 만들어져 왔다.
1957년에 최초로 "단체를 결성할 권리에 관한 법"(Law of Right to set
up Associations)이 공표되었다. 이후 오랫동안 법체계는 크게 변화하지
않다가, 도이머이 이후에 비로소 인민대중조직, 베트남비정부기구
(VNGO), 국제엔지오(INGO) 및 기금 등에 관한 법적 근거들이 확대되기
시작하였다(〈표 2〉 참조). 1989년에 대중조직을 위한 새로운 법적 장치가
도입되면서, 대중조직들에게 보다 독립적인 관리 권한을 부여하기 시작하
였다. INGO에 관한 법규도 1989년에 처음 등장하였고, INGO와 협력하고
그들의 활동을 촉진하거나 또 관리하기 위해 "구호조정위원회"(PACCOM)
가 하나의 정부기관으로 설립되었다.

〈표 2〉 베트남의 시민사회 관련 조직 및 단체에 관한 주요 법규(1990~2005년)

시기	법규의 명칭	기관-기호	내용 및 비고
1989. 1. 6	조직에 관한 정부위원회의 제7호 안내	정부 Circular 07	대중조직에 관한 법규의 기본틀 제시 조국에 관한 정부위원회는 내무부의 전신임.
1989. 2. 5	정부각료위원회 의장의 제1호 지시	각료위원회 Directive 01	구호조정위원회(PACCOM)가 조국전선 산하의 베트남우호친선협회(VUFO)의 한 특별 조직으로서 INGO와 협력하도록 설립됨.

시기	법규의 명칭	기관-기호	내용 및 비고
1992. 1. 28	비영리 과학 및 기술 조직의 설립을 위한 제35호 규정	각료위원회 Decree 35/ HDBT	주로 연구기관과 비영리 조직 등 새로운 VNGO를 등록하는 가장 중요한 방식이 됨.
1995. 10. 28	민법 (the Civil Code)	국회	풀뿌리 수준에서의 소규모 단체의 조직과 활동을 위한 기본법으로 사용됨. 2005년에 개정.
1996. 11. 26	합작사에 관한 법	국회, Law 18/QH11	계획경제 시기의 합작사들이 해체된 이후 새로운 유형의 농업합작사를 위한 기본틀. 2003년에 개정
1996. 5. 24	외국의 비정부조직의 활동에 관한 규정	수상, Decision No. 340/TTg	이 법규에 대한 시행안내는 UB-PCPNN (1996년 8월 7일 공포)
1998. 5. 15	기초민주주의 규정 (GDD)	Decree No. 29/ND-CP	제79호 규정(Decree 79/2003/ND-CP)으로 개정되어 (2003.7.7) 마을 수준의 대중조직의 역할 포함됨
1998. 6. 5	전문가 협회의 활동과 조직에 관한 제 143호 규정 안내	Circular 143/TB-TW	당 정치국의 제언에 따라 만들어짐.
1999. 12. 22	사회적 자선기금에 관한 제177호 규정	수상, Decree 177/ND-CP	사회적 자선기금에 관한 관리규칙
2001. 4. 26	국제NGO의 지원에 대한 관리 및 활용에 관한 제64호 결정	수상 Decision No.64/2001/ QD-TTg	위 "외국의 비정부조직의 활동에 관한 제 340호 규정"의 보완 개정.
2003. 6. 30	단체의 운영·조직에 관한 제88호 규정[8]	수상 Decree 88/ND-CP	이어서 내무부에서 관련 시행안내 공표함
2005. 3. 9	소규모 금융기관의 조직과 운영에 관한 제 28호 규정	수상 Decree 28/ND-CP	신용관련 프로그램과 단체의 결성을 촉진
2006년	단체에 관한 법률 (Law on Associations)	*Luat ve Hoi*	5월에 국회에서 초안에 대해 토론을 벌였으나 회기 내에 통과되지 못함.

8) 이 규정으로 시민사회에 관한 법적 토대 마련에 한 발짝 더 나아갔지만, 조직의 결성에 대해 그다지 자유로운 입장은 아니어서, 대부분의 VNGO는 기존의 규정들을 더 선호함. 예를 들어, 이 규정은 각 수준에서 자격을 갖춘 조직, 즉 국가에 등록된 조직에 우선 가입하도록 권고함. 이것은 1990년대 초반 이후에 지속적으로 논의되어 2006년 봄에 비로소 국회에서 토론된 "단체에 관한 법률"(Law on Associations)로 대체 입법 예정임.

VNGO의 설립을 향한 첫 번째 중요한 진전은 1992년 비영리적 과학기술협회(VUSTA)에 관한 규정이 통과된 것이었다. 1995년에는 최초의 민법이 통과되었고, 마을 수준의 촌락공동체 토대의 조직(CBO)을 위한 법적 근거도 만들기 시작하였다. 1999년에는 사회적 자선기금에 관한 규정이 만들어져 회원제가 아닌 VNGO의 결성에 중요한 전기가 되었다. 2005년부터는 주로 신용대출집단인 소규모 금융기관을 위한 근거도 만들었다. 대부분의 조직과 단체에 관한 법적 환경이 1995년에 개선되었고, 그 이후에 "단체에 관한 법률"(Law on Association)이 논의되어 왔다. 그러나 이 법안은 2005년에 비로소 만들어져 국회에서 통과를 기다리고 있다.[9]

내무부(MOHA)가 조직에 관한 법안을 만들고 단체의 설립을 허용하는 정부의 주무기관이다. 조직의 등록방식에는 여러 가지가 있지만, 모두가 장시간의 복잡한 절차가 포함되어 있다. 최근 수년간 VUSTA가 수많은 전문가 조직과 VNGO의 가장 중요한 우산조직의 하나로 성장해왔다. 여타의 조직들 중에는 정부 부처 산하로 등록된 경우가 많고, 일부 연구기관, 즉 연구 NGO는 대학 부설로 등록되었다. 마을공동체단위의 조직들(CBO)의 경우, 민법의 규정에 따라 등록할 수 있게 되었지만, 적십자 혹은 조국전선 산하의 여타의 조직들, 또는 농업합작사와 같은 대중조직들 중의 하나로 등록할 수 있을 뿐이다(Vasavakul and Nguyen Thai Van 2006).

Ⅳ. 베트남 시민사회의 현황 분석

베트남에서 공산당과 연계된 인민대중조직은 1954년에 북부에서, 그리고 1975년에 남부에서 당이 권력을 장악하는 과정에서 당과 대중 간의 매

---

9) 이 법의 초안은 2006년 봄 회기에 상정되었으나, 정부와 국회가 중요 부분의 내용에 관해 합의를 이루지 못하여 결국 의결되지 못하고 2006년을 넘기게 되었다.

개자 역할을 해왔다. 도이머이 이후에는 점차 국가의 지원이 줄어들고 당으로부터 반(半)독립적으로 운영되면서, 인민대중조직 자체가 그 형태를 변화시켜 왔다. 각 조직 산하의 풀뿌리 조직과 클럽의 수가 1990년대 후반에 상당히 많이 증가하였다. 주로 농촌지역에서 특히 여성연맹과 농민회 산하의 조직이 극적으로 증가하였다. VNGO는 1990년대 들어 새로운 유형의 조직으로서 출현하기 시작하였다.

그렇다면, 베트남 사회에서 가장 강력하고 영향력 있는 세력은 무엇인가? 면접에 응한 대부분의 전문가들과 CSI연구에 참여한 SAG위원들은 여전히 공산당이 가장 중요한 힘이고 그 다음이 정부 기관이며, 미디어와 사영부문이 그 다음이라는 의견을 가지고 있었다. 가장 영향력이 작은 조직에 관해서는 일부 이견이 있었으나, 노동조합, 구전병회(*Hoi cuu chien binh*, Veteran's Association) 및 VNGO라는 대답이 많았다. 일반적으로 시민사회 조직들은 여전히 그다지 영향력이 크지 않은 것으로 간주되었다. 시민사회의 영역에 국한해 볼 때, 미디어가 가장 영향력이 있고 그 다음이 지식인집단이라는 평가가 많았다. INGO, 전문가협회, 종교집단, 소수민족집단도 영역에 따라서 어느 정도 영향력이 있는 것으로 언급되었으나, 노동자과 기업인은 가장 영향력이 약한 세력으로 평가되었다. 이러한 권력 지도에 관한 평가에는 꽤 놀라운 결론이 함축되어 있다. 예를 들면, 노동자는 한때 사회적 힘의 근간이었으나 점차 이러한 역할을 상실해왔고, 지식인, 종교집단, 소수민족과 같은 새로운 힘들이 출현하여 보다 강력한 집단으로 간주되고 있다(Norlund & Dang Ngoc Dinh et al., 2006 ; Norlund 2007, 9~10). 그럼에도 불구하고 노동자 계급의 정치적 이해를 우선시하는 이념에 근거하고 있는 공산당의 지도적인 역할에 대해서는 지금까지 의문이 제기되지 않았다.

공산당 및 국가와의 관계와 관련하여, 베트남 시민사회의 존재양태에 관해 아직까지 합의된 정의가 만들어지지 않았지만, 이 장에서 시민사회는 "가족, 국가, 시장 외부의 영역으로서 사람들이 공동의 이익을 위해 만들어진 모임의 집합체"라고 전제하고 CSI의 분석틀을 차용하여 베트남 시민사회조직의 현황에 관하여 분석하고자 한다.

1. 시민사회의 구성과 구조

시민사회의 구조와 관련한 CSI의 평가는 시민 참여의 범위와 깊이, 조직의 유형적인 다양성, 우산 조직이 산하 조직을 포괄하는 확산의 범위, 가용한 네트워크, 인력 및 재원 등을 기준으로 실시되었다. 구조의 문제는 해당 조직이 시민사회의 일부로 간주되는 것인 적절한지를 파악하는 데 핵심적인 사안이다. 2000년 전후에 일부 지방의 조직들이 스스로를 NGO라고 묘사하기 시작하였다. 시민사회의 개념에 관해 여전히 논쟁이 분분하지만, 한 베트남 연구자 집단은 베트남의 촌락 구조에서 시민사회가 아주 오랜 역사적 뿌리를 가지고 있었으며 촌락에는 광범위한 조직이 있었다는 사실에 유념해야 한다고 주장하였다. 따라서 오늘날의 시민사회는 VNGO뿐만 아니라 대중조직, 전문가 조직, 그리고 공동체 토대의 기금, 자선 및 후원 단체들을 포함한다고 보았다(Le Bach Duong et al. 2002 참조).

베트남 내무부에 따르면, 비정부조직(*to chuc phi chinh phu*)의 개념이 매우 광범위하여, 단체·연맹·결사, 기금, 과학·기술 조직, 사회적 후원 결연 조직, 법률자문 조직 등이 포함된다(Nguyen Ngoc Lam 2005). 이러한 집단들은 각각 서로 다른 규정에 따라 등록되었다. 정부의 공식적인 분류방식에서 인민대중조직은 사회·정치적인 성격의 조직으로서 사회에서 특정의 역할을 하는 것으로 간주되어 이 범주에는 포함되지 않는다. 베트남에서 시민사회와 가장 가까운 의미를 갖는 용어는 말 그대로 "society"와 "civil"의 합성어인 "민사사회(*xa hoi dan su*)"이다. 이 용어는 공식적인 담론에서는 최근까지도 드물게 사용되나, 베트남학자들에 의해서도 관련된 연구들이 발표되기 시작하였다(Vu Duy Phu et al. eds. 2007).

CSI연구에서와 같이 베트남의 시민사회 관련 학자와 이해당사자들은 시민사회를 구성하고 있는 조직을 크게 인민대중조직, 전문가협회,

VNGO 및 CBO 등 네 개의 범주로 구분하고 있었다(Bui The Cuong 2005 ; 〈표 3〉). INGO는 여타의 시민단체 활동을 촉진하거나 베트남에서 새로 만들어지는 단체의 활동방식에 영감을 부여하며, 나아가 후원단체나 시민사회조직과 심지어 정부기관을 돕는 역할도 하지만, 베트남 시민사회의 주최는 아니다.[10]

먼저, 인민대중조직의 범주는 6개의 주요 조직들로 구성된다. 이 중에 조국전선은 인민대중조직이면서 동시에 29개 조직을 산하에 두고 있는 우산조직으로 기능한다. 여타의 다섯 개 조직은 여성연맹, 농민회, 노동총연맹, 구전병회, 호치민공산청년단이다. 규정 상 공산당이나 군부도 조국전선 산하의 조직으로 간주되지만, 이들은 시민사회의 조직으로 간주되지 않는다. 역사적으로 인민대중조직은 당과 특별한 관계에 있으면서, 중앙에서 촌락에 이르기까지 각 수준의 행정단위마다 위계적인 조직으로 연결되어 있다. 조국전선을 제외한 다섯 개 주요 인민대중조직의 회원은 3,200만 명에 달한다(Norlund 2007, 11). 이러한 조직이 시민사회와 관련하여 지니는 중요성은 '풀뿌리 조직'으로서 소재지 지방의 조건 내에서 상당히 자율적으로 활동할 수 있다는 점이다. 반면에 보다 높은 수준의 조직들은 인민대중조직뿐 아니라 정부나 당에서의 지위상승을 위한 사다리 역할을 하기도 한다. 즉, 이러한 조직에서의 활동이 승진이나 상급 조직에 오르는 데에 도움이 되는 경력으로 작용한다. 이들은 거의 전국에 걸쳐 광범위하게 편재되어 있으나, 국가가 후원하는 캠페인 이외의 프로그램을 실행하기 위해 기부자 또는 비국가적 자원의 지원을 필요로 한다.

---

10) 현재 베트남에서 활동하는 INGO의 수는 1990년 약 50개에서 2005년에 약 600개로 증가하였다. INGOs의 지원금은 2000년 8천만 달러에서 2005년에 1억 6천만 달러로 증가하였다(VUFO-NGO Resource Center의 자료 참조).

<표 3> 시민사회 조직의 주요 범주들

범주	범주별 조직 유형	국가와의 관계	베트남의 정의
인민대중조직	여성연맹, 농민회 호치민공산청년단 구전병회, 노동총연맹(VGCL)	조국전선의 산하 조직	사회·정치적 조직
전문가협회 및 우산조직	적십자, VUSTA, VUAL, 합작사연 맹 등과 같은 우산 조직	조국전선 소속	사회·정치적 조직
	전문가 협회 (Professional Associations)	우산조직, 중앙 또는 성 조직 산하에 등록	사회적·전문적 협회, 일부는 NGO에 포함
베트남 비정부조직 (VNGO)	자선 단체 연구·교육·자문 NGOs 건강·보건 NGOs	VUSTA, 정부부처, 성/시 또는 현/꾸언 인민위원회 산하 조직	사회적 조직, NGO
촌락공동체에 기초한 조직 (CBO)	봉사·개발·생계지원 조직 이웃·가족 씨족 집단 종교 집단취미오락 집단	여타 조직에 간접 소속, 민법에 근거 많은 조직이 공식으로 등록됨	농촌협동집단 신앙조직 이웃집단, 가족, 씨족

　전문가협회에도 매우 다양한 유형이 포함되는데, 크게 우산 조직과 전문가 협회 등 두 가지로 구분된다. 이 중 우산조직에는 과학기술협회(VUSTA), 적십자, 베트남예술문학가협회(VUAL), 합작사연맹, 법률가협회, 종교단체 등이 포함되고, 일부는 조국전선 산하의 조직이다. 전문가협회에는 70만 명의 회원으로 61개 성에 네트워크를 가지고 있는 화원협회와 같이 광범위한 조직들이 포함된다(Sidel and Vasavakul 2006). VUSTA의 경우 전국적으로 활동하는 56개 협회와 38개의 성 조직, 그리고 73개의 센터와 연구소를 산하에 포함하고 있다. VUAL은 10개의 국립전문가협회와 63개의 성 단위 협회를 거느리고 있다. 이 외에 19개의 스포츠협회와 연맹, 70개의 경제단체 연맹, 그리고 30개의 자선 및 인도주의적 지원 단체가 있다(Nguyen Ngoc Lam 2005). 그러나 이러한 전문가 협회의 조직과 활동에 대한 정보는 지극히 제한적이다.

　VNGO는 일반적으로 규모가 작지만, 그 수는 자료에 따라 1,300개에서 2,000개 사이로 파악되고 있다. 이것은 대략적으로 첫째, 보건위생, 교육 혹은 자선 영역에서 정부를 위한 사회적 서비스를 수행하는 조직, 둘째, 주로 북부베트남에 있는 연구수행 비정부조직, 셋째, 특히 남부베트남에 많은 사회사업 단체, 넷째, 소외 집단에 대해 새롭게 접근하고자 하는 조직, 다섯째, 정부나 후원자들을 돕기 위한 자문회사와 같은 조직 등으로 분류된다(Bui The Cuong 2005). VNGO는 일반적으로 프로그램이나 방법론의 측면에서 여타의 조직들에 비해 혁신적이지만, 영향력은 아직 미미하고 자금이 극히 제한적이다.[11] 개발 지향의 VNGO는 특히 외국의 기금에 의존하고 있다.

촌락공동체 토대의 조직(CBO)은 2005년에 전국적으로 10만 내지 20만개가 있다고 추정된다(Norlund 2007, 13). 이것들은 주민들의 생계와 일상생활과 관련된 활동을 하는 조직으로서, 용수(用水)집단, 축산집단, 청년회, 상호부조집단, 교육훈련조직, 노인회, 가족씨족집단, 그리고 "유적관리위원회"와 같이 마을축제나 유적을 관리하는 집단(최호림 2003b ; 2004) 등이 있다. 도시지역의 경우에는 이웃조직, 문화집단, 취미오락 집단 등이 있다. 이러한 집단은 대부분 소규모이며, 자생적으로 만들어진 것도 있지만, 후원자, INGO 또는 VNGO의 활동에 따라 만들어진 것도 있다. 이러한 조직은 풀뿌리 수준에서 활동하기 때문에 그들의 활동에 관한 아무런 독립적인 법적 근거가 없지만, 1996년부터는 민법에 근거하여 등록을 할 수 있게 되었고 대중조직 또는 합작사 산하로 등록할 수 있게 되었다. 그러나 수많은 집단들이 등록을 하지 않은 것으로 추정된다.

이와 같은 포괄적인 분류에 기초하여 볼 때, 종교조직의 회원까지 계산한다면 전체 2006년 현재 8,300만 인구 중에 최소한 75%에 해당하는 6,500만이 시민사회 조직에 참여하고 있다. 이 수치에는 스포츠, 건강 및 문화활동 조직의 회원은 포함되지 않은 것이다. 그 밖에도 1천만 명 이상이 참여하고 있는 신용이나 저축을 위한 단체나, 수백만 명의 회원을 가진

---

11) Kerkvliet, Heng and Koh eds.(2003)에 수록된 논문들은 대부분 이 문제를 다루고 있다.

CBO나 비공식 조직도 많이 있다. 이와 같이 베트남의 조직의 지도는 사회적 생활이 풍부하고 다양하다는 것을 보여준다([부록] 참조). 적지 않은 사람들이 복수의 조직에 동시에 회원으로 가입하고 있다. 베트남에서 2001년에 수행된 "세계가치조사"(The World Value Survey, WVS)에 따르면 일인당 평균 2.3개 집단에 포함되어 있다.

일부 소수민족이 거주하는 산간 오지를 제외하고, 전국적으로 모든 행정단위에서조직이 광범위하게 존재하므로 베트남 시민사회는 매우 널리 확산되고 있다고 볼 수 있다. 그러나 그것의 질적인 깊이에 대해서는 아직 의문이 많다. 많은 경우에 회원이 자발적이지 않고 활동적인 회원이 적다. 세계가치조사에 의하면 베트남의 정치적 역동성 수준은 아직도 매우 저조하여, 2% 미만이 정치활동에 참여하고 있는 것으로 나타났다(WVS Viet Nam 2001).

베트남은 여전히 가난한 나라임에도 자선적인 기부활동에 대한 참여는 상당히 높은 편이었는데, 정부에 의해서만 아니라 국가 외부의 조직이 주도하는 자선활동이 많다. 베트남 사람들은 흔히 궁핍한 사람을 돕는 것이 전통이라고 주장한다. 농촌뿐만 아니라 도시지역에서도 마을마다 여성연맹의 지부형태로 부녀회가 조직되어 노인회와 함께 자선활동을 주도하는 모습을 쉽게 관찰할 수 있었다(최호림 2003a). 촌락공동체 수준에서는 자원봉사도 매우 광범위하게 퍼져있다. 그러나 이러한 활동의 질적인 측면에는 여전히 구조적인 약점이 많다고 판단된다. 소규모 조직을 효과적으로 지원할 수 있는 우산 조직이 부족하고 정보 네트워크도 결여되어 있다. 유사한 조직들 사이에 연계가 부족하여, 같은 프로젝트에 함께 참여하고 있는 조직들 간의 유기적인 관계도 취약하다고 볼 수 있다.

결론적으로, 베트남에서는 현재 매우 광범위한 시민사회 조직이 만들어졌지만, 서로 다른 기원과 구조, 목적과 자금을 가진 조직들이 복잡하게 혼재된 양상이다. 당과 정부와 연계하여 공식적인 기능을 주로 하는 조국전선과 같은 총괄적인 우산 조직이 많이 있음에도 불구하고 분절화 혹은 파편화된 모습을 보여주고 있다. 회원은 많으나 그다지 능동적이지 않은 편이어서, 이 점이 구조의 약점에 영향을 미친다. VUSTA는 조직들이 역량 구축을 할 수 있도록 지원활동을 하는 우산 조직 중 하나인데, 이 조직에서도 그러한 활동이 앞으로 더욱 개발될 필요가 있다고 판단하고 있다. 조직 간의 네트워크는 매우 약하여 서로에 대한 영향이나 상호 지원활동이 취약하며, 우산조직도 충분한 인프라를 지원해주지 못하고 있다. 여전히 많은 조직에서 재원이 부족하며, 보다 능력을 갖춘 인력을 통한 역량구축과 인프라 개선이 가장 필요한 요소라고 판단된다.

2. 시민사회의 환경

시민사회를 둘러싸고 있는 환경은 정치적 자유와 기본권, 사회경제적 환경, 문화적 맥락, 법적 환경, 그리고 국가와 사적 부문 간의 관계 등의 요소로 구성된다고 볼 수 있다. CSI연구에서는 거버넌스, 부패, 정치적 권리의 수준과 관련된 국제적으로 비교 가능한 지표에 근거하고자 하였으나, 베트남의 경우 평가가 용이하지 않은 요소가 많아 논쟁의 여지가 많다(Norlund 2007, 15).

일부 외국의 자료에서 말하는 것처럼 베트남은 "자유가 없는 나라"라고 할 만큼은 아니지만(Freedomhouse, http://www.freedomhouse.org), 베트남에서 정치적 권리는 여전히 한계가 있다. 시민들에게 자유선거권이 있으나, 일당만 허용되고 있어서 정치적 경쟁은 제한적이다. 수 년 동안 행정과 법적 개혁이 진행되었음에도 불구하고 법치는 여전히 온전하지 못하고, 공공부문에서 부패가 지속되고 있다. 사람들은 "교통법규가 강화되면 교통질서가 좋아지기 보다는 교통경찰이 돈을 번다"고 한다. 반면에 국가 재정의 상당 부분(약 44%)이 지방에 분배되고 있는 등 분권화 수준에서 국가의 효율성은 많이 개선되었다고 판단할 수 있다(호치민시인민위원회 노동국 면접, 2008년 1월 4일).

시민의 기본적인 권리인 집회, 표현, 결사의 자유는 원칙적으로 헌법에 보장되어 있으나, 현실적으로 보장되기는 어려운 상황이다. [청춘](*Tuoi tre*)이라는 신문사와 [법률](*Phap luat*)이라는 잡지사 기자는 베트남에서 언론의 자유가 거의 완전하게 보장되어 있다고 주장하였고(2008년 6월 17일 면접), SAG 위원들 대부분도 상당한 수준의 언론자유가 있다고 평가하였지만, 외부의 관찰자는 이에 쉽게 동의하기 어려울 것 같다. 베트남 내부의 관점은 Freedom House와 같은 외국 자료에서 베트남에서 언론의 자유가 매우 부족하다고 평가한 것과는 첨예하게 대조된다.

베트남은 지난 10여 년간 급속한 경제성장과 함께 빈곤이 많이 감소해 왔음에도 불구하여 2007년 현재 여전히 1인당 GDP가 800달러를 넘어선 정도이다. 그럼에도 불구하고 사회경제적 상황은 일반적으로 안정적이며, 불평등 정도도 심하지 않다. 문자 해독률도 국제적인 관점에서 볼 때 매우 높다. 그러나 IT 인프라가 여전히 낮고, 빈곤층이 많으며, 종교적, 종족적 갈등이 잠복해 있다. 베트남의 법적인 틀은 조직의 설립에 도움이 되도록 지속적으로 개선되어 왔다. 그러나 조직을 결성하기 위한 절차가 여전히 복잡하여 시간이 많이 걸리고, '뒷거래'를 위해 돈을 지불하는 경우도 허다하다. 반면에 세금제도는 시민사회 조직에 대체로 유리하게 되어 있다. 그러나 비영리조직은 면세이나, 자선단체는 세금면제를 받지 못하고 있다(베트남법률가협회 면접, 2008년 5월 5일).

시민사회의 환경적인 요소를 평가하기 위해서는 국가로부터의 자율성의 문제가 핵심이 된다. 즉, 시민사회 조직은 정부의 간섭을 받지 않고 운영될 수 있는가, 국가가 대중 공공의 이익을 보호하는가 등에 관한 질문이 필요하다. 베트남의 관계자들은 인민대중조직은 상급에서부터 당의 지도 하에 있으며 여전히 국가로부터 자율적이지 않지만, 풀뿌리 단위의 경우 자율성의 수준이 매우 높다고 평가하고 있었다(베트남법률가협회 면담, 2008년 1월 12일). SAG위원들의 경우, VNGO, 전문가협회, CBO와 종교 집단들이 국가가 의도 여부와 상관없이 실제로 간섭받고 있는 지가 토론의 쟁점이라고 보았다. 일부는 이들 조직들이 많은 간섭을 받지 않고 활동할 수 있다고 보았다. 사실상 대부분의 조직들이 국가와 관계를 맺고 있는데, 이미 지적한 바와 같이 이것은 사회적 구조의 특성이 매우 얽혀 있고, 국가

사회의 경계가 모호하며 혼합적이기 때문이다(최호림 2003a).

또한 국가의 간섭은 조직이 어려움에 처했을 때 이를 지원하고 보호한다는 주장도 있었다. 베트남 학자나 전문가들이 대체로 공감한 바는 대부분의 조직에서 국가로부터 "독립"이 주요 관심사가 아니라는 것이었다(베트남법률가협회 면담, 2008년 1월 12일). 국가와의 협력과 국가에 의한 재원조달과 관련하여, 인민대중조직이 국가와 가장 많이 협력하고 재정 지원을 가장 많이 받고 있다. 그러나 가령, 노동총연맹이 대규모 관광업체를 산하에 두어 영리활동을 하고, 여성연맹이 외국의 기금을 많이 받고 있는 것과 같은 사례를 보면, 재정적 조건이 조직에 따라 상이하고 국가에만 의존하고 있지 않음을 알 수 있다. 조국전선 산하에서 VUSTA도 부분적으로만 국가의 재정지원을 받고 있다. 전문가협회나 VNGO는 대개의 경우 특정의 과제를 수행할 경우에 한해서 국가의 지원을 받는다(Population Council 하노이지부 면담, 2008년 6월 20일). 이와 같이 국가와 시민사회조직(CSO)의 연계는 매우 복잡하여 베트남의 맥락에서는 단순히 협력 여부의 결과라고 판단해서는 안 된다. CSI연구에서는 국가와 CSO 간의 대화와 CSO를 위한 국가의 협력과 지원이라는 지표 모두 중하 수준이라고 판단하였다(Norlund 2007, 17).

결론적으로, 베트남 시민사회가 아직 확고한 기반을 갖지 못했다는 인식이 일반적인 주요 원인은 정치적, 재정적 환경 때문이라고 볼 수 있다. 많은 영역에서 정치적 자유와 시민의 권리는 여전히 제한적이다. 법적인 환경은, 국가와 당으로부터 특별한 특권을 누리고 있는 인민대중조직을 제외하고, 대부분의 조직의 운영을 어렵게 만들고 있다. 국가와 CSO의 관계나 CSO와 사영부문간의 관계도 그다지 활성화되어 있지 않다.

3. 시민사회의 가치

CSI연구에 따르면, 시민사회의 가치는 일반적으로 민주주의, 투명성, 관용, 비폭력, 성평등, 빈곤감소 및 환경의 지속가능성 등의 이슈로 구성되는데, 문제는 CSO가 베트남사회에서 이러한 가치를 어떻게 촉진하고 발현하는가이다. 면담에 응해준 전문가들은 대부분 이에 대한 본격적인 연구나 자료가 부족한 상황이라고 하였다. 한편, SAG 위원들은 베트남에서 그간 가장 관심을 두어 온 가치는 빈곤감소와 성평등 등이며, 투명성의 문제는 크게 중요시하고 있지 않다고 보았다.

민주주의와 관련하여, 인민대중조직은 "민주집중제"를 실행하고 있다. 그러나 이것은 베트남의 맥락에서 보면, 민주적인 선거를 하되 선출된 지도자는 보다 상위 수준의 승인, 심지어는 사전 승인이 필요하다는 의미를 지니고 있다(VUFO-NGO의 Managing Co-director와의 면담, 2008년 5월 7일). 전문가협회의 경우 보통 민주적 선거를 실시하지만 당원이 그 결과에 영향을 미칠 수 있다. VNGO의 경우는 지도자 유형이 다양하지만 대부분이 회원규모가 적어서, 지도력이 특정 개인에게 집중되어 있다. CBO는 일반적으로 민주적인 선거를 하지만 지도자들이 대개의 경우 인민대중조직의 구성원이거나, 행정기관이나 촌락의 지도자 출신이다(최호림 2003a 참조). 사람들은 민주집중제가 민주적이라는 평가에 대해서는 찬반이 엇갈렸지만, 국가가 민주주의의 기본틀을 결정한다는 점에서는 대개 동의하였다. 민주주의는 대부분의 조직에서 긍정적인 것으로 간주되고 있었으나, 다른 한편으로 CSO가 그동안 베트남의 민주주의를 크게 증진시켰다고 평가받지는 못하였다(인류학자 Phan An과의 대화, 2008년 6월 16~17일).

베트남에서 부패 문제는 당과 정부뿐만 아니라 언론에서도 중심적인 이슈이다. 시민사회에도 부패가 있고, "부패의 문화"(culture of corruption)가 베트남 사회 전반에 만연하다고 할 수 있다(VUFO-NGO 면담, 2008년 5월 7일). 재정적인 투명성은 얼마나 많은 조직이 회계를 공개하느냐가 기준이 될 수 있는데, 소수의 조직들만이 이러한 형태의 투명성을 실천하고 있다. 베트남 시민사회조직이 일반적으로 투명성의 가치를 증진시키지 못하고 있으며, 조직 스스로도 여전히 투명성이 부족한 상황이다.

성(gender)평등은 시민사회조직의 지도자중 여성의 비중이 얼마인지를 기준으로 평가할 수 있다. 베트남 CSO 지도자의 30%가 여성이어서 특별히 낮은 비율은 아니지만, 그렇다고 평등한 것도 아니다. 면접에 응한 사람들 중 여성이 남성에 비해 현재의 성 평등 수준에 대해 부정적이었지만, 대체로 시민사회에 의해 성 평등이 더욱 진전되고 있다는 점에는 모두가 동의하였다. 빈곤문제 해결에 대해서는 시민사회가 추동적인 힘의 하나라고 볼 정도로 대부분이 높게 평가하였다. 그러나 실제로 국가가 여전히 빈곤 감소에서 가장 중요한 역할을 하고 있다. 환경 분야에서는 시민사회 역할이 낮은 것으로 평가되었으나 최근에는 이에 대한 관심이 증가하고 있다 (Norlund 2007, 18).

이상의 평가에 비추어 볼 때, 시민사회의 가치에는 강점과 약점이 모두 있다. 빈곤감소와 평화는 아주 중요시되고, 성평등과 관용도 매우 강한 가치로 자리잡고 있다. 반면에 투명성과 지속가능한 환경의 문제는 그다지 진전되지 못하였다. 민주주의 가치들은 그 개념에 대한 합의가 어려운데, 일반적으로 크게 진전되어 온 것으로 평가되지는 않는다. 시민사회 활동에 대해 일반 사람들의 관심이 증가하고 있는 점을 설명하기 위해 "참여"가 "민주주의"보다 적절한 용어라고 판단되었다.

4. 시민사회의 영향력

시민사회의 영향력을 평가하기 위해서는 정책에 대한 영향, 국가나 사영부문의 활동을 감시하고 제재하는 정도, 사회적 이해나 요구에 대한 부응, 시민에 대한 능력부여 정도 등의 요소가 초점이 될 수 있다.

베트남과 서구의 인권 개념이 상이하다. 베트남에서는 이것은 매우 민감한 이슈이며, 베트남 학자들은 시민사회가 대체로 인권의 증진에 관여하지 않는다고 보고 있다. 그러나 인권 개념이 사회적, 경제적 권리를 포함하는 것이라면 시민사회가 이 분야에서 매우 활동적이다(베트남인권연구원의 전문위원 면담, 2008년 5월 5일). 정책에 대한 시민사회의 영향은 아직까지 뚜렷하지 않다. 시민사회가 국가나 사영기업의 활동을 감시하고 제재하는 기능을 거의 하지 못하고 있다. 사영기업과 관련하여 예외적인 현상은 특히 외국인투자 기업에서 파업이 늘어나고 미디어나 지역사회 조직의 영향으로 인해 노동자들의 근로조건 개선에 어느 정도 성공하고 있다는 점이다(호치민시노동국 면담, 2008년 1월 4일).

사회적 이익에 대한 반응과 관련하여, 베트남 CSO는 사회적으로 우선적인 관심사에 대해 효과적으로 반응하지 못하고 있다. 이에 비해 CSO에 대한 사람들의 신뢰는 매우 높은 편이며, 특히 인민대중조직이 가장 신뢰를 받는다고 평가되었다. 시민사회가 사회적인 요구에 대해 어느 정도 부응하느냐에 관해서는 논쟁의 여지가 많다. 그러나 당과 국가가 "사회화"를 추진하고 있기 때문에 시민사회는 보건위생, 교육 분야 등에서 점차 큰 영향력을 지니게 되고, 보다 큰 책임을 지게 될 것으로 예상하고 있다. 그러나 현재로서는 시민사회가 소외 집단에 대한 지원과 같은 사회적 요구에 부응하는 것이 정부가 하는 것보다 나을 것이 없다(Population Council 하노이지부 면담, 2008년 6월 20일). 공공적인 이슈에 대한 정보나 교육 제공 등을 통해 시민에게 능력을 부여하는 활동과 관련하여 대부분의 사람들이 긍정적으로 평가하였다. 과학기술 조직이나 연구집단이 활성화되고, INGO의 지원에 의해 교육프로그램이 활성화되어 왔기 때문이다(VUFO-NGO 면담, 2008년 5월 7일).

결론적으로 베트남에서 시민사회의 영향은 아직까지 매우 미미한 수준이며, CSI연구에서도 아주 낮은 평가결과가 도출되었다. 빈곤 감소와 시민들에게 지식정보를 제공하는 분야는 대체로 영향력이 상당하지만, 사회정책에 대한 영향력은 약하다. 이것은 첫째 국가가 여전히 정책결정과 실행을 추동하는 힘으로 간주되기 때문이며, 둘째는 그것을 가능하게 하는 환경의 부족 때문이다.

V. 종합 및 결론

　앞에서 살펴본 바와 같이 베트남의 시민사회 조직은 매우 다양하게 분화되어 왔다. 먼저, 여성연맹이나 농민회와 같이 거의 모든 수준에서 조직되어 있는 인민대중조직도 대부분이 시민사회의 한 부분으로 간주되고 있다. 이것들은 국가가 주도하는 캠페인을 수행하지만 빈민을 위한 금융을 비롯하여 수천 가지 프로그램을 수행하고 있으며, 풀뿌리 지부는 공동체의 요구를 수행할 정도로 주목할 만한 독립성을 가지고 있다. 둘째, 전문가협회도 거의 모든 성에 조직되어 있고 산하조직도 다양하다. 셋째, VNGO는 주로 도시에 소재지만 전국적으로 소소한 프로젝트를 수행하고 있으며, 일부는 개발지향의 프로젝트와 함께, 젠더, 보건, 농촌공동체개발 등의 이슈에 집중하고 있다. 끝으로, CBO는 매우 빠르게 확산되었는데 많은 성에서 풀뿌리 수준에서의 생계서비스에 초점을 두고 있다. 이와 같이 시민의 조직이 급증하고 모든 수준에서 다양해짐에 따라 베트남의 시민사회는 점차 분명히 강해지고 있다.

　베트남에서는 국가와 시민사회의 경계가 매우 모호하고 복잡하다. 공식적인 인민대중조직에서는 국가의 역할이 여전히 핵심적이다. 한편으로 인민대중조직보다 규모는 크지 않지만, 훨씬 다양한 시민조직이 광범위하게 활동하고 있어서 국가의 통제를 넘어서고 있다. 국가가 시민사회 조직의 결성을 금지하지 않는 것이 명백하지만, 이러한 조직이 자율적이라고 보기는 어렵다. 무엇보다도 회원의 면에서 국가가 후원하는 기관과 겹치는 경우가 여전히 많기 때문이다. 한편, 국가는 시민사회에 대한 참여보다 당의 거버넌스나 지도력에 대한 참여에 더 관심을 두고 있다. 국가는 여전히 시민사회를 "관리"하는 것에 대해 고민하고 있는 것이다. 베트남에서는 국가-당-시민사회가 혼재하고 있어서, 기본적으로 시민사회의 역동성을 국가 대 시민사회라는 이분법적인 구도에서 살펴볼 수가 없다. 시민사회의 변화 중 많은 부분이 사실상 국가영역 내에서, 혹은 국가의 영향 하에서 일어나고 있다. 그러나 한편으로는, 국가의 외부와 다양한 풀뿌리 수준에서, 인민대중조직조차도 독립적인 활동을 지향하는 경우가 점차 늘어나고 있다.

논의를 종합해보자. 먼저, 서구사회를 비롯하여 시장경제 및 다당제와 같은 정치적 민주주의를 실현한 사회에 비하여 베트남 시민사회는 여전히 나약하다고 볼 수 있다. 현재의 약점은 무엇보다도 조직의 구조와 관련되어 있다. 사회적 이슈와 관련된 서비스 활동뿐만 아니라, 국가나 기업의 활동을 제재하고, 투명성을 높이고 부패와 투쟁하는 등의 역할과 관련하여 시민사회의 잠재력은 여전히 제한되고 있다.

둘째, 조직들은 서로 다른 역사적 시기에서 만들어졌고, 구조와 활동의 면에서 매우 다른 역할과 전통을 가지고 있다. 당의 사회 · 정치적 기관으로서 역할을 하는 인민대중조직은 점차 사회적인 서비스를 하는 것으로 변모해왔다. 그러나 스스로 새롭게 자발적인 역할을 할 수 있도록 내부의 구조가 변화하지 않고 있으며 독립적인 운영을 위해서는 역량 구축이 필요하다. 전문적인 집단은 다른 조직에 비해 수는 적으나, 자율성의 면에서 잠재력이 크다. VNGO는 조직에 따라 다양한 특정의 목적을 가지고 늦게 출현하였는데, 대부분이 빈민과 소외층을 지원하는 것이 목적이다. 그러한 조직도 정부나 후원자와 함께 협력하도록 신뢰할 수 있는 파트너가 되기 위해서는 역량구축이 필요하다.

셋째, 많은 조직들이 우산조직의 산하조직이지만, 일반적으로 우산조직이 약하고 다양한 산하조직의 활동에 충분한 지원을 하지 못한다. 일반적으로 네트워크가 약하고 심지어 소수민족 집단처럼 네트워크가 없는 경우도 많이 있다. VUSTA의 경우가 예외적인데, 이것은 VNGO를 훈련하고 관련된 세미나를 조직하기 위해 창설되어 현재 시민사회 활동의 주창자로서 역할을 하고 있다.

넷째, 보다 전환적으로 다루어야 할 이슈들이 여전히 있다. 아직도 많은 사람들이 일반적으로 시민사회가 아니라 국가가 도움이 필요한 사람을 지원해야한다고 기대하고 있다. 관료조직은 어쩔 수 없이 지방에서 활동하는 비(非)국가 조직에 간여하고 있다. 사영 부문은 실제로 자선활동과 같은 일에 적극적으로 나서지 않는 상황이다. 오늘날 베트남에서 가장 해결하기 어려운 문제 중 하나인 부패는 여전히 지속될 여지가 많다. 이러한 이슈들이 보다 공공적으로 논의되고 개선될 수 있도록 시민사회의 적극적인 참여가 필요한 상황이다.

그렇다면 베트남에서 시민사회의 성장에 기대할 수 있는 바는 무엇인가?

베트남은 지난 20여 년 간 급속한 경제개발과 사회변화 및 인구증가와 함께 여러 사회문제들에 직면해왔다. 이러한 문제들은 당과 정부뿐만 아니라 사회 전반에 대해 새로운 도전이 되고 있는데, 정부는 홀로 이러한 과제들을 해결할 장치가 부족한 상황이다. 빈곤, 전염병, 인신매매, 마약, 환경파괴 등 많은 문제에서, 국가의 힘이 미치지 못하는 틈새가 존재한다. 이러한 틈새와 관련하여 시민사회의 능동적인 참여가 필요한 상황이다. 지방의 모든 수준과 생활의 모든 영역에서 시민사회가 단순한 자선활동에 그치지 않고, 포괄적이고 주도적인 활동을 통해 역량을 구축하고 보다 분명한 목소리를 낼 수 있는 힘을 부여할 필요가 있다. 이를 통해 보다 평등하고 균형 잡힌 사회·경제적 발전을 모색할 수 있다. 나아가 시민사회는 투명성과 반부패를 촉진하는 데 매우 중요한 역할을 할 수 있다.

체제를 막론하고 시민사회의 강점은 잠재적으로 매우 다양한 창조성을 지니고 있다는 점일 것이다. 대중들의 경제적, 사회적인 잠재력을 개발하고 그 잠재력을 자유롭게 함으로써 사회의 많은 문제들을 해결하는 지혜를 수렴할 수 있다. 동시에 시민사회는 다양한 형태의 협력을 통해 국가와 세계의 지원을 받을 수 있다. 현재로서는 베트남에서 시민사회가 아니라 국가가 인민의 복지를 개선하는 데에 책임을 지는 마지막 보루임이 분명하지만, 시민사회와 협력할 수 있다. 그리고 시민사회는 국가에 대해, 그리고 시민사회 서로에 대해 보다 적절하게 감시하고 제재함으로써 공동의 이익을 추구할 수 있다. 베트남에서도 그러한 가능성이 엿보이기 시작하고 있는 것은 분명하다.

| 참고 문헌 |

최호림. 2003a. 「베트남 도시 마을에서의 국가 사회관계: 하노이 '프엉 응옥
하'(Phuong Ngoc Ha)를 중심으로」, 서울대학교 비교문화연구소, 『비
교문화연구』 9(1). 29~74.

______. 2003b. 「북부베트남의 민간의례개혁과 그 영향에 관한 연구」, 『한국문
화인류학』 36(2). 183~220.

______. 2004, 「베트남의 '유적공인' 사업과 지방의 이질적인 공동체」, 한국동남
아학회, 『동남아시아연구』 14(1). 121~161.

Beaulieu Carole. 1994. "Is it a NGO? Is it a civil society? Is it pluralism
wriggling along." *Institute of Current World Affairs Report* CB-
26, Hanover USA, 6 October. 12pp.

Beresford, Melanie. 1989. *Vietnam: Politics, Economics and Society*.
London: Printer.

Bui The Cuong. 2005. "Civic organisations in Viet Nam." Irene Norlund,
Dang Ngoc Dinh, et al. eds, *The Emerging Civil Society: An
Initial Assessment of Civil Society in Viet Nam*, Ha Noi:
CIVICUS VIDS, UNDP, SNV.

CIVICUS. 2005. *Civil Society Index-Shortened Assessment Tool(CSI-
SAT), A Guide for CSI-SAT Implementing Agency*, CIVICUS.

Diamond, Larry. 1994. "Rethinking civil society-Toward democratic
consolidation." *Journal of Democracy* 5(3). pp.4~17.

Ethnic Minority Working Group. 2006. "Helvetas project in Cao Bang."
paper presented at seminar "Filling the Gap between local
government at commune level and local population." 25 April,
Hanoi.

Far Eastern Economic Review. (7 December 2000). "Passing the Buck

Back: the central government addresses mounting discontent in the provinces, but its approach could backfire and stoke unrest."

Fforde, Adam. 1989. *The Agrarian Question in North Vietnam, 1974~1979: A study of Cooperator Resistance to State Policy.* Armonk. NY: M.E. Sharpe.

Fforde, Adam and Nguyen Dinh Huan. 2001. "Vietnamese Rural Society and its Three Institutions: Results of a Study of Cooperative Groups and Cooperatives in Three Provinces, Final Report." 19 June.

Freedomhouse. <http://www.freedomhouse.org>

Fritzen, Scott. 2003. "Donors, Local Development Groups and Institutional Reform over Vietnam's Development Decade," *in* Ben. J Tria Kerkvliet, Russell H. K. Heng and David W. H. Koh eds., *Getting Organized in Vietnam: Moving in and around the Socialist State.* Singapore: ISEAS. pp.234~270.

Government. of Viet Nam. 1998. Decree 29/1998/ ND−CP. *Promulgating the Regulation on Exercise of Democracy in Communes.* Ha Noi.

Government of Viet Nam. 2001. *Strategy for Public Administration Reform(2001~10)*, Ha Noi.

Gray, Michael L. 1999. "Creating Civil Society? The Emergence of NGOs in Viet Nam." *Development and Change*, 30(4). pp.693~713.

Gray, Michael L. 2003. "NGOs and Highland Development: A Case Study in Crafting New Roles." *in* Ben. J Tria Kerkvliet, Russell H. K. Heng and David W. H. Koh eds., *Getting Organized in Vietnam: Moving in and around the Socialist State.* Singapore: ISEAS. pp.110~125.

Hansson, Eva. 2003. "Authoritarian Governance and Labour: The

VGCL and the party-State in Ecoonomic Renovation." in Ben. J Tria Kerkvliet, Russell H. K. Heng and David W. H. Koh eds., *Getting Organized in Vietnam: Moving in and around the Socialist State.* Singapore: ISEAS. pp.153~184.

Heng, Russel Hiang-Khng. 2004. "Civil Society Effectiveness and the Vietnamese State Despite of Because of the Lack of Autonomy." in Lee Hock Guan ed., *Civil Society in Southeast Asia.* Singapore: ISEAS. pp.144~166.

Jørgensen, Bent D. 2005. "Democracy among the Grassroots: Local Response to Democratic Reforms *in* Vietnam." in Francis Loh Kok Wah and Joakim Öjendal eds., *Southeast Asian Response to Globalization: Restructuring Governance and Deepening Democracy.* Singapore: ISEAS. pp.316~342.

Kerkviet, Benedict J. Tria. 1995a. "Politics and Society in the Mid-1990s." In Benedict J. Tria Kervliet ed. *Dilemmas of Development: Vietnam Update 1994.* Canberra: Development of Political and Social Change, RSPAS, ANU. pp.5~44.

______. 1995b. "Village-State relations in Vietnam: the Effect of Everyday Politics on De-collectivization." *The Journal of Asian Studies* 54(2). pp.396~418.

______. 2001. "An Approach for Analysing State-Society Relations in Viet Nam." *Sojourn* 16(2). pp.238~278.

______. 2003. "Introduction: Grappling with Organizations and the State in Contemporary Vietnam." in Ben. J Tria Kerkvliet, Russell H. K. Heng and David W. H. Koh eds., *Getting Organized in Vietnam: Moving in and around the Socialist State.* Singapore: ISEAS. pp.1~24.

Kerkvliet, Ben J.T. Russel H.K. Heng and David W.H. Koh. eds. 2003.

Getting Organized in Viet Nam, Moving in and around the Socialist State, Singapore: ISEAS.

Koh, David W. H. 2006. *Wards of Hanoi*. Singapore: ISEAS.

Le Bach Duong, Khuat Thu Hong, Bach Tan Sinh, and Nguyen Thanh Tung eds. 2002. *Civil Society in Viet Nam*, Ha Noi, Center for Social Development Studies.

Marr, David G. 1994. "The Vietnam Communist Party and Civil Society." Paper presented at the Vietnam Update 1994 conference, *Doi Moi*, the State and Civil Society, 10−11 November, at Australian National University.

Miller, Robert F. 1992. "Concluding Essay." *In* Robert F. Miller ed. *The Developments of Civil Society in Communist Systems*. Sydney: Allen And Unwin. pp.130~47.

McElwee, Pamela et al. 2005. *Deepening Democracy and Increasing Popular Participation in Viet Nam*, Ha Noi.

MPI (Ministry of Planning and Investment). 2006. *Socio−economic Development Plan* (SEDP) 2006~10, Ha Noi.

Nguyen Ngoc Truong. 1994. "Grassroots Organizations in Rural and Urban Vietnam during Market Reform: An Overview of their Emergence and Relationship to the State." Paper presented at the Vietnam Updated Conference, 10−11 November. The Australian National University, Canberra.

Norlund, Irene, Dang Ngoc Dinh et al. 2006. *The Emerging Civil Society. An Initial Assessment of Civil Society in Viet Nam*. Ha Noi, CIVICUS, VIDS, SNV, UND
〈http://www.civicus.org/new/media/CSI_Vietnam_report%20.pdf〉

Norlund, Irene. 2007. *Filling the Gap: The Emerging Civil Society in Viet Nam*, Jan. 2007. Hanoi: VUSTA, SNV, and UNDP.

Party Civil Affairs Committee. 2004. *Report on review of 20 years of Renovating of the Party's exercise of leadership over government and society*, Ha Noi.

Phan Van Khai, 2005. a Speech at the conference on "Promoting the socialisation of education, healthcare, culture, physical training and sports activities." 26 July, Ha Noi. Thai Press 〈vnnews-I by Stephen Denny〉 29 July.

Rigby, T.H. 1990. *The Changing soviet System: Mono-organizational Socialism from Its Origins to Gorbachev's Restructuring.* Aldershot: Edward Elgar.

______. 1992. "The USSR: End of a Long, Dark Night?." In Robert F. Miller ed., *The Development of Civil Society in Communist Systems.*, Sydney: Allen and Unwin. pp.11~23.

Sidel, Mark. 1995. "The emergence of a non-profit sector and philanthropy in the Socialist Republic of Viet Nam." *In* Tadashi Yomamoto ed., 1995, *Emerging Civil Society in the Asia Pacific Community*, Singapore: ISEAS. pp.293~304.

Sidel, Mark and Thaveeporn Vasavakul. 2006. *Report to VUSTA on Law on Associations*, Ha Noi: VUSTA and UNDP.

Thayer, Carlyle A. 1992. "Political Reform in Vietnam: Doi Moi and the Emergence of Civil Society." *In* Robert F. Miller ed. *Development of Civil Society in Communist Systems.* North Sydney: Allen and Unwin. pp.110~29.

______. 1995. "Mono-Organizational Socialism and the State." *In* Benedict J. Tria Kerkvliet and Doug J. Porter ed. *Vietnam's Rural Transformation.* Boulder and Singapore: Westview Press and ISEAS. pp.39~64.

Thrift, Nigel and Dean Forbes. 1986. *The Price of War: Urbanization in*

Vietnam 1954~1985. London: Allen and Unwin.

Tran Thi Lanh. 1994. "The Role of Vietnamese NGOs in the Current Period." Paper presented at the Vietnam Update 1994 conference, Doi Moi, the State and Civil Society, 10-11 November, at Australian Nationall University.

Turley, William S. 1993. "Party, State and People: Political Structure and Economic Prospects." *In* William S. Turley and Mark Selden ed. *Reniventing Vietnamese Socialism*. Boulder: Westview. pp.257~276.

Vasavakul, Thaveeporn. 2003. "From Fence-Breaking to Networking: Interests, Popular Organizations, and Policy Influences in Post-Socialist Vietnam." *in* Ben. J Tria Kerkvliet, Russell H. K. Heng and David W. H. Koh eds., *Getting Organized in Vietnam: Moving in and around the Socialist State*. Singapore: ISEAS. pp.25~61.

Vasavakul, Thaveeporn and Nguyen Thai Van. 2006. *Collaborative Groups in Rural Viet Nam: a Background Paper*, Ha Noi.

Vasiljev, Ivo. 2003. "The Disabled and Their Organizations: The Emergence of New Paradigms." *in* Ben. J Tria Kerkvliet, Russell H. K. Heng and David W. H. Koh eds., *Getting Organized in Vietnam: Moving in and around the Socialist State*. Singapore: ISEAS. pp.126~152.

Viet Nam Development Report. 2004. *Governance: Joint Donor Report to the Viet Nam Consultative Group Meeting*. 1-2 December, Ha Noi.

VUFO-NGO Resource Centre. 2005. *INGO Directory* 2003~05. Ha Noi.

Wischermann, J erg and Nguyen Quang Vinh. 2003. "The Relationship between Civic and Governmental Organozations in Vietnam:

Selected Findings." *in* Ben. J Tria Kerkvliet, Russell H. K. Heng and David W. H. Koh eds., *Getting Organized in Vietnam: Moving in and around the Socialist State*. Singapore: ISEAS. pp.185~233.

Womack, Brantly. 1992. "Reform in Vietnam: Backwards toward the future." *Government and Opposition* 27(Spring). pp.177~189.

World Values Survey Viet Nam (WVS VN) 2001,

⟨http://www.democ.uci.edu/ democ/archive/vietnam.htm⟩

Chu Van Lam et al. 1992. *Hop Tac Hoa Nong Nghiep Viet Nam: Lich Su, Van De, Tien Vong,* [베트남의 농업 합작화: 역사, 문제 및 전망]. Hanoi: NXB Su That.

Nguyen Ngoc Giao. 1995. "Media va Xa hoi cong dan trong qua trinh doi moi o Vet Nam."[베트남의 도이머이 과정에서의 미디어와 공민사회], *Dien Dan* 37(January). pp.16~20.

Nguyen Ngoc Lam. 2005. "Mot so net khai quat to chuc, hoat dong cua to chuc phi chinh phu."[비정부기구의 조직과 활동에 관한 개관]. a Paper commissioned by VIDS to the CSI VN Study. Ha Noi.

Phan Dai Doan. 1994. "May Suy Nghi ve Xu Ly cac Thiet Che Chinh Tri Xa Hoi Nong Thon Hien Nay."[오늘날 농촌 사회와 정치기구의 관리에 관한 사고들], In *Kinh Nghiem To Chuc Quan Ly Nong.*[농촌 관리 조직의 경험], Hanoi: NXB Chinh Tri Quoc Gia. pp.42~72.

Vu Duy Phu, Dang Ngoc Dinh, Tran Chi Duc, Nguyen Vi Khai eds. 2007. *Xa hoi dan su: Mot so van de chon loc.*[민사사회(시민사회): 핵심 문제들]. Ha Noi: Nha xuat ban Tri thuc.

베트남의 시민 사회 조직들[*]

조직 및 집단	유형 또는 국가와의 관계	수준: 국가–지방	회원조직 및 회원
1. 인민대중조직(군중조직, Mass organisation)			
조국전선	사회–정치적	모든 수준	산하에 29개 조직
여성연맹	사회–정치적	모든 수준	1,200만 명
농민회	사회–정치적	모든 수준	800만 명
노동총연맹(VGCL)	사회–정치적	모든 수준	425만 명
호치민공산청년단	사회–정치적	모든 수준	510만 명
구전병회	사회–정치적	모든 수준	192만 명

조직 및 집단	유형 또는 국가와의 관계	수준: 국가–지방	회원조직 및 회원
2. 우산 조직(Umbrella Organisations)			
적십자 (Red Cross)	조국전선	모든 수준	– 485만 회원 – 350만 청년 및 파이오니어 – 14,800개 프엉/싸 조직 – 12,700개 학교와 1,900개 기관 및 기업에 조직
과학기술협회 VUSTA	조국전선	주로 도시, 일부는 농촌지역	– 중앙: 다양한 분야 57개 – 광역시/성: 37개 지방 조직, 540개 산하조직, 35만 회원 – 전국에 115만 회원
사업가협회	조국전선 산하의 상공회의소	주로 도시 소재	– 200개 협회 – 6,700 회원
예술인문인협회 VUAL	조국전선	주로 도시	– 10개 중앙 수준 협회 – 60개 성 수준 협회
노인회	조국전선	전국 모든 지방단위	– 640만 명
베트남우호친선협회 VUFO	조국전선	도시	– 산하에 47개 회원 조합
베트남 합작사 연대	조국전선	모든 수준 주로 농촌	– 30만 개 협동그룹 – 17,000개 합작사 – 총 1,050만 회원

3. 전문가 협회(Professional Associations, Science & Technology)			
전문가협회 professional and business organisations	정부부처, VUSTA 및 인민위원회	여러 다른 수준들	− 320개 전국규모 조직 − 2,150개 지방 협회 − 일부는 다른 분야와 중첩
학생회	−	도시들	− 연간 40만 명의 자원봉사자들 이 농촌활동
4. 베트남 비정부조직(VNGOs)			
VNGO 또는 이슈중심 조직	VUSTA, 정부부처, 성 인민위원회	도시 중심, 농촌에서 많이 활동	− 빈민, 장애인, 환자 지원 일부는 다른 분야와 중첩 − 322개 조직 (2000년, 하노이와 호치민시) − 200개 사회기금 − 800개 과학기술조직
5. 비공식 집단(Informal Groups)			
소규모 신용조합 대출 예금 집단	다양한 조직들; 여성연맹, 농민회, 외국지원금, 은행	농촌지역	− 약 10만개 신용조합 − 모든 종류의 신용기관에서 1,160만 명 대출자
기타 비공식 조직	미등록이지만 관계기 관이 파악하고 있음	전국의 지방수준	− 농업, 이웃조직, 무용, 운동, 축제, 기념일 조직 등 수없이 많음(자료 불명)
6. 신앙에 기초한 조직들(Faith-based organisations)			
종교 단체들	조국전선 일부는 미등록	모든 수준, 주로 성과 지방수준	− 불교: 700–900만 명 − 카톨릭: 600–800만 명 − Hoa Hao: 150만 명 − Cao Dai: 110만 명 − 개신교: 60만 명 − 무슬림: 9만 명
7. 국제 NGOs			
INGO through PACCOM	외국기금, 정부와 CSO의 후원		− 600개 이상의 INGO활동 − 150개가 사무소 개설

* 자료출처: Bui The Cuong 2005; Nguyen Minh Quang 2005; Nguyen Ngoc Lam 2005; Norlund 2007; VUFO-NGO Resource Center 2005, 2007; Wischermann and Nguyen Quang Vinh 2003; 기타 면접자료 참조 재정리.

태국에서의 시민적 저항과 국왕의 역할[*]

최석만[**]

Ⅰ. 서론

금년 8월 태국에서는 사상 처음으로 여성 총리가 탄생했다. 잉락 친나왓(44) 총리는 2006년 군부 쿠데타에 의해 축출된 탁신 전 총리의 동생이다. 독직 혐의를 받으며 해외에 망명하던 탁신은 대법원에서 2년의 실형을 선고받았었다. 탁신의 망명 이후 태국 정국은 국왕과 군부를 지지하는 노란 티셔츠 운동 단체와 탁신을 지지하는 붉은 티셔츠 운동 단체 사이에 유혈 충돌이 있어왔으며 한때 방콕 공항이 폐쇄되기도 하였다. 농민과 도시 빈곤층에 대한 포퓰리즘 정책을 실시하였던 탁신은 여전히 이들에게 인기가 높다. 탁신과 잉락의 푸어타이 당은 선거에서 재적의원 500명 가운데 296명을 당선시키며 다수당이 되었다. 정치 경력이 전혀 없는 잉락이 탁신의 후광으로 당선된 것은 자명한 사실이다. 이번 선거에서 잉락은 최저임금 40% 인상, 80만 초등학교 신입생에게 아이패드 지급, 농민을 겨냥한

* 이 논문은 2005년 정부(교육인적자원부)의 재원으로 한국학술진흥재단의 지원을 받아 수행된 연구임(KRF-2005-005-J11501).

** 전남대학교 사회학과 교수.

쌀값 인상 등 포퓰리즘 공약을 내세웠고 그 결과는 압승이었다.

탁신은 태국의 정치사에서 특이한 사람이고 시대의 새로운 흐름을 좇은 사람이기도 하다. 2001~2006년의 재임 동안 탁신은 철저히 포퓰리즘적인 정책을 펴서 인기를 누렸지만 부정 부패, 독직 등으로 점차 인기를 상실하였고, 특히 기존의 군부 세력과 보수층, 국왕을 추종하는 왕당파들의 격렬한 반대에 부딪쳤고 결국 군부 쿠데타로 실각하고 망명하였다.

부미볼 국왕은 지금까지 65년째 태국을 이끌고 있으며 그의 치세 동안 태국은 18번의 군부 쿠데타를 겪었다. 쿠데타는 거의 대부분 국왕에 대한 충성이라는 명분을 내세웠고 이에 대해 국왕은 가끔은 반대 의사를 우회적으로 표현하여 쿠데타를 좌절시키기도 하였지만 대개는 추인하였다. 국왕은 쿠데타로 실각한 정치인들이 망명하도록 허용하였으며 몇 년 후에 귀국하는 것도 허용하여 수많은 쿠데타에도 불구하고 태국에서는 전임자에 대한 정치 보복이 없는 나라가 되었으며 이것이 거꾸로 잦은 쿠데타의 원인이 되기도 하였다.

태국에서 부미볼 국왕은 살아있는 부처, 생불(生佛)로 모셔지며 각 가정에는 국왕의 초상이 걸려있고 아침 저녁으로 태국인들은 국왕의 사진에 예를 올린다. 국왕은 TV를 통해 불교의 가르침을 설법한다.

명목상으로 태국은 입헌 군주제이지만 국왕은 태국의 현실 정치에 정당성을 최종적으로 부여하는 존재이다. 국왕은 태국 정정의 안전판이라고 칭송되어왔다(Chanlett-Avery, 2009: 4). 그러나 지금까지 18번의 쿠데타, 그리고 부패한 정치인들이 사라지지 않고 재기하는 이러한 현상을 볼 때 태국 정치의 지형 전반에 대해, 그리고 특히 현대 민주주의에서 시민 사회의 성장에 대해 결과적으로 국왕이 끼친 부정적 역할에 대해서 재검토해 볼 필요가 있다.

Ⅱ. 태국 군주제의 특징

오늘날까지 군주제를 유지하고 있는 국가들 가운데 국민적 영향력을 발휘하고 존경을 받는 국가는 영국, 일본, 그리고 태국이다. 이들 국가의 군주는 물론 입헌군주제이며 공식적으로 정치와 무관하다. 이들이 국민적 존경과 사랑을 받는 이유는 이들 국가들이 전통 사회에서 근대 사회로 진입하는 데 매우 성공적이었기 때문이며 이 과정에서 군주가 중요한 기여를 했기 때문이다. 엘리자베스 여왕 이후 영국 사회는 군주와 의회와 시민사회가 균형을 이루며 사회 안정과 발전을 이룩하였다. 일본의 경우, 천황은 막부 시대 상징적인 존재였지만 명치유신이라는 근대사회로의 개혁 과정에서 천황이 중요한 명분을 제공하였었다. 태국에서도 19세기 말 몽쿠트(Monkut), 출라롱콘(Chulalongkorn) 등 유능하고 탁월한 왕들이 태국을 근대화의 반석 위에 올려놓았으며 그 결과 서구 열강 속에서 아시아에서 유일하게 식민지로 전락하지 않은 국가가 되었다.

흔히 태국에서 국왕은 영국에서보다 더 존경받으며 일본에서보다 더 실질적이라고 한다. 원래의 태국의 국왕은 가부장적이었다. 국왕은 가부장처럼 백성들의 행불행을 보살펴주고 친밀한 관계를 유지하고 호소를 들어주는 존재였다. 점차 불교가 전파되면서 국왕의 위상도 가부장을 넘어 불교의 덕목을 솔선수범하는 탐마라차(Dhammaraja)가 가미되었다. 탐마라차는 십법(十法), 즉 보시, 지계(持戒), 희생, 공정, 온화, 노력, 불노(不怒), 불해(不害), 인내, 불역(不逆) 열가지를 수행하는 왕이다(한국태국학회: 153). 국왕은 또한 사원 건축, 지원, 토지 하사 등의 불사(佛事)를 행하였다.

14세기의 아유타야 왕조에 와서는 탐마라차에 더하여 왕권의 신성이 가미된 테와라차(Devaraja) 개념이 가미되었다. 왕은 시바처럼 신 중의 한 명으로서 세속의 신이자 우주와 생명의 절대적 존재로 추앙되었다. 왕은 경외되었으나 그 결과 백성들로부터는 소원해지는 결과를 가져오기도 하였다(한국태국학회: 154).

태국의 국왕의 위상은 가부장, 탐마라차, 테와라차의 세 가지 위상이

혼합된 것이고 시대에 따라 어느 쪽이 더 강조되기도 하고 덜 강조되기도 하였다. 그러나 이것은 이념형(ideal type)으로서 실제로 국왕이 이처럼 절대적인 존재였는가 하는 것과는 다른 문제이다. 한국, 중국, 터키와 같은 절대 왕권을 지닌 가산제(Patrimonialism) 국가와 달리 태국은 절대 왕권이 상대적으로 약한 국가였다. 중앙을 벗어난 지방의 영주들의 권력은 "중앙으로부터 거의 독립적이거나 반독립적인 영주나 세습적인 관료들에게 분산되어 있었으며 왕의 군력은 이들의 자발적인 충성에 상당히 의존하고 있었던 부장제적 체제(Patrichalism)이다."(최석만·김두식·손장권: 44) 또한 가산제 국가에서는 장자 승계가 일반적인데 반해 태국에서는 왕족들의 회의가 다음 승계자를 결정한다. 이는 곧 암투, 내전과 같은 정정 불안으로 이어지곤 하였다.

왕권의 분산과 함께 사회 전반적으로 규율과 집단주의가 결여된 현상을 가리켜 흔히 태국을 '느슨하게 구조된 사회 체제(Loosely Structured Social System)' 라고 부르기도 한다(최석만·김두식·손장권: 44).

1932년에 서구화된 지식인과 군인들에 의해 쿠데타가 일어나 태국은 입헌군주제 국가가 되었고 국왕은 그 이후 태국의 정치와 사회의 변화와 거의 무관한 존재가 되었으나 1946년에 현재의 부미볼(Bhumibol) 국왕이 즉위한 이후 서서히 영향력을 넓혀와 지금은 태국 사회의 핵심적 존재로 다시 자리를 굳혔다. 국왕은 입헌군주로서 공식적으로 정치에 관여하지 않지만 국왕은 국가의 상징적 대표자이자 불교의 수호자이며 군부의 명목상의 최고사령관이며 태국민의 삶의 중심이다.

부미볼 국왕은 우선 불교의 발전, 사원 건축·수리, 승려들에 대한 지원, 불교 행사에 적극적이다. 국왕은 또한 소외된 지역에 대해 일찍부터 관심을 보여 1950년대 이후 지금까지 일 년의 반을 소외된 지역을 방문하는데 보내고 있다.

국왕은 또한 정부와는 별도로 1950년대부터 수자원, 관개, 토지, 농업, 연구, 보건, 위생, 교육, 고산족 등에 대해 독자적인 개발 계획을 실천하고 있다. 이러한 것을 가능하게 하는 것은 왕가가 갖고 있는 재정적 능력이다.

왕실은 태국 제 2위의 자산가이며 4위의 투자가이다(한국태국학회: 165).

물론 이러한 것은 국민을 보살피는 가부장의 역할, 그리고 불교적인 탐마라차의 이미지를 강화시키고 있다. 태국은 헌법에서 국왕을 지존의 존재이며 아무도 왕의 지위를 침해할 수 없으며 비난하거나 고소할 수 없다고 규정하고 있다. 국왕은 국가의 상징이자 태국 불교의 궁극적 수호자, 사회 질서의 궁극적 원천이다.

Ⅲ. 전통적 인간 관계와 정치 문화의 특성

여러 학자들이 지적하는 바와 같이 태국의 정치는 안정을 결여하고 있으며 시민적 저항도 적다. 태국은 민주주의가 헌법의 골격을 이루고 있다고는 하나 '유사 민주주의'(pseudo-democracy)라고 불릴 만큼 그 운용에 있어서 전통적이다.

다른 개발도상국과 달리 근대화 과정에서 태국은 급격한 사회 변화가 결여되었다. 즉 전통적 인간관계, 계급관계, 서열관계의 변화가 적었다. 대부분의 선진국과 제3세계 국가들은 '근대화로의 길'에서 왕정이 무너지고 전통적 지주층이 무너지고 상공인이 등장하고 시민계급이 사회변화를 주도하면서 민주주의로 나아가거나, 아니면 농민 또는 노동자가 사회 변화를 주도하면서 토지개혁, 국유화 등과 함께 사회주의로 나아갔다. 그러나 태국은 19세기 말 국왕들에 의해 근대화 과정이 성공을 이루었고 재빨리 국가역량을 결집함으로써 제3세계 국가 가운데서는 매우 드물게 식민지화되지 않았다.

그 결과 전통적 인간관계, 특히 나이(Nai)라고 불리는 보호자, 프라이(Prai)라고 불리는 피보호자 관계가 현재도 태국 사회의 지배적 인간관계를 형성하고 있다. 나이-프라이라는 의존적 인간관계는 전통 사회에서 소유권, 분쟁, 갈등, 기타 일상적 문제에 있어서 절대적인 요소로 존재하였다. 모든 사람은 나이-프라이의 연결망으로 타인과 연결되어 보호를 하거나 보호를 받는 관계에 속해 있었다.

나이-프라이라는 독특한 관계가 태국의 일상을 점한 데 대해서는 15세기 아유다야 왕조에서 시작된 서열 등급제, 삭디나(Sakdina) 제도에 그 연원을 두고 있으나 보다 중요한 이유는 태국은 특이하게 토지와 인구와의 비율에 있어서 토지가 상대적으로 풍부하고 인구는 상대적으로 희소했기 때문이다. 세계적으로 15세기에 이르면 "아메리카 대륙을 제외한 대부분의 아시아, 유럽은 인구에 비해 토지가 부족했기 때문에 토지를 매개로 인구를 통제하는 토지제도를 발전시켰던 데 반해, 태국은 인구가 토지보다 더 귀한 자원이었고 따라서 인구를 통제하는 것이 생산을 위해 절대적으로 필요한 요소였다(최석만·김두식·손장권: 44). .

이는 마치 러시아가 17세기 이후 남쪽으로는 흑해 연안으로, 동쪽으로는 우랄 산맥을 넘어 시베리아와 태평양까지 영토를 확장해가는 가운데 토지가 넓어지고 경작 인구는 상대적으로 희소한 자원이 됨에 따라 경작을 위해 주민을 통제하고 자유로운 이동을 막는 농노제를 발전시킨 것과 유사한 경우이다. 광대한 토지에 비해 경작 인구가 절대적으로 부족했던 러시아에서는 혹독한 농노제가 발전되었고 형편이 그보다는 나았던 태국은 덜 혹독한 나이-프라이 관계가 발전되었다고 할 수 있다.

아시아나 유럽에서 나타난 토지소유를 매개로 한 신분 관계가 태국에서는 존재하지 않았다. 재산을 상속하거나 소유권을 이전 할 때도 나이(Nai)는 프라이(Prai)의 허가를 받아야 사회적으로 인정된다. 이러한 의존적 관계는 오늘날에도 태국의 정당, 기업, 군부, 기타 인간관계의 주축을 이룬다. 그리고 이 인간관계망의 정점에는 국왕이 자리하고 있다.

태국의 정치 문화가 의존적이고 수동적인 원인은 전통과 불교에서 찾을 수도 있다. 태국에서의 교육은 "민주적인 개인을 길러내기보다는 부모, 승려, 관료, 스승 등의 연장자를 존경하고 그들에게 순종하고 의지하는 것을 가르치고 있다. 상위자는 하위자를 보호하고 생계를 보살펴 주고 반대로 하위자는 상위자에게 순종하고 봉사하는 것을 미덕으로 안다. 태국 사회에서 권력이나 재산이 있는 사람에게 의존하는 것은 당연한 일로 받아들여진다. 이것은 언어생활에도 나타나는데 사회가 지위가 중요한 사회이므로 다른 사람을 지칭할 때 이름보다는 사회적 지위를 지칭한다. 위계적 서열의 강조는 불교 교리에 의해서 정당화된다. 사람의 지위는 전생에서의 업으로 결정된 것이므로 현세에서의 서열은 필연적인 것이자 자연스러운 질서이다."(최석만·김두식·손장권: 48에서 재인용)

가부장적이고 신격화된 국왕의 통치와 정당화의 방식은 1932년의 무혈혁명과 입헌군주제로의 전환 이후에도 태국의 정치에 깊은 영향을 미치고 있다. 절대왕정은 무너졌지만 전통적 믿음은 쉽게 변하지 않았다. 국민들의 태도가 변하지 않은 만큼 정부와 지도자들도 변하지 않았으며 이들은 이를 이용하여 왔다. 정치 변화란 절대왕정이 군부 독재 내지 유사민주주의라는 다른 권위주의적 정권으로 바뀐 것에 지나지 않았으며 정부와 관료는 여전히 국민의 위에 존재하고 있다. 또한 국민들도 대부분은 과거처럼 정치적으로 무관심하며 정부의 명령에 수동적으로 복종하는 습관에서 벗어나지 못하고 있다. 태국 국민은 권력을 장악한 엘리트의 통치권과 정당성을 인정하는 경향이 있다. 그 이유는 권력을 장악한 사람은 방법과 사람을 불문하고 이미 신의 축복을 받은 사람이고 그렇게 되도록 운명지어진 사람이라고 믿기 때문이다. 누구든 최고의 지위에 오르면 그가 누구이건, 어떤 방법으로 권력을 장악하였건, 또 어떻게 그의 지배를 정화화하건 그의 위치는 자동적으로 인정받는 셈이다. 설사 지도자가 권력을 남용하더라도 반대에 부딪히는 일이 별로 없고 그렇기 때문에 또한 지도자는 쉽게 타락하고 부패한다. 그러나 일반인들은 정치에 관심이 없다. 정치관 왕족, 귀족, 관료, 군부 등의 엘리트들이나 하는 것으로 생각하고 있다(최석만·김두식·손장권: 96~97).

정치적 무관심은 곧 군부의 정치 관여로 이어진다. 군부는 스스로를 국가의 수호자 부정부패의 척결자로 자처한다. 태국의 리킷 티라웨킨 교수가 "기본적으로 태국인의 정서에는 군부통치에 대한 저항감이 별로 없다"고 지적하며, "국민 대중도 누가 정권을 잡든지 또 군부가 정치에 개입을 하든지 크게 생활에 불편을 느끼지 않는다"고 말했듯이 태국 국민은 그동안 피동적이고 소극적이며 정치적 무관심 상태에 있어왔다. 따라서 일반 대중의 정치의식의 부재, 강력한 시민단체의 부재라는 정치 풍토를 가져왔으며, 그 결과 군부 쿠데타만이 정권 교체의 유일한 수단이라는 정치적 유산을 남겨주었다고 해도 과언이 아니라 할 수 있다.(차상호: 191~192)

불교는 평화를 사랑하고 폭력을 사용하지 말라고 가르친다. 태국에서의 정치 변화는 폭력을 수반하는 경우가 드물다. 대부분 비폭력적으로 해결된다. 군부의 쿠데타도 무력충돌로까지 발전한 적이 드물다. 정치적 약자는 순순히 강자에게 권력을 양도한다. 대개 망명길에 오른다. 2006년 탁신이 20억 달러에 달하는 독직을 저지르자 군부가 쿠데타를 일으켰고 탁신은 외국으로 망명하였다. 군인들은 총에 국왕을 상징하는 노란 리본을 달았고 시민들 또한 노란 깃발과 티셔츠로 이에 호응하였다. 그것으로 사건은 종식되었다.

IV. 국왕과 정치

국왕은 태국 사회의 특징인 의존적 인간관계의 정점이다. 국왕은 보호자 – 피보호자의 관계망에서 최고의 보호자이다. 이런 점에서 국왕은 전근대적 인간관계가 지속되고 비민주적인 관행이 유지되는 데 일조를 하고 있는 셈이다. 국왕은 실권을 가진 통치자는 아니지만 국가를 대표하고 전통을 수호하며 정치적 갈등의 궁극적 조정자이다. 또한 사회적으로 소외되고 낙오된 자들을 돌보는 자비로운 존재로서 국민들은 부처에 못지않게 숭배하고 있다. 또한 태국의 가장 중요한 문화재들을 소유하고 보호하고 있으며 주기적으로 문화재를 국민들에게 공개하고 있다. TV에 출연하고 부처, 삶 등에 대해 국민들에게 강연을 하기도 한다. 국왕은 국민의 일상생활 속에 깊숙이 그리고 실질적으로 존재하는 존재이다(최석만·김두식·손장권: 103).

61년이라는 기록적인 재위 기간 동안 부미볼 국왕은 태국 사회에 안정을 가져왔고 불교 실천, 빈민 구제, 농민 사랑, 복지 기관 설립 등의 활동으로 국민적 존경을 받았으며 세계적으로도 그 리더십은 칭송의 대상이 되었다(김홍구, 1997; 이동윤, 2003).

국왕은 입헌군주로서 정치에 관여하지 않는다. 그러나 국왕은 중요한 정치 변화가 있을 때 자기 의사를 간접적으로 표현함으로써 정치에 영향을 미친다. 부미볼 국왕의 재위 기간에 태국에서는 18회의 군부 쿠데타가 일어나 정치적 안정성이 매우 낮다. 국왕은 물론 쿠데타를 일으키거나 조정하거나 의견을 표명하지 않으나 때에 따라 간접적으로 그의 의사를 표현하는 경우 이것이 쿠데타의 성공을 가르는 중요한 요인이 되어왔다.

가장 극적인 사건은 1981년 당시 수상이던 프렘(Prem)을 몰아내고 군부가 쿠데타를 일으켰을 때이다. 프렘은 군부에 연금되었고 정부 주요 기관도 군부가 장악하였다. 프렘이 마지막 수단으로 국왕에게 특별 면회를 신청하자 국왕이 이를 허락하였다. 국왕과의 면회를 위해 군부는 프렘을 풀어줄 수밖에 없었고 국왕은 프렘과 함께 지방을 시찰하였다. 이 사이에 쿠데타는 저절로 와해되고 말았다. 국왕이 자기가 누구를 지지하는지를 군부와 국민들에게 간접적으로 알림으로서 쿠데타가 실패하는 데 결정적 역할을 한 것이다.

18번의 쿠데타에서 국왕이 간접적이나마 자기 의사를 밝혀 흐름을 바꾼 경우는 몇 번에 불과하다. 국왕은 대개 침묵하는 편이었으나 그 결과는 사후 인정이 되었다.

2006년 태국이 탁신의 부패 사건으로 시끄러웠을 때 부미볼 국왕은 "국왕은 신성하며 악의 세력은 결국 스스로 패배할 것이다"고 했고(김홍구, 2007: 210) "세계 최악의 위기(worst crisis in the world)"라고 말해 군부의 쿠데타를 유도하는 사회적 분위기를 만들어 냈고 이어서 9월에 쿠데타가 일어났으며 유엔의 회의에 참석하고 있던 탁신은 그대로 해외에서 망명하고 정부는 전복되었다. 당시 방콕 시민의 82%, 기타 지역 86%가 쿠데타를 지지하였다고 한다(Kitiarsa: 1).

19세기 이후 국왕 곁에는 자문 기구인 추밀원(Privy Council)이 있어왔고 2006년의 쿠데타 이후 과도정부를 이끌 수상으로 지명된 사람도 바로 추밀원 위원 수라유드 출라논트(Surayud Chulanont) 장군이었다 (Handley, 2008). 국왕 주변의 인물들로 구성된 네트워크는 본질적으로 보수적이지만 군부 독재가 심화될 때는 자유주의를 띠기도 한다. 그래서 결과적으로 국왕은 사회 세력간 균형(equilibrium)을 이루게 만든다.

현실 정치로부터 일정 정도 유리된 입장을 취함으로써 왕정은 오히려 어떤 형태의 정권이건 그 정권에 정신적 정당성을 부여하고 있다. 비록 군부 독재 정권이라 할지라도 거기에 대항하는 것은 국가와 불교, 그리고 국왕의 신성성을 침해하는 것으로 비쳐지며 사회적으로 '점잖지 못한 행동'으로 여겨지고 있다. 앞서 지적한 바와 같이, 잘못된 제도를 사회적 운동으로 고치기보다는 보호자를 통해 자신의 문제를 해결하는 것이 태국의 관습이다.

국왕이 상징하는 불교, 국가, 평화주의, 인간주의, 관계주의는 정부에 대한 전면적 투쟁을 어렵게 한다. 1970년대 수천 명의 모택동주의 (Maoist) 게릴라들이 정부에 대항하여 밀림에서 투쟁한 적이 있으나 정부가 과거 전력을 전혀 묻지 않는다는 불교적인 대사면령을 내리자 밀림에서 나와 투항함으로써 무산되었으며 이런 투쟁의 역사도 이후의 태국의 정치 과정에 거의 아무런 족적을 남기지 못하였다.

2006년의 쿠데타도 태국 사회에 잠재한 국왕의 역할이 잘 나타난다. 쿠데타의 원인은 탁신 총리가 지난 1월 자신의 기업 지분을 매각하여 19억 달러를 챙긴 뒤 세금을 하나도 내지 않았고 그 부도덕성이 언론에 폭로되었기 때문이다.

쿠데타가 국왕과 시민의 승인과 환영 속에 성공한 뒤 태국 군부는 행정과 입법을 장악하여 혼란을 수습하였지만 결국 민주주의의 후퇴를 가져왔다. 그러나 과도정부는 "정국 긴장 해소를 위해 탁신 전 총리와 협상할 의향이 있다"고 했으며 "탁신이 귀국을 원한다면 정부가 안전을 보장하겠으며, 귀국 시기도 탁신 자신의 결정에 맡기겠다"고 말했다.

국왕이 사회 갈등을 평화적으로 해결하라고 하는 것은 독재와 부정 부패와 비민주주의를 온존시키는 결과를 가져온다. 국왕은 사회 안정을 가져오는 기둥이지만 부패와 부조리를 온존시키는 최상위 고리이다. 비록 자비로운 불심과 선심으로 국가를 위해 헌신했지만 결과적으로 국왕은 전통적인 비합리주의와 비민주적 사회질서를 온존시키는 잠재적 기능(latent function)을 해왔다고 할 수 있다.

V. 국왕과 시민 사회

20세기 이후 현재까지 태국의 정치는 민주 정부 –〉 군부 독재 –〉 민주 정부 –〉 군부 독재의 악순환의 연속이었다. 그러나 민주 정부라고 하여도 순수 민간인이라기 보다는 군부 출신 정치인인 경우가 많았고 최근의 탁신 정부를 포함하여 민주 정부 시대에도 언론과 시민사회운동은 탄압받는 경우가 많았다(김홍구, 2007: 196)

태국 사회에서 근대적이고 민주적인 시민적 저항이 적고 시민 단체의 활동이 적은 것은 이상과 같은 전통, 정치 문화, 예속적 인간 관계 결과다. 태국에서는 선거 때마다 정당이 난립한다. 대개 30개 이상의 정당이 활동을 하고 20개 정도가 의회에 진출한다. 대중의 지지에 확고한 뿌리를 둔 '마음 속의' 지도자나 정당이 없다. 사회계층의 분화가 약해 계층별, 집단별 이념이 발전하지 못하고 있다.

90년대 이후 태국 사회는 내적으로 다양해지고 있고 시민사회들도 조금씩 '아래로부터의 압력'을 행사하고 있다. 최근에는 노동단체의 파업도 일어나고 있다. 그러나 2006년의 쿠데타에서 보듯이 군부는 여전히 '위로부터의 압력'을 행사하는 더 강력한 집단이며 국왕의 암묵적 인정을 받고 있다. 흔히 태국에서 "국왕의 그림자는 민주사회제도 전체보다 크다" (Handley: 429)고 한다.

태국의 시민 사회는 '민주 세력'과 '비민주 세력'으로 양분되어 있지 않다. 전술한 바와 같이 정치에 무관심하며 민주주의보다는 국가를 우선 시하는 경향이 있으며 여기에서 국가는 단순한 정치제도를 넘어 국왕, 불교와 역사와 전통을 포함하는 모든 것이다. 따라서 국왕은 정치권력을 넘어 도덕적이고 불교적인 권위를 지닌 궁극의 지도자이다. 태국의 정치 변동은 민주 대 비민주가 아니라 '깨끗한 정치' 대 '타락한 정치' 사이를 왕복 운동한다. 쿠데타는 흔히 타락한 정치를 깨끗이 정화하는 사건 내지 의식으로 받아들여지며 여기에서 정당성의 최고의 상징은 역시 국왕이다(Winichakul, 2008). 그래서 태국에는 서구적 자유주의를 옹호한다고 하면서 왕의 정치 개입을 당연시하는 '왕정 자유주의자(Royal Liberalist)'들과 군부의 개입을 지지하는 '탱크 자유주의자(Tank Liberalist)' 들이 있으며(Connors, 2008) 시민 단체도 쿠데타를 '민주주의의 적' 으로 보는 사람과 '태국적 문제 해결 방식' 이라고 옹호하는 사람으로 나뉘어진다.

민주주의의 구체적 두 지표, 정치적 권리(political rights)와 시민적 자유(Civil Liberties)라는 면에서 태국의 시민 사회는 선진국의 기준에 현저히 미치지 못하고 있다. 그 원인은 단순히 제도나 법에 있는 것이 아니라 전통 사회에서의 부장제적(patriarchal) 지배 체제, 불교라는 순응과 자비의 종교, 이성적 문제 해결 방식으로서의 현실 정치 체제와 종교적 순수성의 혼재, 국왕의 초월적 권위, 오래된 보호자—피보호자의 인간 관계, 관료제의 독립성 결여, 군부와 화교의 오래된 정경 유착 등의 결과이다. 한국이 유불선의 동양 사상 가운데 현세적인 유교에 치중함으로써 현대의 민주주의와 자본주의를 재빨리 받아들일 수 있었던 데 비해(최석만, 2007), 태국은 극히 내세적인 불교에 치중함으로써 현실과 불교적 순수성이 제대로 접합되고 있지 못하고 있다.

민주주의의 또 하나의 지표, 여성 평등이라는 차원에서 보자면 태국에서의 여성의 지위는 정치적으로는 말할 필요도 없고 경제 활동, 직업, 가사 노동에서 종속적인 지위에서 벗어나지 못하고 있다(서경교, 2011; 황규희, 2007)

태국에서 시민의 구매력 증가가 민주화에 긍정적으로 작용한다는 경험적 연구도 있지만(최경희, 2006) 경제 발전과 중산층의 성장이 민주화를 장기적으로 이끈다는 정치사회학의 오래된 상식이다. 2001년부터 2006년까지 이루어졌던 탁신의 대중주의적 정치 노선도 그간의 태국의 경제 성장 위에서 가능한 것이었다. 즉 대중은 전통적 인간관계 보호망을 넘어 자기들의 이익을 객관적으로 보장해줄 지도자를 찾고 있었다고 말할 수도 있다. 1992년, 2001년, 2005년의 정치 변동기에 국왕은 정치에 상당히 적극적으로 개입하였는데 이것을 왕정이 태국 사회에서 약화되어가는 추세라고 해석하는 사람도 있다(McCargo, 2005). 또한 탁신을 현대적 대중주의와 자본주의를 적극 도입한 인물이라고 재평가하기도 한다(장준영, 2006).

탁신이 축출된 지 5년 후, 그 여동생 잉락이 다수당을 차지하며 총리로 취임한 것은 태국의 대중이 예전과는 다르게 보다 더 많은 정치적 권리와 시민적 자유, 그리고 복지를 원하고 있다는 증거라고 볼 수 있다.

| 참고 문헌 |

김홍구. 1996. "태국불교와 정치적 정통성." 『동남아시아 연구』4. pp. 57~92.

______ . 1998. "입헌군주제하에서의 태국국왕의 카리스마와 정치적 역할: 푸미
폰 국왕을 중심으로." 『국제·지역연구』7(1). pp. 89~122.

______ ·윤진표. 2000. "태국과 인도네시아의 시민사회운동 비교." 『2000년도
한국정치학회 추계학술대회』(자료집).

______ . 2003. "태국의 사회구조 변화와 정치변동." 『동남아시아연구』13권 2호.

______ . 2006. "쿠테타의 나라 오명을 쓴 태국." 『월간 말』. 11월호(통권 245호).
p.192~197.

______ . 2007. "태국의 선거와 정치 구조의 변화." 동아연구. 52. pp. 175~217.

박은홍. 2001. "태국의 민주주의와 인권." 『민주주의와 인권』1(2). pp. 47~291.

서경교. 1994. "태국군부의 정치개입 원인에 관한 고찰." 『동남아시아 연구』3.
pp. 127~148.

______ . 1997. "태국과 필리핀의 민주화 비교연구." 『국제정치논총』36(3). pp.
355~381.

______ . 2011. "태국 민주주의의 위기 상황: 분석과 평가." 『한국태국학회논총』.
17~1. 67~100.

______ . 2011. "태국 여성 지위의 이중성: 불평등의 현실과 미래의 평등." 『한국
태국학회논총』. 17~2. 45~75.

손장권·최석만. 1997. "태국의 발전: 위로부터의 개혁의 공과." 『비교사회』 1.
pp. 270~295.

윤진표. 1995. "태국의 정치리더쉽과 민주화 동향." 『신아세아』2(1). pp. 29~37.

______ . 2002. "태국의 시민사회운동과 민주주의 발전." 『한국동북아논총』22.
pp. 197~218.

이동윤. 2002. "태국의 국가-시민사회 관계와 민주화과정:1973년과 1992년의
민주화과정 비교." 『동아연구』제43집.

______ . 2003. "선거제도의 변화와 민주화 이후 선거개혁: 필리핀, 태국, 인도네

시아의 사례.”『국제·지역연구』2(1). pp. 67~90.

______ . 2003. “태국의 정당정치와 민주주의: 변화와 지속성.”『한국정치학회보』제37집 3호.

______ . 2004. “태국 국왕의 정치적 리더십: 푸미폰 국왕을 중심으로.”『아세아연구』47(1). pp. 179~216.

______ . 2006. “민주화 이후 태국의 선거와 지역주의.”『한국정치학회보』40(5). pp. 323~346.

______ . 2007. “민주주의 공고화와 퇴보 사이에서: 태국의 탁씬 정부와 민주주의 논쟁.”『국제정치논총』47(2). pp. 173~196.

이병도. 2000. “태국의 정치문화와 정당정치.”『동남아 연구』9. pp. 243~280.

______ . 2002. “태국의 선거제도와 정당체계.”『동남아시아 연구』12(1). pp. 45~79.

장준영. 2006. “탁신 태국 총리의 리더쉽: 기원의 양면성.”『국제지역정보』. vol. 151. pp. 24~25.

정상화. 2001. “동남아시아 선거의 정치경제: 말레이시아, 태국, 필리핀 및 인도네시아.”『세계지역연구논총』17. pp. 143~163.

조흥국. 2005. “근대화와 민족주의와 민주주의: 19세기 말 이후 태국 왕권의 지속성과 변화.”『역사와 경제』57. pp. 217~247.

차상호. 1994. “태국의 1992년 5월 민주화 사태와 정치현실.”『동남아 연구』3. pp. 151~177.

______ . 2003.『태국 현대민주정치론』. 한국외국어대학교 출판부.

최경희. 2006. “인도네시아, 말레이시아, 필리핀, 태국의 정치 체제 민주성 결정 요인에 관한 경험 분석.”『동남아시아 연구』. 16권 2호. pp.67~114.

최석만·김두식·손장권. 1993.『태국의 사회변동과 경제발전』. 집문당.

최석만. 2007. “회고와 전망: 동양을 넘어 서양을 넘어.”『동양사회사상』. 16. 5~13.

한국태국학회. 2005.『태국의 이해』. 한국외국어대학교 출판부.

황규의. 2007. “태국의 여성 단체와 정치 참여.”『한국태국학회논총』. 17.

73~104.

Aaron Stern. 2007. "The Linitations on Democratization in Thailand through the Lens of the 2006 Military Coup." *Taiwan Journal of Democracy.* 3券 1期.

Baker, Chris. 2004. *Thaksin: The Business Of Politics In Thailand.* Silkworm Books.

Chaloemtiarana, Thak. 2006. *Thailand: The Politics of Despotic Paternalism.* Cornell University.

Chanlett-Avery Emma. 2009. "Political Turmoil in Thailand and U.S. Interests." *CRS Report for Congress.*

Connors, Michael K. "Article of Faith: The Failure of Royal Liberalism in Thailand." *Journal of Contemporary Asia.* Vol. 38, No. 1, February 2008, pp. 143~165.

Daniel King & Jim LoGerfo. 1996. "Thailand: Toward Democratic Stability." Jounal of Democracy. 7.1.

Handley, Paul M. 2006. *The King Never Smiles: A Biography of Thailand's Bhumibol Adulyadej,* Yale University.

Handley, Paul M. 2008. "Princes, Politicians, Bureaucrats, Generals: The Evolution of the Privy Council under the Constitutional Monarchy." *A paper for the 10th International Conference on Thai Studies,* Thammasat University, Bangkok, January 9~11, 2008.

Yoon, Jinpyo. 2007. "Institutional Comparison of the State Structure in Indonesia, Thailand and Vietnam." 『한국태국학회논총』14. 105~137.

Kitiarsa, Pattana. 2006. "In Defense of the Thai-Style Democracy." *Asia Research Institute,* National University of Singapore.

McCargo, Duncan. "Network monarchy and legitimacy crises in Thailand." *The Pacific Review,* Vol. 18 No. 4 December 2005:

499~519.

Phongpaichit, Pasuk. and Baker, Chris. 2002. *Thailand: Economy and Politics*, Oxford University Press.

Stevenson, William. 2001. *The Revulutionary King: The True-life Sequel to the King and I*, Robinson, London.

Pasuk Phongpaichit and Chris Baker. 2001. "Thailand: Human Rights as People Politics." *Article for NIASnytt, newsletter of the Nordic Institue of Asian Studies*, Copenhagen, Denmark, February.

William A. Callahan. 2005. "Social Capital and Corruption: Vote Buying and the Politics of Reform in Thailand." *Perspectives on Politics* 3. Cambridge Univ. Press.

Winichakul, Thongchai. 2008. "Toppling Democracy." *Journal of Contemporary Asia*. Vol. 38, No. 1, February 2008, pp. 11~37.

일본 시민사회 성장과 공공성 재편 논의[*]

민현정[**]

Ⅰ. 들어가며

본격적인 행정개혁과 분권정책 그리고 특정비영리활동촉진법과 같은 제도적 기반이 맞물리면서 일본사회는 정부와 민간영역의 상호연대 및 협동이 활성화되고 있다. 이러한 변화는 다양한 영역에 영향을 미치고 있고 그에 따라 정부와 시장, 시민사회의 역할과 기대 또한 재정립되고 있다.

정부와 시민사회의 변화에 대한 다양한 해석이 이루어지면서 그 중심에 '공공성'이란 주제가 주목받고 있는데, 사회·문화적 특수성과 역사성을 반영하여 '일본적 공공성'을 규명하는 동시에 이를 통해 사회문제해결과 정책방향을 모색하려는 노력이 가시화되면서 공공성 논의는 중요한 의미를 갖게 되었다.

1990년대 후반부터 행정개혁과 지방분권을 배경으로 공공성 논의가 확

* 이 논문은 2008년 정부(교육과학기술부)의 재원으로 한국연구재단의 지원을 받아 수행된 연구임 (KRF-2008-005-J01402). 『민주주의와 인권』 제9권 2호(2009년)에 게재된 논문을 재록함.
** 광주발전연구원 부연구위원.

산되었고, 이들의 전체적 경향을 나눠보면, 사회적으로 공유할 수 있는 일정한 개념틀을 정립하려는 입장과 일본적 특수성을 반영한 공공성과 시민사회에 대한 논의의 입장, 신자유주의적 개혁과 함께 공공성의 주체와 수준의 재편에 관한 논의, 중앙·지방차원에서 민간과의 연대와 협동을 위한 정책적 논의로 요약해 볼 수 있다.

이 연구는 근대화 이후 일본 시민사회 성장과정에서의 공공성에 대한 분석을 통해 시민사회 성장배경과 전개과정, 그리고 사회적 특수성을 이해하는데 목적을 둔다. 그리고 신자유주의적 개혁의 시도와 공공성 재편 논의 속에서 '새로운 공공'과 '공공 공간'이 갖는 의미와 내용, 지향점을 분석함으로써 최근의 전반적 지형을 파악하는데 또 다른 목적을 둔다. 이러한 접근을 통해 일본 시민사회에 대한 보다 깊이 있는 이해와 '시민적 공공성'의 가능성을 도출할 수 있을 것으로 기대된다.

이 글은 주로 문헌연구에 의존하면서 일본의 공공성 변용과 시민사회 성장의 상호관계를 바탕으로 이들이 일본적 특수성이란 맥락에서 어떠한 형태로 변화되어 왔는가와 행정과 지역사회에 있어서의 '공공성' 논의와 패러다임 변화에 주목하고 있다. 근대국가의 성립이후부터 현재까지를 시간적 범위로 두고 '공공'과 시민사회의 변화를 해석하고, '새로운 공공'이라는 협동과 연대의 가치와 커뮤니티 형성을 통한 '공공 공간'의 구축이 어떻게 실천되고 있는가를 살펴보고자 한다.

이를 통해 '시민적 공공성'과 '대중형 내셔널리즘'이라는 상반된 공공성 논의가 어떻게 구체화되고 있고, 이 가운데 시민적 공공성의 가능성이라 해석되는 주민운동(시민운동)의 사례 분석과 같은 지속적 연구의 방향성을 찾을 수 있을 것이다.

Ⅱ. 공공성 논의의 다양한 시각

1. 공공성의 개념과 논의의 필요성

1) 개념적 접근–공공성이란 무엇인가?

공공성이 인간의 사회적 삶으로부터 탄생한 것이라고 본다면, 공공성은 태생적으로 당위성, 규제성, 강제성을 포함한 개념이라 할 수 있다. 그리고 공공성이 시대의 변화에 따라 그 크기나 특성이 변화한다고 본다면, 각 국가의 역사적·사회문화적 전통에 따라 그것의 의미는 달라진다(백완기, 2008: 17~18).

공공성 논의의 필요성은 공공성의 사회적 의미와 우리시대에 적합한 공공성의 정립, 그리고 사회갈등을 해결하고 미래의 정책방향을 설정하는 데 핵심적인 과제라는 점에서 찾을 수 있다. 따라서 공공성의 개념을 정의하는 일은 논의의 출발점인 동시에 전체적인 방향설정에 중요한 작업이라 할 수 있다. 이런 맥락에서 공공성의 개념을 전체적으로 조망하고, 이를 통해 우리사회가 공유할 수 있는 일정한 개념적 틀을 정립할 필요가 있다.

공공성에 대한 개념적 접근에 있어 가장 어려운 문제는 개념적 다의성과 상충성이라 할 수 있다. 대개의 정의들이 일상적 용례들을 나열하는 식의 접근으로 체계적이지 못하고, 중복되거나 누락되는 문제가 있다는 지적도 많다. 따라서 공공성 개념에 대한 체계적인 접근을 시도하고 있는 몇 개의 논의들을 정리하여 일정부분 공유된 개념적 틀을 정리하고자 한다.

현대사상의 영역에서 "공공적인 것"에 의미를 분명히 정의한 사상가인 한나 아렌트(Hannah Arendt)는 1952년 출판된 『인간의 조건』에서 공공적인 것을 두 가지 의미에서 정의하고 있다. "만인에게 보여지고, 열려 있고, 가능한 한 광범위하게 공시되어 있는 현상(現り)"이라는 의미와 "우리 모두에게 공통된 세계"라는 의미로 정의했는데, 여기서 만인과 우리라는 단어를 동질적이고 획일화된 의미가 아닌 독자성을 가진 다종다양한 사람들의 구성체라는 의미로 사용하고 있다는 점에 유의해야 한다.[1]

다음으로 독일의 헌법학자 루돌프 스멘트(Rudolf Smend)는 ① 공공연합, ② 공개적 토론·공개 절차에서 진리·결백 및 정의가 획득된다는 의미, ③ 자체 목적으로 고양된 의미, ④ 집단적 생활영역의 주체, 즉 인민을 의미, ⑤ 현대국가의 가장 고유한 과제의 본질이라는 다섯 가지 의미 요소를 언급하고 있다.

하케(Haque, 2001)는 공공서비스의 공공성을 판별하는 기준으로 ① 전통적인 공사구분에 적용되어왔던 각종 기준들, 즉 불편부당성, 개방성, 평등성과 대표성, 독점성과 복잡성 등의 정도, ② 서비스 수혜자의 구성, ③ 소유권의 형태나 시민들의 참여권한의 정도, ④ 사회적 영향이나 외부효과의 크기, ⑤ 공적 책임성이나 공공통제성, ⑥ 공적 신뢰성 이라는 여섯 가지 요소를 들고 있다.

알프레드 링캔(Alfred Rinken)은 공공성의 의미 요소를 보다 명확하게 정리할 필요성을 주장하면서 공공성의 다양한 의미요소를 크게 인민, 공공복리, 공개성이라는 3요소로 정리하고 있다.

한편 공공성에 관한 국내 연구에서 나병헌(2002; 2004)은 국가관련성, 공동체관련성, 공개성, 공익성을, 소영진(2003)은 전체 또는 다수에 관한 일, 권위, 정부, 전유불가능성, 이타성 또는 공익성을, 백완기(2007)는 정부관련성, 정치성, 공개성, 공익, 공유, 공정, 인권 등의 의미요소를 제시하고 있다. 최근의 연구에서는 다수의 사회 구성원에 미치는 영향, 만인의 필수 생활조건, 공동의 관심사, 만인에게 드러남, 세대를 넘어서는 영속성 등의 의미요소가 포함되어 있다는 주장도 제기되고 있고(신진욱, 2007: 31), 공중의 시선에 대한 개방성, 의사결정과정의 민주성, 기본적 재화와 서비스에 대한 모든 사회구성원의 평등한 접근성, 비시장적 원리에 따른 자원배분의 강화, 국민적 자산과 사회경제적 의제에 대한 국민적 통제라는 함

---

1) 아렌트의 공공성에 대한 정의는 현재도 공공성의 창출을 자기와 타자의 커뮤니케이션이라는 시점에서 근본적으로 생각해야 한다는 언제를 우리에게 주고 있다.

의를 가지고 있다는 설명도 있다(신정완, 2007: 41).

이러한 개념적 논의들은 대체로 공공성이 무엇인지를 말하기 보다는 무엇과 관련이 있는지, 혹은 공공성을 실현하기 위한 방법이나 절차를 의미하는 측면이 강한 형식적 정의에 포함되거나, 공익, 평등과 정의, 권위와 신뢰와 같이 공공성이 무엇을 지칭하는지를 말하는 실질적 정의로 구성되어 있다.

공공성이라는 개념이 시대와 상황, 사용자 등에 따라 그 의미가 변해왔지만 '사적 욕구를 초월하는 이성의 속성'을 의미한다는 점은 공통적으로 발견할 수 있으며, 공공성의 실질적 정의 중 평등과 정의가 가장 중요한 내용이고, 이를 실현하는 장치로서 민주적 절차가 반드시 필요하다는 점은 공유될 수 있다.

2) 공공성 논의의 필요성

다의적이면서 요소들간의 상충성을 안고 있는 공공성 개념의 재정립과 우리 사회와 시대에 적합한 공공성에 대한 논의가 본격화될 필요가 있다.

공공성 논의에 대한 부정적인 시각도 있다. 그 개념의 모호성, 전체주의나 사회주의 성향을 띠고 있어 자유주의나 개인주의에 대립되고 정치나 정부와 같은 개념이라는 주장(David Mattews, 1984; 120~125)이나 사적 선택의 극대화를 보장하는 사회가 최상의 사회라는 주장(Alan Wolf, 1997; 188~190) 등이 그것이다. 그러나 이러한 부정적인 시각이 아이러니하게도 공공성 논의의 필요성을 환기시키는 측면도 있다. 반대로 공공성에 대한 긍정적 시각에서는 공공성의 역할이나 신자유주의 한계의 극복에서 공공성의 존재이유와 기능을 찾기도 한다.

최근 신자유주의적 개혁이 공공부문이 담보해왔던 공공성이라는 가치를 훼손시키고, 시장 메커니즘으로는 보장하기 어려운 공공성을 지키기 위한 책무를 공공부문이 져야 한다는 논의와 반대로 이것이 공공부문의 방만한 운영과 무분별한 팽창, 예산의 비효율적 배분 등으로 국민 부담이 늘어나고 경제전반에 악영향을 미침으로써 궁극적으로 공익을 해치는 결과를 초래할 것이라는 행정개혁 지지자들의 주장이 대립하는 상황도 보다 명확한 공유된 해석을 위한 논의의 필요성을 공감하게 한다.

여기서 분명한 것은 사적 욕구의 자유로운 추구를 이상으로 하는 신자유주의가 공공성과 대립각을 이룬다는 점이지만, 어느 한쪽이 반드시 옳다는 입장보다는 양자가 보다 넓은 공익이라는 관점에서 적절히 조화되어야 한다는 접근이 바람직하다 생각된다.

공공성에 대한 논쟁은 현실에서는 권력투쟁의 양상을 보이는데, 정부와 시장, 시민사회 상호간에 누가 더 많은 권력을 가질 것인가에 대한 문제로 이어지기 때문이다. 역사적 흐름 속에서 공공성의 담지자는 사회적 환경에 따라 시장에서 국가로, 다시 시민사회로 변화되어 왔음을 감안할 때, 중요한 것은 "누가"라기 보다는 "무엇을 위한 권력인가"에 논의의 본질이 있어야 할 것이다.

이렇듯 공공성을 둘러싼 논의대상은 다양하게 확장될 수 있으며, 이들은 그 사회를 이해하고 실천적 방향을 제시하는데 중요한 화두가 될 수 있다(소영진, 2008: 63).

2. 일본의 공공성 논의와 연구

1) 논의의 확산과 배경

일본 사회에서 공공성에 대한 논의가 확산되기 시작한 것은 90년대 후반에 들어서부터이다. 공공성에 대한 논의가 주목받기 시작한 이유를 몇 가지 근거로 요약해 보면 다음과 같다.

최근 수년간 일본에서는 「おかみ公」과는 다른 의미에서의 「공공성」을 학문적으로 해명하지 않으면 안된다는 생각이 확산되었다. 공공성이라는 것은 무엇보다도 국가나 정부가 주체가 되어 실현시켜야 한다는 막연한 이미지를 가지고 있었으나 최근 NPO나 NGO와 같은 새로운 공공성의 주체가 급속히 대두되고 있고, 이러한 상황이 어떤 의미를 갖느냐를 탐구하는 학문으로서 공공철학이 주목받게 되었다(山脇直司, 2004: 8).

공공사업에 있어서도 '관에서 민으로'와 같은 표어가 등장했고, 국가의 권한을 민간에 이양하고 관주도의 공공사업을 지양하게 되면서, 일부이긴 하지만 개인이나 기업에 배를 불리는 것이 아니냐는 경계의 목소리가 커지면서 공공성을 어떻게 담보할 것인가에 대한 논의가 확산되고 있다. 시장원리로부터 공익이 자연발생적으로 도출되는 것은 아니며 공적 룰과 공공정책에서 공공성의 차원이 존재하기 시작했고, 공익의 실현이 담보되어야 한다는 주장이 확산되고 있다.

이러한 사태에 직면하여 [정부=공]이라는 사고와는 근본적으로 다른, 동시에 사익을 추구하는 시장의 논리만도 아닌 「민을 주체로 하는 공공(시민적 공공성)」이라는 관점의 새로운 사고를 여는 공공성에의 기대가 높아지고 있다.

두 번째 이유는 공공성이라고 하는 개념이 종래의 공사이원론으로는 설명할 수 없는 범위로 확대되어 많은 사람들이 관심을 갖게 되었다는 점을 들 수 있다. 정치에 있어서 정부나 관을 대신하여 NPO나 NGO가 공공성의 주체로 등장한 것을 제외하고 공사이원론적 사고에서 사적 영역으로 구분되었던 먹거리문제나 자동차 리콜 등과 같이 공공적 룰과 공익이라는 형태로 공공성이 문제시 되었고, 보통 사법이라 불리우는 민법이나 상법에서도 수많은 공공적 사항이 언급되고 있는 것을 들 수 있다. 또한 원자력발전이나 사스, 환경문제 등에서 보여지는 것과 같이 과학기술의 사용을 둘러싼 문제가 대두되고 있지만, 여기에서도 공공성이 강조되고 있다. 의료현장에서 환자에 대한 대응 등에 있어서도 공공성이 중요하게 인식되기 시작했다. 최근의 교육기본법개정을 둘러싼 논의가 상징하는 것과 같이 학교경영의 공사립을 따지지 않고 교육이라는 장에 있어서 공공성이 중요한 쟁점이 되고 있다. 이는 역사교과서문제나 이라크 파병문제에서도 공공성을 어떻게 다룰 것인가에 관심이 높아지고 있다.

세 번째 이유로 「공공성과 개인」이라는 근원적인 문제가 공공성에 대한 논의를 지속시키고 있다. 전전(戰前)의 일본에서는 개인을 희생해서 공에 기여한다는 의미의 멸사봉공(滅私奉公)의 의미가 보편적이었다. 이러한 정

서는 전후에도 기업전사 등의 형태로 잔존했으며, 과로사나 과로자살 등
은 멸사봉공에서 초래된 현재적 비극이었다. 한편, 자신의 세계에 갇혀 타
자와의 관계를 상실한 사람들도 늘어나고 있다. 이러한 생활방식은 멸공
봉사라고 불러도 좋을 것이다. 이에 대한 해결책으로서 개인을 활성화시
켜서 공공성을 확보하게 하는 새로운 사고로의 요청이 확산되고 있다. 특
히, 자기에 대한 이해가 타자에의 이해, 나아가서 공공세계관의 형성으로
연결되는 인간관을 제시하고 있다.

마지막으로 냉전체제의 붕괴로 현실과 이념을 통합시켜 글로벌적인 문
제를 논의하는 새로운 비젼에의 관심이 높아지고 있다는 점을 들 수 있다.
지구적 평화를 어떻게 실현시킬 것인가라는 문제는 그러한 시점으로부터
논의되어야 할 최우선의 것이지만 정책론적인 전망을 가지고 사상과 정책
을 연결시키는 의무로서 공공성에 대한 생각이 확산되고 있다.

2) 일본의 공공성 연구

일본의 정치행정이론에서 공공성을 어떻게 규정하고 있는가를 살펴보
도록 한다. 이 영역에서의 문헌연구는 비교적 많으며, 공공성을 둘러싼 법
원의 판례도 방대한 편이다.

야마카와(山川, 1999)의 연구를 보면, 가장 선구적 연구자료로 전후정
치학에서의 공공성론에 대한 아베(阿部, 1966)의 「민주주의와 공공의 개
념」, 행정과 관련된 공공성 논의로서 나가하마(長浜, 1970)의 「현대행정에
있어서 공공성 문제」, 공공성의 기준론으로서 무로이(室井, 1990) 등의
「현대국가의 공공성 분석」등의 관련 연구들을 소개하고 있다.

아베(1966)의 연구는 공공성 개념은 논리적으로는 그 내용에 제약이 없
지만, 현실적으로 습관이나 제도에 의해 제약되지 않을 수 없다는 것을 강
조하면서, 공공성은 내용적으로 역사적인 성격을 갖는다는 지적을 하고
있다.

나가하마(1970)는 공공성을 국가의 중립성과 연관시켜 근대국가에서
정부의 사회보전 기능이 점차 사회에 개입·조정하는 쪽으로 발전해 온 점

을 지적한다. 공공성이라는 것이 선험적으로 존재하는 것이 아니라면, 그리고 관료의 행위가 늘 옳다는 낙관론을 취할 수 없다면 공공정책의 형성, 변모의 전 과정을 통해 그것이 권력의 일방적 지배가 되지 않도록 하는 것이 현대 행정의 중요한 과제라 지적하고 있다. 그리고 공공성 보장의 기준으로서 인간의 존엄, 혹은 정치시스템에서의 개인의 지위 존중 등을 가설적 규준으로 들고 있다.

무로이(1990) 등 행정법학의 영역에서의 연구를 보면, 공공성은 추상적·일반적으로 인권·민주·평화 및 주권 등으로 개괄할 수 있는데, 인권존중주의는 공공성의 실체적, 가치적 측면을 의미하며, 민주주의는 공공성의 절차적·제도적 측면을, 평화주의는 평화롭게 살 권리라는 실체적·가치적 공공성과 함께 평화권의 보장을 위한 절차적 제도적 공공성을 구현한 것으로 설명된다. 공공성에 관한 법률학적 관점에 의하면, 현재 일본의 정부가 표방하는 공공성은 대단히 특수한 것으로 이는 일부의 특권적인 사적 이익을 공적 이익으로 전위(傳位)시키기 위한 공공성론으로 이른바 기업의 사회적 지배를 온존시켜 이용하면서 복지국가적 제약·요청을 최소한으로 억누르는 정재관(政財官)의 특수한 유착구조를 매개로 하여 정치행정의 공공성을 왜곡하여 정의한 측면이 있다.

한편, 1990년대 후반부터 김태창 등을 포함한 다수의 학자들이 협력한 '공공철학 공동연구회'와 이를 계승한 '공공철학 교토포럼(1998년부터 2007년까지 70여회 개최)'이 개최되었고, 그 결과물로서 제1기 10권과 제2기 5권, 3기 5권에 달하는 『공공철학』시리즈 전 20권(동경대학출판회, 2001~2006)이 간행되었다.

이들 연구의 요지를 간략히 정리해 보면, 공공성을 멸사봉공(滅私奉公)이 아니라 활사개공(活私開公)의 견해로 파악하면서, 공과 사 이원론이 아니라 공과 사를 매개하는 논리로서 공공성을 생각하고 있다. 그리고 공공성의 담당주체에 있어서도 국가가 독점한다는 입장이 아닌 시민과 중간단체의 역할을 중시하는 관점에서 논의를 진행시켰다. 이들은 공공이란 개념에 활사개공(活私開公)과 공사공매(公私共媒)를 내포시켜 공-사-공공을 상호 연동적으로 파악하려는 삼원적 사고를 전개하였다.

공공의 담당자는 국가나 정부의 공, 개인의 사, 그리고 이들로 형성된 '시민, 중간단체'의 공공민을 포함하며, 그 영역에 있어서도 개인의 '생활세계', 국가의 '제도세계', 그리고 이를 매개하는 '공공세계', 차원에 있어서도 글로내컬(global/national/local)의 삼차원 상관적 사고의 발전을 기하고 있다.

이와 같이 1990년대 이후 공공성에 대한 연구가 활발해진 배경에는 메이지 이후 오랫동안 국가가 공공성을 독점한 것에 대한 비판과 시민사회의 독자적인 의의에 대한 주목이 있다. 국가의 공공성 독점에 대해서는 1960년대 이후 주민운동이나 시민운동을 통한 비판이 있었으나 공공성에 대한 폭넓은 관심으로 이어지지 못하다가 1990년대 국가의 재정파탄과 관리능력에 대한 비판이 제기되면서 논의와 관심이 촉발되었다 할 수 있겠다.

Ⅲ. 시민사회 성장과 공공성

1. 일본 시민사회의 전개과정

일본의 시민사회의 성립과 시민 개념의 수용과 관련하여 이마이(今井, 1998)는 다음과 같이 이야기하고 있다.

일본의 근대 사상가 후쿠자와 유키치(福澤諭吉)는 근대 일본에서 '사회를 구성하고 담당하는 주체적 개인'으로서 '자유롭고 평등하며 자립한 인간'이 필요하다는 생각에서 특권이나 신분은 없지만 재능을 가지고 시장에서 열심히 살아가는 서민들이야말로 중세의 질곡에서 벗어나 '신분으로부터 계약으로'라는 근대 시민혁명을 이루어낸 'citizen'의 번역으로 적당하다 생각했다.[2] 그런데 당시 일본에서는 국가나 국민, 계급, 문화 등의 번역어와는 달리 시민이란 용어가 쉽게 정착하지 못했다. 그 이유는 메이지 유신으로 근대국가가 건립했을 때, 시민혁명에 실패한 독일의 국가이론을 모범으로 삼아 절대적인 중앙집권적 국가체제를 만들었고, 메이지제국헌법과 교육칙어에 의해 천황과 국가에 의해 통치되는 신민의 관념을 국가도덕으로 주입하여 믿게 한 것이 하나의 이유이다. 그런 이유로 자유롭고 자립적인 시민이라는 용어가 사용될 여지가 없었다. 이후 오랫동안 일본인들은 천황의 신민이며 국가=국가관료에 통치되고 지배받는 피치자였다.

시민과 시민사회 성장에 있어 하나의 전환점이 된 계기가 신헌법의 제정인데, 제2차세계대전이후 신헌법이 성립함에 따라 '신민의 시대'에서 '국민 주권을 규정한 신헌법의 시대'로 전환하게 되나 이 시기에도 시민이나 시민사회라는 용어의 보편적 사용은 활성화되거나 주목받지 못했다.

이처럼 중앙집권적 성향이 강한 일본에서 시민이나 시민사회에 대한 실질적 논의와 활동은 어려운 일이었다. 그러나 1960년대 후반부터 1970년대에 걸쳐 주민운동 혹은 시민운동이라 불리우는 기존체제에 대한 문제제기가 활성화되면서 일본 시민사회는 두 번째 전환점을 맞게 된다. 고도 경제성장에 따른 다양한 사회문제와 공해문제, 소비자운동, 개발과 환경 등을 이슈로 한 시민운동이 전국적으로 확산되게 되었다. 이러한 분위기는 시민이 스스로 사회문제에 대해 관심을 갖고 스스로 의견을 표명하는 활동을 하게 되었음을 반영한 것이고, 이 시기에 행정과 시민사회는 대립적 관계로 대치되는 경우가 많았다(世古 一穗, 1999: 4).

이후 1990년대 버블경제의 붕괴에 따른 경제의 공동화로 일본의 자본주의 경제의 당사자인 금융, 산업계가 스스로 존재기반 그 자체를 붕괴시키는 뿌리 깊은 문제가 사회전반에 영향을 미쳤다. 이에 대한 대처과정에서 '정부실패, 시장실패'는 행정의 입지를 더욱 악화시켰고, 행정의 부패와 비효율의 문제, 그리고 재정악화의 과제로 행정개혁에 대한 필요성이 강하게 대두되었다. 이런 상황에서 행정에 대한 감시와 참여를 통한 행정개혁의 주체로서 그리고 정부실패와 시장실패에 대한 대안으로서 NPO 등

---

2) 그러나 당시 일본에서는 행정단위로서 '시'가 없었고, '시민'이란 시전상인들이란 말에 가까웠다.

을 포함한 시민사회 주체들의 중요성이 증대되었다. 1990년대 초 이후, 정보기술 혁명이 급속히 전개되고 정보의 유통이 거리나 시간을 초월하게 되면서, 정보개시의 질과 양의 충실, 접근성의 비약적인 발전이 낮은 비용으로 실현된 결과 정보의 격차도 해소되기 시작했다.

이것을 계기로 시민활동의 글로벌화가 진전되고, 평화와 환경, 그리고 인권의 분야에서 NGO의 활동이 확산되게 되었다. 또한 국내에서는 고령화 사회의 전개에 따른 복지정책의 재구축과 산업 정체 등에 대응하여 지역에 뿌리를 둔 비영리조직인 NPO 등의 새로운 시민사회조직(커뮤니티-지연조직·연합/NPO)이 의료, 복지, 교육, 환경, 마을 만들기 등의 구체적인 과제에 있어서, 시민의 다양한 수요에 대응해 가고 있다. 그러나 인력의 부족과 사업계획의 미약함, 그리고 사업자금조달능력의 미정비 등으로 행정의 보조 또는 위탁사업을 맡는 의존상황은 개선되지 않고, 광범위하면서도 효과적인 활동이 아직 많지 않은 한계를 안고 있다(山口 定, 2004: 2).

NPO법의 성립이후 현재까지 NPO에 대한 행정과 기업의 '협동'에 대한 사고방식의 근저에 흐르는 잘못된 인식에 대한 문제제기가 계속되고 있다. NPO를 사회조직 중의 하나로 보고, 관리형 NPO를 만드는 것 즉 NPO를 행정의 값싼 하청기관으로 두거나, 무료 노동력을 사용할 수 있는 자원봉사조직으로 생각함으로써 NPO 독자의 정치활동을 억제시키면서 선거에 이용하는 등의 구도가 때와 장소를 바꾸면서 이루어지고 있는 것이다. 이러한 근시안적 사고가 중요한 '협동'으로의 진전을 방해하고 있다(山岸 秀雄 등, 2004: 13~14).

그러나 전반적 경향으로서 보건복지와 마찌쯔꾸리 등의 영역에서 NPO활동이 지속적으로 성장하고 있으며, 지방정부 차원에서 공공서비스 제공의 파트너로서, '커뮤니티 비즈니스'와 같은 지역경제 활성화의 동력으로서 NPO가 주민자치조직들과 함께 긍정적 역할을 수행하고 있다.

2. 공공성 논의과정과 시민사회 성장

1) 메이지국가와 근대관료제의 성립

메이지유신은 19세기 후반 당시 후진국이었던 일본에게는 급격한 사회변혁이었다. 「위로부터의 혁명」이라는 일반적 시각에서도 알 수 있듯이 메이지유신은 중앙권력의 강력한 주도하에 추진되었다. 이 시기 위로부터의 급진적 개혁과정에서 매우 중요한 의미를 갖는 것은 국가와 사회의 긴장관계와 근대관료제에 대한 이해이다. 메이지국가의 특징으로 지적할 수 있는 것은 메이지국가의 성립과정에서 전근대적인 공동체가 해체되지 않은 채 온존되었다는 점으로 구미열강에 의한 침략의 위기 때문에 외압에 대항하기 위하여 국민국가를 서둘러 형성할 필요가 있었지만, 국민국가의 형성에 필요한 국민형성은 이루어져 있지 않았다.

당시 대다수의 사람들은 농촌에 살았으며, 농촌에는 전근대적인 공동체가 거의 완전한 형태로 잔존하고 있었기 때문에 국민이나 국가라는 관념을 사람들에게 이해시키는 것은 어려운 일이었다. 그래서 가족의 관념으로 국가를 이해시키게 되었는데, 가족에게 가장인 아버지가 있듯이 국가에는 국가의장인 천황이 있어서 국민은 집에서 가장에게 효도와 공양을 하듯이 국가에 있어서는 천황에게 충성을 다해야 한다는 관념을 심어주었다. 이렇게 충효일치의 사고에 바탕을 둔 국가관을 '가족국가관'이라 한다면, 메이지국가는 가족국가관에 근거한 국가였다. 가족국가관에 있어서 국가는 대립이나 분쟁의 가능성이 배제된 것으로 대립이나 분쟁과 관련한 정치적 국가가 아닌 메이지국가는 적어도 논리적으로는 비정치적 국가가 될 수밖에 없었다(阿部 외, 1990). 이런 이유에서 메이지국가의 지도자들은 시민혁명이나 자유민권운동 등 국가와 시민사회의 긴장관계를 회피하면서 부국강병에 전력하고자 하였다.

이와는 상대적으로 당시의 관료제는 외견상 상당히 이른 시기에 정비되었는데, 이는 종래의 태정관제를 대신하여 설치한 1885년의 내각제도에서 비롯되었다고 볼 수 있다. 이는 의회개설에 앞서는 것으로 행정제도가 정치제도에 선행해서 정비되었다는 것을 의미하는데, 이 또한 메이지 국가의 전근대성이나 비정치성과 같은 맥락에서 이해할 수 있다.

메이지헌법 하에서는 천황에 직접 연결되는 행정부가 의회, 사법 등 다른 이권보다 우위에 있었으며, 이는 천황의 이름을 빌어 국가관료제가 공공성을 독점하였음을 의미한다. 이것이 공공성이란 용어가 오랫동안 관제(官製)용어로 받아들여지게 된 역사적 계기가 되었다. 이후 전전(戰前)의 [천황의 관리]라는 관념에 변화가 온 것은 전후 탄생한 일본국헌법(신헌법)의 제정이다. 전후의 신헌법에 의해 적어도 원리적으로는 새로이 주권자가 된 국민을 직접 대표하는 입법부가 '국권의 최고기관' 의 지위를 갖게 됨으로써 관료제는 '천황의 관이(官吏)' 에서 '국민의 공종(公僕)' 으로 대전환을 맞이하게 된다.

2) 신헌법의 성립과 공공권의 변화

일본에서 역사적으로 '공' 은 천황을 지칭하는 동시에 천황이 상징하는 국가와 정부 관료 그리고 권력, 체제를 의미했지만, 전후 신헌법의 성립으로 '공' 의 의미 형성에 시민사회나 경제영역이 작용할 여지가 생기게 된다(채원호, 2008: 349~350).

공공성에 대한 보다 쉬운 이해를 위해 공과 사의 구별 대신 '공공' 과 '비공공' 이라는 용어를 사용하여 정치적 공공성과 사회경제적 공공성으로 파악하면 아래 그림과 같다(山川, 1999).

〈그림 1〉 공공권의 좌표

이 그림은 정치적·사회적 공공성이 확대되어 온 변화를 이해하기 유용한데, 유럽을 기준으로 생각할 경우, 19세기 후반이후 20세기 70년대까지 약 1세기 동안은 공공영역의 학대경향이 강했던 시기이다. 1980년대부터 90년대에 걸쳐 사회주의 붕괴와 작은 정부론의 재등장으로 공공영역의 확대 경향에 큰 변화가 있게 된다. 일본의 경우도 예외가 아니며, 80년대를 정점으로 90년대 '잃어버린 10년'을 경험하면서 작은 정부를 지향하는 경향이 강해지고 있다.

최근 민영화나 규제완화의 흐름, 정부실패의 사례가 많아지면서 공공성 개념을 논하는 경우에도 정부와의 관련성을 재검토하려는 움직임이 있다. 공공성 담보의 탈정부화 움직임이 그것이다. 그러나 이러한 움직임을 두고 이것이 지나칠 경우, 공공성의 담보자로서 정부나 정치에 면책을 줄 위험성이 있음도 지적되고 있다.

3) 근대의 변용과 시민적 공공성

공공철학 시리즈에서 시노하라 하지메(篠原 一, 2004)는 시민사회와 시민적 공공성을 이념인 동시에 현실로 보고, 근대적 요소들을 기준으로 다음과 같이 서술하고 있다.

먼저, 시민사회나 시민적 공공성은 1960년대 말부터 70년대 초에 걸쳐 형성된 새로운 사회운동(new social movement, 일본에서는 시민운동이나 주민운동으로 불리움)이 계기가 되어 형성된 것이고, 이러한 사회운동은 18세기후반부터 본격화된 근대(제1 근대, 18세기 20세기) 하에서 사회의 모순이나 리스크에 대해 자기반성적 성격을 가진 운동으로 바꾸어 말하면 '근대의 변용'의 소산[3]이라는 것이다. 지금까지의 시민사회의 기반 위

---

3) 근대사회의 기본구조를 산업주의, 자본주의, 근대국가, 개인주의, 과학이라는 5가지 요소로 설명하면서, 이에 대한 모순과 리스크의 자기반성적 성찰이라는 근대의 변용의 소산으로서 시민사회의 형성을 이야기 하고 있다. 예를 들면, 산업주의로 인한 환경파괴나 도시문제의 제기, 자본주의로 인한 제로섬적 노사대립과 노동운동의 출현, 대량소비, 대량폐기, 자원문제의 제기, 근대국가에 있어서는 집권화, 관리화와 물리적 강제력의 독점과 함께 세계화의 문제 등을 들 수 있다.

에 새로운 구체화된 요소가 더해지면서 제2의 시민사회가 탄생한 것이며, 이러한 과정을 거치면서 시민사회가 다층화되고 있다고 말하고 있다.

제1근대기의 정점은 제2차 세계대전 이후인데, 이 시기는 포디즘으로 인한 생산의 증강, 완전고용의 달성, 위로부터의 복지국가의 건설 등 황금시대의 전형적인 현상들이 나타났으나, 이러한 성공에 대한 모순과 리스크는 새로운 사회운동을 유발시켰다. 그런 의미에서 새로운 사회운동은 근대사회의 성숙화에 대한 경고로서의 의미를 가지고 있다.[4]

다음으로 자본주의와 관련해서는 19세기 후반부터 노동운동이 일어나 저항의 축이 명확해졌지만, 새로운 소비자운동이나 폐기물문제, 산업공해와 도시문제와 병행된 것은 70년대에 본격화되었다. 특히, 80년대 후반부터 동구사회주의 붕괴를 계기로 버블경제에 돌입하게 되면서 자본주의의 모순이 극명해졌다. 근대국가와 관련해서는 반핵, 평화운동과 함께 특히 주목할 것이 지역주의와 분권화 운동의 대두인데, 일본에서는 자치체의 중시, 혁신자치체의 대두라는 형태로 이 문제가 등장했다. 복지정책에 대해서도 하향식 정책운영에 의문이 제기되면서 지역민이 상호연대하여 지역복지의 필요성을 설명하게 되었다. 더불어 세계화의 영향으로 다국적기업 문제나 공해수출에 반대하는 목소리도 높아지기 시작했다.

개인주의와 관련해서는 근대의 인권이 남성을 위한 인권에 집중되면서 젠더문제가 산적하게 되었지만, 당시 일본에서 그다지 비중있게 다루어지지 못했는데 이것은 일본사회의 특징 중 하나라고도 할 수 있겠다. 반면 다문화주의가 대두되면서 커뮤니티나 가족의 해체 등의 문제가 주목을 끌게 되었다.

---

4) 새로운 사회운동에 대한 조사는 1970년대 전후부터 활발해 졌지만, '지역투쟁(1970)'이나 '시민(1971)'과 같은 잡지의 발행과 이들이 다루는 운동을 집계분석하면 일정한 경향을 파악할 수 있다. 내용을 보면, 산업주의에 도전한 운동인 공해, 도시문제, 교통문제 등의 운동이 50% 전후에 달하고, 1973년 오일쇼크시기에 특히 많은 것을 확인할 수 있다. 여기에 자연보호운동을 추가하면 3분의 2정도가 급속한 경제발전이 이루어진 시기에 있어서의 사회운동으로서 일본의 특징을 보여준다.

자기실현을 추구하는 행동적 시민이 늘어나고, 그들이 새로운 사회운동이나 자원활동의 주체가 되는 동시에 커뮤니티 재생 등을 추진하는 결사체의 활동이 활발해지면서 NPO나 NGO 등의 활약과 새로운 시민사회의 형성, 나아가 타자에 대한 배려 위에 자기실현을 실천하자는 시민사상 등의 생성이 기대되었다.

마지막으로 과학의 부정적 측면에 대한 인식이 환기되면서 일상생활에서의 공해와 화학제품 문제, 의약품 문제에 대한 강한 비판운동이 조성되었다. 그리고 삶과 생활에 대한 일상적 비판운동이 새로운 시민사회의 중요한 과제가 되었다.

이와 같이 근대사회 내부의 리스크를 해부하는 새로운 사회운동에 의한 도전을 수용했지만, 내성적 자기개혁의 방식으로 교체되는 경향을 보이기도 했다. 70년대의 새로운 사회운동은 체제저항적인 운동으로서 사회 리스크가 존재하는 한 항상 필요하지만 실제로 위험이 적은 대안으로 교체되는 경우도 적지 않았다. 그런가하면, 공해반대운동이 자연보호운동으로 진전된 것과 같이 처방적 성격의 역할을 부여하는 전환도 있었다. 새로운 사회운동을 민주주의의 자본이라 부른 것도 여기에 의미를 두고 있다 하겠다.

2. 공공성에 대한 두 가지 다른 접근

일본의 공공성을 둘러싼 논의에는 전혀 다른 상반된 경향이 병존한다. 하나는 수평적 차원의 공공성 논의로서 국가의 공공성 독점에 대한 비판과 시민사회에 대한 독자적 의의에 주목한 것으로 공공성을 규정하는 권리의 반환이 요구된 형태이고, 다른 하나는 시민적 공공성과 구분되는 공공성론으로서 국민공동체로 해석[5]하는 '대중형 내셔널리즘' 이다.

1) 수평적 차원의 공공성: 1980년대 주민운동과 공공성론

1980년대 중반부터 공공성이라는 단어가 국가의 공공성과는 다른 의미를 함축한 개념으로 사용되게 된다. 1960년대 말 이후부터 환경문제나 자연파괴에 대한 주민운동과 같은 비판이 제기되면서 국가가 공공성을 독점적으로 정의하는 실태에 문제제기가 가능했지만, 실제로 국가의 공공성을 문제시한 것은 최근 수년간이라 할 수 있다. 이 시기부터 공공성은 그것을 누가 어떻게 정의할 것인가라는 설명의 투쟁이 심화되었다 할 수 있다(齋純一, 2002: 101).

수평적 차원의 공공성, 즉 시민적 공공성은 공공성이란 개념을 국가의 독점으로부터 분리시키려는 움직임의 하나로 그것을 시민사회의 중심에 배치시키는 입장이다. 이러한 맥락에서 시민사회는 헤겔이 말한 "욕구의 체계"로서의 시민사회, 다시 말해서 사적인 이익을 추구하는 경제인들로 형성된 시민사회와는 다른 사회[6]로서 다양한 조합이나 커뮤니티를 포함하여 NPO, NGO, 자원조직, 그리고 여기에 새로운 사회운동으로서 환경과 페미니즘, 소수자권리를 옹호하는 운동 등의 주체들로 구성된 시민사회라 파악될 수 있다.

최근의 공공성 논의에서 중요한 핵심 중에 하나는 시민사회 내부의 투쟁으로서 시민사회의 여러 집단의 역량을 최대한 이용하기 위한 통치의 과제라 할 수 있다. 다양한 조합과 커뮤니티가 다원적으로 자치와 자기통치를 실천하는 것은 사회보장의 분야에서 발견되는 것처럼 국가에게도 상당히 환영받을 만한 주제이다. 이런 맥락에서 통치의 탈집권화는 시민사회의 여러 집단이 정치적으로는 무력한 동시에 다른 한편으로는 그 자원과 역량을 동원시키는 방식으로 현상화되고 있으며 이는 드문 현상도 아니다. 시민사회 주체와 국가가 연대하는 것의 중요성이 강조되고, 이들 간의 협조가 강조되고 있다.

---

5) 일본의 경우, 전후고도경제성장하에서 기업, 노조, 상공회하는 중간공동체가 그대로 유지되었고, 일본형 경영을 내세운 80년대의 경제 내셔널리즘고 그 연장선상에 있었다. 그러나 90년대 불황으로 이 중간공동체가 붕괴하면서 기업 일가주의나 종신고용제는 시대착오적인 것이 되었고, 지방의 상공회도 사라졌다. 그로인해 중간공동체의 공백으로 개인들은 고립감이 더해지고, 이를 대신할 새로운 일본식의 '대중사회형 내셔널리즘'이 성립하게 된 것이라는 주장이 있다(小態, 2007).
6) 일본의 시민사회론은 시장과의 구별을 강조하는 하버마스의 정의가 지배적인 경향을 보이고 있다.

한편, 최근의 시민사회론에서는 시민사회를 조화로운 공간으로 묘사하는 경향이 발견된다. 공공성을 정의하는 권리가 국가의 독점으로부터 반환된 것은 확실히 희망적이지만, 시민사회 그 자체도 투쟁이 없는 공간일 수는 없다. 이는 당연한 것으로 이러한 투쟁은 대등한 조건 하에서 이루어질 리 없고, 이 과정에서 주체간의 격차로 시민사회로부터 새롭게 배제된 사람들이 증가[7]하고 있다는 것도 주의할 필요가 있다.

이러한 시민사회의 네가티브적 측면을 지적하는 것은 일부분에 지나지 않는다. 과거 "연결(つながり)"로서의 공이 결여되어 있던 일본사회에 있어서는 특히 그렇다. 丸山(마루야마)의 말을 빌리면, "권위에의 복종으로부터 비교적 자유로운"에서 "풍부한 자발적 집단과 조직의 형성"과 같이 여러 개인, 결사형성적인 개인이 증가하는 것은 다원적인 민주주의에 있어서 환영할만한 사항이다. 사실, 시민사회의 여러 집단이 마치 정치성이 배제된 활동만을 하는 것처럼 묘사된다면, 그것은 잘못된 것이다. 시민사회에는 정보공개의 적극적인 활용, 정부에 대한 설명책임의 요구, 또는 적극적인 정책제언 등을 통해서 행정에 의한 일원적인 통치 조직 그 자체에 커다란 수정을 가하는 움직임도 나타나고 있다는 것이다. 시민사회의 주체에게 부여되어 있는 정치적 기능에 대해서 두 가지 정도 짚고 가야 할 사항이 있다.

하나는 최근 각 지역의 주민투표에서 발견되는 것과 같이 정부로 정의되는 공공성을 차라리 공개성을 갖춘 정치적 공간으로 두고 비판적으로 문제시하는 행위가 활성화되어 왔다. 특히, 주민투표를 지향하는 운동이 공공의 이익이란 대체 누구의 이익인가를 제기하는 비판적인 학습과정을 수반하고 있는 것이 주목된다.

다른 하나는 지금까지 시민사회에 있어서 열세에 있거나 주목받지 못

---

7) 노동시장으로부터 배제된 사람들은 경제적인 배제에 그치지 않고, 사회적·정치적인 배제도 경험하게 된다. 장기간의 실업을 경험한 사람들은 자주 사회적으로도 고독한 경우가 많아지고, 그에 따라 정치적인 힘도 상실하는 경우가 많다(齋藤 純一, 2002: 103).

했던 가치를 적극적으로 긍정하려는 움직임이 나타나고, 적지만 그 일부
는 제도의 변혁으로 이어지는 경우도 있다. 패미니즘 운동은 그 좋은 예이
며, 민족차별이나 동성애차별의 체제를 비판하는 것처럼 「대항적 공공권」
이 나타나고 있다. 이러한 대항적 공공권은 국가의 공공성을 비판하는 것
보다 시민사회 그 자체의 지배적 가치, 헤게모니를 가진 가치적 설명에 대
한 가치수정의 요구를 제기하고 있다고 볼 수도 있을 것 같다.

2) 국민공동체 형성을 위한 공공성론

1990년대에는 수평적 차원에서 형성된 공공성을 멸시하는 다른 종류의
공공성론이 대두되었다. 그것은 공공성을 내셔널리즘으로 재정의하려는
것으로 「국민공동체」와 같은 의미의 것으로 다루는 사조이다. 이 공공성론
은 시민사회의 공공성을 중시하는 논의와 구별되지만, 다른 한편으로는
국가가 담당해야 만하는 공공성(공공적 가치)을 적극적으로 재정의하려는
입장과도 구별된다. 이 공공성론은 강고한 국민적 아이덴터티에 의해 지
지되는 "우리"라는 공동체를 부흥하려는데 관심을 갖고 있는데, 그 근본
적인 특징을 보면 다음과 같다.

먼저, 이 공공성론은 전후의 일본사회를 '공공성의 상실'이라는 시각에
서 다루고 있다. 그것은 사적 이익의 추구에 관심을 갖는 개인주의=사생활
주의가 만연한 사회, 공공의 사항에 관심을 갖는 시민=공민이 부재한 사회
에서 이에 대항하기 위해 국가 주도에 의해 조국에 헌신할 각오를 갖는 공
민으로서의 덕성을 국민에게 적극적으로 심어주어야 한다는 주장을 하고
있다. 이런 의미에서 공공성론에서 말하는 시민은 시민적 공공성론의 시
민과는 상당한 차이가 있다.

다음으로 공공적 사항을 국민국가의 사항의 뜻으로 해석하는 것이다.
이 점에서 공동체주의와도 구별된다. 공동체주의는 공공선의 관념으로 지
배되는 사람들이 스스로 행동을 결정하는데, 여기서의 공공선의 개념이
공유되는 공동체는 비국가적인 차원인 것이다. 공동체주의는 국가가 상호
이질적인 다원적 공동체에 의해 구성되는 것을 긍정하지만, 이것은 국민

공동체를 유일의 본질적 공동체로 보는 것으로 공공성론에는 해당하지 않는다. 이러한 종류의 공공성론은 국민공동체로의 충성을 가진 시민=공민으로서의 덕성이라고 생각하고, 그 가운데 국민공동체로의 자부심(자랑)을 갖게 하고 그 존속을 위해 노력한다.

마지막으로 이 입장은 공공성을 국가 내부로 한정하지 않고, 국민공동체의 외부와의 관계에 의해 공공성을 정의하고 있다. 국민의 자부심이 손상되지 않도록 역사의식은 부정되고, 국익의 옹호를 세계화란 이름으로 대체한다. 이들은 국민공동체의 재통합을 표방하는 신보수주의자에 의해 주장되는 공공성론으로서 공공성을 국익과 동일시하면서 일본이 국제경쟁 즉, 경제전쟁에서 승리할 것을 요구하는 경제적 내셔널리즘과 친화적 관계를 갖는 것으로 보인다.

IV. 공공성 재편논의와 '새로운 공공'

1. '새로운 공공'의 등장과 논의과정

일본의 공공성과 시민사회에 대한 논의는 행정과 시민사회간의 관계와 역할 변화를 통해서 그 실재를 확인할 수 있다. 그런 의미에서 이들 영역에 주목하여 '새로운 공공'이라는 이름으로 논의되고 있는 공공성 재편과 환경변화에 대해 살펴보고자 한다. 공공부문과 시민사회부문이 어떠한 형태로 변화되어 왔는가는 경제사회의 영향으로 사회전반에 변화가 일기 시작한 1980년대와 1990년대를 기점으로 살펴보고자 한다(민현정, 2006: 83~86).

1) 행정개혁의 추진

일본의 행정환경은 1980년대부터 1990년대까지 경제사회의 큰 영향을 받으면서 구조전환의 계기를 맞게 되었다. 1980년대에 경제성장의 정점에

이르렀지만, 정치·경제·사회 시스템과 국민생활의식간의 큰 엇갈림이 정
치·경제의 부패와 부정의 만연 등의 문제들과 함께 대두되면서 사회의 근
본적인 개혁을 희망하는 논의들로 이어졌다. 이것은 1990년대 버블경제의
붕괴에 따라 뿌리 깊은 사회문제로 심각하게 대두되기 시작했으며, 행정
의 비효율성 문제나 재정악화로 인해 행정개혁에 대한 사회전반의 목소리
가 더욱 높아졌다(山岸秀雄 외, 2004: 10~11).

경제침체와 재정악화에 대한 신보수주의 정책인 작은 정부의 지향과
시장 메커니즘의 활용으로 연결되었고 민간기업의 경영이념과 수법의 도
입에 의한 효율화라는 NPM이 90년대 이후 도입되어 추진되고 있다(綜合
研究開發機構, 2004: 5).

이러한 개혁의 경향은 다른 한편으로 행정의 힘만으로는 정책을 완성
도 있게 실현시키는 것이 곤란하다는 것을 인식시키는 계기가 되었으며,
고령화, 복지, 환경, 교육, 국제지원 등의 새로운 사회문제가 보다 깊이있
게 인식됨에 따라 NPO를 비롯한 민간영역과의 파트너십 관계를 형성할
당위적 환경을 조성하였다(山岸秀雄 외, 2004: 11). 그리고 이러한 행·재
정개혁은 「관으로부터 민으로」, 「관민협동」등의 용어를 거쳐 '새로운 공
공'으로 수렴되고 있다.

2) 공공성에 대한 패러다임 전환

공공성의 재구축이라는 테마가 주목받기 시작한 후, 버블경제의 붕괴
를 거쳐 공적 세계의 주체들에 의한 현실의 재구축이 추진되었고, '새로운
공공'이라는 개념이 광범위하게 인식되게 되었다.

(1) 행정개혁과 '새로운 공공'

'새로운 공공'에 대한 논의는 시민사회에 대한 논의의 확산과 함께 지
난 1970년대 중반부터 꾸준히 증가하다 1990년대 후반을 기점으로 급격
히 확산되었다.[8]

국가의 행정개혁 차원에서 '공공성의 공간'의 재정의가 보다 구체적으

로 언급된 것은 중앙부처의 재편 시나리오였던 「행정개혁회의 최종보고(1997년 12월)」에서이다. 이 보고에서 3번에 걸쳐 ‘공공성의 공간’이라는 개념이 사용되면서 이에 대한 논의가 다시 공식화되었다고도 말할 수 있다. 그 내용을 살펴보면, 먼저 ‘공공성의 공간’은 관의 독점물이 아니라는 것을 개혁의 가장 근본적인 전제로 재인식하지 않으면 안된다는 것을 밝히고 있다. ‘공공성의 공간’이 중앙정부와 관의 독점물이 아니라는 전제하에서 국가와 자치단체와의 관계가 다시 세워지고, 통치권력의 적정한 배분을 통하여 지방분권을 철저히 할 필요가 있다라는 점을 언급하고 있다. 그리고 오늘날 공공성의 공간은 지역사회와 시장을 포함한 광범위한 사회 전체가 그 기능을 분담해 가는 것이라는 가치관의 전환을 추구하고 있다. 따라서 현재 추진되고 있는 공공성 재편의 움직임은 고이즈미(小泉) 정권에 들어서 추진된 것이 아니라 좀 더 이른 시기에 시작된 것이다.

이렇듯 ‘공공성’과 ‘시민사회’에 대한 논의는 급격히 증가하였으나, 그것의 사회적 변화와 영향력에 대해서는 긍정적인 평가가 어렵다는 의견이 주류를 이루고 있다.[9]

이러한 정체기 속에 사사키 다케시 등(佐々木毅·小林正弥·金泰昌 編, 2001)의 『공공철학』의 제7권 서두에 ‘NPO와 새로운 공공성’(長谷川公, 2001)이 제창되면서 학문적인 의미에서 공공성의 조건[10]에 대한 논의가 다시 증대되기 시작했다. 그리고 하버마스의 「공공성의 구조전환(1973)」의 입장을 빌어 ‘공공 공간’의 중요성을 강조하는 동시에 ‘공공성’의 의미가 다시금 환기되는 계기를 맞게 되었다(山口定, 2004: 5~6). 이러한 흐

---

8) 일본 국립정보학연구소가 「잡지기사색인(국립국회도서관)」의 분석을 통해 제공한 자료에 의하면 지난 1974년부터 2002년까지 발표된 인문·사회과학관계 논문 중 「공공성」과 「시민사회」라는 개념을 표제에 포함한 논문의 수가 1974년부터 1995년까지 20건에서 40건이었던 것이 1990년대 후반부터 급격히 증가하여 2001년에는 최고치인 160건과 180건으로 급격히 증가하였다고 한다.
9) 실제로 한신대지진을 계기로 주목받기 시작한 시민사회에 대한 영향력은 1998년 3월 NPO법(특정비영리활동촉진법) 성립으로 그 사회적 영향력을 다시 한번 정점으로 끌어올렸으나, 이후 정체성과 혼돈이 계속되고 있는 실정이다. 그리고 동시에 지방분권 개혁과 시민사회론의 대두로 이에 대한 지지가 급진전할 것으로 생각되었던 ‘공공성’ 문제의 연구도 정체가 계속되어 왔다.

름은 2002년의 「산업구조심의회의 NPO중간보고」중에 '새로운 공익론'
에 대한 주장으로 연결되었다.

(2) 공공성의 패러다임 전환: 공·사 이원론에서 공·공공·사의 삼원론
으로

일본에서는 사회의 전체적 구조가 기존의 공·사이원론으로부터 공·공
공·사의 삼원론으로 이동하는 공공성의 패러다임의 전환을 맞고 있다. 이
러한 삼원론의 시각에서는 민의 공공성을 강조하면서 이 세 영역의 상호작
용을 통한 공공성의 실천과 확보를 이야기하고 있다.

야마와키 나오시(山脇直司·小林正弥·金泰昌)의 『공공철학(2001)』과
『공공철학은 무엇인가(2004)』 등에서는 정부의 공과 민의 공공 그리고 사
적 영역의 '상관 3원론'을 주장하면서 '사'의 이해와 입장을 정치의 장으
로 수용하여 '공공'을 형성하고, '공'을 감시하며 개혁하도록 해야 한다고
주장하고 있다. 메이지(明治) 이래 계속되어 온 관에 의한 '공'의 독점은
최근 들어 무너지기 시작했지만, 그렇다고 그것을 대신할 만큼 '시민적
공공성'이 충분히 성숙해 있다고 말하기는 어려운 역사적 과도기에 있음
도 사실이다. 하지만 공공성은 점차 시민사회와 적합한 형태로 진화하여
전환되고 있으며, 상호작용적 3원론이야말로 이분법적 대립이나 관에서
민으로라는 애매한 문구에 대한 대안이 될 수 있다(山脇直司, 2004a: 18~
19)는 주장이 설득력을 얻고 있다.[11]

---

10) 공공성의 기준이 되는 내용들을 보면 ① 사회적 유용성 또는 사회적 필요성, ② 사회적 공동성,
③ 공개성, ④ 보편적 인권, ⑤ 국제사회에서 형성된 교차문화적 가치, ⑥ 집합적 정체성의 특정
수준, ⑦ 새로운 공공에 대한 열린 자세, ⑧ 절차적 민주성으로 요약될 수 있다(山口定, 2003:
278~285).

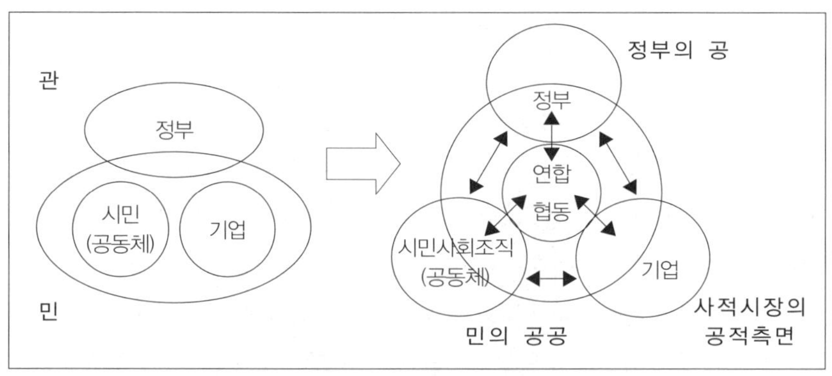

〈그림 2〉 공·사 이원론에서 공·공공·사 삼원론으로의 패러다임 전환

2. '새로운 공공'의 지향점과 주요 주체

1) '새로운 공공'의 지향점

상호작용적 3원론을 통해 창출되는 '새로운 공공'에서 지향하는 인간 상은 국가와 사회를 위해 자신을 희생하는 존재와 이와는 반대로 자신의 사생활만을 중시하는 존재 같은 극단적인 의식과 생활방식의 존재가 아닌 스스로 공공 공간에서 자아를 실현시키고, '민의 공공'을 활성화시키는 존 재이다. 그리고 이에 대응하여 '정부의 공'은 가능한 한 열린 자세를 갖는

---

11) 기존에 정부라고 하는 개념은 보통 국가를 시작으로 내각과 중앙정부를 지칭하는 경우가 많았지 만, 최근에는 중앙정부뿐만 아니라 지방자치단체도 정부에 포함하는 것이 일반적이다. 오늘날 민 주주의 국가에 있어서 정부의 정당성은 선거와 옴브즈만제도 등을 통해서 '민(시민, 국민, 주민 등)의 공공적 판단'에 의해 '정부의 공'이 존재하는 '민의 공공'에 의해 변화가 추진되고, 체크되 는 구조를 갖는다. 경제적 관점에서 말하면, 정부는 가계와 사기업과 함께 3대 부문을 구성하고, 세금과 공채 등을 통해서 가계와 기업으로부터 얻은 수입을 여러 가지 형태로 공적으로 운영하는 역할을 담당하고 있다. 따라서 정부는 공적 자금의 운영에 대해 민에게 설명해야만 하는 책임성 을 부담하고 있다고 말할 수 있다(山脇直司, 2004a: 19). 이렇듯 직접이건 간접이건, 민에 의해 정 당화되는 '정부의 공'이 가계나 사기업으로부터 얻은 수입을 지출하는 공공정책에 의해, 사회보 장제도, 교육제도, 사회적 인프라 등의 '민의 공익'으로 창출되고, 그것을 민간이 체크하는 '도의 적 책임'을 갖게 되는 것을 공공의 관점에서 재인식되지 않으면 안된다. 따라서 '민의 공공'이 '정부의 공'의 존재방식에 영향을 미치고, '정부의 공'의 존재방식이 다시 피드백되어 '민의 공공 적 판단과 비판'을 반영하는 상호작용의 상관관계의 구축이 무엇보다 중요하다 생각된다.

구조로 전환되어야 할 것을 강조하고 있다.

이런 맥락에서 일본에서 논의되고 있는 '새로운 공공'이라는 개념은 그 중심에 다음과 같은 지향점을 갖고 있다. 먼저, 새로운 공공 공간의 주체가 되는 대상은 NPO·NGO 뿐만이 아니라 한 사람, 한 사람의 시민, 국민, 주민도 독립적인 주체가 된다는 것이다. 즉, 민의 공공의 대상은 NPO나 NGO와 같은 조직인 경우가 많지만 시민이나 국민, 주민으로서의 한 개인도 그 주체가 된다는 의미이다. 그리고 그 존재는 '한 인간으로 살아가면서 자아를 실현하는 동시에 민의 공공을 활성화시키는 존재이며, 관은 정부의 공공을 가능한 한 개방한다'는 전제를 설정하고 있다. 여기서의 인간은 스스로의 다차원적 존재성[12]과 「자기−타자−공공세계」를 인식하는 존재이며, 이들이 새로운 공공을 실천하기 위한 방법론으로는 '현실주의적 이상주의'를 지향하고 있다(山脇直司, 2004: 207~226).

이와 같이 다원적인 주체에 의해 이루어지는 공공을 전제로 새로운 공공 공간의 생성이 매우 중요한 전제조건이 된다는 것을 강조하고 있으며, 행정과 주민과의 관계 개혁뿐만 아니라 행정내부개혁을 동시에 실천해야 한다는 주장과 행정평가와 ICT활용, 의회의 쇄신을 통한 지역 전체의 재구축을 지향하고 있다.

2) '새로운 공공 공간'의 주체로서의 NPO·NGO의 역할

1990년대부터 정부溯첫貫英멜시장을 구성하는 주체들의 공공에 대한 자세와 역할이 점점 명확하게 드러나기 시작했다. '새로운 공공 공간'의 구성원인 각각의 주체들은 각자의 입장에 따라 다양한 역할 동기가 있으며, 달성해야만 하는 성과도 다르다. 그러나 그 차이를 상호 인식하면서 다

---

12) 여기서의 다차원적 존재성이란 자기 자신이 자신을 둘러싼 전지구적 환경과 결부되어 있는 존재로서, 지구시민적 자기, 국민적 책임을 갖는 국민적 자기, 모든 문화적 배경과 연결되는 윤리적 자기, 자치단체와 기업, NGO·NPO, 교회, 학교, 가족 등에 소속되어 있는 구성원으로서의 책임을 갖는 자기와 같이 자신의 다차원성을 말하며, 이것을 인식하고 이해함으로써 타자를 대등한 존재로 인식할 수 있게 된다.

양성을 갖는 대등한 주체가 독립적으로 존재하고, 이들이 상호 협동하기 위해서는 우선 그 출발점인 '새로운 공공'에 대한 합의를 구축할 필요가 있다. '새로운 공공'에 의한 공공성이 추구되는 공간으로서의 '새로운 공공 공간'은 단순한 공간만을 의미하는 것이 아니라 실제 구성원들이 커뮤니케이션을 통해 그들의 공동의 문제에 대해 논의해 가는 공간을 의미하는 것이다(今村都南雄, 2006).

특히, '민의 공공'의 담당주체로서 비영리민간단체인 NPO나 NGO의 중요성이 부각되고 있다. 대체로 일본에 있어서 NPO가 역할을 수행하고 있는 부문은 보건·의료·복지, 마을 만들기, 환경보전, 국제협력 등에 걸쳐 있고, 그 가운데 보건·의료·복지의 분야가 압도적으로 높은 비율을 차지하고 있다는 점은 정부와 함께 공공서비스를 수행하는 주체로서의 NPO의 역할과 정부와의 협동관계의 중요성을 반영한다고 할 수 있다.

이러한 NPO 활동을 '공·공공·사'라는 상호작용의 관점에서 살펴보면, 사적 경제부문 즉, 가계나 기업으로부터의 기부를 재원으로 하여 정부의 공의 역할을 보완하는 형태로서, '민의 공공'을 실천함으로서 민의 복지에 공헌하는 것으로 설명할 수 있다. 따라서 행정은 민의 공공을 담당하는 NPO에 대한 지원과 보조 그리고 협동이라고 하는 관계를 맺는 것이고, 다른 한편으로 NPO는 '정부의 공'과는 다른 '민의 공공'의 담당자라는 것을 인식하고, 정부와 밀착된 관계를 갖는 것이 아니라 '정부의 공'과 좋은 파트너십을 맺어가는 방향에서 활동하는 것이 중요하다.

3) 정부의 공공성 축소 경향

앞서 일본의 공공성에 대한 두 가지 다른 논의경향을 살펴봤지만, 국가가 담당해야 하는 공공성에 대해서는 어떠한 설명을 해야 할까? 1990년대에는 공공사업을 시작으로 행정활동에 대하여 그것이 공공성 또는 공익성의 기준을 충족시키는가에 대한 의문이 확산되었다. 일반적으로 국가의 공공성에 대한 의문은 행정활동에 대한 감시로 이어진다. 그러나 그러한 경향은 국가가 강제력을 갖고 실천해야 하는 공공적 가치의 축소로 연결되는 경우가 많다. 신자유주의 사조가 국가의 재정파탄으로의 위기나 자본도피로의 막연한 두려움을 떨쳐내는 힘을 가지고 있지만, 그 배경에는 공공적인 것에 대한 일반적 의문이 있다는 의견도 있다.

공공적 가치의 축소 경향이 가장 극명하게 발견되는 것은 사회보장의 영역이다. 일본은 복지원년으로 선언된 1973년에 갑자기 제1 오일쇼크를 경험하고, 70년대 후반에는 북구·서구형의 복지국가의 이념과 결별하고, 가족이나 지역사회의 힘을 동원하고자 하는 '일본형 복지국가' 론이 대두된다. 80년대에는 '第2次임조(임시행정조사회)' 의 민간활용노선이 지배하면서 실제로 탈복지국가화가 진전되었다. 90년대에는 사회보장이 연금 등의 영역에서 현저히 후퇴함과 동시에, 고용의 안정도 대폭 상실되었다. 소위 '고용 리스트럭처링' 이 추진된 것만이 아니라 정규고용에서 비정규고용으로 노동력의 교체가 적극적으로 실천되었다. 이렇듯 집합적인 생활보장은 대폭 후퇴하고, 사회구성원 상당수(80% 이상)가 장래의 생활에 대한 불안을 느끼게 되었다(朝日新聞, 1999년 4월 25일). 정부의 공공성 축소경향을 잘 설명하고 있는 사회보장이 현재 어떠한 방향으로 재편되었는지 살펴보고자 한다.

생활 보장은 명확하게 계층화되고 분단화되고 있다. 예를 들면, 연금보험이나 의료보험에 있어서는 기초적인 부분과 그렇지 않은 부분이 단절되는 방향으로 개혁이 추진되고 있다. 공적 보장을 기초적인 부분으로 한정하는 정책은 확실히 공적 보험으로부터의 퇴출(현재 국민연금의 약3분의 1을 미납자나 연체자가 점함)을 확대시키는 효과를 가지고 있다. 그러나 그 기초적인 부분이 어떻게 정의되는가는 불명확하고, 재정적자의 압력 하에서 최저수준 이하로 압축될 가능성이 높다.

다음으로 생활보장은 공적이 아닌 사적으로 획득해야만 한다는 의식이 확대되고 있다. 그것은 능동적으로 생활하기 위해 인적자본으로서의 자기를 개발하고, 고용능력을 고양하지 않으면 충분한 삶의 보장을 받을 수 없다는 의식의 보급이다. 이는 능동적으로 자기를 개발하지 않으면 노동시장에서 뿐만 아니라 사회로부터도 배제된다는 의식으로 확대되고 있다.

　　마지막으로 사회보장과는 반대로 치안이나 사회질서유지라는 보장은 증가하고 있다. 근대 초에는 물적 안전을 확보하는 것이 국가의 주요한 기능이었지만, 19세기 이후에는 사회보장을 확충하는 것이 국가의 주요 기능이 되었다. 이러한 흐름이 역전되어 국가의 공권력 존재이유로서 다시 치안이 추구되고 있다.

Ⅳ. 시민적 공공성의 가능성

　　일본의 시민사회와 공공성에 대한 전반적인 조망을 통해 근대화 이후 공공성 논의와 시민사회가 어떠한 양상으로 변화해 왔는가 살펴보았다. 일본사회는 신헌법의 제정과 70년대의 주민운동, 그리고 90년대 후반의 행정개혁과 민관협동 등을 중요한 전환점으로 삼아 시민사회가 독자적 의미를 갖고 성장해 왔으며, 공공성의 의미 또한 시민에 의해 담보되는 공공성으로의 변화를 경험하고 있다고 이해된다.

　　그러나 서양의 시민사회나 공공성 논의와는 달리 일본은 자발적 필요와 동력에 의한 시민사회 성장의 역사가 짧고, 새로운 일본식의 '대중사회형 내셔널리즘' 이라는 보수우파의 공공성 논의도 활성화되고 있다. 또한 시민적 공공성의 실천으로 제시되는 지역협동과 주민참여의 사례들도 2000년대 들어 중앙정부가 강력히 추진한 행정개혁과 분권정책이 주요한 동기가 되고 있다는 점에서 수동적 성향이 강한 특성을 보이고 있다.

　　결국 민간의 자원과 동력을 국가가 최대한 활용하기 위해 시민사회 주요주체들의 정치적 성향을 축소시키고, 효율적으로 통제함으로서 국가가 담당해야 할 '공공' 을 시민에게 떠넘겨 부담을 가중시킨다는 우려 또한 증대되고 있다.

　　그럼에도 불구하고, 일본의 공공성 논의와 시민사회 성장과정에서 '시민적 공공성' 에 대한 가능성과 시사점을 몇 가지 도출할 수 있다.

　　먼저, 공공성에 대한 사회적 논의의 확산과 적용이다. 이러한 논의는 학계에서 체계적으로 정리되고 있으며, 여기서 제시된 지향점들이 다양한 수준에서 정책적으로 구체화되고 있는 점이다. 많은 지방정부가 "새로운 공공"이라는 가치지향의 협동사업과 조례를 제도화하고 있으며, 이것은 지역의 특성과 수준에 따라 차별화되어 있어 형식적 수준에 그치지 않고 실효성있게 적용되고 있으며, 그 사례도 적지 않다.

다음으로 시민사회 내에서 지속적으로 활성화되고 있는 몇 가지 운동 사례들을 통해 시민적 공공성의 가능성과 의의를 발견할 수 있다.

이들은 고도성장기 이후 실천된 것들로 생활자운동, 지역정치참여운동, 시민운동의 제도화 등의 사례가 대표적이다(정현숙·김응렬, 2005).

소비자운동의 하나인 생활자운동은 워커즈 콜렉티브(worker's collective)운동의 전개를 통해 생활을 바꾸고, 대리인운동을 통해 지방의회에 대리인을 보내 정치과정에도 직접참여하는 생활정치를 실천하고 있다. 또한 저항형운동에서 벗어나 참가형 시민운동이 증가하면서 시민옴브즈만 운동이 활발하게 전개되고 있다.

일본의 지역사회를 이해하는 중요한 포인트로서 정내회(町內會)와 지연조직이 있는데, 이들을 통한 시민운동도 일정부분 의의를 갖는다. 이들 조직은 지역사회의 공공성과 관련하여 주민의 수요와 환경변화에 유연하게 대응하는 유동성과 가변성을 내면화시켜가면서 커뮤니티 공간을 구성하고 있다.

마지막으로 한신대지진과 특정비영리활동촉진법을 계기로 급속히 증가하고 있는 NPO를 통한 새로운 형태의 시민운동 내지 시민활동에 대한 기대이다. 한신대지진을 계기로 그 역할과 인식이 새롭게 확산되었고, 1998년 관련법이 제정되면서 지속적으로 활동단체 수와 활동 내용, 그리고 활동범위가 확대되고 있다.[13]

---

13) 최근 자료에 의하면 2009년 3월말 현재 NPO의 수는 법인의 수가 37,196개소로 해년마다 증가하고 있는 것으로 파악되고 있다(내무부 국민생활국 NPO 홈페이지).

여러 한계점에도 불구하고 일본의 시민사회는 꾸준히 성장하고 있으며, 특히 지역차원에서 보다 큰 기대효과를 거두고 있다. 생활세계 속에서 공공성을 실천하는 일본의 지역사회는 시민적 공공성의 가능성을 시사하고 있다.

| 참고 문헌 |

윤수재·이민호·채종헌 편저. 2008.『새로운 시대의 공공성 연구』. 법문사.

나병현. 2002. 학교교육의 위기와 공교육 이념의 재검토.『아시아교육연구』. 2(2). 한국교육개발원.

민현정. 2006. "일본에 있어서의 공공성 재편논의와 지역협동에 관한 연구". 지방정부연구 10(3).

백완기. 2007. "한국행정과 공공성".『한국사회와 행정연구』. 18(2)

______. 2008. "공공성 논의의 필요성".『새로운 시대의 공공성 연구』. 법문사

소영진. 2008. 공공성에 대한 다양한 시각. 새로운 시대의 공공성과 행정패러다임 재정립 중간보고서. 한국행정연구원.

신진욱. 2007. 공공성과 한국사회.『시민과 세계』. 11.

신정완. 2007. 사회공공성 강화를 위한 담론전략.『시민과 사회』. 11.

정현숙·김응렬. 2005.『현대 일본 사회론』. 한국방송통신대학출판부.

조한상. 2009.『공공성이란 무엇인가』. 책세상.

채원호. 2008. "일본의 공공성".『새로운 시대의 공공성 연구』. 법문사.

山口定. (2003).『新しい公共性 − そのフロンティア』. 東京: 有斐閣.

______. (2004). "新しい公共性: 狀況と課題".『NIRA政策研究』. 17(11): 2〜15.

山岸秀雄·管原民部·釈川一郎. (2004).『NPOと行政·協動の再構築−これまでの10年, これからの10年』. 東京: 第一書店.

山脇直司. 2004a. "公共性のパラダイム轉換: 公私二元論から政府の公·民の公·私的領域の相互作用三元論へ".『NIRA政策研究』. 17(11): 16〜22.

______. 2004b.『公共哲學は何か』. 東京: ちくま新書.

世古一穂. 1999.『市民參加のデザイン』. 東京: 學藝出版社.

______. 2002. "參加協動型社會へのパラダイムシフト".『第179回都市經營フォーラム』.

今村都南雄. 2003. "新しい公共をめぐって".『自治研究』. NO. 298.

______. 2006. "公共性の再編と自治体改革".『月刊自治研』. 48(1).

日高昭夫. 2003.『市町村と地域自治會-第3層の政府のガバナンス』, 東京: 山梨
　　ふるさと文庫

小態英二. 2007.『民主と愛國: 戰後日本のナショナリズムと公共性』. 東京: 新
　　曜社.

室井力. 1990. 國家の公共性とその法的基準.『現代國家の公共性分析』. 日本評
　　論社

阿部齊. 1966.『民主主義と公共の概念』.符草書房.

長浜政壽. 1973. 現代行政における公共性の問題.『現代國家と行政』. 有信堂.

佐々木毅·金泰昌 編. 2002.『日本における公と私[公共哲學 シリーズ]』. 第3卷.
　　東京: 東京大學出版會.

綜合研究開發機構. 2004. "新しい公共のプラットフォーム".『NIRA政策研究』.
　　17(11).

內閣府 國民生活局. 2001, 2002.『市民團體活動レポト』.

　　＿＿＿＿＿＿＿. 2008, 2009. NPO 홈페이지 자료

澤井勝外 7人. 2005.[地方自治の現代用語]. 東京: 學陽書房.

總務省. 2005.「分權型社會における自治体經營の刷新戰略」.

總務省. 2005. 內部資料.

産業構造審議會議. 2002. NPO 中間報告.

公共哲學ネットワーク.

http://homepage2.nify.com/public.philosophy/network.htm

日弁連法務研究財團. http://www.jif.or.jp/link/link.shtml/

鹿兒島大學法政策學科『全國條例データベース』.

http://joreimaster.leh.kagoshima-u.ac.jp/

이 책은 2008년 정부(교육과학기술부)의 재원으로 한국연구재단의 지원을 받아 수행된 연구임
(NRF-2008-005-J01401, NRF-2008-005-J01402)

아시아의 민주주의와 인권Ⅲ
－차별과 저항, 그리고 시민사회

초판1쇄 찍은 날 2011년 8월 25일
초판1쇄 펴낸 날 2011년 8월 25일

지은이 전남대학교 5·18연구소
펴낸이 송광룡
펴낸곳 도서출판 심미안
주 소 501-841 광주광역시 동구 학동 81-29번지 2층
전 화 062-651-6968
팩 스 062-651-9690
이메일 simmian03@hanmail.net
등 록 2003년 3월 13일 제05-01-0268호

ISBN 978-89-6381-051-5 94080